Karl Janowsky

Wandel und Veränderung

in der Betriebsgemeinschaft

Herausforderungen und Strategien
für Führungskräfte und Mitarbeiter

Dr. Karl Janowsky

Wandel und Veränderung

in der Betriebsgemeinschaft

Herausforderungen und Strategien
für Führungskräfte und Mitarbeiter

Die Deutsche Bibliothek – CIP-Einheitsaufnahme

Janowsky, Karl:
Wandel und Veränderung in der Betriebsgemeinschaft : Herausforderungen und Strategien für Führungskräfte und Mitarbeiter / Karl Janowsky. – Renningen-Malmsheim : expert-Verl. ; Wien : Linde, 2000
 ISBN 3-8169-1834-4 (expert-Verl.)
 ISBN 3-85122-958-4 (Linde)

ISBN 3-8169-1834-4 (expert-Verl.)
ISBN 3-85122-958-4 (Linde)

Bei der Erstellung des Buches wurde mit großer Sorgfalt vorgegangen; trotzdem können Fehler nicht vollständig ausgeschlossen werden. Verlag und Autoren können für fehlerhafte Angaben und deren Folgen weder eine juristische Verantwortung noch irgendeine Haftung übernehmen.
Für Verbesserungsvorschläge und Hinweise auf Fehler sind Verlag und Autoren dankbar.

© 2000 by expert verlag, 71272 Renningen
Alle Rechte vorbehalten
Printed in Germany

Das Werk einschließlich aller seiner Teile ist urheberrechtlich geschützt. Jede Verwertung außerhalb der engen Grenzen des Urheberrechtsgesetzes ist ohne Zustimmung des Verlags unzulässig und strafbar. Dies gilt insbesondere für Vervielfältigungen, Übersetzungen, Mikroverfilmungen und die Einspeicherung und Verarbeitung in elektronischen Systemen.

Vorwort

Unsere Welt unterliegt einem stetigen Wandel und Wechsel. Unsere wirtschaftliche und politische Umwelt, unser gesamtes gesellschaftliches Leben befindet sich in einem Prozeß kontinuierlicher Entwicklung und fortlaufender Veränderung.
Zur Zeit erfolgt ein tiefgreifender Wandel in allen Bereichen unseres wirtschaftlichen und politischen Lebens. Alles befindet sich in einem Umbruch, in der Phase einer neuen Orientierung. In der Wirtschaft und Politik lassen sich bereits weitreichende Veränderungen beobachten. Der Arbeitsmarkt gerät zunehmend in Bewegung. Der Prozeß der Globalisierung und die Ausweitung der Informationstechnologie fordern uns mehr und mehr heraus. Nicht nur die Wirtschaft, unsere Arbeitswelt, auch unser persönliches Leben ist von zahlreichen Veränderungen betroffen.
Die Liberalisierung der Wirtschaftsmärkte, der internationale Rationalisierungsdruck zur Kostensenkung, die wirtschaftliche Notwendigkeit zur Erhöhung der Profitabilität und Produktivität, die immer wieder erfolgenden technischen und technologischen Entwicklungssprünge, die Forderungen auch stetiger Verbesserung von Qualität und Zuverlässigkeit und auch die immer stärkere Orientierung auf den Kunden zwingen die Unternehmen, ihre Unternehmenspolitik zu reformieren. Es erweist sich als notwendig, die betriebswirtschaftlichen Abläufe in der Produktion und Verwaltung neu zu gestalten, einen Wandel in der Unternehmenskultur einzuleiten und das Zusammenleben und das gemeinsame Arbeiten in der Betriebsgemeinschaft zu verändern. Das Verhältnis zwischen Unternehmen und Mitarbeiter wie auch das Leben in der Betriebsgemeinschaft machen eine Erneuerung erforderlich. Aufgaben, Pflichten und Verantwortung bedürfen einer neuen Zuordnung.
Die Unternehmen sind zu einer Kosteneinsparung und zu einer Anpassung in allen ihren Geschäftsbereichen gezwungen. Sie unterziehen sich einer internen Strukturreform und entwickeln schlankere Organisationen, effektivere Führungssysteme und neue Unternehmenskulturen sowohl im Umgang als auch in der Zusammenarbeit mit den Mitarbeitern.
Die Unternehmen ändern ihre Strategien und Taktiken. Sie haben erkannt, daß sie sich anders orientieren müssen. Die Konzerne suchen nun neue Stärken, setzen auf neue Spezialitäten und Technologien, verlagern Arbeits- und Herstellungsbereiche, stellen sich auf neue Wachstumsregionen ein, richten sich strategisch auf neue Kernbereiche aus. Sie ändern ihre Gefüge, ihre innerbetrieblichen Arbeitsstile und Ablaufprozesse. Sie gehen neue Wege in ihrer Unternehmensführung und Mitarbeiterpolitik.
Mit der Ausweitung des globalen Wirtschaftsmarkt verbinden sich zahlreiche Neuerungen, die unser aller Leben revolutionieren, die es hier und da durcheinanderwirbeln, die es aber auch bereichern. Von den Veränderung im globalen Markt sind wir alle betroffen, unabhängig von Aufgabe und Funktion, ganz gleich, ob Ausführender oder Führungskraft. Wir alle werden von den wirtschaftlichen und gesellschaftlichen Änderungen berührt. In den Betriebsgemeinschaften vollzieht sich ein tiefgreifender und auffallender Wandel!

Die Mitarbeiter eines Unternehmens müssen sich zunehmend auf so manche Veränderungen einrichten. Sie haben sich einem verändernden Umfeld anzupassen und immer wieder auf neue Anforderungen einzustellen.

Das traditionelle Führungssystem der Hierarchieebenen, wo es bislang vorwiegend um Macht und Karriere ging, wird mehr und mehr ersetzt durch eine neue Unternehmenskultur, die mehr auf ein partnerschaftliches Miteinander statt Gegeneinander und auf eine bereichsübergreifende Teamarbeit ausgerichtet ist. Neuartige Arbeitsstile und neue Umgangsformen werden das zukünftige Unternehmensbild prägen.

Für die Belegschaft in den Unternehmen, für die Arbeits- und Führungskräfte in den unterschiedlichsten Ebenen und Bereichen, resultieren neue Aufgaben und Pflichten. Die Führungsfunktionen wie auch die Ausführungsformen unterliegen einem Wandel. Für die im Unternehmen tätigen Menschen ergeben sich manche Verschiebungen und neue Verteilungen in den Funktionen und Aufgaben wie auch in den Verantwortungen. Alle müssen sich auf die Beantwortung komplizierter und herausfordernder Fragen einstellen. Sie müssen auf Neuerungen reagieren, Veränderungen akzeptieren und sich so manchen strukturellen Änderungen anpassen. Viele Aufgaben und Funktionen werden sich in Zukunft anders gestalten und verändert ablaufen. Die gesamte Mitarbeiterschaft muß ihren Tätigkeitsbereich ausrichten.

So mancher Manager muß hinzulernen, seinen Stil und seine Funktionen in der Führung verändern. Die Führungsschicht in den Unternehmen muß sich auf einen veränderten Umgang und ein neues Miteinander mit den Kunden, den Lieferanten und den Mitarbeitern einstellen. Die Führungsfunktion unterliegt einem Wandel.

Aber auch die Mitarbeiterschaft muß sich ändern. Sie wird in Zukunft mehr Verantwortung übernehmen, eigenständiger und selbständiger arbeiten. Der Mitarbeiter wird so manche Managementfunktion selbst übernehmen und weit mehr eigenverantwortlich seine Tätigkeiten ausführen. In seiner Stellung wird er wachsen. Seine Position wird sich ausweiten, sein Verantwortungsbereich wird sich ausdehnen.

Die in einem Unternehmen tätigen Menschen werden immer mehr in einer wirklichen Kooperation und Partnerschaft zusammenarbeiten.

Alle Mitarbeiter sind aufgerufen, aktiver im Unternehmen mitzuwirken. Sie sind zu ermutigen, das Arbeitsleben mitzugestalten.

Nicht nur in den Händen des Unternehmers und seiner Manager liegt es, ob Arbeitsplätze gesichert und neue Beschäftigungsmöglichkeiten für die Menschen geschaffen werden können. Die Belegschaft insgesamt, sowohl die Führung als auch die Ausführung, ist dafür verantwortlich, daß ein Unternehmen eine Zukunft hat und sich im Markt behaupten und ausbreiten kann, daß die Arbeitsplätze gesichert und weitere geschaffen werden können.

Der globale Arbeitsmarkt verlangt nicht nur ein schlankes und effektives Management, er erwartet auch eine effiziente und produktive Betriebsgemeinschaft mit tüchtigen und verantwortungsbewußten Mitarbeitern. Die Globalisierung gebietet mehr Gemeinsinn und mehr Bescheidenheit bei der gesamten Belegschaft. Der globale Wettbewerb macht einen leistungsfähigen Einsatz aller Arbeitskräfte und eine Umstrukturierung in allen Wirtschaftsunternehmen erforderlich.

Vor uns steht ein Wandel in allen unseren Lebensbereichen. Vor uns liegt ein faszinierender Zeitabschnitt, der uns zahlreiche neue Möglichkeiten und Chancen verspricht.

Karl Janowsky

Inhaltsverzeichnis

1.	**Die Wirtschaftswelt im Prozeß einer globalen Entwicklung**	1
1.1.	Die Globalisierung in der Wirtschaft	8
1.2.	Der globale Wettbewerb	12
1.3.	Die Technik in einer kontinuierlichen Entwicklung	15
1.4.	Ein Wandel im Arbeitsmarkt	20
1.5.	Die Veränderungen in der Bevölkerungsstruktur	28
1.6.	Die Liberalisierung des Wirtschaftsmarktes	31
1.7.	Die erforderlichen Veränderungen in unserem Wirtschaftsmarkt	35
2.	**Die Betriebsgemeinschaft im Unternehmen**	37
2.1.	Die Aufgaben und Funktionen einer Betriebsgemeinschaft	49
2.1.1.	Die Funktion Planung	66
2.1.2.	Die Funktion Organisation	72
2.1.3.	Die Funktion Arbeitsleistung	79
2.1.4.	Die Funktion Kontrolle	86
2.1.5.	Die Funktion Motivierung	91
2.1.6.	Die Funktion Befriedigung der Bedürfnisse	97
2.1.7.	Die Funktion Mitwirkung und Mitgestaltung	102
2.2.	Die schlanke Struktur der Mitarbeitergemeinschaft	104
2.3.	Das Management zur Führung der Betriebsgemeinschaft	111
2.3.1.	Die Verselbständigung von Unternehmensteilen	115
2.3.2.	Die Bildung von Arbeits- und Projektgruppen	117
2.3.3.	Das Entlohnungssystem	118
2.3.4.	Die kontinuierliche und systematische Anpassung	119
2.4.	Die Herausforderung an die Betriebsgemeinschaft	122
3.	**Eine neue Unternehmenskultur zur Motivierung der Belegschaft**	129
3.1.	Die innovative Betriebsgemeinschaft	137
3.2.	Die Entscheidungsfreude	138
3.3.	Das Delegieren von Arbeiten und von Verantwortung	139
3.4.	Die Fähigkeit zum Überzeugen von Mitarbeitern	142
3.5.	Die Motivierung mittels zwischenmenschlichen Beziehungen	143
3.6.	Die Förderung und die Weiterbildung der Mitarbeiter	145
3.7.	Die Motivierung durch Information und Kommunikation	147
	Ein paar Tips für eine gute und erfolgreiche Kommunikation	152
	Ratschläge zur Ausführung von Besprechungen oder Konferenzen	153

4.	**Die Mitarbeiter im Unternehmen**	**154**
	Die Aufgaben und Pflichten, die Tugenden eines Mitarbeiters	169
	Einige Grundsätze für eine Betriebsgemeinschaft	173
5.	**Auftrag und Verpflichtung einer betrieblichen Gemeinschaft**	**176**
5.1.	Die wirtschaftlichste Kapitalanlage	178
5.2.	Das richtige Engagement des Betriebspersonals	179
5.3.	Die optimale Nutzung der Strategien	181
5.4.	Die Kontrolle und Überwachung der Innovationen	182
6.	**Die Neuerungen in der Betriebsgemeinschaft**	**183**
6.1.	Die Messung der Leistung	187
6.2.	Die soziale Verantwortung	188
6.3.	Das pluralistische Führungssystem	190
6.4.	Neue Wege zum betrieblichen Erfolg	193
7.	**Methoden und Techniken zur Stärkung der Leistungsfähigkeit**	**195**
7.1.	Die Innovationen	196
7.2.	Die Kreativität	204
7.3.	Das Total Quality Management	209
7.3.1.	Kontinuierlicher Verbesserungsprozeß	215
7.3.2.	Kaizen	216
7.3.3.	Just in Time und Outsourcing	217
7.3.4.	Benchmarking	219
7.3.5.	Re-Engineering	220
7.4.	Das Umweltmanagementsystem	222
7.4.1.	Aufgaben eines betrieblichen Umweltschutzes	229
7.4.2.	Vorteile einer Beteiligung am Umweltschutz	230
7.5.	Ein Programm für Verbesserungsvorschläge	233
7.6.	Die Steuerung einer Veränderung	237
7.7.	Der Qualitätszirkel	238
7.8.	Brainstorming	239
7.9.	Das Ursache-Wirkungs-Diagramm	241
7.10.	Die Fehler-Möglichkeiten und Einfluß-Analyse	242
7.11.	Das Qualitätsaudit	245
7.12.	Die Teamarbeit	248
7.13.	Die Kundenorientierung	254
7.14.	Die Verkaufsstrategie Direktmarketing	256

Weiterführende Literatur   **258**

Stichwortverzeichnis   **259**

1. Die Wirtschaftswelt im Prozeß einer globalen Entwicklung

Das neue Zeitalter einer globalen Wirtschaft, eines weltweiten Güterverkehrs und unbeschränkten Handels, eines europäischen Binnenmarktes, eines internationalen Informationsaustausches und einer hochtechnisierten Industrie verspricht uns eine spannende und aufregende Zukunft.
Unsere alte traditionelle Wirtschaftswelt befindet sich in einem gewaltigen Umbruch. Die nationalen Volkswirtschaften mit ihren unterschiedlichen Wirtschaftssystemen wachsen heute zu einer multinationalen Weltwirtschaft zusammen. Im Wirtschaftsleben verschwinden jegliche Begrenzungen im Waren- und Güteraustausch, im Transfer von Kapital und Arbeitskräften. Angebot und Nachfrage allein bestimmen das Marktgeschehen.
Nationale Firmen werden durch Übernahmen oder Zusammenschlüsse zu internationalen Konzernen mit Mitarbeitern unterschiedlichster Kulturkreise, verschiedener Nationalitäten, Konfessionen und Hautfarben, aber auch andersartiger Erziehungen und Ausbildungen. Die Unterschiede in der Lebensart, in der Bildung und im Glauben der Menschen führen zu anderen Anschauungen und Vorstellungen, zu völlig andersartigen Auffassungen im Pflichtgefühl und in der Einstellung zur Arbeit. Die Betriebsgemeinschaften zeichnen sich immer mehr durch eine bunte Vielfalt bei den Ansichten und Meinungen, bei den Mentalitäten und Denkweisen aus. Wir sind auf dem Wege zu einer globalen Wirtschaftswelt, zu einer Gesellschaft der ethnischen Vielfalt. Als Folge dieser Mannigfaltigkeit resultieren sicherlich zahlreiche Probleme, Schwächen und Schwierigkeiten, es ergeben sich aber auch eine Vielzahl von Vorteilen und Stärken.
Wirtschaft und Technik befinden sich in einem Prozeß einer fortlaufenden Entwicklung, einer stetigen Veränderung und Erneuerung. Immer wieder überrascht uns die Technik mit neuen Fortschritten, genialen Erfindungen, mit modernen Verfahren und neuartigen Methoden, die dann ihren Einfluß auf unser Wirtschaftsleben nehmen. Alle technischen Neuerungen erfahren heute eine unwahrscheinlich schnelle globale Verbreitung. Technologische wie auch soziale Innovationen beeinflussen unseren Alltag und führen zu immer schnelleren Veränderungen in unserer Wirtschaft und damit auch unserer Gesellschaft. Dieser stetige Wandel durchdringt alle Firmen und Betriebe, ganz gleich welcher Größe und Branche.
Alle diese turbulenten Veränderungen beeinflussen auch unsere ganz persönliche Sphäre, unsere berufliche Arbeitswelt und unser privates, familiäres Leben. Unser bisheriger Arbeits- und Lebensrhythmus ändern sich. Die Welt um uns herum zeigt mehr und mehr ein anderes Gesicht.
In den letzten 10 Jahren vollzog sich in den Unternehmen ein gewaltiger Produktivitätssprung. Völlig neue Geräte und Maschinen prägen heute das Bild eines Betriebes, einer Werkshalle, eines Laboratoriums oder eines Büros. Immer öfter steht ein Bildschirm mit einer Tastatur auf dem Schreibtisch und verrichtet ein Computer einen Arbeitsablauf.

Statt Menschen vollbringen mehr und mehr Automaten und Roboter die gleichförmigen und monotonen Tätigkeiten. Sie führen die Arbeiten aus. Sie bewirken heute die Leistungen.
Immer mehr gleichen sich die Unternehmen mit ihren Mitarbeitern den sich kontinuierlich verändernden Sachlagen und den immer wieder neuen Realitäten in der Welt an. Sie richten sich heute global aus. Sie wandeln sich äußerlich wie auch innerlich, geben sich neue Formen und neue Organisationen, revolutionieren den Arbeitsstil und die Unternehmenskultur, nutzen neue und effektivere Technologien und Methoden. Sie werden mehr und mehr produktiver in ihrer Leistungskraft. Die Firmen und Betriebe durchlaufen zur Zeit einen Prozeß der strukturellen Neuordnung und Umorganisation. Sie reformieren sich und passen sich mehr und mehr den globalen Anforderungen an. Sie treffen Vorbereitungen auf die Auswirkungen des globalen Marktes.
Viele der Topmanager haben bereits die Zeichen der Zeit erkannt und stellen ihre Unternehmen auf die neuen Herausforderungen im globalen Wettbewerb ein. Sie schulen und trainieren ihre Mitarbeiter in einer neuen Organisation der Zusammenarbeit, in neuen Arbeitstechniken und in einer kooperativen Teamarbeit. Mehr und mehr Unternehmen durchlaufen eine Phase der Veränderung in der Struktur und in den betrieblichen Abläufen. Sie befinden sich in einem Prozeß des Sichwandelns und des Erneuerns.
In allen Branchen unserer Wirtschaft vollziehen sich heute mehr oder weniger Veränderungen, reorganisieren sich Unternehmen, ändern sich Strukturen und Geschäftsbereiche. Die Unternehmen ordnen ihre industriellen Sektoren neu, erweitern sich durch neue Einheiten oder konzentrieren sich auf Kernbereiche, auf Geschäftsfelder, in denen sie bereits eine Spitzenstellung haben oder wo sie eine führende Position erlangen können. Unnötiger Ballast wird abgeworfen. Man trennt sich von Nebenzweigen und konzentriert sich auf eine Hauptaufgabe.
Oft werden gute Geschäftsfelder veräußert, die dann in einem anderen Verbund mehr und größere Chancen und bessere Perspektiven haben.
Auf Kerngebieten stärkt man sich durch Kooperation oder Akquisitionen. Der Markt wird durch Zukäufe erweitert. Man vergrößert den Einflußbereich und den Umsatz.
Mit zu dieser Unternehmenspolitik gehören die Ausrichtung auf mehr spezifisches Wissen und Können, die Nutzung von Spezialkenntnissen und die Vorbereitung auf eine sich ausbreitende Dienstleistung. Die Unternehmen richten sich auf einen Service am Kunden ein. Sie stellen sich auf einen Dienstleistungsbetrieb um.
Die Führungsschichten der Unternehmen wie auch alle ihre Mitarbeiter werden immer mehr gezwungen, global zu denken und global zu handeln. Die Unternehmen sehen sich zunehmend einem globalen Markt gegenübergestellt, mit einem weltweiten Wettbewerb konfrontiert. Wer hier bestehen will, muß sehen, daß er dabei ist. Er hat Präsens und Größe zu zeigen. Er muß gerüstet und wettbewerbsfähig in der internationalen Spitzengruppe vertreten sein. Nur eine größere Wirtschaftskraft erlaubt ein Mitmachen und ein Mitmischen im internationalen Wettbewerb.
Die Unternehmen müssen sich auf weltweite wirtschaftliche Herausforderungen vorbereiten. Sie müssen sich fit machen für einen wachsenden internationalen freien Wettbewerb.
Kleinere Firmen waren lange Zeit gegenüber den wechselnden Marktanforderungen besser gerüstet. Sie waren flexibel und weit mehr innovativ als die großen und trägen wie auch übermächtigen Organisationen. Die Mitarbeiter in einem nur kleinen Unternehmen waren direkt Vorort, im Mittelpunkt des Geschehens. Sie konnten rasch reagieren und sofort antworten!
Die Konzerne zeigten im Gegensatz dazu weniger Flexibilität, ein weit geringeres schnelles Anpassungsvermögen und waren dadurch weit weniger manövrierfähig.

Sie waren in der Regel meist in alten Technologien verwurzelt und an traditionelle Hierarchiestrukturen gebunden. Herkömmliche Fesseln behinderten sie in der Fähigkeit, schnell zu reagieren und sich flink auf neue Situationen einzurichten.
Ihre Mitarbeiter waren in ein starres System eingefügt und eingebunden. Jeder hatte seine spezielle Aufgabe und nur wenige hatten den Überblick. Nicht einmal jede Person im Einkauf oder Verkauf hatte direkten Kontakt mit dem Lieferanten bzw. dem Kunden. Der Mitarbeiter wurde zur Trägheit erzogen. Mitarbeiteraktivitäten waren all zu oft nicht gern gesehen. Sie paßten nicht in die bestehende traditionelle Ordnung.
Schon zeichnen sich aber Veränderungen ab. Die großen Unternehmen passen sich den neuen, globalen Anforderungen an und verändern sich. Sie werden von dem Umfeld der internationalen Wirtschaft regelrecht gezwungen, aktiv zu werden und zu reagieren.
Wir beobachten, wie die Unternehmen ihre Organisationsstrukturen und ihre Geschäftsstrategien ändern, wie sie ihre Hierarchieebenen vereinfachen, ihre Bereiche in kleinere, schlagkräftige Einheiten aufteilen und ihre konventionellen Arbeitsgebiete neu ordnen und modern organisieren. Die Wirtschaftseinheiten werden so organisiert, daß die Mitarbeiter wieder mehr Kontakt mit dem Kunden erhalten und mehr mit dem Geschehen in Verbindung sind.
Die Zielvorstellung ist, die gleiche, wenn nicht sogar eine bessere Leistung mit weniger Aufwand zu erreichen und eine effektivere Schlagkraft zu entwickeln!

Unternehmen, die weiterhin im Wettbewerb bestehen wollen, die weiterhin im globalen Wirtschaftsleben ihre Stellung behalten und im internationalen Markt sich ausdehnen wollen, müssen zusammen mit ihren Mitarbeitern Flexibilität und Bereitschaft zum Wandel zeigen. Sie müssen den Veränderungen aufgeschlossen gegenüberstehen, Erneuerungen und Reformen begrüßen.
Ein Unternehmen sollte bei diesem Wandel nicht nur seine äußere Form und Struktur, seinen Firmennamen verändern, sondern seine inneren Kräfte erneuern, seine Belegschaft zu neuer Vitalität aktivieren, seine Mitarbeiter wieder für die Firma gewinnen und für Leistungen motivieren. Die Unternehmen brauchen flexible und wendige Mitarbeiter. Sie benötigen Menschen, die sensibel auf ein Marktgeschehen reagieren, die sich nicht scheuen, Probleme anzupacken.
Der Wettbewerb richtet sich zunehmend global aus. Die einstigen Vorteile der deutschen Unternehmen, perfekte Technik und eine höhere Produktqualität sowie auch eine bessere Umweltverträglichkeit aller ihrer Produkte, alle diese Stärken und Vorzüge reichen allein nicht mehr aus, um in diesem harten Wettstreit bestehen zu können.
Spitzenleistung bieten heute auch andere an. Technik und Qualität sind nicht mehr ein Privileg der deutschen Industrie, sie sind bereits weltweiter Standard. Umweltschutz wird mehr und mehr ein Qualitätsmerkmal auch anderer Firmen, nicht nur der heimischen Industrie. Das alte und gute „Made in Germany" verliert seinen einstigen Glanz und Glorienschein.
Die deutschen Unternehmen müssen sich mit ihren Belegschaften neuen Realitäten stellen. Wer überleben will, muß sich wandeln, muß sich etwas einfallen lassen, muß neue Technologien entwickeln, moderne Strategien einsetzen und unkonventionelle Methoden nutzen, muß den Kunden in den Mittelpunkt stellen! Die Grundvoraussetzung jeder Existenzsicherung ist eine Anpassung an die sich stetig variierenden Verhältnisse, an ein sich ständig veränderndes Umfeld.
Die Betriebsgemeinschaft, die alle Mitarbeiter in einer Firma umfaßt, wird hier und da auch schon bereits entsprechend den neuen Anforderungen geschult und trainiert. Sie wird davon überzeugt, sich wieder mehr auf den Käufer und Verbraucher der Erzeugnisse zu konzentrie-

ren und auf die Bedürfnisse und Wünsche der Kunden einzugehen. Die Zielsetzung ist die Zufriedenheit des Konsumenten.

Es wird weiterhin das Bewußtsein der Mitarbeiter für Qualität und einen betrieblichen Umweltschutz geweckt. Die Mitarbeiter werden motiviert, Qualitätsarbeit zu leisten und gleichzeitig die Umwelt zu schonen und zu schützen.

Die Belegschaften werden darauf vorbereitet, zukünftig mehr in einem betrieblichen Arbeitsteam zusammenzuarbeiten und mehr Eigenverantwortung zu tragen. Nur im Team wird eine höhere Leistung vollbracht und gleichzeitig eine größere Zufriedenheit beim Mitarbeiter erzielt.

Die Betriebsgemeinschaft wird neu ausgerichtet und umorganisiert.

Für so manchen Mitarbeiter ergeben sich daraus so einige Neuerungen im alltäglichen Ablauf, in der Rangfolge, in der gesamten Firmenhierarchie, in den Funktionen und Pflichten, in der Verantwortung im eigenen Bereich. Alle werden lernen müssen. Die Aufgaben wachsen, neue Pflichten kommen auf jeden Mitarbeiter zu, ganz gleich in welcher Hierarchieebene und in welchem Arbeitsbereich. Vieles wird neu verteilt und anders geordnet.

Die Unternehmen stehen mit ihren Mitarbeitern vor zahlreichen noch unbeantworteten Fragen. Man steht nicht nur einer Weltwirtschaft gegenüber, sondern einer harten globalen Konkurrenz. Auf den Märkten wird Tag für Tag gnadenlos um Anteile gekämpft. Jedem Geschäft gehen lange und mühsame Verhandlungen voraus. Umsätze und Erträge müssen hart erarbeitet werden.

Qualität und Zuverlässigkeit werden zu entscheidenden Kriterien für den Käufer. Nur Spitzenqualität ist gefragt. Wer keine Qualitätssicherheit bietet, hat weniger Chancen.

Ökologische Probleme bedrohen unseren Alltag und bedürfen einer dringenden Lösung. Sie erlauben keinen Aufschub.

Die Arbeitslosigkeit wird mehr und mehr ein soziales Problem. Sie zeigt trotz vieler ernsthafter Bemühungen keine fallende Tendenz, steigt sogar noch weiter an.

Zahlreiche Fragen drängen auf eine Beantwortung. Die Gesellschaft ist in ihrer Gesamtheit einem massiven Druck ausgesetzt und gewaltigen Provokationen gegenübergestellt. Von der Gemeinschaft werden Reaktionen erwartet. Die Unternehmen sind gezwungen, sich mit so einigen Veränderungen im internationalen Marktgeschehen zu beschäftigen und auseinanderzusetzen. Die Aufgabe ist, vernünftige, einsichtige und kluge Lösungen zu suchen. Wir haben klare und eindeutige Antworten zu erarbeiten. So manche Firma wird sich auch neu bewähren müssen.

Die Wirtschaft paßt sich bereits mehr und mehr den neuen, globalen Anforderungen an. Die wirtschaftliche Struktur und die betriebliche Aufgabenerfüllung geraten dabei in einen Prozeß der Turbulenz, werden reformiert und neu geordnet. Unsere Wirtschaft und damit auch unsere Gesellschaft wird Schritt für Schritt umgestaltet. Die Unternehmen entwickeln zunehmend eine eigene Dynamik, stellen sich auf die veränderte Situation ein, reagieren auf den geänderten Markt.

So manche Anpassung hat dabei auch ihre einschneidenden Folgen und Auswirkungen.

Erschwert wird der Wandel oft durch fehlenden Weitblick und nicht immer ausreichendem Wissen über die Zusammenhänge bei der eigenen Betriebsangehörigen. Nicht bei jedem Mitarbeitern besteht auch die Einsicht für Veränderungen, für neue Notwendigkeiten und unumgängliche Maßnahmen. Die Unternehmensleitungen müssen bei ihren Bemühungen zum Wandel doch so manche Widerstände überwinden und gegen alte Ansichten und Voreingenommenheit ankämpfen.

Wir alle sind aufgerufen, unsere wirtschaftliche und politische Ordnung, unsere bisher gültigen Werte, unsere Anschauungen und Denkweisen wie auch unsere ethische Moral auf den Prüfstand zu stellen und kritisch zu überdenken. So manches muß jetzt neu bewertet, nun mit anderen Augen gesehen werden.

Dort, wo die Dinge sich von der Wirklichkeit entfernt haben, wo Denken und Handeln divergieren, gilt es, sie anzupassen oder zu erneuern. Wo die Bilder schief hängen, müssen wir sie wieder zurechtrücken.

Wir werden auch nicht umhinkönnen, nach neuen Orientierungspunkten zu suchen und uns dann an neuen Werten und Normen auszurichten. Wir haben uns, von alten reaktionären Denkweisen und starren Formen, von traditionellen Abläufen zu lösen.

Fehler, die wir bewußt oder auch unbewußt begangen haben, sind zu korrigieren. Wir müssen aus den Fehlern lernen und uns auf die neuen Realitäten einstellen.

Wir sind gehalten, unsere Unternehmen so in einigen Bereichen umzukrempeln und neu zu gestalten, sie durch eine aktivierte Belegschaft neu zu beleben. Wir müssen hierzu aber auch Mut und Courage für eine Veränderung entwickeln.

Unsere Ausbildung und Weiterbildung ist zu verbessern. Wir haben unser Wissen und Können zu erweitern und den neuen Anforderungen anzugleichen. Wir haben uns mehr und mehr auf ein ständiges Lernen in unserem Arbeitsleben einzustellen. Für jeden Mitarbeiter sowohl für die Ausführenden als auch für die Führungskräfte gilt, wir müssen selbst etwas mehr für unsere eigene Fortbildung tun. Wir haben unsere Kenntnisse und unser berufliches Können zu erweitern. Wir alle müssen uns schneller denn je den jeweiligen Veränderungen in der Technik mit unserem Wissen anpassen und unsere Kenntnisse öfters einmal in den Berufsjahren auffrischen. Ein einmal erworbenes Wissen in der Jugendzeit ist nicht mehr ausreichend für das ganze Arbeitsleben. Auf den einmal erworbenen Ausbildungsabschluß kann man sich nicht mehr ausruhen. Die Halbwertszeit des Wissens wird immer kürzer. Wir alle müssen uns darauf einstellen und auch darauf vorbereiten, daß der Wandel im Berufsleben auch stetige Veränderungen in der Aus- und Weiterbildung erforderlich macht.

Wir haben mehr Freude zur Tätigkeit und einen stärkeren Willen zur Tüchtigkeit zu entfalten. Das Leistungsstreben darf nicht immer nur negativ gesehen und abgelehnt werden. Nur Leistungen verbessern unser Dasein. Allein das Leistungsvermögen ist die Grundlage für eine Zufriedenheit.

Wir müssen mehr Schwung und Energie entwickeln, in unserem Denken und Handeln dynamischer werden. Es muß wieder erstrebenswert sein, tüchtig, ehrgeizig und fleißig seiner Ausbildung und Arbeit nachzugehen.

Die Liebe zur beruflichen Tätigkeit muß insbesondere die jungen Menschen wieder mehr beflügeln, denn nur der Beruf bildet einen Schlüssel zur Zufriedenheit im Dasein und einem Glücksgefühl im Leben. Nur die Freude in der Beschäftigung vermittelt Wohlbehagen und erlaubt es, sich im Leben glücklich zu fühlen.

Wir müssen auch unsere altbewährten sozialen Einrichtungen reformieren und auf die neuen Erfordernisse ausrichten. Die wahren Werte unseres Lebens sind die persönliche Freiheit, der Wille zur Leistung und die Bereitschaft zur Verantwortung, nicht das Streben nach Gleichmacherei und Bequemlichkeit, nach einem faulen Leben in einer Wohlfahrtsgesellschaft.

Jeder hat in Zukunft mehr Eigenverantwortung zu übernehmen. Jeder wird mehr Selbstvorsorge betreiben müssen. Es gilt mehr denn je, mehr Einsatz zu zeigen und Anstrengungen zu unternehmen.

Hindernisse sind aus dem Wege zu räumen und Probleme sind anzupacken. Die Belastungen sind nicht nur immer möglichst zu vermeiden, Strapazen zu umgehen und Schwierigkeiten auszuweichen.
Nur wer Hürden und Klippen mit eigener Kraft überwunden hat, kann dann auch stolz auf seine Leistung und sein Können sein!
Es muß wieder Freude bereiten und Spaß machen, Hindernisse und Schwierigkeiten zu überwinden und zu meistern!
Die Zielsetzung muß wieder der Erfolg und der Fortschritt sein. Es gilt, ein positives Ergebnis anzustreben und alles ein wenig mehr optimistisch zu sehen. Ein mehr bejahendes Denken sollte sich in unseren Köpfen ausbreiten.
Wir alle müssen die auf uns zu kommenden Veränderungen und Zustände klar erkennen und uns bemühen, sie richtig einzuschätzen. Es gilt, neue Situationen korrekt und fachgemäß zu managen und zu meistern. Neues und auch Fremdes sollten wir alle mit mehr Freude und Interesse aufnehmen und nicht immer gleich mit Voreingenommenheit und Ablehnung begegnen. Die Vielfalt ist positiv zu nutzen und nicht als Verwirrung oder Anarchie abzulehnen.
Wir sollten uns wirklich mehr bemühen durch Kooperation und Teamfähigkeit, die Konflikte und Probleme unserer Zeit anzupacken und zu bewältigen. Es ist unsere soziale Pflicht, den Wandel in Gang zu setzen und einen Neubeginn zu initiieren.
Alle die auf uns zukommenden Veränderungen werden ihre Auswirkungen auf jeden Menschen im Unternehmen haben. In dem beiderseitigen Verhältnis zwischen Management und Mitarbeiter werden sich so einige Neuerungen ergeben. Es wird zu einigen Verschiebungen in den Beziehungen zwischen den Vorgesetzten und den Arbeitnehmern, in der Verteilung der Aufgaben und Pflichten, in der Zuordnung der Befugnissen und Zuständigkeiten kommen.
Wir alle sind gezwungen, flexibler und dynamischer zu werden. Unsere Arbeitswelt verlangt Mobilität, schnelleres Anpassungsvermögen, mehr Reaktionsschnelligkeit und auch mehr Verantwortungsbewußtsein!
Aus allen diesen Veränderungen der globalen Welt erwachsen für die gesamte Mitarbeiterschaft neue Aufgaben, andere Pflichten und veränderte Funktionen, ja aber auch neue Schwierigkeiten und nicht immer ganz einfache Probleme.
Die Firmenbelegschaft von morgen wird sich in vielen Dingen umstellen müssen. Auf das gesamte Personal eines Betriebes kommen so manche neuen Fragen zu, die einer klaren und eindeutigen Antwort bedürfen.
Unsere Wirtschaftsunternehmen wie auch unsere Wirtschaftspolitik müssen sich dem neuen Trend in der Welt anpassen. Die Führungskräfte wie auch die Arbeitnehmer, jeder Mitarbeiter, wir alle müssen hinzulernen und uns bei so manchen alten Gewohnheiten umstellen. Wir alle müssen uns selbst verändern.
Tun wir es nicht, werden Wirklichkeit und Zielvorstellung auseinanderlaufen. Wir werden mehr und mehr in Schwierigkeiten geraten und von Problemen bedrängt werden.
Wenn wir unser wirtschaftliches wie auch gesellschaftliches Leben nicht neu gestalten, werden schon wir keine Zukunft mehr haben, geschweige denn unsere Kinder und Enkel. Unsere Wünsche und Erwartungen werden sich nicht erfüllen.
Unsere Gesellschaft muß sich dem Neuen, dem globalen Informationszeitalter öffnen.
Wir haben uns mit Mut und Fleiß, mit Lebenswillen und Tüchtigkeit, mit unserer Intelligenz und einem gesunden Pragmatismus den Fragen der Zeit zu stellen. Wir müssen die Probleme der Zeit erkennen und diese dann anpacken. Wir müssen unser gesellschaftliches Leben, unsere wirtschaftlichen und politischen Lebensbereiche korrigieren und die traditionellen, nor-

malen Abläufe reformieren. Wir dürfen uns nicht stur an alten und überholten Strukturen festklammern.
Statt zu warten und uns auszuruhen, sollten wir aktiv werden und handeln. Vor uns stehen zahlreiche Aufgaben. Wir haben unserer Arbeitswelt nicht nur eine neue Form oder einen neuen Rahmen sondern auch einen neuen Inhalt zugeben.
Es bedarf einer grundlegenden Erneuerung und Neugestaltung des traditionellen Belegschaftssystems in den Unternehmungen. Es gilt Abschied zu nehmen von Trägheit und Inflexibilität, von verbriefter Sicherheit und garantiertem Wohlstand. Dynamisch und flexibel gilt es die Aufgaben anzupacken. Qualitäts- und kundenorientiert hat unser Handeln zu sein. Wir müssen besser, schneller und kostenbewußter in allen unseren Tätigkeiten werden. Wir haben kreativ und innovativ zu sein.
Die nächsten Jahre versprechen uns eine interessante und bewegte Zeit. Nichts wird so bleiben, wie es augenblicklich ist. Alles wird in Bewegung geraten, sich wandeln und verändern. Unsere Arbeitswelt, unsere Betriebe und Firmen werden neue Gesichter entwickeln. Die Zusammenarbeit, das Miteinander in den Unternehmen, das Verhältnis zwischen Chef und Mitarbeiter wird völlig andere Formen zur Entfaltung bringen und von einem neuen Stil geprägt sein.
So manche Neuerungen werden uns überraschen. Einiges wird uns gefallen, das eine mehr, das andere weniger. Es wird aufregend sein!

Der Mensch gewinnt bei allen diesen Veränderungen eine neue Dimension. Mehr denn je wird der Mensch zum Angelpunkt des Geschehens. Der Mensch wird wieder weit mehr in den Mittelpunkt der wirtschaftlichen Ereignisse rücken. Er wird wieder zum Ausgangspunkt der wirtschaftlichen Aktivitäten und Tätigkeiten.
Von ihm werden die neuen Impulse, Ideen und Initiativen ausgehen. Von ihm werden neue Einfälle und Konzeptionen erwartet. Er muß Kreativität und Innovation zeigen.
Nur dank des Strebens des Menschen nach Wissen und Erkenntnissen und seinem Ehrgeiz zur wissenschaftlichen Forschung entwickeln sich Wissenschaft und Technik.
Nur die Strebsamkeit zur Leistung und die Arbeitsfreude führen zu einem Fortschritt in unserem Leben, zu einer Sicherheit in unserem Dasein.
Allein dem Einfallsreichtums des Menschen und seiner Schöpferkraft verdanken wir die zahlreichen Neuerungen, Erfindungen und schöpferischen Einfälle.
Nur infolge der Tüchtigkeit und des Fleißes der Mitarbeiter in den Unternehmen können Verbesserungen und Veränderungen zum Wohle der Menschen erreicht werden.
Das Zeitalter der globalen Informationsgesellschaft bietet uns interessante, herausfordernde Aufgaben. Vor uns steht eine außergewöhnliche und reizvolle Zukunft!
Wir sollten uns glücklich schätzen, daß wir dabei sein dürfen und auch unseren Beitrag bei diesem Wandel leisten können.

1.1. Die Globalisierung in der Wirtschaft

Mit dem Begriff Globalisierung bezeichnet man das Zusammenwachsen der verschiedenen Volkswirtschaften in den einzelnen Ländern zu einem allumfassenden gemeinsamen Weltwirtschaftssystem. Durch die Beseitigung von Handelsschranken und Handelshemmnissen, durch die Verminderung und schließlich sogar Einstellung jeglicher Beschränkungen im Warenverkehr wird ein freier Transfer von Gütern und Kapital, von Technik und Wissen ermöglicht. Die Wirtschaft verliert jede Begrenzung oder Einschränkung in ihrem Wirkungsbereich. Ungehindert können Waren und Kapital aber auch Informationen und Wissen die Landesgrenzen überschreiten. Die Globalisierung in der Wirtschaft ermöglicht uns den Einkauf und Verkauf von Produkten und Erzeugnissen in allen fünf Kontinenten. Eine globale Wirtschaft bedeutet einen weltweiten Handel in allen Erdteilen ohne jede Restriktionen oder irgendwelche Fesseln.

Die Globalisierung ist im eigentlichen Sinne nichts Neues. Der Prozeß des wirtschaftlichen Zusammenwachsens begann bereits mit dem Handel der Länder über ihre Grenzen hinaus. Er wurde nur durch politische Abgrenzungen, durch unterschiedliche Gesellschaftssysteme und verschiedenartige Wirtschaftsordnungen, durch kriegerische Auseinandersetzungen und Streitigkeiten immer wieder unterbrochen und verzögert. Mangelnde Freizügigkeit und ungenügende Bewegungsfreiheit, fehlendes liberales Denken beengten die Wirtschaft immer wieder in ihrer Entfaltung über gewisse Zeiträume.

Der Ost-West-Konflikt teilte die Welt für einige Jahrzehnte in zwei große feindliche Lager und behinderte für viele Jahre jede weitere Ausdehnung eines freien Warenverkehrs und eines freien Informationsflusses. Unterschiedliche Ausfassungen und entgegengesetzte Ideologien verhinderten Kontakte und jede Annäherung.

Aber trotz der Kriege und der vielen Konflikte, trotz unterschiedlicher politischer Gesellschaftssysteme, die eine Ausdehnung des freien Handels und des freien Wettbewerbs immer wieder verzögerten, setzte sich das freie Wirtschaftssystem schließlich doch immer mehr durch.

Mit der Entwicklung der modernen Informationstechnologie bekam das Zusammenwachsen in der Wirtschaft einen kräftigen Impuls und Schwung. Der weltweite Informationsaustausch förderte die Handelsbeziehungen außerordentlich und ermöglichte dem internationale Handel und Warenverkehr ein weiteres Wachstum und eine weitreichende Entfaltung.

Die Informationen aus den verschiedensten Wissensgebieten stehen heute allen Menschen zur Verfügung, ganz gleich in welchem Lande sie leben. Die Nachrichten und Mitteilungen erreichen die entferntesten Punkte dieses Erdballes. Jeder kann heute auf das Wissen der Welt zurückgreifen. Eine Begrenzung im Zugriff oder gar eine Ausschließung ist schon gar nicht mehr möglich.

Mit dem Fallen der Grenzen zwischen Ost und West wurden die letzten Hürden in der Ausbreitung des Warenverkehrs und des Informationsaustausches genommen. Dem Ausbau der wirtschaftlichen Beziehungen zwischen den Staaten stand nun nichts weiter mehr im Wege. Das globale Zusammenwachsen der Volkswirtschaften konnte sich fortsetzen. Der Aufschwung in Wirtschaft und Technik hat freie Fahrt.

Die Entwicklung der Wirtschaft nahm durch die Informationstechnologie einen nicht zu übersehenden Aufschwung. Zahlreiche Unternehmen konnten sich nun über die Grenzen hinaus ausbreiten und durch Neugründungen oder Zusammenschlüsse zu internationalen Konzernen

anwachsen. Die Informationstechnologie war ihnen bei dieser Ausbreitung sehr hilfreich und unterstützte sie beim Ausbau der Firmenstrukturen. Die Vorteile der Informationstechnik werden auch in Zukunft von den Unternehmen genutzt werden.
Der globale Informationstransfer ermöglicht den Unternehmen interessante und wissenswerte Informationen zu erhalten oder weiterzugeben. Insbesondere in internationalen Konzernen können auf diese Weise das erforderliche und unentbehrliche Wissen wie auch das betriebliche Know-how leicht und schnell übermittelt werden.
Das Wissen in einer Firma steht mittels der Informationstechnik allen Mitarbeitern jederzeit in allen Ebenen und in allen Bereichen zur Verfügung. Es ist online, rund um die Uhr und rund um den Globus verfügbar. Tochterunternehmen können vom Mutterkonzern profitieren wie auch umgekehrt. Ein Unternehmenskonzern erzielt damit so manche Einsparung.
Die Unternehmen sind durch die Informationstechnologie schnell in der Lage, unternehmerisch zu handeln und auf Marktänderungen kurzfristig zu reagieren. Die Schnelligkeit, mit der eine Firma tätig wird, das Tempo sich zu wandeln, entscheiden über den Erfolg eines Unternehmens. Nur schnelles Reagieren und Wendigkeit bei den Unternehmen und den Mitarbeiter sichern den Gewinn. Die Firmen beschleunigen den Ausbau und die Entfaltung der wirtschaftlichen Beziehungen.
Die Informationstechnik war der wirtschaftlichen Entwicklung der Unternehmen und damit auch der gesamten Weltwirtschaft sehr förderlich. Sie wird es auch weiterhin sein. Bisher konnten fast alle Staaten, insbesondere die europäischen Länder von der sich ausbreitenden Marktwirtschaft profitieren. Die Vorteile der freien Marktwirtschaft und des freien Informationsaustausches, die globale Entfaltung der Wirtschaft haben das Leben der Menschen nicht nur verändert, sondern im hohen Maße auch verbessert. Der Lebensstandards der Menschen hat sich erhöht und sich besonders in den bisher benachteiligten Ländern des ehemaligen Ostblocks enorm verbessert. Die Globalisierung der Wirtschaft war bisher von großem Vorteil und Nutzen für die Menschen.
Die Ausbreitung des liberalen Denkens in unserer Welt schuf die Möglichkeit zur Aufhebung der Handelsbeschränkungen und beschleunigte die Entwicklung einer freien Marktwirtschaft. Die Liberalisierung war die Voraussetzung für die globale Entwicklung in unserer wirtschaftlichen wie auch politischen Welt. Erst sie ermöglichte die Aufhebung der Handelsschranken. Sie förderte den Handel, den Austausch von Gütern und Kapital, trug zu einer besseren Verständigung zwischen den Staaten und Völkern bei. Der Liberalismus unterstützte jede Kommunikation und jeden Informationsaustausch. Er bewirkte, daß die Menschen sich nun besser verstehen. Aufgeklärtes und tolerantes Denken und Handeln ebnete den Weg in die freie Marktwirtschaft.
Die Globalisierung der Weltwirtschaft hat aber auch unsere alte Welt in so manchen Bereichen teilweise sogar sehr erheblich durcheinander gebracht.
Nicht verschwiegen werden soll, daß diese Entwicklung auch so einige Probleme und Schwierigkeiten mit sich brachte, die noch einer überlegten und klugen Lösung bedürfen.
Die Globalisierung brachte der Industrie und dem Handel zahlreiche wirtschaftliche Vorteile, verlangt aber nun im Gegenzug auch ein hohes Maß an wirtschaftlicher, sozialer und ökologischer Verantwortung. Es gilt nicht nur Profit zu erlangen, sondern auch Arbeitsplätze zu schaffen und den Menschen im globalen Bereich ein wirtschaftliches Auskommen zu ermöglichen. Ein Unternehmen hat nicht nur Gewinne zu erzielen, es hat auch eine soziale Unternehmensaufgabe. Es hat mit den Menschen wie auch mit der Natur sozial umzugehen. Nur ein verantwortungsvoller Umgang sowohl mit den Menschen als auch mit unserer Umwelt ermöglicht ein Wachstum und einen wirtschaftlichen Aufschwung. Ein Unternehmen hat auch gemeinnützig zu sein und nicht nur immer seinen Nutzen zu sehen.

Mit dem Öffnen der politischen Grenzen zwischen den Staaten und der Beseitigung der Handelshemmnisse wurden auch die Beschränkungen im Reiseverkehr weitgehend beseitigt. Mehr und mehr Menschen aus den unterentwickelten und den wirtschaftlich armen Regionen können nun in die reichen Länder strömen, wo ein höherer Lebensstandard besteht und wo diese Menschen sich nun ein besseres Leben erhoffen.

Die Globalisierung bringt so einige soziale Probleme mit sich, die mehr und mehr anwachsen und nun dringend bewältigt werden müssen. Angefangen von der wirtschaftlichen Armut, der ungenügenden oder gar fehlenden Ausbildung, der steigenden Arbeitslosigkeit, der Schwarzarbeit bis hin zu den gewaltigen Belastungen des Staatshaushaltes durch die Wirtschaftsflüchtlinge wie auch den kriminellen Auswüchsen bei der Ausnutzungen von Wohlfahrtseinrichtungen, den kriminellen Handel mit Drogen und Menschen beschäftigen uns zahlreiche Themen. Dazu kommen die geistigen und psychologischen Ängste vieler Menschen. Der ökonomische und gesellschaftliche Aufschwung beschwört auch hier und da eine gewisse Unsicherheit und Furcht herauf. Viele Menschen sehen zahlreiche Gefahren auf sich zukommen. Sie sind auf den Wandel zu einer globalen Welt nicht vorbereitet und fürchten um ihre erarbeiteten Werte. Sie sehen vordergründig nur die negativen Seiten statt all die Vorteile und den Gewinn.

Völlig neue Probleme stehen sicherlich nun plötzlich mit der globalen Entwicklung vor uns und erfordern ein entsprechendes handeln und reagieren. Es ist richtig, daß die konventionellen Denkschemen, die bisher bewährten Strukturen und die traditionellen Ordnungen nun nicht mehr in der globalen Umgebung gelten. Der Aufbruch in das Zeitalter der Information, die wirtschaftliche und politische Einigung Europas und die Entwicklung eines globalen Güter- und Kapitaltransfer haben zu einem gewaltigen Umbruch in unserer Gesellschaft geführt. Der Wettbewerb zwischen den Staaten in Europa wie auch in der Welt wird größer und wächst in seiner Härte. Der traditionelle Arbeitsmarkt hat sich bereits enorm vergrößert. Er dehnt sich zunehmend weiter aus. Immer mehr Menschen drängen in den Markt. Das Angebot an Arbeitskräften jeglicher Art, unterschiedlichster Ausbildung und Qualifikation steigt immer mehr an. Zu viele Menschen, oft mit unzureichender Ausbildung, suchen einen Lebenserwerb, wollen an einem besseren Leben teilhaben, stellen ihre Forderungen und beanspruchen ihre Rechte. Mehr und mehr wird die Arbeitsbeschaffung in der freien Marktwirtschaft ein Problem.

Das Problem der Arbeitslosigkeit, die fehlenden Beschäftigungsmöglichkeiten für die vielen Menschen in unserer Gesellschaft werden aufgrund der Ausmaße ein immer schwieriges gesellschaftliches Problem, das den sozialen Frieden in der Völkergemeinschaft zu stören beginnt. Die Staatengemeinschaft, die globale Wirtschaft und Politik muß hier nach neuen Lösungsmöglichkeiten suchen. Die Globalisierung verlangt völlig neue Wege bei der Bewältigung der Aufgaben und Fragen. Das alte Europa nimmt Abschied vom klassischen Industriezeitalter.

Während nun auf der einen Seite das Potential an Arbeitskräften infolge der Globalisierung anwächst und zu Beschäftigungsschwierigkeiten führt, steigt aber auch auf der anderen Seite mit der Ausbreitung des globalen Wirtschaftsmarktes das Kundenpotential an. Neue Konsumenten haben ihre Bedürfnisse und verlangen nach Verbrauchsgütern. Alte, heute völlig unwirtschaftliche Unternehmen benötigen moderne Technik und Technologien wie auch Kapital zur Modernisierung. Es besteht ein zunehmender Bedarf an Investitionen in den verschiedensten Bereichen.

Die wachsende Zahl der Verbraucher ermöglicht neue Absatzchancen für die Unternehmen, läßt die Umsätze steigen, was wiederum aber auch wieder neue Arbeitsmöglichkeiten schafft. Steigende Produktionen verlangen auch zunehmenden Einsatz von Arbeitskräften.

Mit der Entstehung des globaler Markt kommt es zu zahlreichen Angeboten und Nachfragen. Wie wird sich das Gleichgewicht zwischen der Nachfrage nach Arbeit und dem Angebot an Arbeitsplätzen einstellen?

Die europäischen Staaten sehen sich einer gewaltigen Herausforderung in ihrer Finanz- und Wirtschaftspolitik aber auch insbesondere in ihrer Sozialpolitik gegenübergestellt. Im sozialen Bereich wirft die Globalisierung viele neue Fragen auf. Jedes Land in Europa muß sich mit zahllosen Veränderungen und neuen Situationen auseinandersetzen. Der Solidaritätsgedanke wird hierbei eine entscheidende Rolle spielen, denn die Aufgaben lassen sich nur in einer Gemeinsamkeit anpacken und auch nur gemeinsam lösen. Die Völker müssen mehr denn je bei der Lösung der gesellschaftlichen Probleme zusammenstehen und zusammenarbeiten. Sie müssen versuchen, die Fragen der Zeit in einem gemeinsamen Einvernehmen vernünftig zu lösen, die Probleme mit völlig neuen Vorgehensweisen in den Griff zu bekommen. Es gilt, gemeinsam vernünftige Konzepte zu erarbeiten. Die Mittel und Wege zur Bewältigung der Probleme bedürfen neuer Strategien und unkonventioneller Methoden. So manche Lösung wird auch einen Einschnitt zur Folge haben.

Die Menschen im globalen Markt müssen erkennen, daß sie in einer solidarischen Gemeinschaft leben und daß jeder in dieser Solidargemeinschaft auch seinen Beitrag einzubringen hat.

Das Ziel aller Bemühungen muß die Existenzsicherung von Millionen von Menschen sein. Hierfür gilt es, für die Menschen Möglichkeiten zu schaffen, die ihnen auch ein menschenwürdiges Arbeiten zum eigenen Broterwerb erlauben.

Den Leuten muß bis zu einem gewissen Grad der Weg für ein lebenswertes Auskommen geebnet werden. Es müssen ihnen Möglichkeiten zum Arbeiten geboten werden. Es sind die Voraussetzungen zu schaffen, die es ihnen erlauben, ein würdiges und selbstverantwortliches Leben zu führen.

Die Aufgabe heißt Zusammenarbeit in allen Bereichen unserer Wirtschaftspolitik, aber auch in unserer Außen- und Innenpolitik, in allen wirtschaftlichen und politischen Disziplinen, Fachbereichen und Fachgebieten.

Ein neues Denken macht sich bereits breit. Staatlicher Dirigismus und autoritäre Planwirtschaft werden in Osteuropa weitgehend durch eine freie Markwirtschaft mit mehr oder weniger sozialer Sicherung ersetzt. Die politische Macht verliert ihren Einfluß und ihre Vormachtstellung in allen ehemaligen Planwirtschaften. Die Aufgaben werden nun neu verteilt. Die Menschen genießen mehr und mehr Freiheiten, müssen aber auch mehr und mehr Verantwortung übernehmen.

In der Welt herrscht heute weit mehr Freiheit als je zuvor. Diese Freiheit verpfichtet aber auch zu einen verantwortlichen Umgang mit diesem erworbenen, wertvollen Gut.

Mehr Selbständigkeit und mehr Eigenverantwortung werden mehr und mehr von den Menschen verlangt werden. Wir alle werden lernen müssen, mit der Freiheit richtig umzugehen und sie sowohl für das eigene Glück als auch für das Gemeinwohl zu nutzen. Wir alle müssen lernen, mehr demokratisch zu denken und mehr tolerant zu handeln. Freiheit bedeutet, selbst aktiv werden, selbst handeln und selbst verantworten.

Der wirtschaftliche Fortschritt in der globalen Welt wird für viele Menschen in Europa eine Befriedigung der zahlreichen materiellen Wünsche bringen. Heute noch arme und unterentwickelte Völker und Staaten werden ihre wirtschaftliche Lage enorm verbessern und haben alle Chancen für einen zukünftigen wirtschaftlichen Wohlstand.

Trotz so mancher Schwierigkeiten sollten wir uns nicht davon abhalten lassen, die Einigung in Europa voranzutreiben, den globalen Handel und Warentransfer in jeder Hinsicht zu fördern und zu pflegen, den globalen Markt weiter auszubauen. Nur gute wirtschaftliche Beziehungen sichern auch den Frieden. Langfristig ist dieser Weltmarkt des freien Handels ein Vorteil für alle Menschen. Er schafft ihnen die Möglichkeit für ein Leben in Wohlstand und Freiheit. Das grundsätzliche Ziel aller muß das friedliche und brüderliche Zusammenleben in der Völkergemeinschaft sein. Alle Staaten werden bei der Bewältigung der Nöte ihre Schwierigkeiten haben. Wir alle haben unsere Aufgaben und Pflichten, die wir sowohl allein als auch gemeinsam lösen müssen. Probleme, die wir allein nicht in den Griff bekommen, sollten wir gemeinsam anpacken. Alle Staaten werden nur in einer wirklichen Völkergemeinschaft ihre Chancen haben. Nur die Gemeinschaft garantiert den Frieden und die Aussicht auf Zufriedenheit und Glück für alle Menschen.
Alle Staaten werden in dem globalen Markt ihren Vorteil haben. Sie sollten die ihnen gebotenen Möglichkeiten nutzen. Der freie globale Handel wird die wirtschaftlichen Verhältnisse in allen Völkern verbessern und den Menschen ein angenehmeres Leben bescheren. Der wachsende Wettbewerb darf uns nicht trennen. Er muß uns einen. Ein gesunder Wettbewerb sollte uns verbinden und zu noch mehr Leistung zum Wohle aller Menschen inspirieren.
Dieser Wettbewerb sollte aber auch immer wie ein sportlicher Wettstreit gesehen und stets fair, anständig und ehrenhaft geführt werden.
Die Globalisierung ist ein Prozeß des Zusammenwachsens der Wirtschaften der Welt, eine Entwicklung zu einer wahren Völkergemeinschaft. Wir können diesen geschichtlichen Ablauf weder aufhalten noch rückgängig machen. Wir sollten uns auf den Wandel in dieser Welt einstellen und den neuen Realitäten ins Auge sehen. Wir sollten uns anpassen. Wir sollten die große Chance und die sich uns bietenden Möglichkeiten im globalen Markt nutzen!
Die Globalisierung bedeutet Wohlstand und Freiheit für alle in der Völkergemeinschaft und die Verwirklichung dieser Ziele sollte uns auch ein paar Nachteile wert sein.
Die Globalisierung bedeutet sicherlich so einige Probleme und wird auch so einige Schwierigkeiten mit sich bringen. Sie wird unsere Arbeitswelt radikal verändern. Sie ist aber kein Übel, das man nun verteufeln und verdammen muß. Sie ist keine Entwicklung, die uns Menschen bedroht, die eine Gefahr für das Leben der Menschen darstellt.
Die Globalisierung ist eine Herausforderung, die uns die Chance bietet, unser aller Leben zu verbessern, Glück und Zufriedenheit zu erlangen und in Frieden besser zusammenzuleben!

1.2. Der globale Wettbewerb

Die Unternehmen sind heute einem weltweiten Wettbewerb ausgesetzt. Jede Firma sieht sich einer zunehmenden Zahl von Wettbewerbern gegenübergestellt, die die gleichen Produkte und den gleichen Service oder doch sehr ähnliche Erzeugnisse und Leistungen anbieten und auch keine oder kaum noch Qualitätsunterschiede zeigen. Qualität ist kein Unterscheidungsmerkmal mehr. Auch der Wettbewerb garantiert heute Qualität und Zuverlässigkeit. Auch der Konkurrenz kann man voll vertrauen. Sie ist weder schlechter noch besser.

Unterschiede ergeben sich eigentlich vorwiegend nur noch in der Produktivität und damit in den Herstellungs- und Fabrikationskosten. Aufgrund der in Deutschland höheren Löhne und Gehälter einschließlich der verhältnismäßig sehr hohen Lohnnebenkosten zeigen sich Differenzen, die zu einer bedrohlichen Benachteiligung für deutsche Firmen führen. Der Wettbewerb kann in der Regel mit niedrigeren Kosten im internationalen Markt auftreten und damit andere ausstechen.

Jedes deutsche Unternehmen muß sich heute mit leistungsstarken Wettbewerbern messen und vergleichen. Es spürt den gewaltigen Druck der ausländischen Konkurrenten.

Die einstigen Vorteile in der Technologie und in der Spitzenleistung schwinden immer mehr dahin. Unterschiede ergeben sich nur noch bei den Kosten. Die ausländischen Unternehmen können auf einer anderen Kostenbasis kalkulieren und somit günstigere Angebote unterbreiten. Die niedrigeren Lohnkosten außerhalb Deutschlands bereiten so manchem Unternehmen mehr und mehr ernstliche Sorgen und Probleme und bedrohen die Existenzen zahlreicher Firmen und ihrer Beschäftigten.

Eine hohe Produktqualität bei den Produkten und den Prozessen reicht als Antwort im globalen Wettbewerb allein nicht mehr aus. Erste Güteklasse und hohes Niveau werden mehr und mehr auch Standard beim Wettbewerb.

Eine langfristige Chance zum Überleben im harten Wettbewerb hat nur noch der Unternehmer, der zusammen mit seinen Mitarbeitern im Team seinen Produktstandard verbessert, der seine Innovationen beschleunigt, der ein kleines bißchen pfiffiger als der Wettbewerb ist.

Ein Unternehmen muß versuchen, möglichst immer an der Spitze zu sein, ein bißchen flinker eine neue Idee zu entwerfen, ein wenig früher mit einem neuen Produkt im Markt zu erscheinen, ein wenig schneller eine Neuerung zu entwickeln. Den Mitarbeiter muß es Freude bereiten, hervorragende Produkte zu entwickeln, sowohl in der Technik, im Design als auch in der Wirtschaftlichkeit. Sie müssen von diesen Aufgaben überzeugt und begeistert sein.

Die Zielsetzung des Unternehmens wie auch seiner Mitarbeiter muß es sein in der Leistung gegenüber dem Wettbewerb ein kleines Stück voraus zu sein.

Eine Firma sollte durch seine Unternehmenskultur die Mitarbeiter so motivieren, daß das Unternehmen insgesamt in seinem Leistungsvermögen produktiver und effektiver wird. Nur so kann sich eine Firma vom Wettbewerb abheben und unterscheiden. Die Mitarbeiter müssen immer ein wenig schneller und besser als die anderen reagieren.

Eine neue Art und Form in der Arbeitswelt eines Unternehmens, eine veränderte Struktur, ein neuer Arbeitsstil in der betrieblichen Zusammenarbeit kann die Grundlage für eine Stärkung der Wirtschaftskraft eines Unternehmens sein. Mit einer neuen Arbeitskultur, einem neuen Umgang im gegenseitigen Miteinander in den Betrieben lassen sich die potentiellen Kräfte der Mitarbeiter weit besser für das Unternehmen nutzen, kann das Unternehmen sogar neue Kräfte gewinnen.

Die deutsche Wirtschaft büßt zur Zeit von Tag zu Tag mehr ihre Wettbewerbsfähigkeit ein und verliert auch zunehmend ihre Spitzenpositionen in einigen Bereichen. Die Unternehmen klagen über zu hohe Lohnkosten und zu kurze Arbeitszeiten. Sie fühlen sich zu sehr beengt durch Vorschriften und Verhaltensregeln.

Die exzellenten deutschen Leistungen und die gute Qualität der deutschen Erzeugnisse, die technische Spitzenleistung bei den Produkten und dem Service scheinen nicht mehr gefragt zu sein.

Internationale Unternehmen investieren nicht mehr in Deutschland. Ausländisches Kapital meidet Deutschland. Heimische Fachkräfte sind immer weniger gefragt.

Deutsche Firmen verlagern ihre eigene Produktionen ins Ausland. Zu kurze Arbeitszeiten, zu hohe Löhne und zu hohe Lohnnebenkosten, zu hohe Fehlzeiten der Belegschaft, zu viele Regularien gelten als Gründe für eine Abwanderung und Verlagerung von Standorten. Alle diese Punkte werden als Ursachen für eine Benachteiligung im internationalen Wettbewerb gesehen und immer wieder angeführt.

Unsere alte so schöne Arbeitswelt ist gegenüber dem Wettbewerb im Nachteil. Sie muß sich deshalb verändern und umgestaltet werden. In so einigen Bereichen sollte sie auch erneuert werden. Sie muß den neuen Gegebenheiten und Anforderungen des internationalen Marktes angepaßt werden!

Warum ändern wir eigentlich nicht alle die uns behindernden, ungünstigen und blockierenden Umstände?

Was hält uns ab, neue Wege zu gehen, uns auf veränderte Vorgaben einzustellen und uns den neuen Anforderungen anzupassen?

Wir alle müssen endlich aufwachen, uns wieder ein wenig mehr bewegen und uns den neuen Realitäten im globalen Markt stellen!

Wir alle müssen uns selbst besinnen und uns darüber klar werden, was für uns wichtig ist und was wir eigentlich wollen!

Wir werden auf so einigen Gebieten sicherlich umdenken und andere Wege beschreiten müssen. Wir haben nachzudenken über alle unsere Leistungen.

Wir haben alle Möglichkeiten, alle Mittel und Wege zu betrachten, die uns Chancen für Verbesserungen und einen Wandel versprechen.

Der Markt fordert heute mehr Flexibilität in unserem Denken und in allen unseren Handlungen, in unserer Arbeit, in unserem Arbeitsstil, in der Arbeitszeit und in unserem gesamten gesellschaftlichen Leben.

Wir müssen uns neuen Strukturen in Politik und Wirtschaft zuwenden und uns dem weltweiten Wandel anpassen. Wir sollten auf die ständig ändernden Anforderungen reagieren und antworten und neue Arbeitszeitmodelle entwickeln, die besser den Bedürfnissen der Industrie gerecht werden, die das Arbeiten dem Arbeitsbedarf anpassen. Ein solches Arbeitsmodell muß dann auch ein Arbeiten für einen nur begrenzten Zeitraum beinhalten, ein Arbeiten, wenn eine Nachfrage besteht.

Wir müssen aber auch unsere Trägheit ablegen und ein wenig flinker werden. Schnellere Reaktionsfähigkeit ist gefordert. Eine aktive und lebendige Gegenreaktion ist zu zeigen. Auf neue Einflüsse ist rascher zu reagieren.

Wenn wir unsere höheren Löhne und Gehälter weiterhin gegenüber dem Weltstandard behalten wollen, dann müssen wir auch ein wenig mehr dafür tun. Ohne Fleiß, kein Preis! Ohne ein Mühen lassen sich keine Gewinne und Erfolge erzielen! Nur ein gewinnbringendes Unternehmen kann auch eine soziales Unternehmen sein!

Flexibilität muß an die Stelle von Stillstand und Routine treten. Neue Standards müssen die alten Maßstäbe ablösen und unser Handeln und Tun bestimmen. Eine Neuorientierung muß die klassische und konservative Ordnung ersetzen.

Eine kontinuierliche Veränderung, ein Wandel muß nicht immer nur negativ gesehen werden. Ein gesunder Optimismus, ein wenig mehr Zuversicht und ein Glaube an die Zukunft sollte uns schon beflügeln.

Nur wenn unsere Leistungen den Kunden und Verbraucher jederzeit zufriedenstellen, wenn die Käufer so ihre Vorteile haben und man auch allen ihren Anforderungen gerecht wird, wenn die Wünsche der nationalen und internationalen Märkte erfüllt werden, nur dann werden unsere Produkte und unser Service, nur dann wird auch unsere Arbeitskraft gefragt sein. Nur wenn wir unsere geistige und manuelle Arbeit auch richtig verkaufen, sind uns auch Gewinne und Verdienste sicher.

Wir haben eine Chance. Wir sollten sie nutzen!

1.3. Die Technik in einer kontinuierlichen Entwicklung

Die Wissenschaft und Technik befinden sich schon immer in einem Prozeß einer fortlaufenden und stetigen Entwicklung. Neuerungen auf allen Gebieten, neue Erkenntnisse, neues Wissen, Entdeckungen und Erfindungen lassen uns immer wieder erstaunen über die Leistungskraft und die geistigen Fähigkeiten von uns Menschen.
Mit eine der neuesten Entwicklungen der menschlichen Leistungsfähigkeit bildet die Mikrosystemtechnik, die uns völlig neue Wege eröffnet. Eine tollkühne Leistung, die uns erlaubt, den Mikrokosmos weiter zu entdecken und zu erforschen, die uns Einblicke in die Mikrowelt gestattet und uns neue Erkenntnisse gewinnen läßt.
Die Bionik lehrt uns neue Techniken auf der Basis der Natur. Wir lernen von den Pflanzen und Tieren neue Methoden, Fertigkeiten, Handhabungen und Verfahren. Dinge, die die Natur in Jahrhunderten entwickelte, werden zum Vorbild in vielen Bereichen unserer Technik. Der schon lange bekannte Lotuseffekt findet nun einige interessante Anwendungen.
Biotechnologie, Genforschung und Informationstechnologie haben bereits ihre markanten Spuren hinterlassen und die Weltwirtschaft nachhaltig beeinflußt, unsere alte Welt schon in recht kurzer Zeit enorm verändert.
Die Computerisierung unserer Arbeitswelt und die Ausweitung des Computer bis in den persönlichen Bereich hinein hat unser aller Leben bereits sichtbar neu gestaltet. Der Prozeß ist auch noch nicht abgeschlossen. Er wird sich weiterhin fortsetzen. Der Mikrochip wird in vielen Bereichen unseres Lebens eine bestimmende Rolle spielen.
Zur Zeit sind wir Zeugen einer gewissen Verlagerung von der Hardwear zur Softwear. Computerprogramme gewinnen eine enorme Bedeutung und beeinflussen unser Leben im Alltag. Oft versteckt und von uns kaum wahrgenommen, verbringen sie ihre Dienste.
Der Siliziumchip wird mehr und mehr die Arbeiten ausführen und den gesamten Arbeitsprozeß in den Unternehmen revolutionieren. Er wird unsere Arbeit erleichtern, aber auch Menschen im Arbeitsprozeß ersetzen und Mitarbeiter in den einzelnen Arbeitsabläufen überflüssig machen. Er wird mehr und mehr Arbeitskräfte in der Produktion, im Handel, in der Verwaltung freisetzen und Arbeitslose erzeugen.
Wir irren, wenn wir glauben, wir könnten diesen Entwicklungsprozeß aufhalten oder bremsen, oder gar rückgängig machen.
Wir selbst haben ihn in Gang gesetzt und müssen nun sehen, daß wir mithalten, daß wir uns diesem Prozeß anpassen und mit der eingeleiteten Entwicklung Schritt halten.
Die Schwerstarbeit wird heute ausschließlich von elektronisch gesteuerten Robotern und Maschinen ausgeführt. Monotone, stupide und den Geist tötende, langweilige Arbeiten verrichten heute Automaten. Körperliche Schwerstarbeit, stumpfsinnige Routinen leisten elektronische gesteuerte Geräte.
Die Karosserie eines Automobils wird heute von einem Roboter und nicht mehr von einem Menschen per Hand lackiert.
Haben wir es nicht einmal als einen tollen Fortschritt begrüßt, daß der Lackierer nun nicht mehr die vom Farblack geschwängerte Luft einatmen muß?
Mehr und mehr werden die Menschen nur noch für ihr technisches Wissen und ihre geistige Leistung und nicht mehr für ihr körperliches Mühen entlohnt.

Die Produktzyklen haben sich in den letzten Jahrzehnten gewaltig verkürzt. Neuerungen beherrschen heute unseren Alltag in jeder Beziehung. Sie verschönern unsere Welt, erleichtern uns das Leben. Beachtenswert sind die zahlreichen Innovationen im Bereich Kommunikation und Computer, die Entwicklungen der jüngsten Zeit in der Fahrtechnik des Automobilbaus, in der Elektrotechnik oder in der Medizin. Wir leben in einer High-Tech-Welt.
Unsere Gesellschaft ist in einem Prozeß des Wandels. Wir sind auf dem Wege zu einer globalen Informationsgesellschaft. Fast täglich werden wir mit innovativen Ideen und neuartigen Produkten konfrontiert. Wir sind immer wieder Neuerungen, neuen Aufgaben, anderen Techniken und damit neuartigen Fragen gegenübergestellt.
Mit dem Beginn des Informationszeitalters, mit der Einführung der Mikroelektronik und der sich ausbreitenden Digitalisierung, mit dem Einfluß des Computer in allen Arbeitsbereichen brach eine neue Zeit an, deren Auswirkungen eigentlich noch gar nicht vollständig und richtig übersehbar sind.
Jeder begrüßte einst die Arbeitserleichterungen und die Automatisierungen, die neuen Möglichkeiten und Erleichterungen, den Kollegen Roboter. Nicht immer sah man auch gleich die Folgen dieser neuen Entwicklung.
Viele tun heute sehr überrascht und möchten so einiges rückgängig machen, vergessen aber dabei alle die Vorteile, die sie heute so ganz selbstverständlich genießen.
Ähnlich wie einst die Erfindung der Buchdruckerkunst durch Johannes Gutenberg oder später das Eisenbahn- und auch das Automobilzeitalter, so wird auch die Informationstechnologie unsere Welt revolutionieren und ihr ein neues Gesicht geben.
Mit jeder technischen Neuerungen ist eigentlich auch immer ein Bruch mit alten Traditionen verbunden. Altes wird von Neuem abgelöst. Oft geht dabei auch eine gute Einrichtung in die Brüche.
Warum sollte es heute im Zeitalter der Informationstechnik anders als früher sein?
Jede Entwicklung hat ihre guten wie auch schlechten Seiten. Jeder Fortschritt hat seine Vor- und Nachteile, eigentlich ein ganz natürlicher und normaler Ablauf einer jeden Entwicklungsphase.
Einst half uns die Technik fehlende Arbeitskräfte zu ersetzen, schwere Arbeiten zu erleichtern und monotone Tätigkeiten auszuführen. Die Computerchips trat immer öfter an die Stelle eines Arbeitnehmers und führte nun für ihn die Arbeiten aus.
Technik diente dazu, das Leben angenehmer und behaglicher zu gestalten. Man war einmal sehr stolz darauf!
Heute wird die moderne Technik beschuldigt, Arbeitsplätze zu vernichten und Arbeitskräfte freizusetzen. Die fehlenden Arbeitsmöglichkeiten für die Menschen werden immer mehr zu einem Problem, für das nun die Technik verantwortlich gemacht wird. Die Vorzüge und Stärken werden nicht mehr gesehen. Technik wird zum Übel, zum Schuldigen für die wachsende Arbeitslosigkeit. Sie wird angeklagt, Arbeitsplätze zu vernichten und den Menschen die Erwerbsmöglichkeit zu nehmen.
Vergessen wird bei allen diesen Betrachtungen, daß es eigentlich an einer fehlenden Anpassungsfähigkeit fehlt, daß wohl ein Wandel in der Technik erfolgte, nicht aber bei den Menschen selbst. Sie blieben in ihrer Weiterentwicklung stehen, haben sich nicht mit den Neuerungen auseinandergesetzt und auf die Veränderungen eingestellt oder vorbereitet. Sie haben ihr Wissen nicht erweitert. Die Auswirkungen und Konsequenzen der Informationstechnologie werden nicht gesehen.

Plötzlich sieht man sich nun mit zahlreichen neuen Ordnungen und Abläufen konfrontiert. Man ist überrascht, daß die heutigen erforderlichen Arbeiten andere Regulierungen, veränderte Strukturen und neuartige Verfahren verlangen. Die Arbeitsabläufe haben sich verändert. Sie passen nun nicht mehr in die eingefahrenen, alten Gleise. Jetzt sind andere Spurbreiten gefragt. Die Art und Form der Arbeit verlangt nun eine Anpassung bei den Menschen. Der Arbeitsmarkt wird heute in vielen Bereichen völlig unvorbereitet mit einer starken Produktivitätssteigerung konfrontiert. Die Arbeitsprozesse wurden effektiver und effizienter. Man hat es versäumt, sich auf diese neuen Entwicklungen in unserer Wirtschaft und Politik, in unserer gesamten Gesellschaft mit ihren nun anderen Anforderungen und Bedingungen, auf andersartige Arbeitsabläufe sowie auch zeitgemäßere, moderne Arbeitszeitmodelle einzustellen. Die Wirtschaft verlangt heute nach anderen Formen für das Arbeiten, nach völlig anders gestalteten Beschäftigungsverhältnissen, nach anderen Arbeitsstilen und Tätigkeitsabläufen. Sie setzt eine neue Art und Weise bei den Arbeitsausführungen und auch bei den Arbeitszeiten voraus. Die Zahl der Menschen, die für einen bestimmten Arbeitsprozeß benötigt werden, hat sich sehr verringert. Es sind heute für viele Prozesse weit weniger Menschen erforderlich als noch vor einigen Jahren.

Die Regel „der Beruf fürs ganze Leben" mit allen ihren Folgen, all das gilt nun nicht mehr. Neue Formen im Arbeitsverhältnis werden nun bestimmend. Flexibilität, Wandel, Veränderung, Anpassung sind die Schlagworte hinter denen sich eine völlig neue Arbeitswelt verbirgt.

Für viele von uns Menschen bringt dieser Umbruch durch die Informationstechnik eine gewaltige Veränderung in unserem persönlichen Leben, in unserem täglichen individuellen Arbeits- und Lebensrhythmus.

Welche Entwicklung unsere Gesellschaft nehmen und wohin sie steuern wird, was die neuen Technologien für Wirtschaft und Politik, für unsere Gesellschaft bedeuten, können sich bisher nur wenige Menschen wirklich vorstellen. Die Arbeitsbilder sind noch teilweise sehr verschwommen und nicht völlig klar.

Der aufmerksame Betrachter kann bereits beobachten, wie alte Strukturen und Systeme in der Politik, in der Technik und ganz besonders in der Wirtschaft sich verändern, sich auflösen und durch neue ersetzt werden.

Unsere Wissenschaft und Technik waren nie in einem Stadium des Stillstandes. Es waren immer Prozesse einer stetigen Entwicklung und kontinuierlichen Veränderung.

Plötzlich erscheinen aber diese Änderungen und Neuerungen sich zu beschleunigen. Nach einem Zeitraum einer verhältnismäßigen lang anhaltenden Ruhe, eines fast stetigen Aufschwungs und Wachstums werden wir nun mehr und mehr mit Ereignissen konfrontiert, die eine gewisse Unruhe auslösen. Wir befinden uns an einem Wendepunkt, wo die technischen Entwicklungen nun plötzlich weit schneller ablaufen, wo mehrere Ereignisse nun gleichzeitig aufeinanderstoßen, wo alle diese Prozesse weit mehr sichtbar werden und unser Leben verändern. Alle Abläufe und alle Entwicklungen scheinen nach einer gewissen Gleichmäßigkeit und Ruhe sich nun sehr zu beschleunigen. Wir alle werden erfaßt und von einem sich anbahnenden Wandel berührt. Wir alle sind betroffen und werden neuen Dingen gegenübergestellt. Einige versuchen noch gegen den Strom zu schwimmen und sich gegen die neuen Entwicklungen zu stellen. Sie wollen sich wehren und sich abschirmen.

Pessimisten verschließen bewußt ihre Augen, um diesen Wechsel und Wandel nicht wahrnehmen zu müssen.

Die Welt ist in einem Umbruch. Wir können diesen Prozeß nicht ignorieren oder zurückdrehen.

An alle werden nun neue Anforderungen und Erwartungen gestellt. Wir werden mit neuen Aufgaben und Fragen herausgefordert. Wir alle, ob Manager oder Mitarbeiter sind aufgerufen, nach neuen Lösungen für die Fragen unserer Zeit zu suchen.
Mit dem Einstieg in das Informationszeitalter müssen wir uns auf einen noch rascheren technologischen Wandel und auch auf so manche Veränderungen in allen unseren Lebensbereichen einstellen.

Die Entwicklung zur Informationsgesellschaft begann bereits schon recht früh. Bereits im Mittelalter förderten die Informationen, wie zum Beispiel die Buchführung, das Ausstellen einer Rechnung oder das Schreiben einer Quittung oder auch die Einführung von Zahlungsmitteln, die Entwicklung des Handels. Sie beeinflußte unser Denken, unsere Arbeiten und unsere Handlungen.
Ein gewaltiger Schub voran erfolgte durch die Erfindung des Buchdruckes im 15. Jahrhundert, die vielen Menschen Informationen vermittelte. Mittels eines Druckes ließen sich Nachrichten, Mitteilungen, Meldungen und Verkündungen weit besser verbreiten und weit schneller bekanntgeben. Die Information sprach gleichzeitig weit mehr Menschen an. Eine weit größere Zahl von Menschen konnten nun von der Information profitieren und sie auch nutzen. Die Erfindung der Fotografie und des Filmes informierte die Menschen mit stehenden und bewegten Bildern. Ein Foto erlaubte bedeutende und weniger wichtige Ereignisse festzuhalten und anderen anschaulich mitzuteilen.
Eine hörbare und naturgetreue Wiedergabe von Stimmen und Gesang, von Gesprächen, Reden und von Musik vermittelte die Erfindung und Entwicklung der Schallplatte, des Tonbandes und schließlich der Compact Disc.
Fernsprecher und Funk erlauben eine Kommunikation zwischen allen Punkten der Erde wie auch im Weltraum. Das Fernsehen gestattet uns die drahtlose Übertragung bewegter Bilder einschließlich Ton und erlaubt uns heute die Teilnahme an der Erforschung unseres Planetensystems wie u. a. des Planeten Mars.
Das Internet, das weltweite Netzwerk, ermöglicht den Zugriff auf Informationen rund um den Erdball und den weltweiten Austausch von Nachrichten in Text, Bild und Ton.
Die Realisierung der Informationstechnik ist von einer die Gesellschaft verändernder Wirkung und revolutioniert sowohl unsere Politik als auch unser Wirtschaftsleben.
Die Unternehmen einschließlich ihres Managements und ihrer Mitarbeiter sind neuen Fragen, neuartigen Aufgaben, unkonventionellen Störungen und Schwierigkeiten, neuen Herausforderungen gegenübergestellt. Unser gesellschaftliches und damit unser ganz persönliches Leben befinden sich in einem Prozeß der Veränderung und der Wandlung.
Alle die geschichtemachenden Erfindungen möchte heute keiner mehr missen. Sie waren einmal gewaltige Umbrüche im Leben der Menschen. Heute leben wir so ganz selbstverständlich mit diesen einstigen Neuerungen und können auf sie auch nicht mehr verzichten. Sie sind Bestandteile unseres täglichen Lebens und unserer Umwelt geworden. Wir benötigen sie in unserem Dasein.
Die Neuerungen, die Erfindungen und Entdeckungen sind alles Produkte unseres Geistes und unserer Hände Arbeit. Sie wurden von uns Menschen geschaffen. Wir haben durch unsere schöpferische Leistung alle diese Prozesse eingeleitet und damit unsere Welt auch selbst verändert.
Unsere Technik und unsere Technologien machten in jüngster Zeit gewaltige Sprünge. Innerhalb kurzer Zeitspannen veränderten sich Produkte und Entwicklungen. Immer wieder wer-

den wir von neuen Innovationen beeindruckt. Heute noch eine Neuerung und morgen schon veraltet, unwirtschaftlich und unrentabel, vom Zyklenkreislauf überholt!
Als ein Folge der Ausbreitung der Informationstechnologie wird sich der Wettbewerb weiter verschärfen. Auch die Wettbewerbsfirmen werden die neuen Technologien nutzen. Jeder Wettbewerbsvorsprung ist nur noch von kurzer Dauer. Ein noch härteres Wetteifern wird einsetzen aufgrund des engeren Zusammenwachsens. Die gefallenen Grenzen, die Globalisierung unsere Wirtschaftswelt erleichtern und fördern den internationalen Wettbewerb.
Die heute allgemein verbreitete Technikfeindlichkeit, unsere Ablehnung neuer Technologien, unsere Angst vor der Genforschung, der Kerntechnik oder auch das Verteufeln des Transrapids muß einem gesunden Optimismus weichen. Wir müssen endlich aufhören mit unserer Voreingenommenheit gegenüber neuen technologischen Entwicklungen und müssen uns angewöhnen, nicht nur immer das Risiko, sondern ein wenig mehr die Chancen in dem Neuen zu sehen.
Die Technik ist unsere Lebensgrundlage. Unsere menschliche Entwicklung ist von Anbeginn mit der Technik aufs engste verknüpft. Technik hat unsere Überlebensfähigkeit erst ermöglicht. Technische Hilfsmittel haben die Arbeit erleichtert, die Arbeitsleistung gesteigert und uns die Ausgestaltung der Freizeit ermöglicht.
Nur die Technik garantiert unsere weitere Existenz und sichert unser Dasein.
Die Technik ist ein hochrangiger Faktor neben der Wirtschaft, der Politik und der Kultur. Sie steht mit allen gesellschaftlichen Bereichen in einem ständigen wechselseitigen Austausch und orientiert sich am Markt und an den politischen Vorgaben.
Die zunehmende Technisierung aller unserer Lebensbereiche hat uns zunehmend von der Technik abhängig gemacht. Die Technik hat unser Leben bestimmt. Mensch und Technik sind von Anfang an eng miteinander verbunden. Jede technische Neuerung bedeutet neue Möglichkeiten, unser Leben einfacher, leichter und bequemer zu gestalten, unsere Lebensqualität zu verbessern.
Unsere Zukunft liegt in der Technik, in einer modernen Industrie- und Informationsgesellschaft. Nur die Anwendung der modernsten Technik und der fortschrittlichsten Technologien sichert unsere Zukunft, garantiert die Überlebensfähigkeit der Betriebe und damit unserer eigenen Existenz.
Unsere Macht liegt nicht in den Rohstoffen, in den Bodenschätzen oder im Kapital. Unsere Stärke ist die Fähigkeit, unseren Kopf zu gebrauchen, Erfindungen zu machen, neue Produkte und Verfahren zu entwickeln, verbesserte Techniken auszudenken, Neuerungen in der Produktion umzusetzen, neue Technologien anzuwenden, neue Techniken und Technologien zu entwickeln.
Das Reservoire liegt in unseren geistigen Fähigkeiten und in unsere intellektuellen Tüchtigkeit, in unserer Pfiffigkeit, neuartige Wege zu gehen und zeitgemäße Dinge zu entwickeln.
Die moderne Informationsgesellschaft ist eine informierte Gesellschaft. Information ist ein wirtschaftlicher wie auch politischer Machtfaktor. Das Instrument Information sollten wir für uns nutzen.
Eine für unser Zukunft wichtige Aufgabe und Notwendigkeit ist die Verbesserung unserer Grundausbildung einschließlich der kontinuierlichen Fortbildung parallel zum Berufsleben.
Wir müssen dafür sorgen, daß die jungen Menschen sich bilden, daß sie ständig lernen und sich stetig weiter entwickeln, daß sie die bestmögliche Ausbildung erhalten und auch motiviert werden, alle gebotenen Chancen bei der Ausbildung zu nutzen.

Diese ständige Weiterbildung gilt nicht nur für die Jugend, sondern auch für die älteren Generationen. Auch sie müssen sich im höheren Alter um eine Anpassung ihres Wissens mit den Anforderungen am Arbeitsplatz bemühen und vielleicht auch als Vorbild für die Jüngeren vorangehen.

Jede Ausbildung und jede kontinuierliche Weiterentwicklung sind Investitionen für unsere Zukunft. Wissen und Können sichern ein Überleben.

Wenn wir lernen, uns anzupassen, unsere schöpferische Kraft zu gebrauchen und unsere Intelligenz richtig zu nutzen und einzusetzen, uns stets weiterzubilden und in unserer Entwicklung nicht stehenzubleiben, dann haben wir die richtigen Werkzeuge für unsere Zukunft. Dann haben wir die richtigen Instrumente, mit denen wir die Aufgaben angehen und auch meistern können.

Wir müssen kreativ werden, Ideen entwickeln und neue Techniken schaffen! Sie sind die Mittel, unsere Arbeitswelt zu verbessern. Sie bilden die Grundlage für unser Leben und auch für unser Überleben.

Die Beantwortung der Fragen, die auf uns einstürmen und eine Lösung verlangen, wird nicht immer einfach sein. Wir müssen uns auf drastische Eingriffe und Einschnitte in unserem Leben einstellen und vorbereiten. Die Herausforderungen werden uns auch weit mehr beschäftigen als es uns vielleicht lieb ist. Sie werden uns harte Arbeit abverlangen. Wir werden auch den Fragen nicht irgendwie ausweichen können. Wir müssen die uns gestellten Fragen beantworten.

Wenn wir uns aber bemühen, werden wir auch gute Antworten finden. Vielleicht werden wir ja von ganz tollen Lösungen überrascht und fragen uns nachher, warum sind wir nicht gleich darauf gekommen?

Wer Angst vor der Zukunft hat, wird die Probleme der Zeit nicht lösen. Er wird selbst dann aber auch keine Zukunft haben!

1.4. Ein Wandel am Arbeitsmarkt

Der politische Wandel unserer Zeit führt zu einem gewaltigen Markt eines ausgedehnten Handels und einem Warentransfer mit einem stetig wachsenden Wettbewerb, einem riesigen Angebot von Arbeitskräften sowohl in Europa wie auch in der ganzen Welt.

Die wachsende Zahl von Menschen, die alle eine Arbeitsmöglichkeit suchen, läßt das Angebot von freien Arbeitsstellen sinken. Zusätzlich vermindert sich der Bedarf an Arbeitsplätzen durch die technischen und technologischen Entwicklungen und den damit verbundenen Produktivitätssteigerungen. Die Nachfrage nach Arbeitskräften nimmt zunehmend ab. Statt Quantität ist Qualität gefragt, wobei aber auch hochqualifizierte Kräfte mehr und mehr Schwierigkeiten bei der Arbeitsplatzsuche haben. Die Produktion von Massengütern erfolgt nicht mehr durch Menschen. Sie geschieht immer mehr durch Automaten und Roboter. Die Menschen werden durch Maschinen ersetzt. Sie werden eigentlich immer weniger gebraucht. Am Arbeitsmarkt vollzieht sich eine Wende von einschneidenden Veränderungen mit so einigen Auswirkungen auf unser aller Leben.

Die Arbeit dient noch heute der Lebenserhaltung des Menschen. Arbeit sichert das Überleben. Wer Arbeit hat, kann sich ein wenig mehr leisten, kann schließlich sogar in einem mehr oder weniger guten Wohlstand leben.

Mehr und mehr Menschen drängt es nun in den globalen Arbeitsmarkt. Sie alle streben nach einem besseren Lebensstandard, nach Befriedigung ihrer Bedürfnisse und der Erfüllung ihrer Wünsche.

Die Menschen sind heute besser informiert. Sie wissen, wo ein besseres Leben möglich ist, wo man Arbeit finden und wo man ein besseres Leben führen kann. Also zieht man mit großen Hoffnungen dahin, wo man sich vielleicht seine Wünsche erfüllen kann.

Die Arbeit ist im globalen Wirtschaftsmarkt eine Ware, die nun die Menschen ähnlich wie die Firmen ihre Erzeugnisse auf dem Arbeitsmarkt feilbieten. Ihr Preis richtet sich nach Angebot und Nachfrage. Da nun Millionen von Menschen ihre Arbeitskraft auf dem globalen Markt anbieten, drückt das natürlich auf den Preis der Ware Arbeit.

Die Forderungen und Wünsche sind dazu noch sehr unterschiedlich. Viele begnügen sich schon mit einem kleinen und sehr bescheidenen Einkommen. Sie stellen nur sehr karge Ansprüche und keine überhöhten Anforderungen. Sie sind völlig zufrieden, wenn sie nur Arbeit haben. In Bezug auf die Art der Tätigkeit oder bezüglich eines Mindeststundensatzes werden keine Bedingungen gestellt.

Mit dem riesigen Angebot von Arbeitskräften in der Welt wurde die deutsche Arbeit zu teuer, sowohl bezüglich dem eigentlichen Entgelt als auch aufgrund der zusätzlichen gesetzlichen wie auch der tariflichen und betrieblichen Personalkosten.

Der Standort Deutschland gilt für eine Produktion als zu teuer. Die deutsche Arbeitskraft wird als unbezahlbar gesehen. Die Wirtschaftsgüter lassen sich an anderen Punkten in dieser Welt billiger und schneller erzeugen. Die Entfernungen sind nur noch von einer untergeordneten Bedeutung.

Die Informationstechnologie und der globale Markt bringen unseren Arbeitsmarkt in Deutschland wie auch in den anderen europäischen Staaten in eine gewisse Unordnung.

Alles ist in einem Prozeß der Wandlung, nichts ist mehr wie früher. Alles wird mehr oder weniger durchwirbelt. Wir müssen erleben, wie sich alte Gesetzmäßigkeiten und Regeln ganz plötzlich verändern und ihre Bedeutung verlieren. Unsere Gesellschaft, unser wirtschaftliches und politisches Leben unterliegt einem Prozeß der Erneuerung.

Der globale Wirtschaftsmarkt hat seine Auswirkungen in allen Bereichen unseres Lebens. Nichts wird verschont bleiben.

Die Arbeitsteilung und die Spezialisierung bringen nun einen gewissen Wohlstand auch in Länder, die immer vergessen wurden, die immer am Rande der Welt standen und aus politischen und gesellschaftlichen Gründen ausgegrenzt waren.

Industrien, die in einem High-Tech-Land verschwinden, wachsen neu in anderen, weniger hochtechnisierten Regionen.

Alte Berufsbezeichnungen sterben aus, neue Berufe treten an ihre Stelle. So manche Qualifikation, die heute noch gefragt ist, wird morgen schon durch völlig andere Anforderungen ersetzt. Alte Arbeitsplätze werden von neuen verdrängt. Neue Tätigkeiten entstehen, verlangen eine andere Ausbildung.

Infolge einer steigenden Arbeitsplatzproduktivität werden weniger Menschen für die gleiche Arbeitsmenge benötigt. Die industrielle Arbeit wird mehr und mehr von Maschinen und Automaten und weniger von Menschen verrichtet. Nur im Dienstleistungsbereich besteht noch eine größeres Angebot an Beschäftigungsmöglichkeiten.

Alles befindet sich in einem Wandel, in einem Prozeß der Veränderung. Löhne und Preise bleiben dabei nicht ausgenommen und werden auch nicht verschont. Alles ist in einem Auf und Ab. Alles fließt, panta rhei!
Wir haben es verpaßt, diese Entwicklung rechtzeitig zu erkennen und uns darauf vorzubereiten. Wir haben es versäumt, uns darauf einzustellen und durch entsprechende Gegenmaßnahmen auch dem Geschehen vorzubeugen.
Wir waren zu träge, uns umzustellen. Wir haben es an vielen Stellen an einer Veränderungsbereitschaft fehlen lassen. Es fehlt an Antworten auf die Fragen unserer Zeit:

Warum sind wir Menschen nicht bereit, uns so zu verändern und anzupassen, daß wir das heute erforderliche und notwendige Verhalten zeigen?
Wie befreien wir uns aus den über die Jahre erstarrten Ablaufschemen in allen gesellschaftlichen Feldern?
Wie gewinnen wir Schwung und Lebenskraft, wie erringen wir eine neue Vitalität?
Wie gewinnen wir einen neuen Optimismus, mehr Lebensbejahung und Vertrauen in die Zukunft?

Ganz Europa leidet heute unter einer Massenarbeitslosigkeit. Nur wenige der europäischen Länder waren bisher bereit, sich zu verändern und einen Wandel einzuleiten.
Noch viel zu klein ist die Zahl der Staaten, die neue Wege gehen, die einen Neubeginn unternehmen und wirklich ernsthaft versuchen, die Arbeitslosigkeit abzubauen.
Die Massenarbeitslosigkeit ist noch nicht überwunden. Sie in den Griff zu bekommen, verlangt mehr Flexibilität und Mobilität sowohl in der Arbeit, in der Arbeitszeit als auch im Arbeitseinkommen.
In Deutschland tun wir uns ganz besonders schwer. Wir trauern alten Träumen nach. Zahlreiche Menschen haben noch immer nicht den Wandel in unserem Leben begriffen. Der Wohlfahrtsstaat hat uns träge und blind gemacht. Wir verharren noch in unserem Wohlstandsgefüge und in unserem Wohlstandsdenken, in der Konformität zum erstarrten System. Allzuviele wollen sich noch immer nicht verändern.
Menschen, die nicht bereit sind, sich zu verändern, erstarren in ihrem Willen, in ihrer Arbeit und ihrer Leistung. Sie denken nur noch an ihre persönlichen Vorteile und an ihre persönliche Existenzsicherung. Sie werden immer mehr zu Egoisten. Sie vergessen und vernachlässigen die betriebliche Gemeinschaft, das Unternehmen als Ganzes. Sie untergraben und zerstören sich selbst.
Die augenblicklich sich ausbreitende Beschäftigungskrise betrifft alle Gesellschaftsschichten. Schon das sollte uns eigentlich wachrütteln und zum Handeln veranlassen.
Mehr und mehr Menschen aller Altersklassen und fast aller Berufsbereiche verlieren heute ihren Arbeitsplatz. Sie finden keine neuen Anstellungen, seien es gleichwertige oder ähnliche. Trotz intensiver Suche, mit 50 Jahren ist man schon zu alt.
Im Arbeitsmarkt vollzieht sich ein einschneidender Veränderungsprozeß, eine Wende bezüglich der Abwicklung und Ausführung der Arbeit.
Alles gerät, teilweise viel zu langsam, in Bewegung. Mehr und mehr bemüht man sich, die traditionellen Systeme und Abläufe neu zu ordnen, umzuorganisieren und effektiver zu gestalten.
In allen Gebieten der Wirtschaft und Technik, wie auch in der Politik, selbst im sozialen Bereich werden tiefgreifende Neuordnungen in den Arbeitsfeldern, in den Arbeitsorganisationen, in den Arbeitsabläufen und in der Arbeitszeit erfolgen.

Nicht alles findet Zustimmung und gefällt den Leuten. Neue Versuche werden oft behindert und gebremst. Die Menschen sind nicht gerade sehr experimentierfreudig.
Andererseits kann man aber auch die Menschen verstehen, wird doch so manche Arbeitskraft bei diesem Veränderungsprozeß, infolge effektiverer Arbeitsabläufe, infolge struktureller Umgestaltungen und verbesserter Organisationen, oft rücksichtslos freigesetzt. Mehr und mehr Menschen werden von heute auf morgen auf die Straße gesetzt. Sie werden nun nicht mehr gebraucht. Sie werden ausgestoßen.
Der Arbeitsmarkt ist in einem wirtschaftlichen Umbruch begriffen und diese Wandlung hat ihre Auswirkungen auf unsere gesamte Gesellschaft. Auch unsere ganz persönliches Leben wird berührt. Wir stehen vor gewaltigen Einschnitten in allen unseren bisher so gut funktionierenden Einrichtungen. Wir alle werden davon betroffen.
Wir müssen uns auf so manche Umstellungen im Arbeitsmarkt und damit dann auch in unserem Leben einstellen. Wir werden Zeugen einer tiefgreifenden gesellschaftlichen und ökonomischen Veränderung, Augenzeugen eines turbulenten Wandels.
In der Vergangenheit herrschte in unserer gesamten Wirtschaft und damit auch in unserem persönlich täglichen Leben eine gewisse Kontinuität. In allen Branchen galt bis auf wenige Ausnahmen die Vollbeschäftigung.
Es fehlte an Arbeitskräften. Gelernte wie auch fachlich nicht ausgebildete Kräfte fanden ihren Job, ihren Arbeitsplatz, eine Beschäftigung, die ihnen erlaubte den Lebensunterhalt zu verdienen und ein gutes Auskommen zu haben.
Zuwanderer aus den europäischen Nachbarländern strömten in den deutschen Markt und waren, ob ausgebildet oder auch nicht, willkommen. Sie halfen die Nachfrage nach Arbeitskräften zu befriedigen.
Die Menschen waren im Normalfall bisher in ihrem ganzen Erwerbsleben immer im gleichen Arbeitsbereich tätig. Sie machten eine Ausbildung und erlernten ihren Beruf. Mit der Wahl eines Arbeitsverhältnisses gingen sie dann einer regelmäßigen Tätigkeit nach und waren dann in der Regel bis zum Ende des Arbeitslebens sowohl in ihrem gewählten Beruf tätig als auch meistens bei der gleichen Firma beschäftigt. Der einmal erlernte Beruf wurde vom Arbeitnehmer in seinem Arbeitsleben ganz selbstverständlich über Jahre ausgeübt. Ein Berufs- oder auch Firmenwechsel war für die meisten Menschen eigentlich unvorstellbar und erfolgte nur in Ausnahmefällen.
Diese Gleichmäßigkeit vom Berufsbeginn bis zum Rentenalter war typisch für das Industriezeitalter. Die Industrie vereinnahmte die jungen Arbeitskräfte und ließ sie erst mit dem Alter wieder frei.
Mit dem Wohlstand in Deutschland wuchs der Bedarf an Arbeitskräften. Jeder fand Arbeit. Lohnerhöhungen erfolgten in fast regelmäßigen Abständen. Die Arbeitszeit konnte weiter reduziert werden. Wünsche, wie mehr Lohn, Urlaubsgeld, Weihnachtsgeld und Lohnfortzahlung ließen sich stets erfüllen und konnten ohne größere Arbeitskämpfe erzielt werden. Arbeitskräfte waren halt Mangelware.
Eine völlig neue Situation ergibt sich nun mit dem Einstieg in das elektronischen Informationszeitalter und den sich ausbreitenden Wirtschaftsmarkt. Im Arbeitsmarkt vollzieht sich ein einschneidender Strukturwandel. Eine Sicherheit am Arbeitsplatz ist nicht mehr gegeben. Die einstige Ausbildung für eine bestimmte Position ist nicht mehr ausreichend und muß immer wieder erweitert werden. Auch bezüglich Entlohnung ist keine Garantie gegeben.
Neue Technologien bringen zahlreiche Veränderungen in den früher so normalen Arbeitsablauf. Produktion und Herstellung internationalisieren sich. So manche Fertigkeit geht verloren. Neue Unternehmen und neue Tätigkeiten entstehen und verdrängen alte und bewährte

Arbeitsstätten. Der gleiche Arbeitsplatz für das ganze Leben wird immer seltener. Mehr und mehr ist Flexibilität gefragt. Überall werden bereits Veränderungen sichtbar. So mancher Industriezweig in Deutschland verkümmert und stirbt schließlich. Andere bieten die gleiche Qualität billiger und schneller an. Der Strukturwandel wird noch so manchen Beruf erfassen. Der Buchhalter und der technischen Zeichner fielen der Zeit schon zum Opfer. Ihre Arbeit wurde schon vor einigen Jahren durch neue Methoden und Verfahren ersetzt. Der Beamte und auch der Bankangestellte am Schalter, die Verkäuferin und der Verkäufer folgen nun diesem Trend. Schon wurden einige durch Automaten ausgetauscht. Selbstbedienung wird mehr und mehr zu einer neuen Selbstverständlichkeit.
Diktiergeräte treten an die Stelle der lieben Sekretärin. Das gesprochene Wort kann bereits mittels ausgeklügelter Computerprogramme direkt in eine Schriftform umgesetzt werden.
Wenig Chancen haben heute Handwerksberufe wie Uhrmacher oder Schuster. So mancher Bäcker oder Schlachter ist nur noch ein Verkäufer. Das produzierende Handwerk wird im Laufe der Zeit immer mehr verschwinden. Das handwerkliche Produzieren weicht der maschinellen Fertigung, der Fließbandarbeit und der produktiven Massenproduktion. Reparaturen werden zu teuer und ein Reparieren wird weit schneller und billiger durch einen Austauschen ersetzt. Der Aufwand für eine Wiederherstellung ist gegenüber einer Neuerstellung zu hoch.
Schon in näherer Zukunft werden sich diese Wandlungen in vielen Bereichen vollziehen. Sie werden sich auch nicht aufhalten lassen. Sie werden uns mehr und mehr im Leben begleiten. Alte Berufsbezeichnungen werden verschwinden, aber neue Berufe werden auch wieder entstehen. So manche Arbeitskraft, heute noch begehrt, wird morgen schon nicht mehr gefragt sein. Sie wird durch neue Arbeitsabläufe, durch Umorganisation oder auch Standortverlagerungen überflüssig. Das Freisetzen von Arbeitskräften aufgrund eines stetigen Wandels wird mehr und mehr ein natürlicher Prozeß. Unsere eigene Produktivität verdrängt uns aus dem Arbeitsleben.
Frühpensionierungen und Vorruhestand, Rentner bereits mit 60 Jahren werden immer häufiger. Die Rentner und Pensionäre werden immer zahlreicher und jünger. Auch sie sind Arbeitslose, Opfer eines strukturellen Umbruches, einer neuen Arbeitsteilung oder einer neuen, vereinfachten und effektiveren Organisation.
Zur Zeit fehlt es an Arbeitsangeboten und vakanten Arbeitsstellen an vielen Orten und in zahlreichen Unternehmensbereichen. Es fehlt aber auch an einer Bereitschaft der Menschen zum Wechsel. Es fehlt an dem Willen, Veränderungen zu akzeptieren und sich anzupassen. Es mangelt an der Bereitschaft zu einem Neustart an anderer Stelle, dort wo Arbeitskräfte gesucht werden. Nur wenige der Suchenden sind zu einem Wechsel in jeder Hinsicht bereit.
Das traditionelle Arbeitsverhältnis wird heute mehr und mehr verdrängt durch völlig unkonventionelle Arbeitsabläufe, durch andere Arbeitszeiten und andere Arbeitsregeln.
Die feste Anstellung weicht einer befristeten Arbeitsbindung, der Teilzeitarbeit, der Arbeit auf Zeit. Ein Arbeitsverhältnis gilt nur noch so lange, wie auch Arbeit gegeben ist.
Eine Sicherheit für Arbeit, eine Gewähr für einen Arbeitsplatz über einen längeren Zeitraum ist keine Selbstverständlichkeit mehr. Die Garantie für den Lebensabschnitt Arbeitsleben gehört mehr und mehr der Vergangenheit an.
Neue Formen erwarten uns nun im Arbeitsverhältnis. Mehr Selbständigkeit und mehr Eigenverantwortung werden in Zukunft von den Menschen verlangt werden.
Insgesamt werden infolge der hohen Produktivität weniger Beschäftigungsmöglichkeiten im Arbeitsmarkt zur Verfügung stehen. Arbeit in den traditionellen Berufen wird es nicht mehr

für jeden Arbeitswilligen und Ausgebildeten geben. Die Arbeitenden sind aufgrund der rückläufigen manuellen Tätigkeit zu produktiv.
Der feste Arbeitsplatz wird somit nicht mehr eine feststehende Regel sein. Der schnelle Wandel macht es erforderlich, den Arbeitsplatz wie auch den Beruf öfters einmal zu wechseln.
Anstellungen ohne eine Arbeitsplatzgarantie, Zeitverträge, Beschäftigung mit befristeten Verträgen, diese Beschäftigungsformen werden zukünftig mehr hervortreten. Das Angebot an kurzfristigen Arbeitsmöglichkeiten wird steigen. Entscheidend wird mehr und mehr die Arbeit und nicht mehr der Arbeitsplatz!
Entscheidende Veränderungen wird es in unseren Systemen der Ausbildung und Weiterbildung geben.
In Zukunft werden wir alle uns mehr auf ein ständiges Lernen einstellen müssen. Das Finden eines Arbeitsplatzes wird weit mehr von dem Können und Wissen bestimmt werden. Die sich so schnell wandelnde Technologie macht es erforderlich, daß sich die Menschen ständig dem neuen Wissensstand anpassen, das Neue begreifen und erlernen und ihre Kenntnisse dem Fortschritt angleichen.
Eine Grundvoraussetzung wird mehr denn je die Bereitschaft zum lebenslangen Lernen sein, das stetige Streben nach Weiterbildung und weiterer Vervollkommnung.
Die Menschen müssen sich kontinuierlich fortbilden, nicht nur bis zur Qualifikation als Fach- oder Führungskraft, sondern auch darüber hinaus!
Wir alle werden aber auch lernen müssen, uns schneller anzupassen und umzustellen. Wenn wir weiterhin mithalten wollen, haben wir mehr Reaktionsfähigkeit zu zeigen. Wir müssen uns flinker auf veränderte Marktsituationen einstellen.
Nicht ganz einfach, insbesondere für ältere Menschen. All zu lange wurden wir alle falsch erzogen. Fehlende Reaktionsschnelligkeit ist heute eine Schwäche, wenn nicht sogar ein großes Manko. Wir müssen unsere Trägheit ablegen und unsere fehlende Entschlußkraft durch ein schnelleres Reagieren ersetzen.
Wer sich den neuen Gegebenheiten und der neuen Entwicklung hier nicht anpaßt und nicht mitmacht, der wird es schwer haben. So manchen lieben Mitmenschen wird diese Entwicklung gar auf das Abstellgleis drängen.
Das Informationszeitalter und der globale Wirtschaftsmarkt krempeln unsere ruhige Arbeitswelt völlig um, ja bringen auch so manche Unruhe in unser persönliches Leben, in unsere Gesellschaft. Die Informationstechnik wird unsere Arbeitswelt revolutionieren und ihr ein neues Gesicht geben.
Die feste Arbeitszeit von früh 8 Uhr bis 17 Uhr im Büro oder im Werk ist schon seit einigen Jahren ins wanken geraten und wurde durch neue Arbeitszeitregelungen ersetzt. Die Menschen werden zukünftig ihre Arbeitszeit weit mehr selbst wählen und eigenverantwortlich festlegen.
Alte betriebliche Strukturen werden mehr und mehr aufgelöst und durch andere, einfachere und effektivere ersetzt.
Die persönliche Beziehung zur Firma und die Bindungen innerhalb des Betriebes werden in so manchen Branchen verloren gehen. Der Arbeitsplatz wird für den Menschen dann das Zuhause, das Wohnzimmer oder das kleine Kämmerlein. Kontakte erfolgen dann mittels Telefon, Fax, Handy und via Computer.
Die Trennung von Wohnung und Arbeitsstätte wird in einigen Bereichen verschwinden.
Fachkräfte, Spezialisten, hochqualifizierte Arbeitskräfte werden in Zukunft als Selbständige ihre Leistung anbieten und quasi öfters auf einer Wanderschaft sein. Sie werden dort arbeiten,

wo ihr Wissen, ihre Kenntnisse und ihr Können gefragt sind. Sie werden immer wieder etwas anderes tun.

Ein neues Gesicht unserer Arbeitswelt wird der arbeitnehmende Selbständige sein, der als ein befristeter Angestellte seine Arbeit verrichtet oder als ein Selbständiger im Dienste verschiedener Auftraggeber steht.

So wie ein selbständiger Unternehmer sein Kapital möglichst produktiv und effektiv einsetzt und seine erzeugten Produkte versucht, möglichst gewinnbringend abzusetzen, so wird auch der Unselbständige, der Arbeitnehmer gezwungen sein, seine Ausbildung, seine Fähigkeiten und Fertigkeiten möglichst wirkungsvoll zu vermarkten. Er wird sein Geschick und seine Befähigungen immer wieder verbessern müssen.

Genau wie der Selbständige Produktivkapital ansammeln muß, wird auch der Unselbständige sich ein Humankapital aneignen müssen. Beide können ihre Erzeugnisse, das Produkt oder die Leistung, nur vermarkten, wenn sie sich gegenüber der Konkurrenz durchsetzen können, wenn sie besser sind als die anderen.

Beide, sowohl der Arbeitgeber als auch der Arbeitnehmer tragen allein ihr Risiko. Beide sind Unternehmer, der eine produziert ein Produkt, der andere bietet seine Arbeit an. Beide können sowohl Erfolg als auch Mißerfolg haben.

So wie der Selbständige finanzielle Investitionen vornimmt, muß auch der Unselbständige Investitionen in der Form von Bildung, Wissen, Können und Training tätigen.

Um die Chance eines Erfolges möglichst zu erhöhen, die Gefahr eines Mißerfolges möglichst klein zu halten, sollte auch der Anbieter der Arbeit, der Arbeitnehmer sich den Wünschen des Marktes möglichst flexibel anpassen.

Alle Mitarbeiter, ob als Führender oder Ausführender werden gezwungen, mehr Mobilität und Flexibilität in der Arbeit, ja auch beim Lohn und Gehalt zu entwickeln.

Für so manchen Beschäftigten bedeutet das, er muß umdenken.

Die Menschen werden in Zukunft mehr und mehr aus der Entmündigung befreit. Sie werden nicht mehr kollektiv umsorgt. Sie bilden keinen Durchschnitt mehr. Sie werden weit mehr eigenes persönliches Risiko übernehmen. Sie werden sich dem Markt anpassen. Jeder wird wieder mehr selbst verantwortlich, seines eigenen Glückes Schmied.

Tarifverträge, kollektive Vereinbarungen in der heutigen Form behindern eine weitere ausgleichende Entwicklung, verhindern ein Angleichen im Markt.

Hier müssen zeitgerechtere, neue Formen geschaffen werden. Ein gesundes Gleichgewicht wird durch „Subventionen" nicht erreicht. Zu unserer heutigen hoch komplizierten und differenzierten Arbeitswelt passen keine flächendeckenden Tarifverträge. Die Firmen benötigen maßgeschneiderte und biegsame Lohn- und Gehaltsverträge, die der Produktivität angepaßt sind. Arbeitgeber und Arbeitnehmer müssen ein mehr partnerschaftliches Verhältnis entwickeln und sich endlich aus der Beziehung des vorigen Jahrhunderts lösen. Der Hang zum Durchschnitt paßt nicht mehr in die Welt des globalen Wettbewerbs. Er hatte sicher einst seine Berechtigung, heute führt aber diese Gleichmacherei zur Massenarbeitslosigkeit.

Der einstige Angestellte wird mehr und mehr sein eigener Unternehmer. Hier gelten dann andere Tarif- oder Beschäftigungsvereinbarungen.

Die stabile und starre Arbeitsordnung wird einer offenen Arbeitsform weichen.

Die Gesellschaft muß sich auf diesen Wandel einstellen und sich damit aber auch auseinandersetzen. Sie muß mit diesen neuen Formen leben. Wir alle müssen in unserer Einstellung ein wenig offener und flexibler werden.

Die Entwicklung von modernen Arbeitsformen wird aber auch sehr viele, positive Seiten haben. Die neuen, freien und völlig unkonventionellen Arbeitsformen werden uns mehr Freiheiten für unser persönliches Leben schenken. Es werden sich neue Möglichkeiten für die Tagesabläufe der Menschen eröffnen.
Eine neue, buntgefächerte Arbeitswelt wird unseren heutigen Arbeitsstil und unsere derzeitige Arbeitskultur ersetzen. Unterschiedliche Firmenphilosophien, verschiedenartige Kulturen und Mentalitäten werden unsere heutige Arbeitsweise verändern.
Keiner wird heute schon genau sagen können, wie diese zukünftige Arbeitswelt in allen Einzelheiten aussehen wird, wo und welche neuen Arbeitsplätze entstehen werden, welche Dinge uns das Leben erleichtern oder aber auch schwerer machen werden. Vieles ist noch offen und auch noch nicht genau vorstellbar. So manche Form muß sich auch erst bilden und herauskristallisieren.
Alles ist noch in einem fließenden Zustand, in einem Prozeß der Entwicklung!

In unserer Gesellschaft werden sich neue Formen der Arbeit und des Jobs entfalten, orientiert an dem Bedarf und den Wünschen der Kunden und der Verbraucher, klar ausgerichtet auf die Anforderungen und die Bedürfnisse des Marktes. Nur so lassen sich in Zukunft auch nur noch Marktanteile gewinnen und diese dann auch halten.
Noch sträuben sich viele Menschen gegen diese Änderungen in der Arbeitswelt. Man möchte die kommenden Veränderungen einfach nicht wahrhaben. Man möchte den alten Arbeitsstil mit den festen Arbeitszeiten bewahren.
Die vielerorts beobachtete geringe Annahme der neuen Öffnungszeiten für Geschäfte zeigt unsere Inflexibilität, unser stures und konservatives Festhalten an alten Gewohnheiten. Noch immer beherrschen uns falsche Vorurteile, daß nur starre und gleichmäßige Arbeitsabläufe eine Ordnung garantieren und daß flexibel zu sein, nur Unordnung und Chaos bedeuten.
Noch hängt man an dem alten abgesicherten und berechenbaren Arbeitsverhältnissen und verschließt die Augen vor den sich da abzeichnenden Veränderungen.
Man hat sich so an das alte, soziale und so gut abgesicherte System in all den Jahren gewöhnt. All das soll man nun aufgeben?
Wer trennt sich schon gern von seinen bequemen ausgetretenen Latschen, von alten Denkgewohnheiten und Gepflogenheiten?

Vollbeschäftigung wie in den sechziger Jahren und dann noch in den ersten siebziger Jahren wird es nicht mehr geben. Der Wettbewerb wird härter. Wer sich diesen Gegebenheiten nicht anpaßt, wird scheitern und Schiffbruch erleiden. Wir alle müssen mit den ökonomischen Realitäten und den neuen Entwicklungen in den Technologien leben. Mangelnde Anpassung führt zu keinem Erfolg. Wer nicht flexibel wird, behindert sich selbst!
Wir müssen uns weiterentwickeln, wir müssen uns verändern, wir müssen uns wandeln!

Die Globalisierung ist nicht die eigentliche Ursache unserer heutigen Arbeitslosigkeit. Sie wird immer gern als Vorwand genommen und als Entschuldigung vorgeschoben. Wir müssen ehrlich gegenüber uns selbst sein. Die Arbeitslosigkeit wurde auch in vielen Fällen durch unsere Reaktionsträgheit und unser Nichtanpassen an die Realitäten verursacht.
Es fehlt in vielen Fällen an dem Willen zum Neuen. Unsere Bequemlichkeit behindert uns in unserer eigenen Weiterentwicklung.

Die traditionellen Wirtschaftsunternehmen sind effektiver und produktiver geworden. Die gleiche Leistung wird heute in der Regel von einer geringeren Zahl von Menschen erbracht. Wir sind in unserer Tätigkeit heute weit produktiver als in früheren Jahren. Technik und Technologien haben sich verändert, nun muß auch der Mensch sich wandeln. Eine Verbesserung ergibt sich erst, wenn alle arbeitenden Menschen auch ein wenig mehr Anpassungsfähig entwickeln, wenn wir flexibler auf die Herausforderungen unsere Zeit reagieren.
Es fehlt nicht immer an Arbeit, es mangelt mehr an persönlicher Flexibilität, an der Bereitschaft eine andere Tätigkeit auszuführen und auch einmal eine Einbuße oder auch einmal ein paar Nachteile hinzunehmen.
Statt immer nur zu fordern, müssen wir ein wenig bescheidener werden!

1.5. Die Veränderungen in der Bevölkerungsstruktur

In vielen europäischen Ländern vollzog sich in den letzten Jahrzehnten ein tiefgreifender gesellschaftlicher Wandel. Die Bevölkerung änderte sich in ihrer gesellschaftlichen wie auch in ihrer sozialen Zusammensetzung, was nicht ohne Auswirkungen auf die Firmen und Betriebe blieb. Es veränderten sich die Altersstruktur, das Verhältnis von männlichen und weiblichen Mitarbeitern, der Bildungsgrad, das Fach- und Allgemeinwissen, das gesellschaftliche Niveau. Die Qualität der Menschen ist gewachsen. Sie hat sich weiterentwickelt. Diese Veränderungen sind nicht nur auf Deutschland beschränkt. Sie können genauso auch in unseren Nachbarstaaten beobachtet werden.

Die allgemeine Ausbildung der Menschen hat sich weltweit verbessert. Mehr und mehr Menschen genießen die Möglichkeit einer guten Allgemeinbildung und einer fachlichen Berufsausbildung. Die Zahl der Analphabeten sank vielerorts. Weit mehr Kinder, besonders in den Entwicklungsländern, können heute eine Schule besuchen und auch eine gewisse gute fachliche Ausbildung erhalten.
Vieles ist sicherlich noch im Argen und es bedarf auch noch gewaltiger Anstrengungen für so einige Verbesserungen. Aber im Vergleich zu früheren Zeiten wurde doch bisher vieles erreicht und verbessert.
Leider muß man aber auch feststellen, daß die gebotenen Chancen nicht immer genutzt werden. Es ist traurig mit anzusehen, daß insbesondere in Ländern, wo weit mehr Möglichkeiten für Bildung bestehen, diese Angebote von vielen jungen Menschen nicht genutzt werden.
Eine nicht unbeachtliche Anzahl Jugendlicher verliert mehr und mehr die Bildungsideale und läßt sich gehen. Sie ziehen Belustigung und ein Vertrödeln wertvoller Zeit vor. Sie sind faul und träge, ohne Vitalität, Lebensfreude und Tatendrang.
Sie nutzen nicht die ihnen gebotenen Möglichkeiten, die Chancen, die unsere Gesellschaft ihnen bereitstellt.
Ein weitere Fehlentwicklung ist die mangelnde Koordinierung von Angebot und Nachfrage im Bereich Berufsausbildung. Nicht überall ist das notwendige Fachwissen mit den Ausbildungsstätten abgesprochen. Es wird am Bedarf vorbei ausgebildet.
Spezielles Fachwissen wird eingetrichtert, obwohl es für das Berufsleben nicht benötigt wird und ein wenig zu viel des Guten ist.

Die jungen Menschen verbringen eine zu lange Zeit an den Hoch- und Ingenieurschulen, werden alt und grau, ehe sie im Wirtschaftsleben aktiv werden dürfen.
Junge Leute mit einem hohen und breiten Wissensniveau finden nur dort eine Anstellung, wo eigentlich ein geringerer Ausbildungsgrad ausgereicht hätte.
Ein weiteres Problem ist die wachsende Zunahme der älteren Menschen in unserer Gesellschaft. Der Anteil der älteren Bevölkerung ist angestiegen. Die Vitalität der Alten ist bemerkenswert und sei ihnen auch wohl gegönnt. Viele wollen weiterhin aktiv am Arbeitsleben teilhaben, müssen dieses oft auch aus wirtschaftlichen Gründen.
So einige große Unternehmen schieben sie nun aber ab in den Ruhestand und schließen sie aus der Arbeitsgemeinschaft aus. Noch voller Aktivität, aber schon in Rente! Treue Mitarbeiter, einst hochgelobt, werden oft dem Shareholder-value geopfert.
Vergessen wird von so manchem ehrgeizigen Unternehmer, daß Wirtschaftsunternehmen nicht nur die Aufgabe haben, eine Rendite zu erzielen, sondern auch verpflichtet sind, den Mitarbeitern eine Beschäftigung zu geben, die den Menschen eine dauerhafte persönliche Existenzsicherung erlaubt. Zu dem Gewinnstreben gehört auch eine Ethik. Unternehmen dienen nicht nur der Gewinnmaximierung, der wirtschaftlichen Wertsteigerung, der Zufriedenstellung der Aktionäre, sie haben auch die Zufriedenheit der im Unternehmen beschäftigten Menschen zu gewährleisten.
Junge Menschen finden oft trotz guter und gründlicher Ausbildung keinen Arbeitsplatz. Wertvolle Ausbildung liegt brach und wird nicht genutzt. Das in Menschen investierte Wissen wird nicht gebraucht. Wertvolles Potential verkommt.
Nicht vergessen werden darf, die Enttäuschung bei der Jugend, die keinen Arbeitsplatz trotz aller Bemühungen findet. Der Glaube an eine Zukunft wird vielen dieser jungen Menschen genommen.
Zunehmend wachsen hier soziale Probleme heran, die einer zufriedenstellenden und schnellen Lösung bedürfen.
Ein Wandel vollzog sich in den letzten 50 Jahren auch in der Familienentwicklung. Nicht nur eine männlich Person bildet heute den Haushaltsvorstand, auch Frauen stehen ihren Mann, haben eine Ausbildung als Ingenieur oder Akademiker absolviert. Viele Frauen bleiben heutzutage länger im Berufsleben oder gehen, wenn die Kinder aus dem Haus sind, wieder zurück in ihren Beruf oder Job. Sie wollen aktiv am Leben teilnehmen. Nur Familie ist keine Aufgabe und Erfüllung mehr.
Wir sehen bezüglich der Altersverteilung, Bildungsstand wie auch der prozentualen Zusammensetzung bei den Geschlechtern haben sich ziemlich auffallende Veränderungen ergeben, die auch Auswirkungen auf die Wirtschaft haben. Schon das kleinste Unternehmen hat heute eine völlig andere personelle Zusammensetzung bezüglich Alter, Ausbildung oder Geschlecht bei den Mitarbeitern als vielleicht noch vor wenigen Jahren. Auch beim Kundenstamm zeigen sich hier Veränderungen. Kundschaft und Belegschaft haben sich in ihrer Struktur und damit auch in ihren Ansprüchen und Wünschen verändert.
Mit allen diesen aus der allgemeinen Entwicklung resultierenden Ergebnissen muß sich heute die Führung in Politik und Wirtschaft auseinandersetzen. Sie muß nach Antworten auf die zahlreichen offenen Fragen suchen.
Alle diese Veränderungen in der Zusammensetzung der Bevölkerung haben einen nicht unerheblichen Einfluß auf den Arbeitsstil im Unternehmen, auf den Umgang untereinander im Betrieb und in der Gesellschaft, auf den allgemeinen Umgangston, auf die gesellschaftlichen Formen und den Stil in den Beziehungen zum Kollegen und Kunden, zum Vorgesetzten wie auch zum Untergebenen.

Soziale Strukturen bestimmen mit die Anzahl und die Art der erzeugten Güter und der ausgeführten Dienstleistungen. Bedarf und Qualität werden sehr entscheidend vom Kunden bestimmt. Die Vielfalt in der Bevölkerung definiert die Anforderungen, die Mengen und das Qualitätsniveau der erzeugten Güter. Nicht nur die Zahl der Menschen, auch ihre Zusammensetzung bezüglich Alter, Geschlecht, Kultur und Bildungsgrad bestimmen den Bedarf auf dem Markt.

Wird den Wünschen der Kundschaft nicht entsprochen, verliert das Unternehmen an Umsatz und damit dann auch an Einnahmen.

Die Struktur der Bevölkerung ist von entscheidenden Einfluß auf die Arbeit eines Unternehmens. Die Mitarbeiter werden in ihrer Arbeit, in ihrem Können und ihrem Wissen herausgefordert. Ihre Geschicklichkeit und ihr Wille bestimmen dann die Produktion, die Leistung, wie auch die Qualität und Zuverlässigkeit der Erzeugnisse.

Jede Veränderung in der Bevölkerungsstruktur wirft auch so manche Fragen innerhalb der Firmen auf. Die Unternehmen müssen sich auf eine veränderte Zusammensetzung bei den Mitarbeiter und auch den Kunden einstellen. Sie müssen Antworten auf die jeweils aufkommenden Fragen geben.

- Wie werden die Leute sinnvoll beschäftigt?
- Wie werden Alter, Geschlecht, Mentalität, Religion usw. berücksichtigt?
- Wer wird vollbeschäftigt, wer erhält nur einen Halbtagsjob?
- Was wird bestimmend für eine Beförderung, die Quote oder die Qualifikation?
- Wie reguliert man die Arbeitszeiten im Interesse beider Seiten?
- Wie werden die Leute angehalten zum Lernen, zum Eigenstudium, zur eigenen Weiterbildung, zur eigenen Verbesserung und Veränderung der Qualifikation?
- Wie kann man die Weiterbildung insbesondere im Alter organisieren?
- Sollen oder müssen Jugendliche, alleinerziehende Mütter, Alleinstehende oder ältere Menschen bevorzugt werden?

Viele Fragen! Sie alle verlangen eine Reaktion und eine befriedigende Antwort!

Das Anwachsen des Marktes, die Öffnung zu einem globalen Markt vergrößert nicht nur die Anzahl der Menschen im Wirtschaftsmarkt sondern auch die Zahl der Probleme. Das Angebot an Arbeitskräften drückt die Arbeitskosten. Mehr und mehr Menschen suchen eine Beschäftigung und verlangen ein vernünftiges Auskommen. Alles das führt zu zunehmenden Schwierigkeiten. Eine wachsende Zahl von Menschen muß auch Arbeitsmöglichkeiten erhalten, muß ihren eigenen Lebensunterhalt verdienen können, muß versorgt werden.

Neben diesen Schwierigkeiten bei der Beschäftigung der Menschen ergeben sich aber auch positive Auswirkungen.

Die wachsende Zahl von Menschen mit Bedürfnissen läßt die Nachfrage nach zahlreichen Gütern zunehmen. Mehr Menschen verbrauchen mehr Güter, lassen Wünsche und Bedürfnisse steigen, versprechen ein Wachstum im Bedarf, einen Anstieg in der Produktion. All das führt wieder zu einer steigenden Nachfrage an Arbeitskräften.

Die Firmen, die im Ausland Unternehmen gründen, schaffen dort zahlreiche neue Arbeitsplätze, die wiederum einen Bedarf hervorrufen. Mit der Ausbildung der Leute zu Facharbeitern werden neue Wünsche und Bedürfnisse entwickelt.

Mit den Arbeitsstellen in diesen Ländern steigt die Produktion der Erzeugnisse, erhöhen sich die Exporteinnahmen für diese Entwicklungsländer, verbessern sich die sozialen Verhältnisse der Bevölkerung. Es bilden sich neue Kaufkraft und neue Käuferschichten.
Neben den Chancen für die Entwicklungsländer, die sich zunehmend verbessern, ergeben sich auch für die Industrienationen neue Zukunftsperspektiven. Die neuen Märkte versprechen Absatzmöglichkeiten für ihre Qualitätserzeugnisse.
Vielleicht nicht immer sofort, aber langfristig brauchen alle die sich entwickelnden Länder moderne Technik, technische Güter, technisches Know-how.

1.6. Die Liberalisierung des Wirtschaftsmarktes

Eine vernünftige Antwort auf die Herausforderung unserer Zeit ist die Liberalisierung unseres Arbeitsmarktes.
Nur im freien Wettbewerb kann sich ein gesundes und stabiles Gleichgewicht bilden. Jeder Eingriff in das freie Spiel der wirtschaftlichen Kräfte führt zu einer Bevormundung der Menschen und beendet das Leben in einer freiheitlichen Grundordnung.
Eine Plan- und Zwangswirtschaft erlaubt keine freie Gestaltung des eigenen Lebensraumes. Sie gestattet keinen Unternehmensgeist, keine Tatkraft oder irgendwelche Impulse. Es bedeutet das Ende jeder eigenen Initiative und jeder persönlichen Freiheit.

Die Globalisierung bietet uns eine gewaltige Chance, sie eröffnet uns Wege zu neuen Möglichkeiten. Sie schafft neue Absatzgebiete und erweitert alte Märkte. Eine wachsende Zahl neuer Kunden und Verbraucher ermöglicht den Aufbau eines riesigen Absatzmarktes. Der internationale Handel läßt langfristig gesehen einen gewaltigen Bedarf und damit verbunden einen wirtschaftlichen Aufschwung erwarten.
Der globale Wirtschaftsmarkt verspricht zahlreiche neue Arbeitsplätze und einen wachsenden Wohlstand für alle!

Die heute noch armen Länder werden sich von Jahr zu Jahr aus ihrer Armut befreien und eine neue Kaufkraft für unsere Produkte und Leistungen bilden. Die Wirtschaftskraft dieser Staaten wird wachsen und den Lebensstandard der Bevölkerung erhöhen. Der sich ausbreitende Wohlstand wird die Nachfrage nach Verbrauchsgütern und schließlich auch nach Luxusgütern ansteigen lassen.
Die Globalisierung wird die wirtschaftlichen Verhältnisse in den noch armen Ländern verbessern. Als Folge davon wird der Zustrom von Zuwanderern nach Westeuropa wieder abflachen. Die Arbeitslosigkeit wird sich reduzieren.
Der globale Markt wird die Konkurrenz beleben und uns zu neuen Ideen, zu Innovationen und zur Kreativität anregen. Der Verbraucher und Kunde, wir alle werden davon profitieren. Wir alle werden gewinnen.
Die Globalisierung wird uns zu mehr Leistung anfeuern und uns zu neuen Erfindungen und Entwicklungen anregen. Sie wird uns zu so manchen Neuerungen bewegen.
Das Zusammenwachsen der Wirtschaften hat mehr und mehr Wohlstand und Vorteile für alle zur Folge. Die Lebensqualität der Menschen wird sich erhöhen.

Die noch heute bestehenden Unterschiede im Lebensstandard werden sich mehr und mehr nivellieren.
Gleichzeitig mit der Ausweitung des Marktes wird sich auch die politische Verständigung zwischen den Ländern verbessern. Die Staaten werden nicht nur wirtschaftlich zusammenwachsen, sondern auch politisch mehr zusammenarbeiten.
Die neuen Entwicklungen bedürfen sicherlich so mancher Anstrengungen und Bemühungen. Nichts wird uns dabei in den Schoß fallen. Wir alle werden etwas leisten müssen. Aber es wird sich lohnen!
Für den liberalen Markt ist es erforderlich, daß wir alle weit mehr Flexibilität und Mobilität entwickeln. Unsere Aufgabe ist es, aktiv und wendig zu werden. Wir müssen einfallsreich, geistreich und konstruktiv sein.
Neue Möglichkeiten für die Menschen zeichnen sich im Servicesektor bereits ab. Wir entwickeln uns immer mehr auf eine Dienstleistungsgesellschaft zu. Der Service am Kunden wird zunehmend zum Ausgangspunkt aller Tätigkeiten. Es ist notwendig, daß wir unseren persönlichen Lebensart und unseren traditionellen Arbeitsstil dieser neuen Entwicklung anpassen und auch hier weitere Aktivitäten entfalten.
Schon heute sind nur noch ca. 35 Prozent der arbeitenden Menschen in der Großproduktion tätig. Das Ende der Massenfabrikation, wo einst die zahlreichen Menschen ihre Beschäftigung fanden, zeichnet sich bereits deutlich ab. Mehr und mehr verlangt die Arbeitswelt nun nach einem mehr flexiblen Arbeitsverhältnis. Der internationale Wettbewerb fordert ein kreatives und innovatives Verhalten. Mehr Selbständigkeit und Eigenverantwortung, dieser Herausforderung haben wir uns zu stellen!
Die traditionelle Arbeitsweisen verlieren immer mehr ihre einstige Bedeutung und haben in dieser Dienstleistungsgesellschaft eine immer geringer werdende Chance.
Wir müssen uns bei diesen Veränderungen in unserer Arbeitswelt aber auch darauf einrichten, jeder Wandel ist auch begleitet von Härten und Schwierigkeiten. Veränderungen bedeuten Umbrüche in den normalen Abläufen, bringen auch so manche Risiken mit sich.
Wer sich aber frühzeitig auf eventuelle Veränderungen einstellt und sich auch darauf vorbereitet, kann dann auch eine Wende oder einen Neubeginn weit besser verkraften und die aufkommenden Probleme etwas leichter meistern.
Einige Schwachstellen des Arbeitsmarktes laufen einer notwendigen Liberalisierung in der Wirtschaft noch entgegen. Sie verhindern eine natürliche Marktregulierung und blockieren die Ausbildung eines Gleichgewichtes. Fehlende Bereitschaft zu Veränderungen, mangelnde Flexibilität, unzureichende und auch falsche Information erschweren den Aufbruch in das nächste Jahrhundert.

Das soziale Netz bietet zur Zeit eine zu gute Absicherung und macht eine selbständige Arbeitsuche nicht unbedingt erforderlich. Es fehlt an einem Anreiz oder auch an einem gewissen Druck zur Stellensuche und zur Jobaufnahme.
Eine menschliche Schwäche ist die fehlende Flexibilität insbesondere bei den Arbeitsuchenden. Nicht jeder Mensch ist voller Aktivität und Tatenfreude!
Die Wirtschaftspolitik muß leider auf so manchen Beschäftigungslosen und Unterstützungsempfänger einen gewissen Druck ausüben und sie in Bewegung bringen. Die Leute müssen zu einer eigenen Arbeitsuche gezwungen werden. Wird kein wirtschaftlicher Zwang ausgeübt, bemüht sich auch keiner um eine Änderung der Verhältnisse.
Um keine Mißverstandnis aufkommen zu lassen, hier soll nicht für einen Arbeitszwang wie in einem totalitären Staat plädiert werden.

Es ist aber eine moralische Pflicht eines jeden einzelnen Menschen, sich um eine Arbeit zu bemühen und nicht anderen zur Last zu fallen.
Die sozialen Einrichtungen sind einst nur für die wirklich Bedürftige und nicht für die Masse geschaffen worden. Sie sind für Menschen bestimmt, die ohne eigenes Verschulden in Not geraten sind. Jeder Mensch ist für sich selbst verantwortlich. Ein Leben auf Kosten anderer ist kein beanspruchbares Recht.

Die heutigen Tarifverträge sind mit eine Ursache für den Anstieg der Arbeitslosenzahlen. Sie knebeln den Unternehmer, Entscheidungen mit dem Betriebsrat zu treffen. Es bestehen keine oder kaum Möglichkeiten für Verhandlungen auf der Betriebsebene. Abmachungen zwischen Unternehmer und Belegschaft können kaum getroffen werden.
Eine Vereinbarung, die der besonderen Lage eines Unternehmens gerecht wird und beiden Seiten auch zugute kommen und beiden Partnern ihre Vorteile bringen würde, passen nicht in das noch immer bestehende Gefüge.
Wir alle müssen endlich erkennen, Abstriche sind erforderlich. Entweder man arbeitet für das gleiche Geld mehr oder aber findet sich mit einem geringeren Lohn ab.
Wenn mehr Menschen beschäftigt werden sollen, müssen die Vollzeitjobs dem Teilzeitjob weichen.
Die Arbeitskosten bedürfen einer eingehenden Betrachtung und Prüfung. Sie machen eine gründliche Durchforstung, eine wirkliche Entrümpelung erforderlich. In ihrer heutigen Form sind sie nicht mehr konkurrenzfähig.
Die Lohnnebenkosten, die Arbeitszeitregelungen, der Kündigungsschutz, die Urlaubsvereinbarungen, ja auch die Sozialpläne und die Mitbestimmung bedürfen einer kritischen Überprüfung, wenn man wirklich neue Arbeitsplätze haben will.

Die sozialen Leistungen sind zu umfangreich und werden in der Regel zu großzügig verteilt. Sie sind all zu oft zu leicht zu erhalten.
Die Sozialleistungen verhindern heute eine Wiederaufnahme einer Arbeit oder eines Jobs insbesondere für ungelernte Kräfte. Es läßt sich zu gut ohne Arbeit leben.
Die Sozialleistungen können u.a. auch zu leicht erschwindelt werden. Ein Mißbrauch ist immer wieder zu leicht möglich. Betrug und Mißbrauch werden leider von all zu vielen als Kavaliersdelikt oder als besondere Pfiffigkeit gesehen.
Die Verweigerung eines zumutbaren Arbeitsplatzes wird auch zu selten bestraft.
Die Steuern und die sozialen Beiträge sind zu hoch. Die Krankengelder werden zu großzügig gezahlt. Dem Mißbrauch sind zu stark die Türen und Tore geöffnet. Vieles wird von all zu vielen zu selbstverständlich beansprucht, ohne auch nur etwas geleistet zu haben.
Die flexiblen Arbeitspraktiken sind vielerorts noch unterentwickelt und werden im allgemeinen zu wenig genutzt. Man beansprucht alte Gewohnheiten als Rechte ohne jede Bereitschaft zum Umdenken oder zu einer Änderung.
Der Kündigungsschutz macht eine flexible Anpassung unmöglich. Neueinstellungen werden verhindert.
Die Ausbildung läuft zu stark in falsche Richtungen und entspricht nicht dem Bedarf des Marktes. Es studieren heute zu viele junge Leute, ohne daß später Möglichkeiten für eine Berufsausübung bestehen.
Man studiert dem Studium zuliebe, oft nur in der Hoffnung, einmal das große Geld zu verdienen. Es werden Studienrichtungen gewählt, für die eigentlich keine Berufsaussichten oder doch nur ein sehr geringer Bedarf bestehen.

Man erwirbt wertvolles, theoretisches Wissen, daß keine spätere Anwendung erlaubt.
Die Studiengänge sind zu praxisfern und zu lang. Der Aufwand steht in keinem richtigen Verhältnis zum praktischen Wirtschaftsleben.
Die Überbewertung des akademischen Bildungsganges verhindert eine Ausbildung in handwerklichen Bereichen, im Dienstleistungssektor, als Fachingenieur oder Techniker.
Tätigkeiten in einem Serviceberuf werden noch immer als niedrigere Arbeiten gesehen und deshalb nicht angestrebt. Dienstleistungen sind noch immer mit einem negativen Image behaftet und werden den normalen Tätigkeiten nicht gleichgestellt.
Zahlreiche Wirtschaftsunternehmen scheuen zu sehr jegliches Risiko. Nur keine Veränderungen, die eventuell zu Schwierigkeiten führen. Nur keine Struktur abändern oder einmal eine neue Strategie anwenden. Jahrzehnte wurde nicht über eine Verbesserung der Unternehmenskultur nachgedacht. Viele der Unternehmen sind zu stark verbeamtet und reagiert zu schwerfällig. Es mangelt an wirtschaftlicher Dynamik, an Unternehmensgeist und auch an dem unternehmerischen Risiko. Wenn das Unternehmen nicht zu Veränderungen bereits ist, wie kann man dann vom Mitarbeiter mehr Veränderungsbereitschaft erwarten?
Es fehlt auch immer wieder bei zahlreichen Unternehmern an der sozialen Verantwortung. Man ist zu stark auf den Profit und den eigenen Vorteil ausgerichtet. Man sieht nur die wirtschaftlichen Tätigkeiten des Unternehmens nicht aber auch die Aufgaben und Pflichten einer Wirtschaft für die menschliche Gesellschaft.
Steuerliche und gesetzliche Regelungen verhindern neue Berufswege, blockieren ein Selbständigmachen, behindern ein Geschäft zu eröffnen oder Dienstleistungen anzubieten und einmal völlig neue Wege zu gehen.
Behördliche Hindernisse, stures Festhalten an Vorschriften und Paragraphen bremsen jeden Elan und jede Initiative. Die Gründung neuer Firmen muß erleichtert werden. Eigeninitiative muß wieder als etwas positives und erstrebenswertes in unserem Land gesehen werden. Aktivitäten und Unternehmensgeist müssen begrüßt werden.
Es fehlt an einer wirtschaftsfreundlichen Steuerreform, die eine Unternehmertätigkeit fördert und einen Anreiz für neue Unternehmensgründungen bietet. Die Steuersätze sind zu hoch und belasten zu stark neue Initiativen. Unternehmensgründer werden eher abgeschreckt als zu einer unternehmerischen Tätigkeit motiviert.
Alle Einrichtungen sind zu sehr auf Sicherung ausgerichtet. Alles ist von einem ausgeprägten Sicherheitsdenken bestimmt. Es wird kein Risiko gewagt.
Aber, wer nichts wagt, kann auch nichts gewinnen!

Bei allen erwähnten Punkten wird immer wieder vergessen, daß die Gesetzmäßigkeiten des Marktes auch die Arbeitsverhältnisse bestimmen müssen. Der Markt braucht in jeder Beziehung seine Freiheitsgrade. Jede Einmischung, jeder Eingriff und jede Steuerung bedeuten im gewissen Sinne eine Subventionierung, die einer Einstellung eines normalen Gleichgewichtes entgegenwirkt und ein Ausbalancieren verhindert. Eine Ausgewogenheit kann sich nur aufgrund eines freien Spiels der Kräfte ergeben!
Der Markt braucht unternehmerische Freiheiten, die Konkurrenz zwischen den Firmen, das Messen in einem freien Wettbewerb. Die Politik darf diese Freiheiten nicht einschränken oder eine Entfaltung behindern. Die Aufgabe der Politik ist es, den freien Lauf zu garantieren, nichts in irgendwelche Bahnen zu zwängen. Sie hat Mißbräuche, Ungerechtigkeiten und negative Auswüchse zu verhindern, Härten und Benachteiligungen zu mildern.

1.7. Die erforderlichen Veränderungen in unserem Wirtschaftsmarkt

Die fortschreitende Globalisierung, die Veränderungen in der Wissenschaft und Technik, die Entwicklungen in unserer Gesellschaft machen es notwendig, daß in der Politik und Wirtschaft die erforderlichen Bedingungen geschaffen werden, die den Unternehmen ein wirtschaftliches Blühen, Wachsen und Gedeihen und damit die Schaffung von mehr Beschäftigungsmöglichkeiten erlauben.
Der Wandel macht eine stärkere Anpassungsbereitschaft und mehr Flexibilität in unserer Arbeits- und Lebenswelt erforderlich. Sowohl im wirtschaftlichen Bereich als auch im öffentlichen Sektor sind aufgrund der notwendigen Kürzungen radikale Veränderungen unausweichlich. Neben einer Reform in der Struktur muß die Leistung in Wirtschaft und Verwaltung gesteigert werden. Leistungsbereitschaft, Leistungsdenken und Leistungswille, Produktivität, Einfallsreichtum, Effektivität, Effizienz, Wettbewerb müssen in allen Bereichen ihren Einzug halten. Die Kräfte des Marktes benötigen ihren freien Spielraum und dürfen nicht durch weltfremde Beschränkungen und Vorschriften eingeengt oder behindert werden. Überregulierungen dürfen die Innovationen nicht bremsen oder gar ersticken. Nur ein Innovationspotential, daß sich frei entwickeln und entfalten kann, schafft Wachstum und neue Arbeitsplätze. Nur freier Wettbewerb in den Märkten führt zur Ausweitung der industriellen Unternehmungen und zu neuen Firmengründungen, zu Erfolgen und mehr Beschäftigungsmöglichkeiten für die Menschen!
Das System der sozialen Sicherung muß den neuen Realitäten, der erhöhten Lebenserwartungen, den steigenden Kosten bei der Altenversorgung und der Krankenversicherung angepaßt werden.
Es ist in allen Bereichen unsere Gesellschaft eine Modernisierung erforderlich, eine Anpassung an neue Realitäten und eine Umstellung auf veränderte Tatbestände.
In den globalen wirtschaftlichen Beziehungen und den Volkswirtschaften der einzelnen Länder vollzieht sich ein radikaler Wandel, der noch nicht abgeschlossen ist und noch zu so manchen Veränderungen führen wird. Neue Realitäten, neue Anforderungen und neue Bedingungen rufen nach einer anderen Bewertung unserer alten Vorstellungen. Sie verlangen nach neuen Einfällen und Ideen, nach neuen Konzeptionen und nach neuen Vorhaben!

- Es bedarf einer vernünftigen Steuerreform und Steuersenkung. Die Unternehmen und die arbeitenden Menschen müssen weniger steuerlich belastet werden. Die Besteuerung sollte vereinfacht werden. Nur eine Senkung schafft Investitionsanreize, die wiederum die Wirtschaftsfähigkeit erweitern und die Produktivität verstärken. Die Steuern müssen gesenkt und die Lohn- und Gehaltskosten der Produktivität der Unternehmen angepaßt werden.

- Die Staatsausgaben müssen mit den Steuereinnahmen in einen Einklang gebracht werden. Sie sollten soweit reduziert werden, daß sie auch von einem gesenkten Steueraufkommen getragen werden können.
  Der öffentliche Dienst hat nur den Bürgern zu dienen. Auch in der Verwaltung gilt das Leistungsprinzip.

- Das Sozialsystem bedarf einer Umstellung und einer Reorganisation. Der einzelne Bürger muß wieder mehr Eigenverantwortung übernehmen. Es gilt die Kosten zu senken. Wohlfahrt gilt nur den wirklich bedürftigen Menschen. Das soziale System muß den veränderten Lebenserwartungen und den sich daraus ergebenen veränderten Kosten bei den Renten und den Krankenkassen angepaßt werden.

- Auch der Bürger hat Opfer zu bringen und sich auf mehr Bescheidenheit einzustellen. Alle Leistungen müssen erst einmal erarbeitet werden.

- Die Entbürokratisierung in Wirtschaft, Politik und Verwaltung muß fortgesetzt und sogar beschleunigt werden. Überregulierungen dürfen keine Bremsen sein. Den Innovationen ist der Weg zu ebnen. Die Kreativität muß freien Lauf erhalten und muß sich entfalten können.

- Alle Subventionen müssen abgebaut werden und sollten sich auf ein Minimum beschränken. Jede Subventionierung darf nur für einen Übergang gelten. Jede Subventionierung ist ein Eingriff in einem Wirtschaftsprozeß und wirkt der Einstellung eines Gleichgewichtes entgegen.

- Der Arbeitsmarkt muß von möglichst vielen Beschränkungen befreit und entfesselt werden. Er muß sich frei entwickeln und entfalten können. Auch im Arbeitsmarkt gilt das freie Spiel der Kräfte. Die Löhne müssen sich der Produktivität anpassen können. Das System Arbeitsmarkt muß flexibler werden.

- Die Menschen müssen in ihrer Mobilität und Flexibilität wachsen. Sie müssen mehr bereit sein, sich auf Veränderungen einzustellen.

- Wir alle müssen mehr neue Ideen entwickeln und kreativ werden. Nur die Vielfalt von neuen Ideen sichert unsere Zukunft. Die Ideen sind unser wertvollstes und größtes Kapital.

- Politik und Wirtschaft müssen sich wandeln und auf den globalen Markt einstellen. Es gilt sich der wissensorientierten Dienstleistungsgesellschaft anzupassen.

- Die Unternehmer und die Gewerkschaft haben sich den Herausforderungen unserer Zeit zu stellen und ein neues Verhältnis im Umgang zu entwickeln. Sie haben mehr ihren gesellschaftlichen Verpflichtungen gerecht zu werden. Ihre Aufgabe ist nicht die Funktionsausübung, sondern die Schaffung von Arbeits- und Beschäftigungsmöglichkeiten für die Menschen.

2. Die Betriebsgemeinschaft im Unternehmen

Die Betriebsgemeinschaft eines Unternehmens umfaßt alle die zu einer Firma gehörenden Mitarbeiter, die während ihrer Arbeitszeit in einer betrieblichen Gemeinschaft leben und gemeinsam eine Tätigkeit mit einer bestimmten Zielsetzung verrichten.
In einer engen Zusammenarbeit erfüllen die Betriebsangehörigen eine definierte Aufgabe. Ihr gemeinsames Ziel ist es, bestimmte Leistungen so rationell wie nur möglich in einer wohl organisierten Zusammenarbeit zu erstellen oder auszuführen und damit die Existenz des Betriebes wie auch ihr eigenes Überleben zu sichern.
Die Menschen in einem Unternehmen, seien es Führungskräfte oder Arbeitnehmer, Angestellte oder Arbeiter, sie alle befinden sich in einer gegenseitigen Abhängigkeit und Konkurrenz zueinander. Sie sind aufeinander angewiesen und können ihren Auftrag nur in einem kooperativen Zusammenwirken vollbringen. Sie alle stehen in einem gewissen Wettbewerb miteinander und rivalisieren bei der Aufgabenerfüllung.
Alle Betriebsangehörigen leben und arbeiten in einer sozialen, zweckdienlichen Organisation zusammen. In der Gemeinschaft finden sie Schutz. Ihre persönliche Sicherheit ist nur gegeben, wenn auch das System Unternehmen lebt und floriert. Durch den Beitrag eines jeden Mitarbeiters zur Unternehmenssicherheit wird gleichzeitig auch die eigene Existenz ermöglicht und abgesichert. Was dem Unternehmen nützt und hilft, was die Unternehmenssicherheit fördert und festigt, dient gleichzeitig auch dem Individuum, jedem einzelnen Mitarbeiter im Unternehmen.
Somit sichert das Unternehmen die Existenz der gesamten Belegschaft, wie auch umgekehrt, die Mitarbeiter garantieren das Bestehen der Firma.
Das Betriebsunternehmen ermöglicht jedem Mitarbeiter ein mehr oder weniger gutes Auskommen. Es erlaubt die Erfüllung von persönlichen Wünschen und bietet den Menschen eine Heimat, ein Zuhause. Das Unternehmen übernimmt damit sowohl eine soziale Verantwortung als auch soziale Verpflichtung. Es führt eine gesellschaftliche Funktion aus. Es sorgt für die in den Betrieben tätigen Menschen einschließlich ihrer engsten Angehörigen. Die Firma erlaubt den Menschen, ihr Brot zu verdienen, sich ihre Wünsche zu erfüllen und ein mehr oder minder sorgenfreien Leben zu führen.
Umgekehrt sichern die Mitarbeiter das Unternehmen in seinem Dasein und Bestehen im Markt. Jeder Mitarbeiter trägt zum Erhalt des Unternehmens bei, sichert das betriebliche Wachstum und die Wettbewerbsfähigkeit der Firma. Er muß dieses auch tun, ansonsten ist sein Arbeitsplatz gefährdet. Arbeitet er nicht für das Unternehmen, arbeitet er gegen das Unternehmen und bedroht seine eigene Existenz.
Die Mitarbeiterschaft bildet quasi das Fundament für das Unternehmensgebäude. Ohne den Fleiß, die Tüchtigkeit und Zuverlässigkeit der Menschen könnte eine Firma nicht existieren und würde langfristig auch nicht überleben. Mensch und Unternehmen brauchen sich einan-

der und sind aufeinander angewiesen. Sie befinden sich in einem gegenseitigen Abhängigkeitsverhältnis.

Der Zusammenhalt von Unternehmen und Belegschaft ist in der Regel durch Abmachungen und Vereinbarungen festgelegt. Vertragliche Übereinkommen bestimmen das Zusammenleben. Nur wenn Loyalität gegeben ist, wenn Solidarität und Gemeinschaftssinn bestehen, hat das System auch einen Bestand.

Die sozialen Werte, die menschlichen Tugenden sind die Grundlage einer guten Zusammenarbeit. Eine fruchtbringende und erfolgreiche gemeinsame Tätigkeit kann nur erfolgen, wenn auch die ethischen Grundvoraussetzungen beachtet und gewisse Regeln und Prinzipien eingehalten werden.

Jede Mißachtung der Grundwerte einer Gemeinschaft, auch die einer nur betrieblichen Gemeinschaft, gefährdet die gemeinschaftliche Zielsetzung. Die Chancen eines jeden einzelnen Mitarbeiters werden durch fehlende Solidarität schließlich sogar bedroht. Eigennutz, Gewissenlosigkeit, Rücksichtslosigkeit und Selbstgefälligkeit zerstören jede soziale Gesellschaft auch unsere Betriebsgemeinschaft. Sie ruinieren den inneren Frieden.

Wenn alle nur auf ihren persönlichen Vorteil aus sind und alle nur auf ihren Rechten beharren, alle nur ausschließlich an sich selbst denken, dann ist das Ganze in seinem Bestehen einschließlich seiner Zielsetzung, in seiner Sicherung der betrieblichen und menschlichen Existenzen gefährdet und ernstlich bedroht.

Die Betriebsbelegschaft bildet eine sozialökonomische Einheit. Diese Gemeinschaft mit wirtschaftlichen Zielen auf der Basis sozialer Richtlinien ist nur gegeben, wenn gegenseitige Achtung und eine beiderseitige Wertschätzung bestehen. Nur wenn jeder auch ein wenig Rücksicht gegenüber dem anderen nimmt, wenn gegenseitiger Respekt besteht, wenn Eigennutz hinter dem Gemeinnutz eingereiht und wenn das Loyalitätsprinzip immer eingehalten wird, kann ein erfolgreiches Zusammenwirken erreicht werden.

Mit zu den Grundvoraussetzungen einer wirklichen betrieblichen Gemeinschaft zählt die Maxime einer gleichberechtigten Partnerschaft. Das Mitspracherecht wie auch die Mitarbeit eines jeden Mitarbeiters sollten geschätzt und anerkannt werden. Jedem Mitarbeiter muß ein Mitverantworten erlaubt sein. Sie muß sogar gefordert werden.

Ohne eine gewisse Menschenfreundlichkeit und Humanität, ohne ein gewisses Pflichtgefühl, ohne jegliche Nächstenliebe und Vertrauen, kann keine Gemeinschaft auf Dauer bestehen, kann auch keine Zusammenarbeit und Teamwork erfolgen. Egoismus und Rücksichtslosigkeit zerstören jede Betriebsgemeinschaft, lassen die Menschen, die eigentlich etwas gemeinsam ausrichten wollen, auseinander driften.

Die Einhaltung der ethischen Prinzipien bedeutet nun aber nicht, daß der Mitarbeiter in einer Betriebsgemeinschaft sich vollkommen unterordnen muß und jedes Recht auf seine Individualität verliert oder einbüßt. Jeder hat das Recht auf seine Individualität, seine Eigenart und Eigenständigkeit, seine Persönlichkeit. Sie bildet ein unantastbares Grundrecht, das jeder mit Recht beanspruchen kann.

Dieser Anspruch muß aber mit einem Sinn für die Gemeinschaft, mit dem Gedanken der Solidarität, mit einem Gemeinschaftsgeist und einem Zusammengehörigkeitsgefühl verbunden sein. Eine totale Freiheit gibt es nicht. Freiheit gilt nur soweit, wie sich für den anderen daraus keine Unfreiheit ergibt! Freiheit bedeutet, sich selbst Grenzen zu setzen!

Völlige Freiheit wird wohl immer wieder gern angestrebt, bedeutet aber auch wiederum, daß der Mensch allein ist. Totale Freiheit bedeutet Einsamkeit und Alleinsein, eine Nichterfüllung des menschlichen Bedürfnisses nach Sicherheit.

Der Mensch braucht die Gemeinschaft, den Zusammenschluß von Menschen zur Familie, zu einer Sport- oder Arbeitsgemeinschaft. Ohne Gemeinschaft ist er völlig isoliert, beziehungslos und ausgeschlossen, ist er allein und nichtssagend.
Ein Mensch, völlig auf sich allein gestellt, kann keine produktive Arbeit oder Leistung vollbringen. Ohne eine Zweckgemeinschaft, der Betriebsgemeinschaft, kann er keine Produkte schaffen oder irgendwelche Dienstleistungen vollbringen. Er ist auf Mitmenschen, Kameraden oder Kollegen angewiesen. Er muß sich mit Menschen zusammentun, mit anderen verbinden und zusammenarbeiten. Er muß eine Gemeinschaft bilden.
Jede Vereinigung setzt eine Rücksichtnahme auf die Mitmenschen in der Gemeinschaft voraus. Ein Verein ist nur lebensfähig, wenn auch gegenseitige Achtung und Wertschätzung bestehen und diese Tugenden das gemeinsame Leben und Arbeiten beherrschen. Nur eine Anerkennung auch der anderen Persönlichkeit erlaubt ein Zusammenwirken.

Für eine überdurchschnittliche Leistung eines Unternehmens ist sehr entscheidend, daß in der Betriebsgemeinschaft ein gewisses Wir-Gefühl aufkommt und auch einen langen und festen Bestand hat. Dieses Zugehörigkeitsempfinden zur Firma muß als Bindeglied die Menschen zusammenhalten und sie bei ihrer Arbeit und Tätigkeit stärken.
Im Unternehmen sollte eine humane Unternehmenskultur bestehen, die den arbeitenden Menschen eine Zufriedenheit vermittelt, die ihnen das Gefühl schenkt, in ihrem eigenen Unternehmen tätig zu sein.
Das Wir-Gefühl konnte die klassische Unternehmenshierarchie eigentlich nie ganz vermitteln. Die traditionelle Unternehmenspolitik war zu stark auf Unterscheidung und Polarisierung ausgerichtet als daß ein wirkliches Betriebsgemeinschaftsgefühl aufkommen konnte. Das Autoritätsprinzip führte mehr zu Gegensätzen und Aggressivität statt zu Kooperation und Teamarbeit. Die hierarchische Struktur in den Unternehmen förderte vorwiegend das aggressive und opportunistische Verhalten der Menschen und verhinderte jede Kreativität und schöpferische Phantasie.
Typisch für das traditionelle Unternehmen war die Erhaltung der bestehenden Ordnung, der Ausbau und die Perfektion der hierarchischen Struktur, die Trennung in isolierte Gruppen und Bereiche, die Teilung der Firma. Ein perfektes Verwaltungssystem dient als Verbindungssystem und bestimmte die Organisationsabläufe. Richtlinien legten jedes Geschehen genau fest. Der Dienstweg war strikt einzuhalten. Formalitäten regelten den gesamten Firmenprozeß. Arbeitsanweisungen regulierten die Tätigkeiten oder Ausführungen. Alles lief nach vorgegebenen Wegen ab.
Die hierarchischen Strukturen in den Betrieben und Firmen, die Unterordnung der Arbeitenden und die Überordnung der Befugten wie auch der Gegensatz zwischen Arbeit und Kapital führten immer wieder zu ständig währenden Spannungen, die das Betriebsklima immer wieder leiden ließen und die Arbeitsergebnisse auch immer wieder negativ beeinträchtigten.
Das Arbeitsverhältnis war festgelegt. Eine Veränderung war nicht erlaubt, war auch undenkbar. Eine Notwendigkeit zu einem kontinuierlichen Wandel, zu Veränderungen der sozialen Beziehungen, der personellen und wirtschaftlichen Angelegenheiten wie auch eine Verbesserung der Arbeitsmethoden wurde nur selten gesehen. Änderungen waren nicht gewünscht.
Eine Mitbestimmung oder ein Mitwirken wurde der Unternehmensführung erst nach langen Auseinandersetzungen abgerungen. Vorherrschend war Voreingenommenheit und Mißtrauen. Zwischenmenschliche Beziehungen wurden kaum gepflegt. Menschliche und geistige Teilnahme waren nicht erlaubt. Sie wurde vernachlässigt.

Eine stetige natürliche Veränderung oder Anpassung wurde in dieser Atmosphäre nicht gerade gefördert. Die Betriebsgemeinschaft unterlag keinem kontinuierlichen Wandel.
Die meisten Menschen lebten vom Berufsbeginn bis zum Beschäftigungsende in der gleichen Firmengemeinschaft. Ihr Berufsleben lief in fest definierten Bahnen ab. Abweichungen galten als Unregelmäßigkeiten und Störungen. Sie waren kein selbstverständlicher oder natürlicher Veränderungsprozeß.
Eine Anpassung an ein verändertes Marktgeschehen, an andere Marktanforderungen, an neue Herausforderungen wurde in den seltensten Fällen gesehen, oft erst viel zu spät erkannt. In der Regel hinkte man der allgemeinen Entwicklung hinterher und sah keine Notwendigkeit zur kontinuierlichen Erhöhung der Effizienz oder Effektivität.
Man sah nicht, daß erst in einer zur Veränderung bereiten teamfähigen Betriebsgemeinschaft, in einer Belegschaft der Pluralität und Vielfältigkeit, es zu Einspareffekten kommt, die der Existenzerhaltung und Sicherung sowohl des Systems Unternehmen als auch aller im Unternehmen beschäftigten Menschen dienen.
Gegenüber dieser alten Ordnung, dem regelmäßigen Ablauf aller wirtschaftlichen Abläufe und Vorgänge, zeichnet sich nun eine Veränderung ab, die so in einigen Fällen sogar zu revolutionären Auswirkungen führt.
Der Arbeitnehmer will heute nicht mehr nur als Kostenfaktor und Nummer gesehen werden. Er will nicht mehr das Objekt anderer Entscheidungen und Anordnungen sein. Er möchte als Mensch, als ein gleichberechtigter Partner gesehen werden. Er möchte selbst entscheiden, selbst bestimmen, selbst Verantwortung tragen.
Hier bedarf es in vielen Betrieben noch einem Umdenken und einer völlig neuen Einstellung. Noch wird die Betriebsgemeinschaft nicht überall als eine partnerschaftliche Interessengemeinschaft gesehen. In vielen Bereichen sind die Mitarbeiter noch keine gleichwertigen Teilnehmer und werden noch nicht mit in das Betriebsgeschehen einbezogen. Man schenkt ihnen noch kein volles Vertrauen und schließt sie auch bei der Mitverantwortung noch immer nicht mit ein. Es fehlt an einer gleichberechtigten und ebenbürtigen Partnerschaft.
Nicht in erster Linie nur die Gewinnmaximierung, sondern ausreichende Gewinne unter der Berücksichtigung von ethischen Prinzipien und menschlichen Bedürfnissen sichern langfristig die Wettbewerbsfähigkeit einer Firma. Betriebliche Ziele und Menschlichkeit müssen keine Gegensätze sein. Beides ist vereinbar. Die Einbeziehung der gesellschaftlichen Verantwortung in die unternehmerische Zielsetzung kann in einen Einklang gebracht werden. Firmenziele müssen nicht gegen die menschliche Gesellschaft gerichtet sein. Bei entsprechendem Willen und kooperativer Absprache lassen sich Übereinkünfte erzielen, die im Interesse beider Seiten liegen sowohl des Unternehmens als auch seiner Mitarbeiter.
Jede Vereinbarung sollte so flexibel sein, daß jederzeit auch eine Anpassung wie auch erforderliche Änderungen möglich sind.
Alles unterliegt einer kontinuierlichen Veränderung und stetigen Verbesserung. Regeln haben immer nur für einen begrenzten Zeitraum ihre Gültigkeit. Sie sind keine ewig gültigen Gesetze.
Menschen ohne Handlungsspielräume und ohne Gestaltungsmöglichkeiten können nichts Neues schaffen. Sie entwickeln keine Kreativität, keine Phantasie oder aufregende Ideen. Ihr Einfallsreichtum wird durch die Begrenzungen eingeschränkt. Menschen brauchen Vertrauen und das Recht auf eigene Verantwortung zum Leben. Jeder Mensch benötigt einen gewissen Lebensraum.

Die Betriebsgemeinschaft beinhaltet zum einen das Management, die Führungskräfte des Unternehmens, und zum anderen die für das Unternehmen tätigen Arbeitnehmer. Alle sind Mitarbeiter des Unternehmens, ganz gleich in welcher Position und Stelle, an welchen Arbeitsplatz oder in welcher Hierarchiestufe. Sie alle haben ihre spezielle Aufgabe und Funktion. Alle sind aufeinander angewiesen und brauchen sich einander.

Die Mitarbeiterschaft setzt sich zusammen aus allen den für ein Unternehmen tätigen Menschen. Sie umfaßt alle Leute, die in einem Dienstverhältnis des Unternehmens stehen. Eingeschlossen sind dabei alle leitenden und nichtleitenden Angestellten wie auch die Arbeiter mit oder ohne fachliche Ausbildung.

In den traditionellen Unternehmen erfolgt in der Regel eine starke Differenzierung in Management und Mitarbeiter, in Führung und Ausführung. Diese Zweiteilung wurde nicht selten noch oft besonders herausgestellt und betont.

Bis zu einem gewissen Grade war diese Unterteilung auch einmal berechtigt, war doch in der Massenproduktion eine ausgeprägte Führungsfunktion durch ein Management erforderlich. Die Menschenmassen in der Großindustrie mußten geleitet und geführt werden. Es galt sie zu verwalten. Die Menschenmenge mußte mit Anweisungen, Anordnungen und Befehlen beherrscht werden und dementsprechend war dann auch der Ton und das Verhalten.

Aufgrund der unterschiedlichen Aufgabenbereiche, der verschiedenen Funktionen und Pflichten ergaben sich sowohl horizontal als auch vertikal drastische Unterscheidungen. Strenge Abgrenzungen erfolgten im geschäftlichen wie auch im privaten Bereich. Die Firmenhierarchie wurde betont und hervorgehoben mit der Größe und der Einrichtung der Büros oder auch durch den Komfort bei den Dienstreisen, wo feste Regeln bezüglich der Wahl des Verkehrsmittels oder des Hotels bestanden und noch bestehen. Ein äußeres Statussymbol bildete der private PKW. Kühlerfigur, PS-Zahl und Hubraum ließen die Hierarchiestufe in der Firma wie auch der Gesellschaft sofort erkennen. Dienstwagen waren besondere Rechte des oberen Managements. Auch hier war die Firmenmarke sehr entscheidend. Eine Führungskraft hatte sich vom Fußvolk zu unterscheiden.

Völlig anders ist da die zukünftige Stellung eines Managers. So manche Vorrechte und Attribute wurden bereits oder werden mehr und mehr abgelegt und abgegeben.

Auch der normale, „einfache" Mitarbeiter kann sich heute bei entsprechendem Fleiß und einer eisernen Sparsamkeit ein Haus, eine Wohnung, ein Auto oder eine tolle Urlaubsreise leisten. Es sind keine Vorrechte oder Privilegien mehr einer bestimmten gesellschaftlichen Schicht wie der Führungsebene eines Unternehmens.

Auch bezüglich der Aufgaben und Funktionen erfolgten so einige Verschiebungen vom Manager zum normalen Mitarbeiter. Der nicht zur Führungsschicht gehörende Mitarbeiter übernahm mehr und mehr so manche Managementfunktion und führt heute immer öfter seine Aufgaben eigenverantwortlich aus. In den nächsten Jahren werden sich hier noch zahlreiche Veränderungen ergeben.

Mit ein Grund für diesen Wandel in den Beziehungen und Funktionen zwischen Führung und Ausführung ist die Entwicklung in der Großindustrie, die mehr und mehr von der Massenproduktion wegführt. Die Massenprodukte werden heute nicht mehr durch die Masse Mensch erzeugt, sondern durch Automaten und Roboter. Die Verbesserungen in der Produktivität und Rentabilität erlauben es, den erforderlichen Arbeitsaufwand in einer sehr verkürzten Arbeitszeit mit weit weniger Menschen zu erfüllen. Die Industrie verlangt zunehmend nach Fachkräften und Spezialisten bis hinunter in die untersten Ebenen. Ein hoher Ausbildungsstand und spezielles Fachwissen, eine stets aktuelle, dem neuesten Wissensstand angepaßte Qualifikation sind gefragt. Körperliche Arbeit wird immer mehr durch Kopfarbeit ersetzt.

Das Management hat aufgrund einer neuen Arbeitsteilung und Aufgabenverschiebung heute etwas veränderte Pflichten und Funktionen. Weiterhin ihre Funktion wird es sein, dafür zu sorgen, daß bestimmte Ziele und gewisse Aufgaben erfüllt werden, daß im Unternehmen etwas bewerkstelligt wird. Ihre Aufgabe bleibt das Planen und Organisieren der Abläufe, das Sicherstellen der Abwicklungen von Tätigkeiten und das Arrangieren der Ausführung von Dienstleistungen, alles mit einer festen wirtschaftlichen Zielvorgabe. Sie haben den Fortgang der Arbeiten zu kontrollieren und die Leistungsprozesse zu überwachen.

Manager managen die manuellen Tätigkeiten und die intellektuelle Aktivitäten. Sie sorgen dafür, daß geplante Arbeiten und Leistungen verwirklicht, daß die Wünsche der Menschen erfüllt werden.

Ihre Funktionen waren einst das Kommandieren, das Kontrollieren und das Korrigieren. Alles Pflichten, die auch heute noch bestehen, aber in ihrer Funktion, in ihrer Art und Weise heute anders ausgeführt werden.

Heute erfolgen diese Aufgaben ohne besondere Statussymbole oder Berechtigungen. Sie vollziehen sich in der Form eines Mitmachens und Mitwirkens. Der Manager nimmt an der Runde seiner Mitarbeiter teil, fungiert mehr als Moderator statt als Befehlsausgabe. Er ist bzw. wird wieder Mitarbeiter in einem Mitarbeiterkreis, Mitglied einer Interessengemeinschaft, wo jeder eine bestimmte Funktion und Aufgabe hat, ohne etwas besseres oder besonderes zu sein. Er moderiert ein Team.

Die Manager bleibt sicherlich weiterhin der Entscheidungsträger. Diese Funktion bleibt auch in der Zukunft seine wichtigste Aufgabe. Nur einer kann bestimmen und die Verantwortung tragen. Die Entscheidung wird aber in Zukunft nicht mehr allein gefällt, sondern stets im Mitwirken der Betroffenen, in der Zusammenarbeit mit der gesamten Belegschaft.

Die Pflicht einer Führungskraft ist es, ein wirtschaftliches wie auch politische Unternehmen, eine Organisationseinheit zu managen, die Menschen zu führen und zu lenken, sie von den Notwendigkeiten der Arbeiten und Leistungen der wirtschaftlichen Unternehmung zu überzeugen und sie auch alle für den unternehmerischen Auftrag zu gewinnen und zu begeistern. Alle diese Pflichten werden aber in Zukunft mehr unter Mitwirkung der Mitarbeiter erfolgen. In einer Gemeinschaftsarbeit mit den Mitarbeitern werden die betriebserhaltenen Aufgaben und Funktionen bewerkstelligt, das Unternehmen am Leben erhalten und seine Lebensfähigkeit gesichert.

Die Entscheidungen erfolgen heute mehr in einer Teamgemeinschaft, unter der Mitwirkung sowohl der Führungskräfte als auch aller beteiligten Mitarbeiter.

Dieser neue Weg bedeutet ein Umdenken in der Zusammenarbeit und bedarf sicherlich auch einer gewissen Übung. Die Entscheidungsfindung benötigt auch sicherlich eine längere Zeit. Sie hat aber den Vorteil, daß anschließend die Entscheidungen und Beschlüsse auch von allen gemeinsam getragen werden und die Geschäftsführung des Unternehmens dann nicht allein da steht. Die Geschäftspolitik wird dann gemeinsam von allen Mitarbeitern vertreten und auch vereint durchgesetzt.

Alle Arbeiten beruhen dann mehr auf Gemeinsamkeit, auf einem mehr Miteinander, auf der Basis einer betrieblichen Partnerschaft.

Eine Betriebsgemeinschaft ist verantwortlich für die Ausführung aller betrieblichen Aktivitäten. Ihr obliegen alle Tätigkeiten des Unternehmens. Zu ihren Aufgabenbereich gehören das
      Planen, Organisieren, Ausführen und Kontrollieren

aller betrieblichen Vorgänge und Prozesse.
Alle diese Tätigkeiten setzen eine Motivierung der Menschen für diese Aktivitäten voraus. Ein Anreiz ist durch die Befriedigung der menschliche Bedürfnisse gegeben. Jeder Mensch hat seine speziellen Anliegen, seine Interessen und seine persönlichen Wünsche. Sie müssen bei dem Motivieren angesprochen werden.
Ein Unternehmen sollte stets versuchen, seine Ziele gemeinsam mit seinen Mitarbeitern zu verfolgen. Unter der Mitwirkung aller wird eine gewisse Absicht oder ein bestimmtes Vorhaben weit besser verwirklicht als nur bei der Teilnahme weniger Mitarbeiter.
Die gemeinsame Zielverfolgung setzt voraus, daß ein gemeinschaftlicher, genau ausgearbeiteter Plan in Absprache mit den beteiligten Mitarbeitern erstellt wird. Alle Arbeiten erfolgen dann nach einem festen Konzept.
Um die Zielsetzung erfolgreich zu erfüllen, sollten alle erforderlichen Arbeitsabläufe gut organisiert werden. Es sind alle für den Ablauf notwendigen Dinge in einer bestimmten Reihenfolge oder Zuordnung zusammenzustellen. Das Arrangieren der Arbeitsabläufe setzt natürlich organisatorische Fähigkeiten voraus. Auch die Planung verlangt professionelles Handeln.
Die Ausführung einer Aufgabe sollte immer in einem engen Zusammenwirken von allen beteiligten Führungskräften und Mitarbeitern erfolgen. Alle Aktivitäten bedürfen für ein erfolgreiches Gelingen einer Absprache wie auch einer Mitbestimmung.
Nicht nur nach Abschluß einer Arbeit, sondern schon bereits während des Arbeitsablaufes sollte eine Kontrolle erfolgen, die dann Eingriffe in den Arbeitsprozeß erlaubt. Die Kontrolle besteht in einem Vergleich der Arbeitsergebnisse mit den geplanten Vorgaben. Es sollte immer nur eingegriffen werden, wenn es auch wirklich erforderlich ist.
Mit eine wichtige Aufgabe ist die Auswahl der richtigen Leute für die notwendigen Tätigkeiten. Jeder Arbeitsschritt setzt eine mehr oder weniger gute Ausbildung und spezielle Kenntnisse voraus. Eine korrekte Durchführung oder Lösungen einer Aufgaben ist nur bei entsprechender Qualifikation gegeben.
Für jede Tätigkeit müssen immer die passenden Menschen gewonnen werden, die dann auch Freude an dieser Arbeit haben. Sie sind davon zu überzeugen, daß sie ihre Arbeiten ordnungsgemäß und pflichtbewußt erfüllen und daß die Anforderungen und Vorgaben korrekt eingehalten werden. Es ist sicherzustellen, daß die Versprechen gegenüber dem Verbraucher eingehalten und die Wünsche der Kunden befriedigt werden. Sie bilden die Richtschnur für jede betriebliche Tätigkeit.
Die Führungskräfte als Ausführungsorgane der betrieblichen Gemeinschaft koordinieren sämtliche Arbeitsprozesse des Unternehmens, sei es in der Produktion oder in der Verwaltung. Sie überwachen die Arbeitsleistungen und die Arbeitsausführungen des Betriebes. Ihre Aufgabe und Funktion in der Betriebsgemeinschaft ist es, für einen ordnungsgemäßen und glatten Ablauf aller Vorgänge zu sorgen.
Neben den Führungskräften sind es dann die Arbeitnehmer, die Ausführenden einer Arbeit, die dann die eigentlichen Leistungen vollbringen.
Mit dem Begriff Arbeitnehmer werden all die Menschen bezeichnet, die in fremden Diensten stehen, d.h. die als Arbeiter und Angestellte des Unternehmens die Produkte erzeugen und herstellen oder die Dienstleistungen vollbringen. Eine vertragliche Vereinbarung verpflichtet sie zu Leistung für den Arbeitgeber. Sie leisten eine sogenannte unselbständige Arbeit und erhalten dafür einen Lohn oder ein Gehalt.

Gut ist es, wenn diese unselbständige Arbeit mehr und mehr zu einem selbständigen Handeln und Ausführen wird. Der Mitarbeiter sollte zunehmend mehr eigenverantwortlich seine Tätigkeiten ausführen. Die Qualität einer Tätigkeit verbessert sich mit der wachsenden Eigenverantwortung des Ausführenden.

Management und Arbeitnehmer sorgen zusammen in einer Betriebsgemeinschaft für die korrekte Ausführung der Arbeiten und die ordnungsgemäße Durchführung der Dienstleistungen.

Auf der Basis von Loyalität und der Einhaltung der Prinzipien Treue, Redlichkeit, Anständigkeit und Solidarität wie auch der Beachtung der ethischen Grundsätze werden die Unternehmensziele verwirklicht.

Die Einhaltung der betrieblichen Zielsetzung ist nur möglich, wenn alle übereinstimmen und alle ein menschliches Benehmen und Verhalten zeigen. Jedes unsolidarische Miteinanderumgehen gefährdet das Zusammenleben und das Zusammenarbeiten. Es bedroht im Extremfall sogar die Erhaltung der Existenzen aller Mitarbeiter.

Die Betriebsangehörigen leben in einer Solidargemeinschaft, wo jeder nach seinen Fähigkeiten und seiner beruflichen Ausbildung eine spezielle Aufgabe zu erfüllen hat. In wechselseitiger Abhängigkeit und Konkurrenz zu einander, gibt jeder das beste seines Könnens und Wissens.

Eine Betriebsgemeinschaft hat grundsätzlich die folgenden Aufgaben und Funktionen zu erfüllen:

- Planung:

    Die Festlegung eines Zieles einschließlich der einzelnen Ablaufschritte, um das Vorhaben zu realisieren, um das gewünschte und angestrebte Ergebnis zu erlangen.

- Organisation:

    Die Bestimmung und die Anordnung der Abwicklung, die Einteilung und Durchführung der Arbeiten. Die Festlegung des Zusammenwirkens aller Mitarbeiter, sowohl der Führung als auch der Ausführenden.

- Arbeitsleistung:

    Die Ausführung bzw. Durchführung der betrieblichen Leistung, die Erledigung der Tätigkeiten in allen Betriebsbereichen: Planung, Entwicklung, Produktion, Herstellung, Vertrieb, Verkauf, Verwaltung usw.

- Kontrolle:

    Ein Soll-Ist-Vergleich. Prüfung der Übereinstimmung des Planes mit den durchgeführten Arbeiten. Überwachung der Arbeitsabläufe zur Erfüllung des Planzieles.

- Motivation:

    Das Anspornen und Stimulieren der Mitarbeiter, den Mitarbeitern Auftrieb und Antrieb geben. Die Menschen werden überzeugt, die geplanten und organisierten Arbeiten und Leistungen optimal auszuführen.

Die Führungsorganisation umfaßt zahlreiche Ebenen, beginnend bei den Gruppen und den unterschiedlich klassifizierten Abteilungen bis zu den Bereichen bzw. Hauptbereichen und Direktionen. Man unterscheidet je nach Funktionen, Befugnissen und Aufgaben zwischen dem oberen, mittleren und unteren Management.
Im Rahmen des Strukturwandels in den Unternehmen wird heute die Zahl der Hierarchieebenen vermindert und die aufgeblasene Rangordnung mit den vielen Hierarchiestufen reformiert.
Das Topmanagement bilden die Mitglieder der obersten Geschäftsleitung oder des Vorstandes. Sie sind das oberste Leitungsgremium. Sie repräsentieren die Spitze eines Unternehmens und führen und leiten das Unternehmen. Als Führung bestimmen sie die Zielsetzung, die Richtung des Unternehmens. Die obersten Manager bestimmen die Geschäfts- und Qualitätspolitik, wobei diese Funktionen nicht völlig losgelöst von der Betriebsgemeinschaft erfolgen. Das Topmanagement trägt die Gesamtverantwortung und sorgt für die Einhaltung der Gesetze und Vorschriften.
Unter dem Topmanagement arbeitet eine Führungsschicht, heute in der Regel von ein bis drei Ebenen, je nach Art, Größe und Umfang eines Unternehmens.
Das mittlere Management umfaßt alle Leute mit Führungsfunktionen, die in den meisten Fällen auch Mitarbeiter führen und leiten. Es beginnt beim Sachbearbeiter und geht dann hinauf bis zum traditionellen Abteilungs- und Betriebsleiter. Zum mittleren Management zählen der Büroleiter, der Vorarbeiter und Meister, der Kolonnenführer, der Funktionäre, der Beauftragte und Bevollmächtigte. Sie alle bilden quasi die Mannschaft der Unternehmensleitung und sorgen für die Umsetzung der Geschäftspolitik, für die Verwirklichung der Ziele und die Ausführung der Arbeiten und der Dienstleistungen. Sie arrangieren mit ihren Mitarbeitern die Abläufe im Unternehmen, führen dabei auch selbst Arbeiten durch. Sie bewegen die Menschen und motivieren die Betriebsangehörigen zur Leistung. Sie sorgen dafür, daß die Zielsetzung der Unternehmensleitung verwirklicht wird.
Zur untersten Ebene, den Ausführenden erfolgt eine immer stärke Durchmischung bei den Aufgaben und Funktionen. Die strengen Abgrenzungen werden mehr und mehr aufgehoben. Auch die eine Tätigkeit ausführenden Mitarbeiter übernehmen zunehmend eigenverantwortlich einen Teil der Managementfunktionen.
Mit dem Abbau der Hierarchien erfolgt eine stärke Hinwendung zur Teamarbeit, wo die Führungskraft nun mitten im Geschehen sitzt. Jeder hat seine spezielle Funktion. Es kommt zu einer mehr und mehr wachsenden engen Zusammenarbeit. Die Aufgaben werden in einer Gemeinschaftsarbeit erfüllt. Die gegenseitige Abhängigkeit wird größer und läßt synergistische Effekte auftreten. Im Team erfolgt eine gegenseitige Befruchtung durch ein gesundes Konkurrieren nicht gegeneinander sondern miteinander.
Der Mensch, der Mitarbeiter im Unternehmen tritt wieder mehr in den Mittelpunkt. Er ist nicht mehr nur die Sache Arbeitskraft, die jederzeit austauschbar ist, sondern bildet nun eine wertvolle Ressource. Er gewinnt einen neuen Stellenwert im Unternehmen.

Die Mitarbeiter eines Unternehmen sind immer wieder zu fordern. Ihnen sind Aufgaben und Pflichten zu übertragen, die sie dann selbständig ausführen sollten. Nur so entwickeln sie eine Vitalität, werden kreativ und zur Leistung bewegt. Der Mensch wächst mit seiner Aufgabe. Jede Trägheit und Faulheit, schon ein Fettansatz muß möglichst vermieden werden.

In einem Team, wo Führungskraft und Mitarbeiter zusammen eine Aufgabe erfüllen und verrichten, werden endlich auch die alten sozialen Feindschaften zwischen den Kapitalisten, den Ausbeutern, den Vorgesetzten auf der einen Seite und den Arbeitern, den Ausgebeuteten und Unterdrückten, den Untergebenen auf der anderen Seite aufgeweicht und abgebaut. In der engen täglichen Zusammenarbeit im Team ändert sich durch wachsende gegenseitige Achtung und Wertschätzung das noch immer im Bewußtsein beider Seiten bestehende Spannungsverhältnis. Es wird mit der gemeinsamen Ausführung der Tätigkeiten abgebaut und dann hoffentlich auch für immer verschwinden.

In einem modern geführten Unternehmen ist heute das gesamte betriebliche Personal für die Durchsetzung der Ziele und die Einhaltung der Grundsätze verantwortlich.

Die Mitarbeiter sind für eine produktive und effektive Qualitätsleistung zu motivieren.

Die Führungskräfte als Teil der Belegschaft organisieren die notwendigen Mittel und das erforderliche qualifizierte Personal zur Durchführung der Aufträge. Sie sorgen dafür, daß geeignete Pläne, Prozesse, Verfahren, Richtlinien, Prüfeinrichtungen, Werkzeuge und Maschinen, d.h. alle erforderlichen Mittel für die Erfüllung der Aufgaben und zur Gewährleistung der Produkt- und Dienstleistungsarbeiten zur Verfügung stehen. Sie delegieren die Arbeiten und überwachen die Ausführungen nicht als Kontrollorgan, sondern mehr als moderierende Stelle. Sie bestimmen die Qualitätsziele und achten darauf, daß diese im Einklang mit den Unternehmenszielen bleiben.

Das Management bildet im Unternehmen eine Institution, die bestimmte betriebliche Funktionen ausführt und alle geschäftlichen Abläufe in Gang hält. Die Führungskräfte haben die Mitarbeitenden für das Unternehmen zu motivieren. Das Denken und Handeln sollte immer marktorientiert sein.

Alle Betriebsangehörigen sollten sich immer als ein Teile eines betrieblichen Gemeinschaftsteams sehen und eine innovative Leistungseinheit bilden.

Im Management vollzieht sich zur Zeit eine gesellschaftliche Weiterentwicklung, ein Wandel von der isolierten Eigenständigkeit zu einem partnerschaftlichen Miteinander mit den Mitarbeitern in einer Betriebsgemeinschaft.

Das Management ist für jedes größere Unternehmen eine unabdingbare Notwendigkeit, eine lebensnotwendige Einrichtung. Ohne ein aktives Management ist kein Unternehmen betriebs- und lebensfähig. Ohne ein Management läuft in einem Unternehmen nichts, weder eine Produktion noch ein Verkauf. Alle geschäftlichen Abläufe bedürfen einer Organisation, einer Planung, eines Zusammenwirkens.

Die Führungskräfte sind ein fester Bestandteil der Belegschaft. Ohne ein Management zeigt ein Unternehmen keine Aktivität, keine unternehmerische Reaktion, kein pulsierendes Wirtschaftsleben.

Das Management stellt die Organisation eines Unternehmens sicher und sorgt dafür, daß die Firma die erforderliche Leistung vollbringt, alles in einem Unternehmen läuft und die Kunden zufriedengestellt werden, daß die gesamte Betriebsmannschaft in einem Team zusammensteht.

Ein Unternehmen ohne ein Management ist eigentlich nicht vorstellbar. Ohne einen Stab engvertrauter Mitarbeiter kann ein einzelner Unternehmer allein seinen Betrieb oder seine Firma nicht mehr führen. Ab einer gewissen Größe wird es erforderlich, die Aufgaben auf mehrere Schultern zu verteilen. Der Unternehmer benötigt Hilfen und Unterstützungen und verteilt deshalb die Unternehmensaufgaben auf qualifizierte Mitarbeiter, die sein Vertrauen haben.

Die Betriebsgemeinschaft steht heute weit mehr im Mittelpunkt eines Unternehmens als in früheren Zeiten.

Mit den Aufgaben jedes einzelnen Mitarbeiters wuchs auch dessen Verantwortung und Eigenständigkeit. Jeder Mitarbeiter übernimmt zunehmend Managementfunktionen. Mit seiner speziellen Tätigkeit im Unternehmen tritt jeder Mitarbeiter auch mehr und mehr aus der Anonymität heraus. Der einzelne Mitarbeiter muß nun nicht nur seine Aufgabe erfüllen, er muß sich jetzt auch für seine Taten rechtfertigen und verantworten. Jeder einzelne bestimmt mit die wirtschaftliche Kraft wie auch das Erscheinungsbild eines Unternehmens.

Wie jede gesellschaftlich Gruppe oder Organisation unterliegt auch die betriebliche Arbeitsgemeinschaft einer stetigen weiteren Entwicklung und damit auch einer ständigen Veränderung. Mit dem Wandel eines Unternehmens passen sich auch die Mitarbeiter neuen Anforderungen und Bedingungen an. Die betriebliche Zweckgemeinschaft entwickelt sich kontinuierlich weiter.

Zur Zeit durchläuft die betriebliche Gemeinschaft in vielen großen Unternehmen einen Reifeprozeß und wird sich in ihrer Struktur und Form, in der Verteilung der Verantwortlichkeiten und damit auch in ihrer Machtstellung reformieren und neu ausrichten.

Nicht allein nur die Fertigung wird schlanker in einem heutigen modernen Unternehmen, auch die gesamte Unternehmensstruktur einschließlich Management und Mitarbeiterzahl wird in den Hierarchien flacher und hinsichtlich der Projektbearbeitung straffer gestaltet. Verantwortlichkeiten werden neu verteilt. Pflichten und Aufgaben erfahren eine Verschiebung in der Zuständigkeit. Für den einzelnen Mitarbeiter werden die Anforderungen bezüglich Qualifikation und menschlicher Qualitäten anwachsen. Der Mitarbeiter ist herausgefordert an sich selbst zu arbeiten, sich kontinuierlich weiterzubilden und sich flexibel auf Veränderungen einzustellen.

Der betriebliche Ablauf wird in Zukunft durchsichtiger und damit dann auch übersichtlicher und besser erkennbar werden.

Kriterien einer Betriebsgemeinschaft.

- Jede Betriebsgemeinschaft hat ihre bestimmte Zielsetzung. Für Unternehmen wie auch Mitarbeiter gilt das gleiche Grundziel: Sicherstellung des Daseins, die Existenzerhaltung sowohl für das Unternehmen als auch für die im Betrieb beschäftigten Mitarbeiter. Jedes Unternehmen möchte im Wettbewerb auf dem Markt bestehen können. Es will Gewinne erzielen zur Erhaltung des Unternehmens und für Investitionen, die der Erneuerungen der Anlagen und der weiteren Ausdehnung der Firma dienen.
Die Mitarbeiter möchten ein gewisses Auskommen haben. Sie wollen versorgt sein und ihren Lebensunterhalt verdienen können. Sie haben den Wunsch, ihre Bedürfnisse zu befriedigen und ihren Lebensstandard kontinuierlich zu verbessern.
Die Betriebsgemeinschaft ist eine sozial-wirtschaftliche Zweckgemeinschaft mit dem Ziel der Existenzerhaltung.

- Wie jedes System benötigt auch die Betriebsgemeinschaft bestimmte Richtlinien und Grundsätze, die das Verhalten der Mitglieder regeln und den Zusammenhalt sicherstellen. Das Regelwerk umfaßt u. a. die Arbeitszeit, die Arbeitsordnung, die Löhne und Gehälter, den Urlaub oder auch nur die Unterschriftenberechtigung.

Die getroffenen Vereinbarungen und Abmachungen sind für alle verbindlich und müssen von allen eingehalten werden. Die Regeln dienen dem gemeinsamen Umgang, dem gemeinschaftlichen Auskommen und der Zusammenarbeit in der Betriebsgemeinschaft. Sie sollten als Handlungsgrundsätze von allen anerkannt und beachtet werden. Sie bestimmen die Unternehmenskultur.

- Eine Betriebsgemeinschaft setzt auch die Einhaltung und Beachtung gewisser ethischer Werte voraus. Grundvoraussetzung ist das Loyalitätsprinzip, die Ehrlichkeit, die Gerechtigkeit, die Solidarität und der Gemeinsinn wie auch die Achtung vor jedem Menschen, insbesondere auch vor dem anderen Geschlecht. Nicht zu vergessen sind auch die Toleranz gegenüber dem anderen Glaubens und der anderen Hautfarbe. Eine Absage gilt jeder Diskriminierung.
  Die Nichteinhaltung dieser Verhaltenskriterien wie auch alle Handlungen gegen die vereinbarten Regeln sind Verstöße gegen die Ordnung und müssen im Interesse aller geahndet werden. Typische Strafen sind die Abmahnung, die Versetzung oder Absetzung und schließlich die Entlassung.
  Jedes positive Verhalten, jede Unterstützung der Zusammenarbeit in der Betriebsgemeinschaft sollte stets gefördert und auch belohnt werden.

- In jedem System, also auch in der Betriebsgemeinschaft, herrscht eine Konkurrenz. Eine gesunde Konkurrenz ist nur zu begrüßen, belebt sie doch das Geschäft und spornt zu mehr und besseren Leistungen an. All das liegt im Interesse aller Mitarbeiter einer Betriebsgemeinschaft.
  Anstrengungen und Bemühungen erfolgen in der Regel immer nur aufgrund eines gewissen Druckes, sei es der Kostendruck oder der Konkurrenzdruck.
  Erst wenn jeder Mitarbeiter sich anstrengt, seine Arbeit besser, schneller und kostengünstiger auszuführen, sich bemüht, eine bessere Qualität herzustellen, die Anforderungen und Wünsche der Kunden stets zu erfüllen, nur dann ist die Lebensfähigkeit der Gemeinschaft und damit dann sowohl das Sein des Unternehmens als auch des einzelnen Mitarbeiters gesichert.
  Nur ein gesunder Wettbewerb steigert die Produktivität und das Qualitätsniveau.

- Die Betriebsgemeinschaft besteht aus den Führungskräften und den Ausführenden. Beide zusammen müssen sich bemühen, die Entwicklungszeiten und die Forschungskosten zu erniedrigen, die Produktivität und Qualität bei der Fertigung ständig zu verbessern, die Herstellungskosten zu verringern, die Leistungen zu steigern, die Kundenwünsche zu erfüllen, stets Qualität und Zuverlässigkeit zu bieten, wie auch Liefertreue zu gewähren und dem betrieblichen Umweltschutz gerecht zu werden. Die Zielsetzung zur Verbesserung des Wirkungsgrades beinhalten leider auch eine Verringerung der Mitarbeiterzahl.

2.1. Die Aufgaben und Funktionen einer Betriebsgemeinschaft

Die Unternehmensaufgabe ergibt sich sowohl aus der betriebswirtschaftlichen Rolle und den geschäftlichen Funktionen einer Firma als auch aus dem entsprechenden Bedarf des Marktes. Ausgehend von einer Idee wird ein Unternehmen wirtschaftlich tätig und setzt seine Vorstellungen in die Wirklichkeit um. Die Unternehmensidee wird zu einer konkreten Unternehmensaufgabe.

Mit der Festlegung auf eine definierte Betriebsaufgabe wird der Aufbau des Unternehmens wie auch der Betriebsablauf festgelegt. Den einzelnen Betriebsangehörigen fallen ganz spezifische Aufgaben und Funktionen zu, die sie auszuführen haben und für die sie auch jeweils verantwortlich sind.

Die in der Betriebsgemeinschaft vereinten Mitarbeiter sorgen für die Lebensfähigkeit des Unternehmens, seine wirtschaftliche Kraft und Leistung, seinen Schwung und seine Vitalität. Sie bestimmen mit ihrer persönlichen Aktivität das Ansehen des Unternehmens in der Gesellschaft und seine wirtschaftliche Position und Bedeutung im Markt.

Die Belegschaft eines Betriebes verantwortet alle notwendigen Abläufe, alle erforderlichen Abwicklungen und Bearbeitungen. Eine Arbeitsteilung bestimmt den Einsatz der Mitarbeiter entsprechend ihren Fähigkeiten, ihrer Ausbildung und ihrem Können. Jeder vollbringt seine spezielle Aufgabe. Die betriebliche Gemeinschaft tätigt alle in einer Firmenorganisation notwendigen Arbeiten und Dienstleistungen zur Erfüllung der Unternehmensziele.

Grundsätzlich werden zwei Funktionsbereiche in einer Betriebsgemeinschaft unterschieden. Es sind einmal die Führung der Menschen in dem Unternehmen, die Organisation und Leitung der Firma und zum anderen die Ausführung der betrieblichen Leistungen, die Herstellung eines Produktes oder die Ausführung eines Dienstes.

Die Aufgabe der Führung wird vom betrieblichen Managements wahrgenommen. Die Pflicht der Führungskräfte ist es, das Unternehmen so zu leiten und zu führen, daß seine Überlebensfähigkeit immer gewährleistet ist. Die Betriebsleitung hat dafür zu sorgen, daß alles im Unternehmen sinnvoll und erstrebenswert ist, daß alle Betriebsangehörigen ihre Aufgaben erfüllen und daß die Organisationseinheit in ihrem Bestehen stets gesichert ist.

Die Existenzsicherung einer Firma umfaßt auch die im Unternehmen beschäftigten Menschen, die in allen Bereichen tätigen Mitarbeiter der unterschiedlichsten Ausbildungen und Fachrichtungen. Nur wenn deren Lebensfähigkeit gegeben ist, kann auch das Unternehmen ein Dasein führen. Alle Bemühungen zur Erhaltung des Unternehmens dienen gleichzeitig auch der Sicherheit und dem Schutz der Mitarbeiter.

Die Führung kann ihre Verpflichtungen und Aufgaben nur im engen Zusammenwirken mit den Ausführenden bewerkstelligen und durchsetzen.

Die Ausführenden erfüllen die Funktion der Arbeitsausführung. Sie verrichten alle erforderlichen Tätigkeiten in einem wirtschaftlichen Betrieb. Sie verwirklichen die eigentliche Unternehmensaufgaben. Ihre Funktionen und Dienste können sie aber nur in einem engen Zusammenwirken mit den Führungskräften vollbringen.

Führung und Ausführung sind Mitarbeiter eines Unternehmens. Sie repräsentieren die Betriebsgemeinschaft, die mit dem Unternehmen eine betriebliche Einheit bildet.

Die sowohl Führenden als auch die Ausführenden, beide sind aufeinander angewiesen. Sie stellen eine Solidargemeinschaft dar.

Geht es dem Unternehmen gut, können auch in der Regel die Mitarbeiter zufrieden sein. Ist dagegen die wirtschaftliche Lage des Unternehmens unbefriedigend, bestehen für die Sicherheit der Arbeitsplätze keine guten Aussichten. Die Mitarbeiter müssen sich um ihr Auskommen, ihren Lebensunterhalt und ihr Dasein sorgen.

Nur wenn ausreichende Gewinne erzielt werden, können Investitionen ausgeführt werden, können Gehalts- und Lohnerhöhungen erfolgen, ist der Arbeitsplatz des Mitarbeiters und damit dann auch seine Existenz sichergestellt.

Das Wohl und Wehe eines jeden Mitarbeiters ist eng mit der betriebswirtschaftlichen Lage und Situation des Unternehmens einschließlich seiner ökonomischen Zukunftsaussichten verbunden.

Bei dem Gewinnstreben der Firmen sollten auch die ethischen Werte berücksichtigt und nicht außer acht gelassen werden. Auch die Produktion, der Verkauf und Handel, alle geschäftlichen Handlungen sind sowohl an gewisse technische Ablaufregeln aber auch an gesellschaftliche Umgangsformen gebunden.

Zur Durchsetzung einer wirtschaftlichen Zielsetzung dienen eine Anzahl von Grundsätzen, welche die Abläufe und Prozesse in einem Unternehmen regulieren. Es sind u.a. Arbeitsanweisungen, Betriebsvereinbarungen und Tarifverträge, Arbeitsordnungen und Arbeitszeitregelungen wie auch technische Anleitungen und Instruktionen, Qualitätsvorschriften und Umweltverordnungen aber auch Regeln bezüglich Benehmen und Verhalten. Alle diese Vereinbarungen sollen einen ordnungsgemäßen und reibungslosen Ablauf aller Tätigkeiten ermöglichen. Sie organisieren das gemeinsame Arbeiten und Wirken, regeln den betrieblichen Umgang im Unternehmen und bestimmen damit die Auswirkungen und Effekte nach außen. Sie sollen das Unternehmen als eine Wirtschaftseinheit funktionieren lassen.

Jede vernünftige Zusammenarbeit bedarf einer Kultur, die von allen Mitwirkenden anerkannt, beachtet und stets auch eingehalten werden muß. Sie bildet das Bindeglied zwischen den beteiligten Menschen und erleichtert das gemeinschaftliche Arbeiten und Zusammenleben in einer betrieblichen Organisationseinheit.

Das Regelwerk sollte nicht zu starr und zu eng sein. Es darf die Entscheidungsfähigkeit und Verantwortlichkeit nicht zu stark einschränken, ansonsten sind notwendige Veränderungen nicht möglich und erlauben dem Unternehmen keinen Wandel und keine Anpassung an neue Situationen.

Ein wirtschaftliches Unternehmen kann in einem harten Wettbewerb nur bestehen und überleben, wenn es auch eine innere Stärke aufweist, wenn der Betrieb von einer fleißigen und aktiven Betriebsgemeinschaft getragen wird. Nur eine tüchtige, arbeitswillige und strebsame Belegschaft erlaubt es, sich gegenüber allen Anfechtungen im Wirtschaftsleben behaupten zu können.

Ein Unternehmen lebt von allen seinem Mitarbeitern, von seiner Führungsmannschaft wie auch von den die Arbeiten ausführenden Betriebsangehörigen. Ohne den einen oder anderen kann kein betrieblicher Prozeß ablaufen. Im globalen Wettbewerb bedarf es engagierter, eifriger und leistungswilliger Mitarbeiter.

Ähnlich wie ein Kapitän gemeinsam mit seiner Mannschaft ein Schiff auf den Weltmeeren um alle Klippen und durch stürmische See gut und sicher zu manövrieren hat, so muß auch ein Unternehmer bzw. eine Unternehmensführung mit den Mitarbeitern ein Unternehmen im harten wirtschaftlichen Wettbewerb auf den Weltmärkten leiten und lenken. Ihrer beider Aufgaben und Pflichten sind die Sicherung des Fortbestandes von Schiff und Unternehmen, die Sicherstellung der Überlebensfähigkeit der Mannschaft bzw. Belegschaft.

Jedes wirtschaftliches Unternehmen wird in der Regel von einem Management geführt. Die Führung sollte möglichst kompetent sein. Die einzelnen Manager sollten jeweils ihren Fachbereich beherrschen und ihre Aufgaben und Pflichten erfüllen können. Sie sollten insbesondere fähig sein, mit Menschen umgehen zu können. Ihre Aufgabe ist es, das Unternehmen so zu managen, daß es im wirtschaftlichen Wettbewerb bestehen kann und stets konkurrenzfähig bleibt.

Das Management hat dafür zu sorgen, daß das Unternehmen eine mitarbeiter- wie auch kundenorientierte Unternehmenspolitik betreibt, daß es Leistungen vollbringt, die den Mitarbeiter aber auch den Kunden und Verbraucher stets zufriedenstellen. Gleichzeitig hat es aber auch dafür Sorge zu tragen, daß immer ein gesunder Ertrag erzielt wird. Es hat die ihm anvertrauten Menschen im Unternehmen so anzuleiten, daß alle ihre Arbeiten ordnungsgemäß verrichten und ihre Pflichten erfüllen. Den Mitarbeitern ist eine so weit wie mögliche Arbeitsplatzsicherheit zu geben, so daß sie vertrauensvoll in die Zukunft blicken können und somit auch motiviert sind.

Die Managementaufgaben umfassen das gesamte unternehmerische Denken und Handel, alle Tätigkeiten zur Aufrechterhaltung des Unternehmens, beginnend beim Einkauf, fortgesetzt dann bei der Herstellung oder der Fertigung der Produkte und den Ausführungen der Dienstleistungen, bis hin zum Vertrieb und Verkauf der Erzeugnisse.

Zu den Funktionen zählen die allgemeine Verwaltung, der Einsatz und die Verwendung der Produktionsfaktoren, d. h. der Materialien einschließlich aller Hilfsstoffe, des Kapitals im weitesten Sinne und der Arbeitskräfte.

Mittels eines Managements läßt sich die Produktivität der Produktionsfaktoren erhöhen. Durch einen sinnvollen und richtigen Einsatz der Ressourcen, des Kapitals, der Rohstoffe und der Arbeitskräfte, läßt sich mehr erreichen. Eine gemanagte Arbeit wird effektiver und produktiver. Produktion und Dienstleistung werden mittels eines Managements leistungsfähiger.

Die Produktivität eines Unternehmens wird nicht nur durch mehr und intensivere Arbeit, durch längere Arbeitszeit erzielt, sondern insbesondere auch durch ein stärkeres und besseres Nutzen des Wissens über die Arbeitsprozesse und deren Zusammenhänge.

Durch eine gute und gründliche Planung und durch ein geschicktes Arrangieren der Arbeiten können die Erzeugnisse in der Regel weit kostengünstiger hergestellt werden. Die Aufgabe eines jeden Mitarbeiters ist es, sich das erforderliche Wissen anzueignen, die Arbeitsprozesse zu studieren und mit dem erworbenen Rüstzeug die betrieblichen Abläufe wirtschaftlicher zu gestalten.

Der Auftrag eines jeden Mitarbeiters umfaßt den wirtschaftlichen Gebrauch und die vernünftige Verwendung des Kapitals, die verantwortungsvolle Nutzung der Ressourcen der Natur. Eigentlich ist jeder in einem Betrieb für den optimalen produktiven Einsatz der Produktionsfaktoren verantwortlich.

Die Tätigkeiten sollten möglichst so gestaltet werden, daß die Mitarbeiter zufrieden sind. Menschen müssen Freude an ihrer Arbeit und ihrem Schaffen haben. Nur wer seinen Job liebt, wird auch in seiner Leistung angefeuert und ist motiviert.

Alle Menschen werden an der von ihnen erbrachten Leistung, an dem Umgang mit den Produktivkräften Kapital, Natur und Mensch gemessen.

Das Management muß ein Unternehmen den ständig einwirkenden Veränderungen der Wirtschaftswelt anpassen und die innerbetrieblichen Funktionen so steuern und koordi-nieren, daß alle betriebswirtschaftlichen Abläufe auf die jeweiligen erforderlichen, neuen Anforderungen und Gegebenheiten des Marktes eingestellt werden können.

Forschung und Entwicklung, Produktion, Fertigung oder Herstellung, Montage, Service, Produktivität und Qualität, Controlling, Marketing, alle diese Funktionen bedürfen einer ständigen Überwachung und Überprüfung. Sie verlangen eine Anpassung an die Veränderungen in der Wirtschaft.

Eine Betriebsgemeinschaft hat sich immer wieder zur eigenen Kontrolle und Überprüfung selbst die Fragen zu stellen, ob die Funktionen und betrieblichen Abläufe in ihrer Form noch zeitgemäß sind, ob die Arbeitsprozesse und die Funktionen verbessert werden müssen oder was aufgrund neuer Anforderungen verändert oder erneuert werden müßte.

Zu den Aufgaben des Managements gehört die Mitarbeiterführung, eine der wesentlichsten Funktionen der Führungskräfte. Die Menschen in einem Unternehmen bedürfen einer gewissen Aufsicht, Führung und Leitung, nicht in der Form, „Du kannst es ja sonst nicht", sondern mehr in einem freundschaftlichen und kameradschaftlichen Verhältnis, „Bitte, laß dir helfen, laß uns die Aufgabe gemeinsam erfüllen".

Die Belegschaft muß für den stetigen Wandel, für die Reaktionen des Unternehmens auf die äußeren Einflüsse und Einwirkungen immer wieder vorbereitet und gerüstet werden. Die Mitarbeiter sind so zu motivieren, daß sie sich mit Energie, Elan und Freude auf die wechselnden Marktsituationen einstellen. Sie sind so zu bewegen, daß Änderungen sie nicht abschrecken, sondern reizen, etwas mehr zu tun. Die Mitarbeiter bedürfen einer Anregung und Ermunterung, ihre manuellen Fertigkeiten fortzubilden und auch ihre geistigen Fähigkeiten den neuen Entwicklungen anzupassen.

Die Aufgabe des Managements ist es, die Menschen zu dirigieren, nicht sie zu kommandieren, ihnen Befehle zu erteilen oder gar zu schikanieren. Die Mitarbeiter sind so zu bewegen, daß sie eine Leistung mit Freude vollbringen, und diese mit innerer Zufriedenheit und einer gewissen Genugtuung ausführen.

Menschenführung ist heute mit eine der wichtigsten Aufgaben. Ohne aktive und fleißige Menschen kann kein Unternehmen seine Zielsetzung erreichen. Die Menschen in einem Betrieb sind das bedeutendste und wichtigste Potential für manuelle und intellektuelle Leistung. Ihr Geschick und ihr Können bei den Arbeiten und Ausführungen, ihre Intelligenz, Begabung und Fähigkeit bei allen ihren Tätigkeiten bestimmen sehr entscheidend die Entwicklung eines Unternehmens, seine wirtschaftliche Stärke und Kraft. Die Belegschaft eines Betriebes bildet den Grundpfeiler für alle betriebswirtschaftlichen Aktivitäten.

Jedes Unternehmen muß sich mit seinen Mitarbeitern kontinuierlich wandeln und weiterentwickeln. Beide müssen sich auf ständig neue Aufgaben und Anforderungen einrichten und sich den jeweiligen wirtschaftlichen Herausforderungen stellen. Das Unternehmen und seine Belegschaft dürfen nicht stehen bleiben, verharren oder ruhen. Beide müssen sich stetig verändern und in ihrer Kraft wachsen. Die Qualität des Unternehmens einschließlich seiner Mitarbeiter muß zunehmen.

Unternehmen und Personal sind gleichermaßen in einem Prozeß einer ständigen Neubelebung und Neuorientierung. Im wirtschaftlichen Leben gibt es keinen Stillstand oder einen Ablauf der völligen Gleichmäßigkeit. Wer sich den wandelnden Begebenheiten nicht entsprechend anpaßt, sich nicht ständig weiterentwickelt und verbessert, wird eines Tages von den Ereignissen überrollt. Er hinkt dann hinterher.

Das Wirtschaftsleben kennt kein Pardon. Der Wettbewerb ist ein harter Wirtschaftskampf, ohne jedes Mitleid oder Erbarmen.

Die Betriebsgemeinschaft muß jeden Wandel in einem Unternehmen als etwa ganz natürliches sehen, das einmal schneller und ein anderes Mal langsamer abläuft. Der Prozeß der Veränderungen ist eine völlig normale Entwicklung, ein Geschehen, das sich immer wiederholt. Die Mitarbeiter müssen sich diesem Fortgang einfügen. Unternehmen und Mensch haben sich den wechselnden Anforderungen der Zeiten anzupassen.
Die oberste Leitung, die Geschäftsführung, der Vorstand, der Generalmanager zeigen den Weg. Sie setzen die Ziele. Sie sind die Visionäre und sagen welche Absichten und Vorhaben angestrebt werden sollen, welche Richtung eingeschlagen wird. Die Menschen wollen wissen, wo lang es geht.
Ohne eine visionäre Führung hat ein Unternehmen wenig Chancen, im globalen Wettbewerb zu bestehen.
Das Mittelmanagement hat die Zielsetzung mit den Mitarbeitern zu verwirklichen. Es hat sich gemäß den Visionen auszurichten und die gestellten Aufgaben und Ziele zu erfüllen. Die Manager haben den Mitarbeitern den Auftrag zu vermitteln.
Vom gesamten Management sollte immer die Initiative ausgehen. Der zündende Funke sollte von den Führungskräften auf die Mitarbeiter hinüberspringen und dann die ganze Belegschaft mitreißen.
Alle Führungskräfte müssen heute eine soziale Kompetenz besitzen. Sie müssen den Mut aufbringen, auch unangenehme Entscheidungen durchzusetzen, wenn diese im Interesse des Unternehmen und seiner Mitarbeiter notwendig sind.

Ein entscheidendes Ziel einer langfristigen Unternehmenspolitik ist das Zufriedenstellen der Kunden. Diese Kundenzufriedenheit beinhalten die Befriedigung der Kundenwünsche, die Erfüllung der Qualitätsanforderungen und die Garantie einer wirklichen Zuverlässigkeit. Ein Unternehmen, das den Verbraucher nicht in den Mittelpunkt stellt, seine Forderungen nicht voll beachtet und die Qualität auch nur ein klein wenig vernachlässigt, darf sich nicht wundern, wenn eines Tages keine Geschäfte mehr gemacht werden können und die produzierten Erzeugnisse nicht mehr gefragt sind. Wer unzuverlässig wird, verliert das Vertrauen seiner Kundschaft.
Ein Unternehmen und damit auch jeder Mitarbeiter muß sich stets bemühen, die Qualität einzuhalten und kontinuierlich zu verbessern. Dem Kunden und Verbraucher ist eine Zuverlässigkeit zu vermitteln.

Die Belegschaft eines Unternehmens muß sich bei ihren Tätigkeiten mit vielen Dingen im Unternehmensalltag auseinandersetzen. Die Zahl der Schwierigkeiten wächst zunehmend. Die Aufgabenstellungen werden in ihre Komplexität immer größer. Von der Außenwelt stürmen immer wieder neue Einflüsse ein. Die Anforderungen erhöhen sich. Die Verbraucherwünsche steigen und wechseln ständig. Neben dem Wachstum kommt es zu Störungen und negative Entwicklungen. Innerhalb des Unternehmens läuft nicht immer alles völlig reibungslos und zufriedenstellend.
Unsere Gesellschaft befindet sich in einem kontinuierlichen Veränderungsprozeß.
Die Mitarbeiter müssen immer wieder auf zahlreiche Neuerungen reagieren. Den täglichen Herausforderungen ist immer wieder zu begegnen. Auf jede auftretende Frage muß eine klare Antwort gesucht werden. Viel Zeit kann man sich bei den Beantwortung auch nicht immer lassen.

Die Unternehmen einschließlich ihrer Belegschaft werden in einer ständigen Bewegung gehalten. Immer wieder sind neue Aktivitäten gefordert.
Ständig gilt es, sich einem harten Wettbewerb zu stellen. Nichts darf stillstehen und ruhen. Das Unternehmensschiff ist in einem ständigen Auf und Ab im wirtschaftlichen Wellengang. Die Konkurrenz fordert das Unternehmen immer wieder von neuem heraus.
Diese Rivalität belebt aber auch das Geschäft, bewirkt Veränderungen, die dem Überleben einer Firma dienen. Wer keinen Konkurrenten hat, ist langfristig in seinem Dasein und Bestehen bedroht. Er hat keine Herausforderung.
Nur durch einen gesunden Wettbewerb werden Qualität und Zuverlässigkeit ständig erhöht, Termine und Zeiten eingehalten, Aufwendungen und Ausgaben gesenkt.
Nur der tägliche Wettstreit bewirkt die Entwicklung neuer Produkte, die Verbesserung der Dienste, die Erhöhung der Fertigungsqualität und die Senkung der Herstellungskosten. Nur eine immer wieder auftretende Herausforderung führt zu einer kontinuierlichen Verbesserung der Leistung eines jeden Mitarbeiters und damit zur Erhöhung der Produktivität. Diese Steigerung in der Ertragsfähigkeit bedeutet aber wiederum auch, die Aufgaben und Tätigkeiten werden Schritt für Schritt mit weniger Mitarbeitern verrichtet. Jede Produktivitätserhöhung läßt den Bedarf an Arbeitskräften sinken.
Dem Management fällt die Aufgabe zu, die Menschen über diese wirtschaftlichen Gesetzmäßigkeiten aufzuklären und von den Notwendigkeiten gewisser Maßnahmen zu überzeugen. Klar und deutlich, offen und ehrlich müssen die Unterrichtungen sein. Die Führung muß den Mitarbeitern sagen, wohin es geht, was die Aufgaben und Ziele sind, was aber auch die Folgen sind, was auf die Mitarbeiter zukommt.
Die Konkurrenz zwingt zu einem Gemeinschaftssinn, zu einer gemeinsamen Gegenreaktion. Ein Unternehmen wird infolge des Wettbewerbes zu einer Solidargemeinschaft. Nur gut sein, reicht allein nicht aus. Ein Durchschnitt ist nicht genügend. Leistung zeigen, nur ein dauerhafter voller Einsatz sichert ein Überleben!
Das Management hat die Leute in diesem Wettstreit zu führen und sie für den kontinuierlichen Wandel vorzubereiten.
Die Unternehmensführung sollte immer versuchen, die Mitarbeiter von den unternehmerischen Vorhaben so zu überzeugen, daß sie in der unternehmerischen Zielsetzung auch ihre eigene sehen. Nur so lassen sich die betrieblichen Aufgaben optimal umsetzen. Die Vitalität einer Unternehmensorganisation setzt Lebenskraft und Lebenswillen bei den Mitarbeitern voraus. Die Unternehmensabläufe müssen kontinuierlich verbessert und erneuert werden. Pläne sind immer wieder zu aktualisieren. Alter Ballast sollte über Bord geworfen werden.
Eine Betriebsführung muß stets Kompetenz zeigen. Sie muß Charakter besitzen und Vorbild und Leitfigur sein. Neben der fachlichen Qualifikation muß sie die Menschenführung gut beherrschen. Nur Persönlichkeiten mit einem markanten, aufrichtigen und ehrlichen Charakterprofil folgt man gern und bereitwillig.
Nur ein Manager, der auch Glaubwürdigkeit ausstrahlt und Vertrauen vermittelt, kann Menschen mitreißen und begeistern. Er muß offen und ehrlich sein. Motivieren lassen sich Leute nur mit Aufrichtigkeit, Sachlichkeit und Geradlinigkeit. Ein gesunder Optimismus vermittelt Vertrauen.

Die Mitarbeiter eines Unternehmens sind immer wieder gewissen Konfliktsituationen ausgesetzt.
Auf der einen Seite stehen Kontinuität und Tradition. Sie sollen bewahrt werden und erhalten bleiben.

Auf der anderen Seite sollen neue, unkonventionelle Ideen und moderne Vorschläge zum Zuge kommen. Sie sollen alles verändern, modernisieren und erneuern.
Welcher Weg ist der richtige? Eine nicht immer leichte und einfache Entscheidung!
Soll man der Tradition, dem Bewahren und dem Erhalten folgen oder sich für die Spontaneität, eine schnelle Veränderung und Erneuerung entscheiden?
Welche Folgen hat dieser oder jene Entschließung?
Nicht immer sind die Konsequenzen schon von vornherein sofort klar ersichtlich!
Bei allen Entscheidungen darf das Firmenziel in keinem Falle vergessen werden. Die Unternehmenszielsetzung muß erhalten und als durchgehender Faden sichtbar bleiben.
Dem Management fällt die Aufgabe zu, diesen Veränderungsprozeß zu gestaltet und auch den Aufbruch zum Wandel zu initiieren. Schritt für Schritt gilt es zusammen mit allen Mitarbeitern, die wirtschaftlichen und verwaltungstechnischen Abläufe in einem Unternehmen einer kritischen Überprüfung zu unterziehen. Wenn Bedarf für Erneuerungen besteht, müssen diese ohne jede Verzögerungen durchgeführt werden.

Die Führung muß Kompetenz zeigen. Hat das Management keine Qualität, haben auch die Mitarbeiter keine Qualität! Hat die Betriebsgemeinschaft keine Befähigungen und Stärken, hat auch das Unternehmen keinen Wert oder besondere Güteklasse.
Die Mitarbeiter bestimmen mit ihren Leistungen sehr entscheidend die Ausstrahlungskraft und das Ansehen des Unternehmens. Das Vertrauen beim Kunden wächst nur durch steigende Qualität und erhöhte Zuverlässigkeit. Die Belegschaft prägt das Image einer Firma. Sie bestimmt mit ihrer Arbeit den Wert der Produkte und die Qualität der Dienstleistung, die Zuverlässigkeit der Erzeugnisse und die Güte der Ausführungen. Die Betriebsgemeinschaft muß sich dieser Verantwortung auch stets voll bewußt sein. Sie muß alle ihre Aktivitäten darauf einstellen und ausrichten.

Die Zukunft eines Unternehmens wird entscheidend durch die Führung der Firma und durch die Ausführung der Arbeiten beeinflußt. Bei jeder Handlung, bei jeder Tätigkeit oder Aktivität muß die Leitung auch immer an die Zukunft denken. Bei jeder Entscheidung müssen auch die zukünftigen Auswirkungen und Konsequenzen einer getroffenen Maßnahme bedacht und berücksichtigt werden.
Wenn bei den Produkten oder den Dienstleistungen auch morgen Qualität und Zuverlässigkeit gegeben sein sollen, dann müssen bereits heute dafür auch die Voraussetzungen geschaffen bzw. die Grundlagen gelegt werden.
Ein Unternehmen, daß heute die Ansprüche der Kunden bezüglich Qualität nicht voll erfüllt, vermittelt wenig Vertrauen und Zuversicht, daß es morgen auch noch den Anforderungen und Ansprüchen gerecht wird.
Die Betrachtung und auch Berücksichtigung der Zukunft ist keine leichte Aufgabe. Eine bevorstehende Zeit läßt sich kaum noch durch die Vergangenheit über die Gegenwart hinaus extrapolieren. Die schöne alte Regel, die erkannten Trends nur fortsetzen, gilt immer weniger. Zu zahlreich sind die Störungen, die plötzlichen Einflüsse, die radikalen Ereignisse und Veränderungen. Eine Innovation folgt der anderen. Nichts läuft mehr nach einer gleichförmigen Regel ab.
Jede Planung, in der Vergangenheit, eine fast genau präzisierte Vorausschau, führt mehr und mehr zu Abweichungen und Divergenzen.
Unsere alte Welt mit ihrer fast schon traditionellen Regelmäßigkeit und ihrer technischen Kontinuität wird mehr und mehr verdrängt durch schnelle aufeinanderfolgende Veränderungen. Eine präzise Planung wird dadurch immer schwieriger, ja schon fast unmöglich. Die

Entwicklungen erfolgen zu schnell. Es wird zunehmend aufwendiger, sich rechtzeitig einzustellen und zu reagieren.
Ein Unternehmen muß heute viele eventuelle Möglichkeiten mit einkalkulieren und mit berücksichtigen. Zahlreiche Einflüsse sind in die Überlegungen mit einzubeziehen. Eine einzelne Planungsrechnung reicht nicht mehr aus. Ein ganzes Szenario mit zahlreichen Annahmen und Vorgaben wird erforderlich.
Eine exakte Vorausschau oder punktgenaue Planung wird mit der Zahl der zu berücksichtigen und oft noch unbekannten Faktoren und Fakten immer schwieriger.
Die für eine Planung verantwortlichen Mitarbeiter müssen versuchen, alle die vielen unbekannten Faktoren und Richtdaten zu erkennen, müssen sich bemühen, sie zu verstehen und auch mit zu berücksichtigen. Sie müssen alle Fakten nutzen. In der Berücksichtigung so mancher Faktoren liegt sogar so manche Chance.
Bei jeder Planung eines Zieles muß mehr und mehr auch eine wirtschaftliche Betrachtung mit angestellt werden. Schon eine Planung, ganz gleich welcher Art, bedarf heute einer möglichst detaillierten Kostenaufstellung. Bei jeder Ausarbeitung einer Zielsetzung wie auch bei jeder Organisation von Aufgaben muß gleichzeitig auch mit spitzem Bleistift gerechnet werden.
Noch weit vor einer Entwicklung eines neuen Produktes oder der Ausführung einer Dienstleistung muß schon berechnet werden, was das Erzeugnis einmal in der Herstellung, was die Durchführung der Leistung eventuell kosten wird.
Was wird das gefertigte Gut oder der beabsichtigte Service im Markt als Erlös bringen?
Welcher Gewinn kann erwartet werden?
Befinden sich Aufwand und Kosten in einem wirtschaftlichen Verhältnis zum Ertrag?
Luftschlösser können ein Unternehmen in finanzielle Nöte bringen, wenn nicht gar in den Abgrund stürzen.
Ein Unternehmen muß mit seinen Mitarbeitern mehr und mehr lernen, strategisch zu denken, muß Wahrscheinlichkeiten für Veränderungen annehmen und berücksichtigen. Es muß Strategien für bestimmte Situationen entwickeln. Es muß seine Mitarbeiter schulen und ausbilden und für bestimmte Situationen trainieren. In Planspielen haben sich die Mitarbeiter auf bestimmte Situationen und Konstellationen vorzubereiten.

- Was wird aller Voraussicht der Markt benötigen?
- Welche Anforderungen wird die Kundschaft stellen?
- Kann die Belegschaft die Wünsche der Verbraucher auch erfüllen?
- Bestehen im Unternehmen überhaupt die erforderlichen Voraussetzungen?
- Ist das Betriebspersonal auf die Anforderungen des Marktes vorbereitet?
- Welche Ziele hat das Unternehmen?
- Will eine Firma alle speziellen Wünsche der Kundschaft befriedigen oder will sie sich auf wenige Punkte oder auf Teilgebiete beschränken?
- Was ist eigentlich die betriebliche Zielsetzung?

Ein Unternehmen wie auch eine Betriebsgemeinschaft muß sich heute weit mehr schon im voraus auf eine Anzahl von Eventualitäten einstellen und vorbereiten als vielleicht in früheren Zeiten. Beide müssen versuchen, die eventuellen Chancen für die Zukunft zu erkennen. Es gilt sich bemühen, gegenüber dem Wettbewerb ein wenig schneller zu sein und einer gewissen Entwicklung zuvorzukommen.
Wenn man die Absicht hat, sich vom Wettbewerb abzuheben und besser zu sein, dann muß man auch ein wenig mehr tun und schneller reagieren.

Die Führungsschicht muß zusammen mit den Mitarbeitern eine Strategie entwickeln und diese dann konsequent verfolgen. Im Markt führend kann man nur sein, wenn man ein Spezialist ist, wenn man besser und flotter reagiert als die anderen Wettbewerber.
Je nach den Möglichkeiten eines Unternehmens bezüglich der zur Verfügung stehenden Mittel und Fachkräfte muß man sich entweder für ein allumfassendes Sortiment oder auf ein begrenztes Angebot einstellen. Gewinne sind nur zu erzielen und auch nur gesichert, wenn man ein Experte ist.
Jedes Unternehmen muß sich über seine Stärken und Schwächen im Klaren sein. Es muß die Vorteile und die Überlegenheit seiner Belegschaft kennen bzw. herausfinden. Es sollte immer wissen, was es mit seiner Mannschaft leisten kann und was ohne weiteres möglich ist. Es darf sich nicht irgendwelchen falschen Illusionen und Hoffnungen hingeben, die eigentlich unerfüllbar sind.
Eine betriebliche Gemeinschaft, d.h. die Unternehmensleitung und Führungsschicht wie auch alle Mitarbeiter sollten sich immer wieder die Fragen stellen:

- In welchen Bereichen und an welchen Stellen ist man schwach?
- Wo muß man sich verbessern? Wo fehlt es? Wo kann etwas getan werden?
- Wie kann das Potential der Belegschaft im Interesse des Unternehmens wie auch der Mitarbeiters noch besser genutzt werden?

Es gilt jeweils zu prüfen, ob die Stärken und Vorteile auch den Anforderungen von morgen noch genügen.

- Was müßte zur allgemeinen Verbesserung getan werden?
- Welche Strategien sollten geplant werden?
- Kann das Unternehmen die geforderten Kapazitäten zur Verfügung stellen?
- Ist die erforderliche Technologie ausgereift und schon einsetzbar?
- Werden die Anforderungen bezüglich Wissen und Können erfüllt?
- Ist das erforderliche Know-how in der Belegschaft vorhanden?

Ein Unternehmen sollte einerseits straff organisiert sein, auf der anderen Seite aber ein schnelles und flexibles eingehen auf Veränderungen erlauben. Es muß sowohl die Gefahren als auch die Chancen sofort erkennen und Reaktionsschnelligkeit zeigen. Das Unternehmen muß quasi immer auf dem Sprung bereitstehen und sofort reagieren können. Drohen Gefahren, müssen Gegenmaßnahmen initiiert und organisiert werden.
Plötzlich aufkommende Chancen sollten schnell erkannt und dann auch sofort ergriffen werden. Sie gilt es sowohl für das Unternehmen als auch für seine Mitarbeiter immer möglichst schnell zu nutzen.
Um immer auf alles vorbereitet zu sein, ist es erforderlich, daß das Unternehmen seine Mitarbeiter auf alle Eventualitäten vorbereitet. Die Abläufe müssen deshalb immer wieder überprüft und kontrolliert werden. Jeder Mitarbeiter muß seine Arbeitsprozesse voll beherrschen und wissen, wo er korrigieren kann und wo er eingreifen darf.
Bei der Einführung von Neuerungen muß sofort immer auch geprüft werden, was daraufhin hinfällig wird, was eingespart werden kann und was nicht mehr notwendig ist.
Oft wird gerade dieser Schritt immer wieder vergessen.

Im Vordergrund aller wirtschaftlichen Betrachtungen steht immer die Zielvorstellung einer Leistungsverbesserung und ein Zufriedenstellen der Kunden und Mitarbeiter. Es sollte immer wieder in gewissen Abständen geprüft werden:

- Wie kann die Leistungsfähigkeit eines Unternehmens und seiner Mitarbeiter verbessert werden?
- Wie können die Marktbedürfnisse befriedigt werden?
- Wie kann die Zufriedenheit der Kunden und Mitarbeiter erhöht werden?

Bei der Überprüfung der Kundenwünsche bezüglich der Produkte und der Serviceleistungen muß gleichzeitig auch immer geprüft werden, ob die gleiche Arbeit nicht auf einem anderen Wege besser, schneller und billiger vollbracht werden könnte und welche Arbeitsschritte oder -abläufe nach einer gewissen Zeit überholt sind und für die kein Bedarf mehr besteht.
Der Kundenwunsch muß möglichst früh erkannt werden. Ein zu spätes Erkennen kann dem Unternehmen teuer zu stehen kommen.

So wie der Mensch immer wieder einmal eine Frühjahrskur oder seinen regelmäßigen Urlaub macht, so muß auch ein Unternehmen immer wieder einmal einen Prozeß der Entschlackung durchführen oder sich einer Renovierung unterziehen. Alle Betriebsabläufe sind detailliert in allen Teilbereichen kritisch zu überprüfen.
Ein Unternehmen sollte immer wieder einmal in einer kontinuierlichen Wiederholung den neuen technischen Gegebenheiten und personellen Anforderungen angepaßt werden. Die Wünsche der Kunden wie auch der Mitarbeiter sind dabei jeweils weitgehend zu berücksichtigen.
Jeder Mitarbeiter sollte auch selbst immer wieder einmal eine kritische Überprüfungen seiner Arbeitsschritte vornehmen. Er sollte sich selbst prüfen und seine Leistung kontrollieren.
Das Wissen ist immer wieder einmal aufzufrischen und den neuen Anforderungen anzupassen. Neuerungen darf man sich nicht verschließen. Flexibilität zu demonstrieren, ist mehr und mehr eine Notwendigkeit. Der Mitarbeiters sollte mehr Bereitschaft zu Veränderungen zeigen und entwickeln.
Die Ordnung und Struktur eines Unternehmens sollte von den kritischen Betrachtungen nicht ausgeschlossen sein. Die Organisation muß zur Belegschaft passen wie auch umgekehrt. Verändert sie sich die Betriebsmannschaft, muß sich auch die betriebliche Struktur wandeln. Ergeben sich betriebliche Veränderungen muß auch die Betriebsgemeinschaft angepaßt werden. Jede Betriebsgemeinschaft sollte sich selbst immer wieder kontrollieren und auch selbst überwachen. Es gilt immer wieder einmal zu fragen, ob die Schlagfähigkeit und die Leistungskraft noch gegeben sind.
Allzu schnell wird ein überorganisiertes, falsch geordnetes, in Hierarchieebenen überdimensioniertes oder auch nicht beanspruchtes Unternehmen träge und faul, schwerfällig und weniger effektiv.
Die Kunden werden allzu schnell nachlässig behandelt und so manche guten Vorsätze werden vergessen, wenn nicht immer wieder die Verkäufer und Verkäuferinnen geschult werden, wenn nicht immer wieder im Verkaufstraining darauf hingewiesen wird, daß der Kunde der König ist, daß das Unternehmen und seine Mitarbeiter für den Kunden da sind und nicht umgekehrt.

In den Schulungen müssen so einige Dinge immer wieder einmal hervorgehoben werden. All zu schnell geraten einige Gepflogenheiten und Selbstverständlichkeiten in Vergessenheit. Es wird einfach nicht daran gedacht.
Ein Unternehmen zeigt sehr schnell so manche Schwachstellen und Ermüdungserscheinungen, wenn die Führungskräfte nicht aufpassen, wenn die Mitarbeiter im Alltagstrott zu sehr verharren, wenn alle in eine Trägheit verfallen.
Bei den Entschlackungskuren eines Unternehmens gilt es dann auch zu prüfen, welcher Arbeitsablauf kann eingestellt werden, was sollte im Ablaufprozeß, in der Organisation, in der Aktivität etc. geändert werden, was sollte völlig neu gemacht werden.
Wir müssen uns auch von der althergebrachten allgemeinen Ansicht lösen, mehr Umsatz, mehr Gewinn sind immer nur durch mehr Aufwand zu erzielen.
Einen größeren wirtschaftlichen Erfolg kann man auch erzielen, wenn man produktiver, einfallsreicher, effektiver und insbesondere sparsamer ist. Statt mehr oder länger zu arbeiten, müssen wir alle geistreicher und intelligenter arbeiten.

Jeder Ablauf in einer Organisation ist keine festgeschriebene Ordnung, keine ewig gültige Regel oder ein eisernes Gesetz! Alles kann verbessert werden!
Eine aktive Betriebsgemeinschaft darf seine Aufgabe nicht immer nur in der Erhaltung und dem Bewahren des Bestehenden sehen, sondern muß das System Unternehmen ebenso ständig verbessern, es den jeweiligen Veränderungen des Wirtschaftsmarktes anpassen. Ein Unternehmen ist kontinuierlich zu kultivieren und den Veränderungen anzugleichen einschließlich auch seiner Betriebsgemeinschaft! Beide, Unternehmen wie auch Belegschaft, sind durch einen Wandel zu erhalten und zu stärken, immer wieder fit zu machen!

Eine Betriebsgemeinschaft muß sich heute mehr darauf einstellen, daß alles immer nur kurzfristig seine Gültigkeit hat. Die Wünsche und Ansprüche sind immer nur von kurzer Dauer. Morgen wird ein anderes Design, eine andere Technik oder eine höhere Qualität verlangt. Der Mensch, der Verbraucher, der Kunde ändert sich. Der Geschmack und die Wünsche unterliegen einem natürlichem Wandel. Also muß auch das Unternehmen sich neu gestalten und sich selbst wie auch mit seiner Betriebsgemeinschaft reformieren.
Infolge der schnellen Entwicklung müssen wir uns auch schneller von alten Dingen, von traditionellen Denken und Handeln, von der Vergangenheit lösen und ein wenig flexibler in unser Geisteshaltung, in unserer Denkweise und in unserer Arbeit werden.
Zu den entscheidenden Aufgaben einer jeden Unternehmensführung gehört es deshalb, daß sie wissen muß, was jeder in einem Unternehmen tut, welche Aufgaben jeder Mitarbeiter erfüllt. Eine Arbeitsplatzbeschreibung kann hier sehr nützlich sein.
Jeder Mitarbeiter selbst muß über seinen Aufgabenbereich und seine Leistung informiert sein, muß seine betriebliche Stellung im Unternehmen kennen.
Neben der Erfüllung der Wünsche des Mitarbeiters bezüglich des Arbeitsplatzes und der Bezahlung muß in erster Linie die Erwartung des Betriebes erfüllt werden und auch eine wirtschaftliche Produktivität gegeben sein. Ein Unternehmen ist keine Wohlfahrtseinrichtung! Jede Unwirtschaftlichkeit kommt einem Unternehmen teuer zu stehen.
Eine nicht ausreichende Produktivität nagt am Fundament des Unternehmens, sägt aber auch am Stuhl eines jeden Mitarbeiters.

Die optimale Nutzung der Fähigkeiten und des Könnens eines jeden Mitarbeiters ist eine völlig normale Sache und noch lange keine Ausbeutung, obwohl dieses hin und wieder behauptet wird. Nur Zielstrebigkeit, Tüchtigkeit und Fleiß führen zum Erfolg.

Jeder Arbeitsplatz ist nur gesichert, wenn er auch einen optimalen Gebrauch und eine ökonomischen Ausnutzung erlaubt.
Jede Betriebsgemeinschaft hat sowohl ihre Stärken als auch ihre Schwächen. Alle Vorzüge sind zu nutzen. Die Talente und Begabungen sind möglichst immer vernünftig und vorteilhaft für das Unternehmen einzusetzen. Zur Optimierung der Leistung muß die Kreativität der Mitarbeiter gewinnbringend verwendet werden.
In der Regel sind geforderte Mitarbeiter zufriedener und ausgefüllter. Eine vollbrachte Leistung erfüllt das Bedürfnisse nach Zufriedenheit und Wohlbefinden. Die bestmögliche wirtschaftliche Nutzung des Mitarbeiters ist somit auch in seinem eigenen Interesse.
Der zukünftige Arbeitsstil wird mehr und mehr die Teamarbeit sein. Schon bei der Einstellung wird man beim Mitarbeiter auf Teamfähigkeit und Gemeinsinn Wert legen. Nicht nur die Arbeitsleistung ist entscheidend, sondern auch die Fähigkeit sich einzuordnen, sich mit anderen zu verstehen und mit anderen umzugehen. Es kommt darauf an, daß man mit den Kollegen der gleichen wie auch anderer Ebenen zusammenarbeiten kann. Gegenseitige Achtung, Toleranz, Gemeinschaftssinn sind wichtige Voraussetzungen für eine Teamarbeit. Ein Mitarbeiter sollte nicht immer auf seinem Standpunkt beharren, sondern ruhig auch einmal auf den anderen eingehen und ihm zuhören.
Ein sehr entscheidender Faktor ist auch die Bereitschaft zum Verändern. Von jedem Mitarbeiter wird in Zukunft eine größere Bereitwilligkeit zum Wandel verlangt. Ein Mitarbeiter muß sich neuen Situationen jeder Zeit anpassen und auf neue Bedingungen einrichten können.
Die ethische Verhaltensweisen beeinflussen sehr entscheidend die Güte und das Niveau einer Unternehmenskultur. Sie sind bestimmend für das Ansehen und die Stellung des Unternehmens in der Gesellschaft.
Die Mitarbeiter müssen sich heute in den Betrieben in einem zunehmenden Maße mit neuen Fragen und Problemen kritisch auseinandersetzen.
Wird eine Neuerung, eine neue Arbeitsmethode oder -technik, ein neues Verfahren oder eine Methode völlig kritiklos übernommen, besteht die Gefahr, daß man sich zu schnell anpaßt und negative Auswirkungen nicht beachtet. Ein zunächst skeptisches Verhalten kann so manches Mal sogar von Vorteil sein und auch so manchen Fehlschlag verhindern. Kritisches Verhalten deutet auf eine Anteilnahme, Beteiligung und Engagement. Wer mit einer gewissen Teilnahmslosigkeit reagiert und passiv alles hinnimmt, läßt auch so einige Fehler durchgehen. Solche Mitarbeiter sind von keinem größeren Wert für ein Unternehmen. Sie kann man austauschen. Ein nur passiv reagierender Mitarbeiter besitzen keine Eigenständigkeit. Er kann weniger gut selbständig seine Arbeiten verrichten. Es ist träge, wenn nicht sogar faul. Er ist ideenlos. Er leidet an einer Armut von Kreativität, an einem Mangel von schöpferischen Kräften und neuen Ideen.
Je homogener eine Belegschaft in einem Betrieb ist, um so teilnahmsloser wird sie, desto leichter läßt sie sich dann auch beeinflussen und verbiegen. Man kann mit ihr quasi machen, was man will. Eine solche betriebliche Gemeinschaft ist in ihrem kreativen Potential arm und bewegt nichts. Neue Ideen werden kaum geboren. Der Acker bleibt unbestellt.
An Mitarbeiter werden heute enorme Anforderungen gestellt. Jeder Mitarbeiter, ganz gleich in welcher Position, hat Aktivität, Teilnahme, Eigeninitiative, Ideen, Kreativität, Teamfähigkeit zu zeigen. Er muß diese Fähigkeiten entwickeln, sie pflegen und vervollkommnen. Er muß eine stetige Veränderungsbereitschaft zeigen.
Zur Erfüllung der ständig wachsenden Aufgaben eines jeden Arbeitsplatzes muß auch der Stelleninhaber selbst etwas dazu beitragen. Er muß sein Wissen erweitern und mehren. Er

muß seine fachlichen Qualitäten immer wieder einmal erneuern und seine Kenntnisse dem neuen Wissensstandard anpassen.
Das Arbeitsleben wird mehr und mehr zu einem Prozeß eines ständigen Lernens. Wir alle müssen uns darauf einstellen, daß das in der Ausbildung einmal erworbene Wissen nicht mehr für die ganze Arbeitsperiode ausreicht. Das Wissen und Können muß immer wieder aufgefrischt und erneuert werden, neben der eigentlichen beruflichen Tätigkeit und der täglichen Arbeit.
Nur eine umfangreiche Qualifizierung und kontinuierliche Lernbereitschaft führt zu einer Spitzenleistung und sichert den Arbeitsplatz. Auch Lernen ist eine Leistung. Sie wird mit dem Lohn vergütet.
Das ständige Lernen sollten einen Anreiz für jeden Mitarbeiter bilden und ihn immer wieder anspornen. Nur wer sein Wissen und Können ständig verbessert, sichert sich seinen Arbeitsplatz, hat Aufstiegschancen, wird durch einen höheren Verdienst belohnt.
Wo dieses Streben zur eigenen Fort- und Weiterbildung noch nicht zum Alltag gehört, ergibt sich eine wichtige Aufgabe für das Management. Der Leiter einer Abteilung oder einer Arbeitsgruppe muß hier als Vorbild vorangehen und seinen ganzen Mitarbeiterstab zum Lernen, zur weiteren Ausbildung und Vertiefung des Wissens motivieren. Sicherlich muß hier und da auch noch so einige Überzeugungsarbeit geleistet werden.
Die Erziehung, selbst etwas zur eigenen Weiterbildung zu tun, sich zum Selbststudium aufzuraffen, fängt schon bei der Kindererziehung und der Ausbildung der jungen Menschen an. Hier muß noch so manches Umdenken erfolgen. Wir müssen uns wandeln, wenn wir den allgemeinen Anforderungen in der Zukunft gerecht werden wollen.
Die Chance zum Überleben im globalen Wettbewerb hat nur eine produktive Arbeitskraft, ein Mensch der sich auf die Anforderungen im Leben auch einstellen kann, der flexibel auf die Herausforderungen reagiert.
Nur wenn auch jeder Mitarbeiter in einem Betrieb produktiv ist, kann auch das gesamte Unternehmen im globalen Wettbewerb mithalten und sein Überleben sichern.
Ein immer wieder zu beobachtender Mangel an Wissen über die wirtschaftlichen Zusammenhänge zeigt sich in der falschen Beurteilung von Firmengewinnen bei so einigen Mitarbeitern eines Unternehmens. Das Management selbst ist dabei leider auch nicht immer ganz ausgenommen. Es fehlt vielerorts an betriebswirtschaftlichem Verständnis und dem Erkennen der Zusammenhänge.
Unternehmensgewinne werden all zu oft mit einem Überschuß gleichgesetzt. Macht ein Unternehmen Gewinne, glaubt man, daß es dem Unternehmen sehr gut gehe. Also sind Lohn- und Gehaltsforderungen berechtigt, wird mit Werten unachtsam umgegangen, wird jede Sparsamkeit mißachtet.
Die Gewinnsituation wird in vielen Unternehmen von den Mitarbeitern leider all zu oft nicht richtig eingeschätzt. Es wird vergessen, daß jedes Unternehmen, sei es ein kleiner Betrieb oder auch ein großer Konzern, sie alle müssen Rücklagen für weniger gute Zeiten machen. Sie müssen Reparaturen ausführen und auch so manche Verschleißerscheinungen beheben. Sie müssen die Arbeitsplätze den neuen Anforderungen anpassen und sie entsprechend gut ausrüsten. Sie müssen Neuerungen einführen, neue Produkte und Prozesse entwickeln, Investitionen für die Zukunft tätigen.
Das eingesetzte Kapital muß sich immer vernünftig verzinsen. Gerade in Zeiten eines Umbruches oder einer Erneuerung zeigt sich, daß es für ein Unternehmen sehr vorteilhaft ist, wenn eine gute und vernünftige Vorsorge getroffen wurde.

Werden keine oder nur sehr geringe Gewinne in einem Unternehmen gemacht, können auch keine Schwierigkeiten aufgefangen werden. Ein Unternehmen ohne irgendwelche Rücklagen kann sehr schnell in eine schiefe Lage geraten, wenn nicht sogar Schiffbruch erleiden. Dann sind aber auch alle Mitarbeiter eines Betriebes von einem solchen Fehlschlag betroffen. Gewinne dienen den Investitionen für die Zukunft, der Einrichtung neuer, moderner Arbeitsplätze.
Alle diese Tatsachen sollten eigentlich jedem Mitarbeiter einleuchten und auch bekannt sein. Leider muß man aber immer wieder das Gegenteil feststellen. Es bedarf hier noch so einiger Aufklärungen durch das entsprechende Fachmanagement bei den Mitarbeitern einschließlich auch einiger Führungskräfte.

Ein jeder Mitarbeiter, ob Leiter einer Gruppe oder auch nur Teammitglied, muß sich immer wieder selbst prüfen:

- Bringt die Gruppe oder Abteilung mit allen ihren Mitarbeitern wie auch ich selbst als einzelner Mitarbeiter die verursachten Kosten wieder ein?
- Ist die Organisationseinheit, die Gruppe, die Abteilung, der Bereich oder auch nur die Einzelperson ausreichend produktiv und effizient?
- Ist das Team bezüglich Markt kundenorientiert eingestellt?
- Werden die Anforderungen des Marktes, die Wünsche der Kunden und Verbraucher auch wirklich voll erfüllt?

Wer die Kosten nicht deckt, gerät in eine Verlustzone, ruiniert schließlich das Unternehmen, aber auch sich selbst. Kostenbewußtes Denken und Handeln ist die Pflicht eines jeden Mitarbeiters.
Das Ziel eines jeden Unternehmens und damit auch eines jeden Mitarbeiters muß es sein, Gewinne mit möglichst geringem Aufwand zu erwirtschaften, die angestrebten Ziele in Übereinstimmung zu bringen. Eine Firma leistet nur dann wertvolle Dienste, wenn der Kunde und Verbraucher diese Leistungen auch wünschen. Der Markt honoriert nur dann das Bemühen eines Unternehmens, wenn es mit seinen Leistungen und Diensten auch den Verbraucher anspricht und befriedigt.
Die Anforderungen und die Wünsche der Kunden sind zu erfüllen. Nur dann kann ein Unternehmen auch einen Profit erzielen und der Mitarbeiter langfristig ein zukunftssicheres Auskommen haben.
Neben den Leistungen für den Kunden werden übrigens auch so einige Dienste für die Allgemeinheit von der Mitarbeiterbelegschaft vollbracht. Das Unternehmen wie auch jeder Mitarbeiter zahlen Steuern und leisten soziale Abgaben. Es werden auf diese Weise zahlreiche Aufgaben für die Allgemeinheit in unserer Gesellschaft ermöglicht.

Die Aufgaben und Funktionen einer Betriebsgemeinschaft umfassen in der Regel die folgenden Aktivitäten und Tätigkeiten:

- Die Planung von gewünschten Zielvorstellungen, von Absichten und angestrebten Ergebnissen. Es wird die Zielsetzung definiert und festgelegt.
- Die Organisation der Planung. Die Abwicklung der Abläufe wird zur Erreichung der Planziele organisiert. Die Durchführung wird ausgerichtet und gemanagt.

- Die Ausführung aller betrieblichen Notwendigkeiten. Die Durchführung der Arbeiten und Dienstleistungen.
- Der Kontrolle aller Aktivitäten und die Korrekturen der Tätigkeitsabläufe.
- Die Gewinnung und Überzeugung der Mitarbeiter für die Ausführung bzw. Durchführung des Planes.

Das Erreichen eines bestimmten Zieles ist nur gewährleistet, wenn es genau in allen Einzelheiten geplant wird und die erforderlichen Arbeiten auch gut organisiert werden.
Die organisierten Arbeiten werden dann gemäß Plan und Zielsetzung verwirklicht.
Die Art der Ausführung der Arbeiten bestimmt die Qualität der vollbrachten Leistungen und der getätigten Dienste.
Der Kunde ist bei allen Tätigkeiten zufriedenzustellen. Nur ein zufriedener Kunde kommt wieder, erteilt neue Aufträge und sichert Gewinne.
Die Kontrolle steuert den ganzen Ablauf und stellt einen geplanten Prozeßablauf sicher.
Aus der Überwachung sind Lehren für die folgenden Arbeiten zu ziehen.
Ein zufriedenstellendes Ergebnis läßt sich durch eine Motivierung der Mitarbeiter erzielen.
Erst motivierte, wirklich von der Sache überzeugte Mitarbeiter sichern das Resultat und führen zur Erfüllung der Zielsetzung.

Bei der Durchführung der Aufgaben und Dienste, beginnend mit der Planung und der Organisation, endend mit der Kontrolle, wird eine Betriebsgemeinschaft sowohl von der Unternehmenspolitik als auch von der persönlichen Einstellung zur Aufgabe geleitet.
Von erheblichen Einfluß sind die Allgemeinbildung, die Lebensart und Haltung, der Anstand und die Sittlichkeit, die Ethik und Moral der Mitarbeiter. Alle diese Faktoren bestimmen die Umgangsformen und den Umgangston in einem Betrieb und damit dann auch die Qualität des Arbeitsergebnisses. Die Güte einer Leistung eines jeden Mitarbeiters prägt das Erscheinungsbild der Betriebsgemeinschaft.
Die Unternehmenskultur beinhaltet den Umgang der Mitarbeiter untereinander sowie den Stil und Ton bei den Geschäftsbeziehungen mit den Lieferanten und den Kunden. Sehr entscheidend sind Ehrlichkeit, Unvoreingenommenheit, Sinn für Gerechtigkeit, Einsatzbereitschaft und Entscheidungsfreudigkeit, die Toleranz und Solidarität. Zu den Mitarbeitertugenden zählt vor allem Loyalität und Fairneß.
Eine gute Zusammenarbeit ist nur auf einer partnerschaftlichen Ebene, bei gegenseitiger Wertschätzung und Achtung gegeben.
Die Kultur der gemeinsamen Arbeit sollte stets kooperativ, partnerschaftlich und human sein.
Der Arbeitsstil muß von einer gewissen Kultur geprägt sein, wo verbindliche Regeln bezüglich Leistung, Einsatz und Disziplin, bezüglich Solidarität und Integrität gelten. Ein Unternehmen ist eine Solidargemeinschaft. Die Menschen dürfen nicht nur auf ihren persönlichen Vorteil bedacht sein.
Das bisherige und noch in vielen Betrieben gültige System des aggressiven, egoistischen und karrieresüchtigen Verhaltens hat zu Egoismus und Rücksichtslosigkeit bei den Menschen im Betrieb geführt. Das muß geändert werden!
Auch das alte Bild von dem Spannungsfeld des Kapitalisten und dem ausgebeuteten Arbeiter sollte aus dem Bewußtsein der Menschen endlich in die Mottenkiste verschwinden.
Es ist kaum noch zu verstehen, daß es immer noch Funktionäre in beiden Lagern gibt, die noch immer von Klassenkampf sprechen und zum gegenseitigen Bekämpfen aufrufen, die Mißtrauen sähen und Zwietracht verbreiten, die die menschliche Gesellschaft spalten.

Die Funktionen der Betriebsgemeinschaft eines Unternehmens

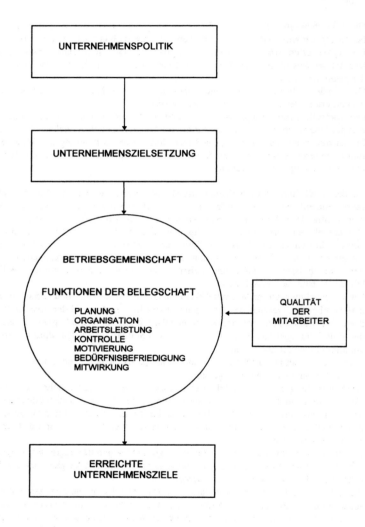

Gegenseitige Wertschätzung und Achtung müssen das heutige und zukünftige Bild des Arbeitslebens prägen. Jede Meinungsverschiedenheit sollte in einer würdigeren Form gelöst werden.
Die Führung eines Unternehmens muß heute mehr Nähe zu den Mitarbeitern zeigen und diese auch praktizieren. Sie muß mit den Menschen wirklich kooperativ zusammenarbeiten. Gegenseitige Anerkennung und Achtung der menschlichen Würde müssen die Grundprinzipien der Betriebsgemeinschaft werden.
Auch die Unternehmensleitung einschließlich aller Führungskräfte müssen teamfähig sein und sich für Teamgeist und Teamarbeit einsetzen. Innovationen funktionieren weit besser in einer Teamgemeinschaft.

Zu dem neuen Arbeitsstil gehört auch, daß die Verantwortlichkeiten eindeutiger definiert werden. Jedem Mitarbeiter ist ein gewisser Handlungsspielraum zu gewähren und jedem Mitarbeiter ist auch ein bestimmter Verantwortungsbereich zu übertragen.
Der hierarchische Führungsstil muß weitgehend durch einen partnerschaftlichen Umgang ersetzt werden. Hierarchische Strukturen haben keine Zukunft mehr. Sie passen nicht mehr zu einer modernen Unternehmensführung.

Die Mitarbeiter werden sehr entscheidend durch die Atmosphäre im Unternehmen geprägt. Ihre Leistungen steigen in einem mitarbeiterfreundlichen Betriebsklima.
Ein Unternehmen sollte deshalb eine Unternehmenskultur entwickeln und pflegen mit der sich dann auch die Mitarbeiterschaft identifizieren kann.
Kreativität wie auch der Wille und die Bereitschaft zur Leistung müssen gefördert und dürfen in keiner Form irgendwie abgewürgt werden.
Eine immer wieder beobachtete Schwächen so mancher Unternehmen ist die fehlende Produktivität, das nicht ausreichende Produktvolumen und das fehlende Innovationsvermögen. Sie haben ihre Ursache in einer nicht richtig funktionierenden Betriebsgemeinschaft. Die Führungskräfte haben die Schwachstellen zu erkennen und entsprechende Gegenmaßnahmen auszuarbeiten und einzuleiten. Die Aufgabe ist es, die Mängel und Schwächen zu ermitteln, sie dann abzubauen und ihnen vorzubeugen.
Viele Mißstände in einem Unternehmen haben ihre Ursachen in der fehlenden Gemeinschaft, in einer falsch verstandenen Teamarbeit und in einer nicht genügenden Motivierung der Mitarbeiter. Es liegt sehr entscheidend an der Betriebsgemeinschaft, ob ein Unternehmen floriert und im Wettbewerb Stärke zeigen kann.

Die Organisationsstruktur eines Unternehmens sorgt für die erforderliche Verbindung von Mitarbeiter, Arbeitsplatz und Aufgabe. Sie koordiniert die Aktivitäten der Mitarbeiter, ihre Befugnisse, ihre Rechte und Pflichten wie auch ihre Verantwortlichkeiten. Sie sorgt für gute zwischenmenschliche Beziehungen, für einen gutes Miteinander im Arbeitsablauf. Erst sie ermöglicht auch eine optimale Leistung des Betriebes. Sie garantiert eine gewisse Ordnung für alle betrieblichen Abläufe. Ein strukturierter Organisationsablauf ermöglicht die Verwirklichung der Zielvorstellung und verhindert jedes Durcheinander.
Mitarbeiter, die erfolgreich sein wollen, müssen immer etwas mehr tun als unbedingt erforderlich ist. Sie müssen auch die freie Zeit zur Vorbereitung einer Arbeiten nutzen, sich intensiv auf die Aufgaben vorbereiten, ihr Wissen und ihre Kenntnisse immer wieder vervollständigen und erweitern. Sie müssen Kreativität entwickeln und sich durch Eigenstudium und eigene Fortbildung weiterentwickeln.

Fachwissen allein ist keine Garantie mehr für einen Aufstieg. Ein Mitarbeiter muß auch soziale Kompetenz zeigen, muß sich einordnen können und in einem Arbeitsteam seine Aktivität entwickeln können. Er muß motiviert sein, seine Leistung zu erhöhen. Er sollte Bereitschaft zur wirklichen aktiven Mitarbeit zeigen.
Eine überdurchschnittliche Leistung ist die Voraussetzung für jede Karriere und auch für einen finanziellen Aufstieg, für eine hoffnungsvolle Zukunft. Sie ist aber auch der Ausgangspunkt für ein blühendes Unternehmen, einem Zuhause für die Betriebsgemeinschaft.

2.1.1. Die Funktion Planung

Die Planung beinhaltet ein Vorhaben, das Festlegen von gewünschten Resultaten, die Erfüllung einer Zielsetzung. Im Voraus wird versucht, alle in Frage kommenden Faktoren und Annahmen zu berücksichtigen, alle Wege und Schritte festzulegen, um ein bestimmtes Ergebnis und Ziel zu erreichen.
Die Planung ist die Voraussetzung jeder wirtschaftlichen Tätigkeit. Ohne eine Planung lassen sich keine vernünftigen und kostengünstigen Leistungen ausführen oder vollbringen. Nur die Planung vermeidet chaotische Zustände.
Die Planung ist ein Instrument der Betriebsgemeinschaft für eine geschäftliche Aktivität. Jeder Mitarbeiter nutzt dieses Werkzeug bzw. sollte es nutzen, ehe er mit der eigentlichen Ausführung seiner Arbeit oder der Durchführung seiner Leistung beginnt.
Eine gründliche und vernünftige Planung sollte einer jeden Aus- oder Durchführung vorausgehen. Sie ist die Voraussetzung für eine optimale Lösung einer Aufgabe.
Bei einer Planung wird im ersten Schritt das Problem, das Ziel oder die Aufgabe definiert und alle Fakten und Faktoren bestimmt, die sich auf das Ergebnis beziehen. Das angestrebte Ziel muß klar und deutlich, für alle Beteiligten auch verständlich definiert werden.
Es sind alle Maßnahmen zur Verwirklichung des angestrebten Zieles und die sich auf das Resultat beziehenden Faktoren zusammenzustellen, zu ordnen und zu analysieren. Die Vorgehensweise ist durch die Zielsetzung bestimmt.
Die Planung hat jeweils eine Zukunft im Visier. Ausgehend von der Gegenwart wird ein Ziel angepeilt und seine Verwirklichung angestrebt.

Um kein Mißverständnis aufkommen zu lassen, Planung ist keine Vorhersage der Zukunft. Die Planung ist der Wunsch nach einem Ziel.
Nur wer weiß, was oder wohin er will, wird sich auch die Wunschvorstellung erfüllen oder am gewünschten Punkt ankommen.
Die Planung beinhaltet ein beabsichtigtes Handeln. Mit der Planung will der Mensch etwas ganz bestimmtes erreichen.
Wird zum Beispiel aufgrund einer statistischen Untersuchung ein Wachstum der Bevölkerung und damit ein wachsender Markt vorausgesagt, so kann ein Unternehmen eine höhere Produktion von Verbrauchsgütern zur Befriedigung der Bedürfnisse der Menschen planen und eine entsprechende Produktion in die Wege leiten. Ein Betrieb kann Investitionen tätigen und Leute einstellen.
Eine erhöhte Nachfrage kann sich aber auch ohne einen Bevölkerungszuwachs aufgrund eines wachsenden Wohlstandes ergeben.

Schon resultiert ein völlig anders gelagerter Verbraucherwunsch. Neben dem größeren Bedarf von mehr Produkten werden mit großer Wahrscheinlichkeit weit mehr höherwertige Erzeugnisse gewünscht werden. Es steigen die Anforderungen an die Qualität.
Auch eine Vollbeschäftigung läßt auf eine größere Kaufkraft schließen. Eine Unterbeschäftigung oder eine auch nur drohende Arbeitslosigkeit dagegen läßt einen sinkenden Bedarf annehmen.
Aus der Vorhersage der Käuferschicht, der Anzahl der eventuellen Käufer und Verbraucher wird dann ein bestimmtes Produkt, eine definierte Qualität und eine bestimmte Produktionsmenge geplant und festgelegt.
Mit der Planung werden dann jeweils entsprechend notwendige Maßnahmen eingeleitet. So sind mehr oder weniger Investitionen zu tätigen und neue Anlagen zu planen. Eventuell müssen Geräte und Vorrichtungen neu konstruiert oder Werkshallen erstellt werden. Neben der Instandhaltung muß ein Ersatz getätigt werden. Prozeßanlagen sind zu modernisieren, zu vergrößern oder zu verkleinern. Es sind neue Mitarbeiter anzuwerben und einzustellen. Die neuen Kräfte sind für ihre neuen Aufgaben zu schulen. Sie müssen ausgebildet und trainiert werden.
Es müssen zahlreiche Aufwendungen und Leistungen ohne jede Sicherheit für einen zukünftigen Markt getätigt werden.
Die Maßnahmen sind von zahlreichen, nicht immer sicheren Bedingungen abhängig. Einige Faktoren sind nicht bestimmbar oder übersehbar. Nicht vorhersehbare Ereignisse können eine Planung völlig durcheinander bringen. Somit ist Planung eine nicht immer leichte Aufgabe. Eine Fehlplanung kann nicht ausgeschlossen werden. Sie verursacht oft erhebliche Kosten und kann sehr entscheidende negative Folgen für das Unternehmen und seine Mitarbeiter haben.
Mit der Planung ist eine hohe Verantwortung verbunden. Der Planende muß gewissenhaft und verantwortungsbewußt die zu berücksichtigen Punkte und Fakten betrachten. Er sollte möglichst alle einflußnehmenden und wichtigen Faktoren herausfinden und berücksichtigen. Er darf sich aber auch nicht durch die vielen Fakten verzetteln und verwirren lassen.
Planen bedeutet immer Verantwortung tragen. Der für das Planen zuständige Mitarbeiter ist verantwortlich für die Erreichung des angepeilten Zieles, für die Erfüllung bzw. Nichteinhaltung des Planes.
Mit einer Planung verbinden sich zahlreiche Fragen u. a. die folgenden Fragestellungen, die einer ehrlichen und korrekten Beantwortung bedürfen:

- Warum muß die Aktion ausgeführt werden?
- Was ist zur Erfüllung des angestrebten und beabsichtigten Ergebnisses erforderlich?
- Welche Faktoren müssen in Betracht gezogen werden?
- Wann müssen die erforderlichen Handlungen vorgenommen werden?
- Wer macht was? Wer ist für was verantwortlich?
- Wo erfolgt die Ausführung der Arbeiten oder Leistungen?
- Wie wird die Handlung, die Arbeit oder Leistung erfüllt?
- Welche Kosten ergeben sich und wer trägt diese Ausgaben und Aufwendungen?
- Ist ein Pay-out gegeben?

Jeder Ausführung einer Aufgabe geht eine Planung voraus. Ohne eine Planung sollten keine Arbeiten angefangen und ausgeführt werden.

Eine vernünftige Planung beruht auf den folgenden Grundsätzen:

- Das Ziel ist klar und eindeutig zu definieren. Es ist genau und verständlich zu beschreiben. Die Arbeitsaufgabe ist festzulegen.

- Zur Lösung einer definierten Aufgabe werden alle relevanten Informationen gesammelt und alle Fakten zusammengestellt, die berücksichtigt werden müssen. Die Gesamtaufgabe wird in Teilaufgaben zerlegt. Die einzelnen Aufgabenschritte werden durchdacht, um jeweils einen Weg für die wirtschaftlichste Lösung zu finden. Alle Fakten werden analysiert und auf die Situation angewendet. Der für die Planung verantwortliche Mitarbeiter darf sich nur von den Fakten leiten lassen.

- Es sind die voraussichtlichen Kosten zu ermitteln bzw. abzuschätzen. Die Aufwendungen für die geplante Aktivität müssen in einem angemessenen und auch vernünftigen Verhältnis zum Nutzen stehen.

Eine Planung sollte immer in Stufen erfolgen. Es empfiehlt sich, nicht von Anfang an gleich mit allen Feinheiten zu beginnen. Besser ist eine stufenförmige Planung, d.h. zunächst eine grobe Planung der wichtigsten Bereiche oder Punkte und dann eine Detailplanung mit allen Feinheiten.

Bevor ein Arbeitsauftrag getätigt wird, sollte der Order sowohl eine Planung der gesamten anstehenden Arbeitsaufträge als auch der einzelnen Arbeitsaufgaben vorausgehen. Es ist zum einen der Ablauf der Aufträge, die Reihenfolge der Abarbeitungen einschließlich der Zeitpunkte und zum anderen der detaillierte Ablauf einer Einzelaufgabe oder die Durchführung eines Arbeitsschrittes festzulegen. Nur so kann auch eine Wirtschaftlichkeit der Arbeit erzielt wie auch eine rationale Aufgabenerfüllung gewährleistet werden.

Eine Planung vermindert die Fehlerzahl, verhindert so manche Fehlschläge und vermeidet späteren Ärger!

Ohne eine sinnvolle Planung kann kein echter Rationalisierungserfolg und keine Rentabilitätssteigerung erreicht werden.

Eine gute Organisation verhindert, daß unnötige Zeit vertrödelt wird. Sie stellt sicher, daß zielsicher der anvisierte Punkt angesteuert wird.

Eine Planung sollte aber auch nie ein starres und unumstößliches Gebilde sein. Sie muß den jeweils sich veränderten Erfordernissen eines Betriebes wie auch den von außen kommenden Ereignissen jederzeit schnell angepaßt werden können.

Die Planung darf nicht zu einem starren System führen, daß keine erforderliche Korrektur oder Änderung zuläßt. Auch die Planung muß flexibel sein und Eingriffe oder Anpassungen erlauben, falls diese erforderlich sein sollten.

Eine regelmäßige Planüberprüfung ist notwendig. Sie verhindert eine Fehlplanung. Sie vermeidet nicht korrekte Arbeitsausführungen. Die sich aufgrund der Planüberwachung ergebenen Eingriffe und Berichtigungen sichern die Zielsetzung.

Das Ziel einer Planung ist die optimale Gestaltung aller betrieblichen Arbeitsaufträge.

Die Arbeitsaufträge sollten immer zügig und ordnungsgemäß ausgeführt werden. Es gilt zu vermeiden, daß zum Beispiel Mitarbeiter erst fehlendes Werkzeug oder Material nachträglich holen oder suchen müssen, daß die erforderlichen Unterlagen oder Materialien nicht vorliegen, daß eine Mehrfacharbeit erfolgen muß.

Durch Planung soll sichergestellt werden, daß die Mitarbeiter über die erforderliche Arbeiten unterrichtet sind, daß jeder weiß, was er zu tun hat.

Eine Hilfestellung für eine wirtschaftliche Planung eines Arbeitsauftrages bildet die Beantwortung der folgenden 6 "W"-Fragen:

was, wer, wo, wann, wie und warum?

Ein Beispiel soll die Planung eines Arbeitsauftrages bei einem mittelständischen Malerbetrieb erläutern.
Ein paar Stichpunkte im Arbeitsplan stellen sicher, daß nichts vergessen wird.
Es stehen einige Aufträge für Malerarbeiten an, u.a. liegt der Auftrag „Streichen der Giebelwand eines Mittelreihenhauses" vor.
Nach der Entgegennahme des Auftrages Vorort werden die folgenden Punkte mit Hilfe der 6 W-Fragen festgehalten:

Frage 1 : Was soll getan werden?

Es erfolgt die Festlegung der Einzelheiten für die Arbeitsaufgabe.
Anstrich der Giebelwand eines Mittelreihenhauses. Säuberung der Fläche, Entfernung der alten und schon abblätternden Farbreste. Grundieren und Farbanstrich mit Fungizid-Zusatz.

Frage 2 : Wer tut was?

Es wird die Arbeit eingeteilt. Der Mitarbeiter bzw. die Arbeitsgruppe, die die Aufgabe ausführen soll, wird bestimmt.
Den Arbeitsauftrag erhält der Geselle Michael. Eine weitere Arbeitskraft wird nicht für erforderlich gehalten.

Frage 3 : Wo soll etwas getan werden?

Bestimmung des Arbeitsortes. Der Ort der Arbeit wird festgelegt.
Anschrift des Auftraggebers und des Ausführungsortes.

Frage 4 : Wann wird es getan?

Festlegung des Zeitpunktes für die Ausführung der Arbeiten. Datum , Zeitbedarf.
Planung der Reihenfolge für die gesamten Arbeitsaufträge.
Geplantes Datum : .... Die Arbeiten sollen an einen regenfreien Tag erfolgen, Datum muß eventuell kurzfristig aufgrund des Wetters geändert werden.
Telefonische Benachrichtigung erforderlich. Telefon-Nummer : ....
Arbeitszeitaufwand : .... Arbeitszeit : .... Anschließend Auftrags-Nr. : ....

Frage 5 : Wie wird es getan?

Es erfolgt die Festlegung der Arbeitsschritte für eine zweckmäßigen Durchführung. Einsatz der Maschinen und Hilfsmittel, erforderliche Arbeitsgeräte, Unterlagen usw..
1. Säuberung der Arbeitsfläche. Entfernung von Schmutz und von Farbresten.
2. Grundanstrich. Grundierung bereits mit Fungizidzusatz.
3. Trockenzeit. Abhängigkeit von der Temperatur und den Windverhältnissen.
4. Farbanstrich mit Fungizid.
Der Geselle Michael nimmt den Kleinlaster Nr. ....
Arbeitsmittel: 2 ausziehbare Leitern von 3 m Länge (eine für Aufstieg zum Dach, eine weitere zum Einhängen auf dem Dach),
Arbeitsmaterial : 10 l weiße Fassadenfarbe, 1 Dose Fungizid,
           Pinsel, Schutzplane, Lösungsmittel.

Frage 6: Warum wird es getan?

Den Mitarbeitern werden die Aufgabe und die Zusammenhänge mit den anderen betrieblichen Aktivitäten erklärt.
Der Anstrich erfolgt in der Zeit von .... bis ...., anschließend Auftrags-Nr. ....
Der Geselle ist über die Aufgabe unterrichtet und mit der Arbeit vertraut (erst Säuberung, dann Grundieren, Trockenzeit ist einzuhalten, dann Anstrich).

Das aufgeführte Beispiel verdeutlicht, daß eine vernünftige und gewissenhafte Planung zu zahlreichen Vorteilen führt.
Es wird ein durchdachter und kostengünstiger Weg zur Erreichung des Zieles eingeschlagen. Der Weg wird Schritt für Schritt überprüft. Zeit und Kosten werden nicht verschleudert. Jegliche Wartezeiten werden vermieden. Die Arbeitskräfte werden optimal eingesetzt. Die Aufwandskosten werden möglichst niedrig gehalten. Die Planung hilft den beteiligten Mitarbeitern die Aufgaben schnell und rationell zu lösen. Die betroffenen Mitarbeiter sind durch eine Beteiligung an der Planung mehr motiviert. Es empfiehlt sich daher, alle von dem Arbeitsauftrag betroffenen Mitarbeiter bei der Planung mit einzubeziehen, auch die Personen, die erst später mit der Lösung der Aufgabe in Berührung kommen oder auch nur am Rande betroffen sind.
Schon in der ersten Planungsphase sollten alle beteiligten Mitarbeiter an den Besprechungen teilnehmen und mitarbeiten dürfen. Mit der Einbeziehung der Mitarbeiter wird ein umfangreicheres geistiges Potential besser genutzt und auch so mancher Fehler vermieden. Mehrere Augen sehen besser. Kleinigkeiten werden nicht übersehen. Alles wird auch aus verschiedenen Winkeln betrachtet.
Die Planung bietet die Voraussetzung für eine gute Organisation der Aufgaben, deren Kontrolle und Überwachung. Der Prozeß kann insgesamt besser geregelt werden.
Die Planung ermöglicht weiterhin eine bessere Definition des Leistungsstandards. Sie garantiert auch einen besseren gezielten Eingriff bei einer notwendigen Veränderung bzw. bei einer erforderlichen Anpassung an neue Begebenheiten oder neuartige Begleitumstände.
Eine Planung berücksichtigt in der Regel alle Eigenarten und Notwendigkeiten des Unternehmens.

Mit der Planung werden so manche Fehlschläge verhindert, die ansonsten den Arbeitsprozeß unnötig verlängern und verteuern. Auch das Einschlagen einer falschen Richtung wird auf diese Weise oft vermieden.
Die zahlreichen Vorteile einer gezielten Planung zeigen, man sollte nicht nur den Urlaub planen, sondern auch die täglichen Arbeiten einschließlich der persönlichen Angelegenheiten und der privaten Aktivitäten.
Natürlich sollte alles in einem vernünftigen Rahmen bleiben. Ein Planen darf nicht soweit führen, daß man vor lauter Planung zur eigentlichen Arbeit nicht mehr kommt.

Eine Planung bedeutet für das Unternehmen eine Zielsetzung erarbeiten, die als Richtschnur und Leitlinie gilt. Ein Planen sollte in allen Bereichen und in allen Ebenen erfolgen. Planen ermöglicht das gesteckte Ziel zu erreichen.
Die Planung ist eine typische Funktion eines jeden Mitarbeiters, dem damit auch eine gewisse Verantwortung für die Erreichung des Zieles zukommt. Der Planer ist dafür verantwortlich, daß die gesteckten Ziele verfolgt und schließlich auch erreicht werden.

Die Planungsgruppe in einem Unternehmen sollte den folgenden Fragen nachgehen:

- Unterliegen alle Bereiche oder Stellen des Unternehmens einer Planung?
- Welche Abteilung oder Gruppe betreibt noch keine Planung?
- Warum erfolgt keine Planung?
- Was sind die Gründe für eine fehlende und nicht durchgeführte Planung?
- Werden Planungen auch auf ihre Erfüllung überprüft?
- Werden Fehler bei der Planung systematische ausgewertet?
- Werden Lehren aus einer Fehlplanung gezogen?

Der persönliche Erfolg eines Mitarbeiters wie auch die betriebswirtschaftliche Bilanz eines Unternehmens werden sehr entscheidend durch den Umfang und die Genauigkeit einer Planung bestimmt.
Die betriebswirtschaftliche Planungsrechnung und deren Durchführung werden für die Unternehmen immer dringlicher. Ihre Bedeutung wächst für jeden Betrieb zunehmend, gleich welcher Art und Größe.
Die Leistungsfähigkeit eines Unternehmens wird aufgrund technischer Entwicklungen und wirtschaftlicher Verflechtungen und der damit verbundenen schwierigen Übersichtlichkeit aller betrieblichen Abläufe und Tätigkeiten immer komplexer und komplizierter. Sie wird immer mehr von der Erforschung und der Berücksichtigung zahlreicher Faktoren und mutmaßlicher, zukünftiger Entwicklungen abhängig. Alle diese Fakten finden nur in einer weitgehenden und gründlichen Planung ihre Beachtung.

2.1.2. Die Funktion Organisation

Die Organisation dient der Abwicklung und Durchführung von betriebswirtschaftlichen Geschäftsabläufen und der Regelung des Zusammenspiels aller Betriebsfaktoren wie auch der Zusammenarbeit der Mitarbeiter. Sie ordnet die Gestaltung der Arbeitsabläufe, die Zuordnung der Arbeiten, die Arbeitsteilung, die Spezialisierung, die Mechanisierung und die Integration. Sie regelt die Produktion bzw. Fertigung von Gütern vom Einkauf bis zum Vertrieb einschließlich der Zuständigkeiten und Verantwortungen der Mitarbeiter.
Durch die Organisation läuft ein betriebswirtschaftlicher Prozeß in einer geordneten Art und Weise ab. Alle Beziehungen zueinander sind festgelegt.
Jeder betriebswirtschaftliche Arbeitsprozeß bedarf einer Regelung, die das Zusammenwirken aller Tätigkeiten sicherstellt. Die Arbeitsabläufe sind zu leiten und zu führen. Sie sind zu organisieren.
Die Organisation ist ein Ordnungsmittel, das die Abläufe in einem Betrieb festlegt und damit dann ein betriebliches Geschehen sicherstellt. Das Organisationssystem regelt neben dem Verlauf auch die Zeit eines Arbeitsprozesses, d.h. die Schnelligkeit mit der eine Herstellung einer Ware oder eine Serviceleistung erfolgt. Sie bestimmt die Kontrolle und Überwachung des Prozesses, legt die Verantwortlichkeiten fest und sorgt für eine gewisse Gleichmäßigkeit der Abläufe. Sie stellt die Qualität und Zuverlässigkeit der Ablaufschritte sicher.

Die Organisation in einem Unternehmen umfaßt die drei Elemente:

Mitarbeiter : Menschen, die eine Arbeit oder eine Leistung ausführen, die die Tätigkeiten verrichten.
Welcher Mitarbeiter soll was machen?
Wann soll er die Arbeit ausführen?

Arbeit : Arbeit ist die Aktivität, Tätigkeit und Leistung der Menschen zur Erfüllung der Aufgabe, zur Herstellung eines Produktes oder zur Ausführung einer Dienstleistung.
Was soll getan werden? Warum soll es getan werden?

Arbeitsstelle : Der Arbeitsplatz umfaßt alle Hilfsmittel, die der Mitarbeiter zur Ausführung der Arbeit benötigt: Materialien, Energien, Büro, Stuhl, Tisch, Maschinen, Arbeitsgeräte, Werkzeuge, Unterlagen, Akten, Farbstifte, Computer usw..
Welche Hilfsmittel sind für die ordnungsgemäße Erfüllung der Aufgabe erforderlich?

Die Organisation eines Unternehmens liegt in den Händen der Unternehmensführung, der Manager bzw. des Managements.
Die Führungskräfte bestimmen die Beziehung zwischen Mitarbeiter, Arbeit und Arbeitsplatz zur Herstellung eines Produktes oder zur Ausführung einer Dienstleistung.

Sie legen die Arbeiten fest, organisieren die erforderlichen Materialien und Hilfsmittel, richten die Arbeitsplätze ein, unterrichten die Mitarbeiter bezüglich ihrer Aufgaben und ihrer auszuführenden Tätigkeiten.

Mittels der Organisation wird das Zusammenspiel sämtlicher Betriebsfaktoren geregelt.

Ein Organisationsplan macht deutlich die Aufgabenverteilung, die Arbeitsabläufe des Betriebssystems und die Regelung der Verantwortung und Kompetenzen. Die Organisation regelt die erforderlichen Abstimmungen bei den betriebswirtschaftlichen Tätigkeiten.

Eine Betriebsorganisation sollte einfach, klar und übersichtlich sein. Sie sollte für alle verständlich sein. Sie sollte die ordnungsgemäße Erfüllung der Arbeiten und Abläufe, die Ausführung der Leistungen sicherstellen und garantieren.

Die Organisation muß für Stabilität und Kontinuität sorgen, aber auch Flexibilität ermöglichen.

Organisationsänderungen sollten nicht unentwegt erfolgen und damit ständig nur Unruhe in der Belegschaft verbreiten. Ganz im Gegenteil, eine Organisation sollte für Ruhe und Ordnung sorgen.

Nicht jede Entscheidung muß immer gleich eine Änderung des Organisationsplanes zur Folge haben. Zu häufige Änderungen verbreiten Unruhe und Hektik.

Die Aufgliederung einer Aufgabe und ihre Durchführung richtet sich nach dem jeweiligen Betrieb, seiner Branche, seiner Funktion und seiner Größe. Die Organisation definiert die Verantwortung und legt die Weisungsbefugnisse und Kompetenzen fest. Sie regelt den Instanzenweg, die Aufgabenverteilung, die Entscheidungsprozedur. Sie bestimmt den Einsatz der Mitarbeiter und ihre Zusammenarbeit.

Bei der Organisation von Arbeiten wird ein Plan zur Herstellung eines bestimmten Produktes oder zur Ausführung einer Dienstleistung so arrangiert, ausgerichtet und umgesetzt, daß nun das angestrebte Ziel erfüllt werden kann. Die Aufgabe wird gemanagt.

Zur Verwirklichung einer Arbeit müssen zunächst immer gewisse Vorarbeiten erfolgen oder bestimmte Voraussetzungen geschaffen werden. Es müssen Aktivitäten ausgeführt werden, ohne die die eigentliche Aufgabe nicht erfüllt und ohne die auch eine Firma nicht tätig werden kann.

Eine Vorbedingung für die Herstellung von Gütern und Waren wie auch für die Ausführung einer Dienstleistung sind Vorfinanzierungen. Es müssen zunächst zahlreiche Investitionen getätigt werden. Neben den Personalkosten müssen Kredite, Maschinen und Geräte, Gebäude und Anlagen etc. angemietet oder gekauft werden.

Nach der Fertigung der Waren müssen dann die erzeugten Güter im Markt verteilt und zum Käufer gebracht werden. Es muß eine Kundenwerbung erfolgen. Verkaufsstellen sind einzurichten. Verkäufer müssen geschult werden. Alle diese Schritte verlangen Investitionen.

Insgesamt ergeben sich die folgenden Aufgaben:

- Die Finanzierung der Vorbedingungen für eine Produktion wie auch für die Verteilung der Waren,
- Die Herstellung eines Erzeugnisses oder die Ausführung einer Dienstleistung,
- Verteilung der erzeugten Produkte, wobei die Produkte auch Dienstleistungen beinhalten.

Wenn die Grundaktivitäten eines Unternehmens, das Schaffen, das Verteilen und das Finanzieren wachsen, vergrößert sich in der Regel auch die Organisationsstruktur.

Die Organisation kann sich sowohl vertikal als auch horizontal ausbreiten. Jedes Firmenwachstum läßt die Organisationslinien zahlreicher und die Struktur komplizierter werden.

Aus wirtschaftlichen Gründen wird man vernünftigerweise einer jeden ungeregelten Ausbreitung der Organisationsstruktur stets entgegenwirken und ihr Grenzen setzen.

Gleichartige Arbeiten werden zusammengefaßt. Eine geschickte Koordinierung sollte jede Doppel- oder Mehrfacharbeit vermeiden. Den Einfluß und die Auswirkung einer Einsparung gilt es zu nutzen.

Die gesamte Betriebsgemeinschaft muß auf ein rationelles Arbeiten achten.

Ein zu starkes vertikales Wachstum einer Gesellschaft kann zu einer gewissen Trägheit im Unternehmen führen. Der Instanzenweg vergrößert sich, die Reaktionsfähigkeit leidet. Das Unternehmen büßt an Manövrierfähigkeit ein. Das Kompetenzgerangel behindert die Arbeiten und schwächt die wirtschaftlichen Aktivitäten.

Bei einer horizontalen Ausweitung eines Unternehmens wird die Linienorganisation mehr und mehr belastet. Die Funktionsfähigkeit wird eingeschränkt. Funktionen und Verantwortung werden delegiert, oft erfolgt eine gewisse Aufblähung in der Ebene. Das Management wächst an, behindert sich selbst. Infolge des aufgebauschten Managements wird das Unternehmen schwerfällig und verliert an Reaktionsfähigkeit.

Nur ein schlankes Unternehmen kann auf verändernde Marktsituationen schnell reagieren. Die Manager müssen deshalb versuchen, sich möglichst auf die wichtigsten und entscheidenden Funktionen zu konzentrieren und Arbeiten einschließlich der Verantwortung abgeben. Dieses Delegieren sollte in die unteren Ebenen erfolgen ohne eine Ausweitung der Managementstruktur.

So manche Verantwortlichkeit kann auch Vorort angesiedelt werden. Das motiviert den Mitarbeiter und dient einer besseren Nutzung der an der Front arbeitenden Menschen. Auch der Ausführende einer Arbeit kann bei richtiger Unterrichtung und Anleitung durch das Management eigenverantwortlich seine Tätigkeit ausführen.

Jede gründlich durchdachte Organisation einer Aufgabe stellt sicher, daß die auszuführende Tätigkeiten von den richtigen Personen an den richtigen Orten ausgeführt werden, daß die Aufgabe wirtschaftlich optimal mit möglichst geringem Aufwand erfolgt und die Qualität der Arbeit garantiert ist.

Eine angemessene Organisation, sowohl in der vertikalen Richtung als auch in der horizontalen Ebene, sollte eine sinnvolle Arbeitsteilung gewährleisten.

Aufgrund der horizontalen Aufteilung der Arbeiten resultieren verschieden Arten von Pflichten. Jeder hat eine andere Aufgabe und somit auch eine andere Pflicht.

In senkrechter Richtung ergeben sich die unterschiedlichen Grade einer Verantwortung. Der Meister oder Vorarbeiter trägt eine größere Verantwortung als die ihm unterstellten Mitarbeiter, aber wiederum eine niedrigere als der Abteilungs- und Bereichsleiter.

Aus der Aufgliederung einer Arbeit resultieren verschiedene Arten und Grade einer Verantwortung.

Die Organisation regelt neben der Verteilung der Aufgaben und der Verantwortungen auch die Beziehungen zwischen den einzelnen unterschiedlich verantwortlichen Personen. Sie legt die geschäftlichen Beziehungen der Mitarbeiter untereinander fest. Jedem Mitarbeiter fällt damit eine bestimmte Verantwortlichkeit, gewisse Befugnisse und auch eine Rechenschaftspflicht zu.

Nur eine klare und deutliche Regelung in der Organisation, ein übersichtlicher Aufbau in der Struktur führt zu wirtschaftlich rationellen Arbeits- und Prozeßabläufen.

Mit der Übernahme einer Verantwortung in einem Unternehmen verpflichtet sich jeder Mitarbeiter, die ihm übertragene Aufgabe gewissenhaft und ordentlich, nach bestem Wissen und Gewissen auszuführen.
Die Übernahme einer Aufgabe in einer Organisation bedeutet eine Verpflichtung. Von dieser Verantwortung ist man erst entbunden, wenn die Tätigkeit ausgeführt wurde und abgeschlossen ist, wenn die Arbeit vom zuständigen Vorgesetzten abgenommen wurde.
Der Mitarbeiter wird erst entlastet nach erfolgreichem Abschluß seiner Arbeiten und seiner übernommenen Verpflichtungen.
Die Durchführung bzw. Ausführung einer Arbeit setzt neben der Verantwortlichkeit auch voraus, daß dem Mitarbeiter auch gewisse Befugnisse übertragen werden. Er wird damit berechtigt, verbindliche Anweisungen zu geben.
Bei einer Verschiebung der Verantwortlichkeit in einer Organisation von einer Ebene in eine andere, ändern sich gleichzeitig dann auch die Befugnisse für den Mitarbeiter.
Ist dieses nicht der Fall, wird der Mitarbeiter enttäuscht und entmutigt.
Mit einem geregelten Organisationsablauf ist auch eine Pflicht zur Berichterstattung verbunden, die sogenannte Rechenschaftspflicht. Sie bildet die Kommunikation von unten nach oben.
Jeder Mitarbeiter ist verpflichtet, über seine Arbeit auch eine Rechenschaft abzulegen und seinem Vorgesetzten über den erfolgreichen wie auch negativen Abschluß seiner Arbeiten zu berichten. Verantwortung ist eigentlich immer auch mit Rechenschaft verbunden, sei es vor sich selbst wie auch gegenüber dem Vorgesetzten.

Die Organisation bildet quasi ein Gerüst für eine Arbeitsausführung. Sie wird um die Aufgabe herum errichtet. Die Aufgabe, die Aktivität oder das angestrebte Ziel sollte dabei auch immer im Mittelpunkt stehen.
Der Mensch sollte nicht in dieses Zentrum geraten. Eine Organisation um den Mitarbeiter herum macht den ganzen Ablauf in der Funktion zu stark vom Menschen abhängig und damit auch anfällig. Der Arbeitsablauf wird dann ausschließlich auf eine bestimmte Person fixiert und ist dann zu sehr von dieser Einzelperson abhängig. Der Ablauf wird dann zu ausgeprägt von seiner Begabung, seinen Kenntnissen und seinen Fähigkeiten bestimmt. Langfristig gesehen wird die Organisation instabil. Sie wird zu stark vom Menschen beeinflußt.
Eine Organisation sollte möglichst wenige Ausnahmen zulassen. Zu viel Rücksichtnahme führt schnell dazu, daß schließlich nur noch Ausnahmen bestehen. Die Organisation wird zum Chaos. Damit wird dann das ganze Unternehmen gefährdet.
Die Organisation eines Unternehmens wird gern in einem Organisationsschema, in einem Organigramm dargestellt. Nicht nur größere Unternehmen mit vielen Abteilungen und unterschiedlichen Arbeitsbereichen, mit verschiedenen Hierarchien nutzen diese Darstellung, auch kleine Unternehmen bedienen sich dieser Hilfsmittel zur Verdeutlichung ihrer Organisation.
Ein Unternehmen wird durch ein Organigramm übersichtlicher und transparenter.
Ein Organigramm dient einer deutlicheren Übersicht und einem besseren Verständnis der Zusammenhänge und der Zusammenarbeit.
Die Organisation spiegelt den Aufbau und die Abläufe des gesamten Unternehmens wieder. In der Organisation sollten alle Bereiche in ihrer Funktion einschließlich ihrer Ziele beschrieben werden. So sind z.B. die Aufgaben jedes Arbeitsplatzes der Konstruktion und Entwicklung, der Produktion, der Materialbeschaffung, des Rechnungswesens, der Verkaufsabteilung, ja jeder Abteilung klar und eindeutig zu dokumentieren.

Nur durch eine eindeutige Arbeitsplatzbeschreibung wird sichergestellt, daß ein geeigneter Mitarbeiter auch an seinem richtigen Platz tätig ist.

Die Arbeitsplatzbeschreibung ist die Voraussetzung für die richtige Wahl des Mitarbeiters, für die richtige Verwendung des Mitarbeiters entsprechend seinen Fähigkeiten sowohl in der horizontalen wie auch in der vertikalen Organisation. Nur der richtige Einsatz jedes Mitarbeiters führt auch zu einem optimalen Ergebnis.

Durch das Organigramm und die Funktionsbeschreibungen ergibt sich für jeden einzelnen Mitarbeiter der Verantwortungs- und die Zuständigkeitsbereich, angefangen bei der obersten Leitung, des Firmeninhabers, des Geschäftsführers, bis zur unteren Hierarchieebene, den die Arbeit ausführenden Mitarbeiter.

Die Organisationsstruktur sollte stets kundenorientiert ausgerichtet sein, um den Verbraucher anzusprechen und zu gewinnen.

Bei allen Bemühungen ist immer wieder daran zu denken, es gilt das Vertrauen des Kunden zu gewinnen. Das bedeutet, man muß ihm offen und transparent zeigen, daß man sauber und ehrlich arbeitet.

Eine klare und eindeutige Beschreibung der Zuständigkeiten und der Verantwortlichkeiten erhöht das Vertrauen. Eine übersichtliche Organisation verdeutlicht die Zusammenhänge und die jeweiligen Verantwortungsbereiche.

Das Organigramm eines Unternehmens sollte immer verdeutlichen:

- die Aufgabenverteilung und die Funktionen,
- die betriebliche Gliederung mit der Regelung der Verantwortung,
- die Mitwirkung der Abteilungen bei der Erfüllung der Aufgaben,
- die Koordination der wirtschaftlichen Tätigkeiten,
- die Mitarbeiterverteilung.

Die Organisation bildet die Struktur eines Unternehmens. Sie regelt alle geschäftlichen Abläufe und verhindert das völlige Durcheinander.

Die Organisation wächst mit der Größe des Unternehmens. Ab einer gewissen Größe besteht schließlich die Gefahr einer Erstarrung. Das Unternehmen büßt dann seine Flexibilität ein und behindert sich selbst.

Zur Vermeidung einer solchen Isolation der Mitarbeiter und der damit verbundene Unbeweglichkeit gilt es, alle Mitarbeiter im Unternehmen zu integrieren. Nur eine ständige Aktivität in der Zusammenarbeit der Mitarbeiter verhindert ein Erstarren.

Durch eine vernünftige Organisation erhält jeder Mitarbeiter seinen richtigen Arbeitsplatz. Jeder wird optimal eingesetzt. Die Zufriedenheit der Mitarbeiter wird erhöht. Der Mitarbeiter ist motiviert.

Die Mitarbeiter können bei einer vernünftigen Organisation auch selbst besser ihre Fähigkeiten und ihr Können einsetzen. Die Mitarbeiterleistung steigert sich. Die Freude an der Tätigkeit wächst. Andere werden motiviert und zum Mitmachen angeregt.

Die Mitarbeiter können gezielt weiterentwickelt und gefördert werden. Schulungen und Training werden optimaler zum Einsatz gebracht und damit besser verwertet.

Die Mitarbeiter können auch mehr eine Eigeninitiative entwickeln und somit ihre Leistung steigern. Zufriedenheit und Arbeitsfreude verbessern sich.

Durch eine gute Organisation ist die Gewährleistung gegeben, daß alle erforderlichen Arbeiten auch ausgeführt werden und nichts vergessen wird.

Mittels eines Ordnungssystems wird auch erst eine Arbeitsteilung ermöglicht. Eine Spezialisierung bei den Mitarbeitern bedarf einer gewissen Ordnung. Alles muß geregelt und festge-

legt werden. Eventuelle Doppel- oder Mehrfacharbeiten werden so vermieden. Im allgemeinen ist durch Ordnung eine bessere Anpassungsfähigkeit und Flexibilität gegeben.
Die Delegation der Arbeiten und Verantwortlichkeiten wird in einer Organisation übersichtlicher und somit erleichtert. Für jeden Mitarbeiter sind die Ablaufregeln ersichtlich. Durch die definierten Informationswege wird eine optimale Kommunikation erzielt. Es werden die Voraussetzungen für gute zwischenmenschlichen Beziehungen geschaffen. Der Informationsaustausch wird verbessert.
Eine Teamarbeit wird ermöglicht und gefördert. Synergien und Einspareffekte werden genutzt. Effektivität und Produktivität erhöhen sich.
Die Organisation erlaubt auch eine übersichtlichere Lohn- und Gehaltsstruktur. Eine gerechte Entlohnung dient der Zufriedenheit der Mitarbeiter.
Jede unnötige Bürokratie wird verhindert. Der Verwaltungsaufwand wird reduziert. Es werden Kosten eingespart.

Neben dem gültigen Organisationsplan, der den augenblicklichen Stand widerspiegelt, sollte die Führung eines Unternehmens in einem weiteren Plan die Unternehmensstruktur der Zukunft in der Schublade haben. Dieses noch nicht offizielle Konzept dient der Orientierung. Es bildet eine Unterlage für die Realisierung der zukünftigen Struktur.

Die Organisationspläne einschließlich aller Anweisungen und Richtlinien sollten in einem Organisationshandbuch übersichtlich sortiert gesammelt werden. Als Arbeitsunterlagen sollten sie allen Mitarbeitern auch jederzeit zur Verfügung stehen.
Jede Änderung in der Organisation sollte immer der gesamten Belegschaft klar und verständlich mitgeteilt und öffentlich auch dargestellt werden.

Bei der Aufstellung eines Organisationsplanes oder einer Organisationsänderung zeigt das Management eine immer wieder zu beobachtende kleine Schwäche, die auch als ein Gesetzt von Parkinson bekannt ist:

„Die Zahl der Mitarbeiter steht in keiner Beziehung zu der vorhandenen Arbeit, sie wächst, ob die Arbeit zunimmt, abnimmt oder völlig verschwindet."

Auch die obersten Manager blähen gern ihre Bereiche auf, um den lieben Kollegen zu imponieren. Eine rein menschliche Schwäche! Schmückt man sich doch gern mit tollen Federn!

Die stetige Verbesserung der Wirtschaftlichkeit eines Unternehmens ist eine Grundvoraussetzung für jedes Unternehmen. Dieses Grundprinzip zwingt das Management immer wieder zum Abbau der Personalkosten und damit zur Verringerung der Personalstärke.
Das Ziel ist es und muß es auch immer sein, die gleiche Leistung, wenn nicht sogar eine bessere, durch weniger Aufwand zu erreichen, die Produktivität zu steigern. Die Arbeitsprozesse sind so zu verbessern, daß die Leistung sich erhöht!
Leider gibt es hierzu keine Alternative, jedenfalls keine, die der Überlebensfähigkeit des Unternehmens und damit auch der Mitarbeiter dient und die die Arbeitsplätze dauerhaft sichert.

Angestrebt wird heute zunehmend eine Teamorganisation in den Unternehmen. Sie fördert die Kreativität der Mitarbeiter. Sie führt zu mehr Leistung und bewirkt gleichzeitig eine größere Zufriedenheit bei den Mitarbeitern.
Streng hierarchische Strukturen sind out und sollten möglichst schnell abgebaut werden.

Eine Organisationseinheit Forschung und Entwicklung auf der Grundlage eines Teams ist weit effektvoller und schlagkräftiger als eine Entwicklungsabteilung mit einzelnen Forschern, alle in einem abgeschirmten separaten Labor für sich allein forschend. Gleiches gilt auch für den Verkauf. Ein Verkaufsteam ist weit wirkungsvoller als eine Verkaufsabteilung mit individuellen Verkäufern, ohne eine Zusammenarbeit.
Ein Team aus hochqualifizierten, motivierten Spezialisten bildet eine Mannschaft, die das Wissen bündelt und es gezielt einsetzt.
Die einzelne Person sieht alles vorwiegend nur durch ihre Brille. In einem Team werden auch andere Wege aufgezeigt. Jeder leistet einen Beitrag zum Ganzen.
Ein Mitarbeiter allein ist nur ein Einzelkämpfer, der in seinem Wissen begrenzt ist. Er muß all zu oft immer wieder erst seinen Kollegen oder Vorgesetzten zu Rate ziehen. Die Fragen des Kunden kann er oft nur teilweise beantworten, nicht selten muß er ihn erst einmal vertrösten und hinhalten.
Bei vielen Unternehmen wird heute der Kunde mit in den Teamgeist und in die Teamstruktur einbezogen. Die Kaufverhandlung erfolgt in einem Gespräch. Es wird ein partnerschaftliches Verhältnis aufgebaut. Man möchte näher am Kunden sein, um seine Wünsche besser zu erfüllen und ihn auch besser zufriedenstellen zu können.
Im Team erfolgt ein besserer Informationsaustausch, der im beiderseitigen Interesse liegt. Der Kunde ist ein Teil des Geschäftes. Er ist kein Außenstehender mehr.
Nicht zu vergessen ist, der Kunde ist die eigentliche Ursache für ein Bemühen, für alle Anstrengungen oder für die notwendigen Arbeiten. Erst der Kunde verursacht die Aktivitäten in einem Unternehmen, die Herstellung eines Produktes oder die Ausführung einer Dienstleistung.
Der Kunde stellt seine Anforderungen, legt seine Wünsche dar, ist der Ausgangspunkt einer Spezifikation oder einer technischen Lieferbedingung. Er ist die Voraussetzung für einen Auftrag oder eine Bestellung.
Die Aufgabe des Herstellers und des Lieferanten ist es, die Erwartungen des Kunden zu erfüllen, die gewünschte Qualität zu liefern, ihn zu betreuen, ihn ausreichend zu informieren, ihn also zufriedenzustellen.
Mit der Einbindung des Kunden in die Organisation, in einen engen Informationsaustausch und in eine partnerschaftliche Zusammenarbeit wird der Kunde an das Unternehmen mehr und mehr gebunden. Er fühlt sich einbezogen in die Abläufe und Entscheidungen. Er verliert seine Anonymität.
Diese Einbindung des Kunden ist ein wichtiger Faktor für die Ermittlung der Kundenwünsche und sollte stets gut genutzt werden. Zufriedene Kunden danken es mit Kundentreue und empfehlen das Unternehmen weiter.
Nur der reklamierende Kunde sagt einem auch, wo es fehlt, wo Mängel sind und wo Verbesserungen gemacht werden könnten.

2.1.3. Die Funktion Arbeitsleistung

Mit jeder Ausführung einer Arbeit oder Leistung wird das Ziel verbunden, daß die zu erfolgenden Tätigkeiten möglichst optimal ablaufen, daß sie sich sowohl rationell als auch rentabel vollziehen. Alle betrieblichen Arbeitsprozesse, sei es in der Produktion oder Herstellung wie auch in der Verwaltung, sollen möglichst alle ökonomisch verlaufen, d.h. sie sollen nur geringe Kosten verursachen, keinen großen Einsatz und nur wenig Aufwand erforderlich machen. In der Regel soll ein bestimmtes Ergebnis möglichst kostengünstig erreicht werden. Die Herstellung einer Ware oder die Ausführung einer Leistung von bestimmter Qualität soll mit möglichst geringem Einsatz an Material, Arbeitsgeräten, Geld und Arbeitskraft in einer möglichst kurzen Zeit vollzogen werden.

Die Arbeitsausführung ist eine betriebswirtschaftliche Leistung, die zu einer Erfüllung einer bestimmten Aufgabe führt. In einer definierten Zeiteinheit wird eine Arbeit ausgeführt. Mittels der menschlichen Arbeitskraft werden aus eingesetzten Materialien oder Gütern die für den Verkauf bestimmten Erzeugnisse hergestellt. Die Leistung umfaßt dabei sowohl die zielgerichtete Arbeit als auch die Produktumwandlung einschließlich einer Mengenverschiebung. Die Arbeitsausführung ist eine Betriebsaufgabe. Sie bildet einen kontinuierlichen Prozeß zur Aufgabenerfüllung. Am Anfang des Leistungsprozesses stehen die Rohstoffe und Einsatzmaterialien, am Ende die Erzeugnisse, die Produkte oder Dienstleistungen für den Markt. In der Mitte zwischen Leistungseinsatz und Leistungsergebnis erfolgen die wirtschaftlichen Abläufe und Tätigkeiten, der Arbeitsaufwand, die Mengenveränderungen und die Erhöhung des Werte. Hier vollzieht sich die eigentliche Erstellung einer Leistung durch die Mitarbeiter.

In dem Prozeß Arbeitsausführung werden die eingesetzten Werte erhöht bzw. zu neuen Werten zusammengesetzt. Menschen organisieren das Zusammenwirken von Kapital, Anlagen, Rohstoffen, Hilfs- und Betriebsstoffen und menschlicher Arbeitskraft. Sie sorgen dafür, daß ein Unternehmen seine Aufgaben erfüllen kann, daß eine Leistung erstellt wird und der eigentliche betriebswirtschaftliche Leistungsprozeß sich vollzieht. Durch eine geschickte Kombination des Einsatzes von Gütern und Arbeitskraft werden Erzeugnisse eines bestimmten Wertes geschaffen, die dann vom Kunden erworben werden und den Betrieb lebensfähig halten.

Die betriebswirtschaftlichen Tätigkeiten sind nur dann von Erfolg gekrönt, wenn der Leistungsprozeß zu einem Wertzuwachs führt und damit dann eine Lebensfähigkeit des Unternehmens gegeben ist.

Jede Entscheidung eines Unternehmens muß darauf zielen, eine betriebswirtschaftliche Leistung zu vollbringen, die zu einen Erfolg führt. Sinn und Zweck des Unternehmens ist neben der Bedarfsdeckung und Bedürfnisbefriedigung das Streben nach angemessenen und ausreichenden Gewinnen. Nur dann ist die Erhaltung des Unternehmens und eine Sicherheit für die Mitarbeiter gegeben.

Die Arbeitsaufgaben werden in Arbeitsanweisungen beschrieben und niedergelegt. Nicht immer liegen diese Einweisungen und Anleitungen in schriftlicher Form vor, die dem Mitarbeiter ein Nachschlagen erlauben und weitere Detailinformation geben. In kleinere Unternehmen erfolgen oft nur mündliche Überlieferungen, was infolge der Vergeßlichkeit der Menschen dann zu Qualitätseinbußen führen kann.

Die Arbeitsausführung erfolgt im allgemeinen erst nach der Festlegung verschiedener Punkte. In der Regel wird vor der eigentlichen Durchführung einer Arbeit zunächst festgelegt, was zu tun ist und was getan werden soll. Art und Menge werden vorgegeben. Das zu leistende Pensum wird definiert.
Es folgt die Wahl des Ortes. Lokalisiert werden Betrieb, Betriebsteil oder die Abteilung. Es werden die Ausführungsstellen festgelegt. Alle Aktivitäten sollten dabei immer mit allen Betroffenen abgestimmt sein.
Wo wird die Arbeit getan? Wer führt die Leistung aus? Wer ist verantwortlich?
Die qualifizierten Mitarbeiter, die mit der Aufgabe betraut werden sollen, werden ausgewählt und mit der Funktion beauftragt.
Die nächste Frage betrifft die Festlegung eines Zeitplanes.
Wann wird die Arbeit ausgeführt? Wie schnell erfolgt die Durchführung?
Die Zeitpunkte der Tätigkeit werden abgestimmt und vorgegeben. Sie bilden quasi eine Leitlinie.
Definiert wird dann die Art der zweckmäßigen Durchführung der Arbeit. Es werden die notwendigen Hilfsmittel und erforderlichen Geräte und Werkzeuge organisiert.
Schließlich muß dann noch erklärt werden, warum die Arbeit oder Aufgabe erforderlich ist und in welchem Zusammenhang sie mit anderen betrieblichen Tätigkeiten steht. Die ausführenden Mitarbeiter werden über die Aufgabe und ihre Ausführung unterrichtet. Die Unterrichtung der Mitarbeiter ist heute mehr und mehr eine Voraussetzung für eine korrekte und ökonomische Ausführung. Der Mitarbeiter ist mehr motiviert, wenn er auch über die Hintergründe informiert ist. Ausführende Mitarbeiter müssen den Sinn und Zweck der Arbeit einschließlich auch der Hintergründe kennen. Es ist sicherzustellen, daß alle Betroffenen ausreichend informiert sind und daß die Aufgabenstellung und Ausführung von allen auch verstanden werden. Die jeweils beteiligten Mitarbeiter müssen alle für die Durchführung einer Aufgabe erforderlichen Informationen erhalten.
Anweisungen und Ablaufpläne sollten deshalb wenigstens in den Grundzügen schriftlich festgelegt sein.
Bei der Durchführung einer Arbeit oder Ausführung einer Leistung unterscheiden wir zwischen geistigen und körperlichen Tätigkeiten. Beide Aktivitäten sind immer mehr oder weniger an jedem Arbeitsprozeß beteiligt.
Zur geistigen Arbeit zählen das Denken und Überlegen. Es ist der Verstand zu gebrauchen. Der Mitarbeiter muß nachdenken, den Vorgang durchdenken und verschiedene Gesichtspunkte gegeneinander abwägen.
Im Gegensatz zur körperlichen Arbeit läßt sich eine geistige Tätigkeit nur sehr schwer mechanisieren, wohl aber durch technische Hilfsmittel erleichtern. Technische Arbeitshilfsmittel wie der Taschenrechner oder Computer, Fachzeitschriften und Bücher dienen der Unterstützung der geistigen Arbeitsausführung.
Bei der geistigen Arbeit handelt es sich in der Regel um eine schöpferische Tätigkeit.
Jeder Mitarbeiter führt eigentlich immer beide Tätigkeiten aus, eine sowohl geistige als auch physisch körperliche Aktivität, je nach Arbeitsplatz das eine mehr und das andere weniger. Neben der reinen Kopfarbeit sind auch immer wieder Handgriffe, also körperliche Betätigungen auszuführen. Ebenso muß auch bei einer vorwiegenden körperlichen Anstrengung immer wieder nachgedacht werden.
Die Mehrzahl der anfallenden Arbeiten sind reine Routinearbeiten, es sei, man ist in einer reinen Forschung und Entwicklung tätig. Aber auch hier sind immer wieder auch zahlreiche Routinen auszuführen.

Neben der gleichmäßigen und sich oft wiederholenden Arbeit gibt es immer wieder auch besondere Aufgaben zu erledigen. Der Arbeitsalltag setzt sich in der Regel immer aus den zwei Anteilen zusammen.

Körperliche Tätigkeiten wie auch Routinearbeiten werden heute bereits weitgehend von Maschinen und Automaten ausgeführt. Insbesondere Routinearbeiten werden durch Hilfsmittel vereinfacht und mechanisiert, was natürlich auch so manche Arbeitskraft freisetzt.

In unserer heutigen modernen industriellen Welt gewinnt die Kopfarbeit mehr und mehr an Bedeutung. Die körperliche Schwerstarbeit verliert ihre einstige Vormachtstellung. Schwere und schmutzige Arbeiten werden immer seltener verlangt. Arbeiten dieser Art werden heute von Maschinen vollbracht.

Das normale Betriebsgeschehen eines Unternehmens umfaßt zahlreiche Tätigkeiten. Je nach Arbeitsplatz hat jeder Mitarbeiter seine Aufgaben und seine Pflichten. Es herrscht Spezialisierung und Arbeitsteilung Die einen organisieren die Prozeßabläufe, erteilen Anweisungen oder überwachen das Geschehen. Die anderen führen die Aktivitäten aus, sie produzieren Güter, fertigen Teile oder leisten einen Dienst.

Für einen erfolgreichen und geordneten Ablauf aller dieser Tätigkeiten sorgen gewisse Gesetzmäßigkeiten und Übereinkünfte, Arbeitsanweisungen und betriebliche Regelungen. Der gesamte Unternehmensprozeß, alle die verschiedenen einzelnen Arbeitsabläufe in einer Firma sind irgendwie geregelt und festgelegt.

Mit der Einstellung des Mitarbeiters, mit seiner Unterzeichnung des Arbeitsvertrages verpflichtet sich der neue Mitarbeiter, die Arbeitsordnung wie auch alle anderen unternehmerischen Regularien anzuerkennen und einzuhalten. Er legt sich bindend fest, seine ganze Arbeitskraft für das Unternehmen einzusetzen und es mit allen seinen Möglichkeiten und Fähigkeiten zu unterstützen. Er verspricht, die ihm übertragenen Aufgaben gewissenhaft zu erfüllen und nach seinen besten Können auszuführen.

Mit der Aufnahme in das Unternehmen unterwirft sich der neue Mitarbeiter einer bereits bestehenden Ordnung, der Organisation des Unternehmens einschließlich aller seiner Regeln. Er stellt nun der Firma seine ganze Arbeitskraft voll zur Verfügung. Er bekennt sich zu einer Konformität mit den Unternehmenszielen und paßt sich den Vorgaben an. Der neue Mitarbeiter begibt sich damit in eine gewisse Abhängigkeit zum Unternehmen. Er ist nun gehalten, eine bestimmte Aufgabe ordentlich zu erfüllen und seine Arbeit gewissenhaft und verläßlich auszuführen. Das Unternehmen vertraut seinem Fleiß, seiner Einsatzbereitschaft, seinen Fähigkeiten und seinem Qualitätsbewußtsein. Es rechnet mit seiner Zuverlässigkeit.

Die Leistung und die Dienste des Mitarbeiters werden belohnt. Es erfolgt eine mehr oder weniger gute Vergütung. Der neue Mitarbeiter erhält ein Gehalt oder einen Lohn.

Mit der Aufnahme in die Belegschaft erwartet das Unternehmen von jedem Mitarbeiter eine Pflichterfüllung, einen Arbeitseifer und eine ordentliche Arbeitsausführung. Das neue Betriebsmitglied wird mit so einigen Fragen konfrontiert:

- Was sind die Anforderungen meines Arbeitsplatzes?
- Wie werden die Arbeitsplatzanforderungen von mir erfüllt?
- Ist mein richtiger Einsatz für das Unternehmen gegeben?
- Was sind die einzelne Aufgaben und Pflichten, die von mir erwartet werden?
- Ist der Arbeitsplatz mit der wirklich besten Person besetzt?

Die Entwicklung in unserer heutigen Technik stellt zunehmend erhöhte Ansprüchen bei der Qualifikation der Mitarbeiter. Nicht nur die Tätigkeit selbst auch die völlig veränderten Ausrüstungen an den Arbeitsplätzen machen ein bestimmtes Ausbildungsniveau erforderlich. Die Bedienung der technischen Geräte und Hilfsmittel kann nur aufgrund besonderer Kenntnisse und eines bestimmten Grundwissens erfolgen.
Die sowohl starke elektronische Ausstattung in den Betrieben als auch die Bedienung aller dieser Geräte setzen hohe Investition voraus. Die Anschaffungen und die Ausstattung aber auch die Lohn- und Gehaltskosten sind mit sehr hohen Ausgaben verbunden. Diese Kosten gilt es in einem bestimmten Zeitraum wieder einzubringen, so daß sich eine vernünftige Verzinsung ergibt.

Nicht nur das Management auch der normale Mitarbeiter sind mehr und mehr gezwungen, bei allen ihren Arbeiten auch an eine vernünftige Kostendeckung zu denken.
In jedem Betrieb sind immer wieder sehr kostenaufwendige Erneuerungen und Reparaturen erforderlich. Jede Herstellung oder Fertigung verbraucht wertvolle Materialien und teure Energien, die keine Verschwendung oder Vergeudung gestatten.
Alle aufgewendeten Kosten müssen aber auch wieder eingebracht werden. Sie müssen durch Arbeit des Kopfes und der Hand verdient werden. Zur Kostenreduzierung und Steigerung der Wettbewerbsfähigkeit ergibt sich die Notwendigkeit, daß auch die Mitarbeiter sich einigen Fragen stellen:

- Wie kann das Ergebnis weiter verbessert werden?
- Wie kann die Produktivität und Rentabilität erhöht werden?
- Wie kann das gleiche Ziel auf eine einfachere und schnellere Weise, auf einem noch kostengünstigeren Weg erreicht werden?
- Welcher minimale Aufwand ist zur Bewältigung der Aufgabe erforderlich?
- Welcher Ablauf oder welche Tätigkeit kann in seiner Produktivität und Effektivität gesteigert werden?
- Wie kann die Qualität verbessert werden?
- Welchen Schritt, welchen Arbeitsablauf könnte man einstellen?

Den Führungskräften kommt bei allen Kostenbetrachtungen eine entscheidende Aufgabe und hohe Verantwortung zu. Aufgrund ihre Entscheidung werden in der Regel Ausrüstung und Ausstattung für die folgenden Jahre festgelegt und vorgenommen.
Diese Entscheidungen, die erst in der Zukunft zum tragen kommen, können von großer Auswirkung für die weitere Entwicklung eines Unternehmens sein. Nicht jede neue Technologie oder jeder neuartiger Prozeß ist auch immer eine richtige Wahl. Es können auch leicht einmal Fehlinvestitionen getroffen werden. Alle Entscheidungen für die Zukunft sind keine leichten Aufgaben:

- Bringen die gekauften Maschinen oder Geräte, die eingeführten Neuerungen auch den aufgewendeten Einsatz wieder ein?
- Läßt sich ein vernünftiges und vertretbares Pay-out erreichen?
- Ist eine Produktivität gegeben?
- Ist mit der Investition auch wirklich die Betriebserhaltung für die Zukunft gesichert?

Alles Fragen, die nicht immer sehr leicht zu beantworten sind. Wer weiß schon, was morgen sein wird, welche Entwicklung die Wirtschaft nimmt und welche Neuentwicklungen folgen werden? Eine genaue Vorhersage ist nur schwer möglich, zu zahlreich sind alle die einflußnehmenden Faktoren.

Die Fragen machen deutlich, wie wichtig es doch für jeden Mitarbeiter ist, daß er die Kosten kennt, daß er die wirtschaftlichen Zusammenhänge sieht und über die gesamte wirtschaftliche Situation des Unternehmens informiert ist.

Das Unternehmen gehört in der Regel nicht dem Mitarbeiter persönlich, obwohl schon zahlreiche Belegschaftsmitglieder auch hier und da auch Anteilseigner sind. Aber auch wenn der Mitarbeiter keine Belegschaftsanteile besitzt oder über einen mehr oder weniger großen Aktienbesitz verfügt, ist doch das Unternehmen eine Stätte, die es den Menschen erlaubt, seinen Lebensunterhalt zu verdienen. Die Betriebsstätte bietet die Chance zum Geldverdienen. Sie erlaubt Bedürfnisse und Wünsche zu erfüllen.
Aufgrund dieser Möglichkeit sollte der Mitarbeiter eine Beziehung zum Unternehmen entwickeln und sich auch mit dem Unternehmen irgendwie verbunden fühlen.
Unternehmen und Mitarbeiter ziehen jeweils einen Vorteil aus ihrem Arbeitsverhältnis. Sie können jeweils ihre Zielvorstellungen verwirklichen.
Eine gute Voraussetzung ist gegeben, wenn auch ein gegenseitiges Vertrauensverhältnis besteht und wenn auch beide in der gleichen Richtung ziehen und nicht gegeneinander arbeiten!

Jede Arbeitsausführung unterliegt in der Regel einer Bewertung und Beurteilung. Da sind einmal die Anforderungen, die der Mitarbeiter zu erfüllen hat. Sie bilden die Grundlage für die Berechnung einer gerechten Entlohnung. Schwierigkeitsgrad und Beanspruchung bestimmen das Arbeitsentgelt.
Die Anforderungen betreffen in erster Linie das fachliches Können, die Arbeitskenntnisse und die Geschicklichkeit bei der Arbeit. Dazu kommen die geistigen und körperlichen Belastungen, die der Mitarbeiter aufgrund der Tätigkeit ausgesetzt ist. Weitere Punkte sind die Arbeitsbedingungen, unter denen die Arbeiten vollbracht werden, sowie auch die Einflüsse aus der Umwelt. Auch sie dürfen nicht vergessen werden, sind doch Arbeitsbedingungen von der Umgebung mehr oder minder abhängig.
Ein weiteres Kriterium der Anforderungen ergibt sich auch bezüglich der Verantwortung, die der Mitarbeiter mit der Arbeitsdurchführung übernimmt. Ein gewisses Pflichtgefühl muß die Zuverlässigkeit garantieren.

Die Menschen beleben erst ein Unternehmen. Sie flößen dem leblosen, ansonsten toten Produktions- und Verwaltungsapparat, den Einrichtungen zur Herstellung und Erzeugung von Gütern und Waren, den Maschinen und Werkzeuge, den Automaten und Geräten erst ein Leben ein. Sie gestalten den betriebswirtschaftlichen Ablauf und bewirken den Leistungsprozeß. Erst die Leute in einem Betrieb ermöglichen es, Ressourcen zu nutzen, aus dem Kapital und den Stoffen, aus der geistigen und handwerklichen Arbeitskraft mittels einer Organisation etwas zu machen. Der Mensch ist die eigentliche Lebensquelle für die betriebswirtschaftlichen Tätigkeiten und das Leistungsvermögen des Unternehmens. Seine ausgeführten Leistungen ermöglichen den Vollzug des geplanten Absichten und die Erfüllung der betrieblichen Zielsetzung.

Die Persönlichkeit des Menschen hat ihre Auswirkungen auf den betriebswirtschaftlichen Leistungsprozeß. Das Verhalten der Mitarbeiter bestimmt sehr entscheidend das Leistungsergebnis. Das betriebswirtschaftliche Denken und Handeln ist das Resultat der Aktivität, der Arbeitsleistung sowie auch der Arbeitsfähigkeit der Betriebsgemeinschaft. Sie prägt das Bild des Unternehmens.

Die persönliche Arbeitswilligkeit jedes Mitarbeiters ist zusammen mit seiner Qualifikation sehr bestimmend für die Leistungskraft eines Unternehmens. Fachliches Wissen und Können einschließlich der Bereitschaft und dem Willen zur Leistung gehören zusammen. Als fachliche und persönliche Qualifikation bilden sie das Fundament eines Unternehmens.

Die Leistung eines Mitarbeiters wird nicht nur allein durch sein fachliches Können und seinen Willen bestimmt, sondern auch durch die Verbindung von seinem Fachwissen mit der Maschinenleistung. Je nach Fertigungsart nimmt die Maschine oder der Roboter eine mehr oder weniger dominierende wirtschaftliche Stellung ein. Es sind nicht nur allein die fachlichen Fähigkeiten und Eignungen der Mitarbeiter die Erzeugnisse zu fertigen oder in ihren Teilen herzustellen, sondern auch die Befähigungen mit den komplizierten und hochwertigen Maschinen und Geräten umzugehen und die Instrumente wie auch Apparate zu bedienen. Die Betriebsmannschaft muß auch alle die technischen Hilfsmittel handhaben und nutzen können. Arbeitsteilung und Arbeitsgliederung führen dazu, daß die Güter in einzelnen Teilen in zeitlicher Ablauffolge an verschiedenen Arbeitsplätzen gefertigt werden. Durch geschickte Organisation wird dann dafür gesorgt, daß die richtigen Teile zur rechten Zeit zusammengeführt werden. Die Mitarbeiter müssen neben ihrem fachlichen Können mehr und mehr auch technisches Verständnis für die Hilfseinrichtungen, sei es Maschine oder Computer, entwickeln. Sie müssen ein organisatorisches Geschick besitzen. Erst die Organisation sorgt für die Zusammenführung. Sie entscheidet, ob das Zusammenleben und Zusammenwirken erfolgreich, ob es gut oder schlecht ist. Sie bestimmt die betriebswirtschaftliche Ökonomie des Betriebes.

Die Anforderungen an den Mitarbeiter im modernen Industriebetrieb sind gegenüber dem handwerklichen Betrieb enorm angewachsen. Der betriebswirtschaftliche Leistungsprozeß wird nicht nur durch den Facharbeiter bestimmt, sondern wird auch stark von der Arbeit des Menschen in Verbindung mit der Technik geprägt.

Für jede Tätigkeit sind ein fachliches Können und eine gewisse Erfahrung erforderlich. Sie bilden beide eine Voraussetzung für eine ordnungsgemäß ausgeführte Arbeit.

Beiden Komponenten kommt bei der Arbeitsausführung ein unterschiedliche Gewichtung zu.

Der Facharbeiter, die Fachkraft, der Mensch, der die Arbeiten ausführt, muß ein ausgesprochener Fachmann oder gar Spezialist sein. Er muß ein spezielles fachliches Können besitzen und die Arbeit ausführen können. Erfahrungen sind dann von untergeordneter Bedeutung.

Die Führungskraft muß den Betrieb führen. Sie benötigt betriebliche Erfahrung zur Lösung der Aufgaben. Ein spezielles Fachwissen als Ingenieur oder Facharbeiter ist wohl wünschenswert aber nicht unbedingt erforderlich. Mehr entscheidend sind die Führungsfähigkeiten. Eine Führungskraft muß Menschen führen und leiten können. Sie muß Führungsqualitäten vorweisen.

Das Fachwissen in Bezug auf den betrieblichen Prozeß nimmt also in der Hierarchie nach oben hin ab, während das spezielle Fachwissen um die Arbeitsausführung in der Richtung nach unten zunimmt.

Fachwissen und berufliche Erfahrung sind auf den jeweiligen speziellen Arbeitsbereich und -platz beschränkt. Ihre Anteile sind für jeden Arbeitsplatz verschieden.

Bei den Tätigkeiten in einem Unternehmen steht an erster Stelle die schöpferische Leistung. Sie wirkt sich auf die wirtschaftliche Leistungskraft des Betriebes aus. Ein pharmazeutisches Unternehmen benötigt einfallsreiche, hoch motivierte Chemiker, Mediziner und Biologen, kreative Laboranten, die neue und wirkungsvolle medizinische Heilmittel entwickeln, die nach neuen wirksamen Medikamenten forschen.
Ein Automobilhersteller lebt von seinen genialen und phantasiereichen Designern und Konstrukteuren, die neuartige Fahrzeuge mit leistungsstarken Motoren aber nur niedrigen Kraftstoffverbräuchen entwickeln.
Verkäufer aller Branchen müssen neuartige Ideen für den Verkauf der Waren entwickeln, müssen neue Märkte suchen und neue Bedürfnisse ausfindig machen.
Jedes Unternehmen lebt von der mehr oder weniger schöpferischen Leistungskraft seiner Mitarbeiter. Neben der schöpferische Arbeit müssen aber auch verwaltende und ausführende Arbeiten verrichtet werden. Gemäß der jeweiligen Befähigung, seinen persönlichen Fähigkeiten und auch seiner individuellen Eignung wie auch der menschlichen Verhaltensweise müssen die Menschen für die Arbeitsplätze in einem Unternehmen ausgewählt und eingeteilt werden. Zielsetzung ist dabei eine möglichst weitgehende Befriedigung der Menschen. Nur von zufriedenen Menschen können Impulse und Initiativen für das Unternehmen ausgehen.
Für alle Mitarbeiter setzt sich die tägliche Arbeit aus gewissen Anteilen einer leitenden, verwaltenden und ausführenden Tätigkeit zusammen. Auch der Produktionsarbeiter muß neben seiner speziellen Aufgabe, seiner fabrizierenden Tätigkeit nach Anweisung, eine verwaltende Funktion erfüllen. Auch wenn er nur seine Arbeitsstunden oder die Anzahl der gefertigten Teile zählt, auch die körperliche Leistung ist mit einer geistigen Tätigkeit verbunden.
Betriebswirtschaftliche negative Auswirkungen ergeben sich, wenn leitende, verwaltende und ausführende Arbeiten an den Arbeitsplätzen nicht richtig organisiert sind, wenn eine unsachgemäße Verteilung erfolgt.
Die Anforderungen sind differenziert. Jeder Arbeitsplatz stellt unterschiedliche Anforderungen bezüglich Fachwissen und Können wie auch an Berufs- und Lebenserfahrung.
Mit der beruflichen Qualifikation, dem eigentlichen Fachkönnen, werden mehr und mehr auch Anforderungen in Bezug auf Verantwortung gestellt. Jeder Mitarbeiter muß heute auch mehr die technischen und wirtschaftlichen Zusammenhänge sehen und kennen. Er muß mehr in der Struktur des Zusammenhanges denken lernen.
So wie einst nur der Unternehmer und die Führungskräfte gesamtwirtschaftlich tätig waren, so müssen auch die Ausführenden, jeder in seinem Bereich, mehr Gemeinsinn aufbringen und konstruktiv denken und handeln. Der Mitarbeiter muß über den Tellerrand hinausschauen. Die Anforderung ist: Betriebswirtschaftliches Denken in Zusammenhängen und nicht isoliertes Wirken und Handeln!
Der Mitarbeiter darf nicht nur seine alleinige Arbeit sehen. Seine Arbeit hat auch eine Beziehung mit der Erfüllung der gesamten Betriebsaufgabe. Jede einzelne Tätigkeit ist nicht nur ausschließlich sachbezogen. Sie steht in einer unmittelbaren Beziehung zur Gesamtaufgabe. Betriebswirtschaftliches Denken und Handeln dürfen sich nicht nur auf das Detail beschränken. Die Arbeitsgruppen müssen mehr die Fähigkeiten entwickeln, neben ihrer Aufgabe auch die betriebswirtschaftlichen Zusammenhänge zu sehen.

2.1.4. Die Funktion Kontrolle

Jeder Plan wie auch alle dazugehörigen Arbeitsabläufe bedürfen einer systematischen Überprüfung und einer stetigen Überwachung. Diese Kontrolle soll sicherstellen, daß der Plan oder auch das Ziel eines Arbeitsprozesses eingehalten wird, daß das Ist mit dem Soll möglichst immer übereinstimmt. Durch einen ständigen Vergleich wird der Arbeitsfortschritt mit dem Plan kontrolliert.
Schon bei kleinsten Abweichungen sollten Regelungen erfolgen, die dann dafür sorgen, daß der Plan wieder erfüllt wird. Im Extremfall kann eine solche Aktion auch eine vollständige Planänderung sein.
Die Größe der Abweichung bestimmt die Maßnahmen zum Ausgleich, die Aktivitäten zur Erfüllung der vorgegebenen Norm.
Jeder geschäftliche Arbeitsablauf muß kontrolliert werden. Mit der Kontrollfunktion wird sichergestellt, daß keine oder zumindest nur wenige falsche Abläufe erfolgen, daß keine falschen Richtungen eingeschlagen werden, daß keine Verschwendungen geschehen, daß sofort auf neue Einflüsse reagiert wird und daß keine unnötigen Kosten entstehen oder verursacht werden.
Eine Kontrollfunktion liegt in der Hand eines jeden Mitarbeiters. Jeder für eine Aufgabe verantwortliche Mitarbeiter ist für seine Tätigkeiten, sein Tun und Lassen verantwortlich.
Die Gesamtverantwortung trägt der Vorgesetzte, der Manager einer Abteilung oder eines Bereiches. Er hat entsprechende Überwachungsfunktionen auszuarbeiten bzw. zu veranlassen. Er delegiert Teilbereiche, ist aber dadurch nicht von der gesamten Verantwortung entbunden.

Aus dem Ergebnis eines kontrollierten Ablaufes ergeben sich Maßnahmen für eine Verbesserung des Arbeitsschrittes. Ein solcher Schritt kann u.a. auch eine Einschränkung der Kontrolle sein. Wenn sich immer wieder zeigt, daß keine Mängel auftreten, kann eine Endkontrolle in ihrem Umfang und Ausmaß reduziert und schließlich eingestellt werden.

Eine Überprüfung oder eine Kontrolle läuft in den folgenden Schritten ab:

1. Was soll kontrolliert werden?

In einem ersten Schritt werden die Kriterien festgelegt, die kontrolliert werden sollen. Beispiele sind die Qualität, die produzierte Menge, die Kosten, der Zeitaufwand etc.
Für die zu prüfende Eigenschaft müssen Vergleichswerte vorhanden sein. Sie bilden den Maßstab oder den Richtwert.
Ein Produkt ist in seiner Qualität durch physikalische oder chemische Werte beschrieben und definiert. Diese vorgegebenen Qualitätsdaten werden mit den Meßergebnissen verglichen und falls erforderlich, muß das Erzeugnis dann korrigiert werden. Die Meßdaten der Arbeitsleistung werden den Normenvorgaben angeglichen.

Die zu erzeugende Menge kann durch Verkaufsplanzahlen festgelegt sein. Sie bilden eine Vorgabe für die Produktion. Die Herstellungskapazität wird auf die angeforderte Menge eingestellt.

Die Produktionskosten werden bereits vor der Produktion errechnet. Damit ergeben sich dann Grenzwerte für die Materialien, die Arbeitskräfte und die Anlagen. Die anfallenden Kosten während des Produktionsprozesses müssen dann mit den Normen für die Material-, Maschinen- und Personalkosten verglichen werden.

Zeitnormen werden aus Zeitstudien bei Produktionsabläufen errechnet. Sie dienen dann der Kontrolle des Arbeitsfortschrittes.

Die Kontrollen der Aktivitäten sind sehr spezifisch. Nicht für jede Tätigkeit ist eine Kontrolle möglich oder sehr sinnvoll.

Im Bereich Forschung und Entwicklung lassen sich nur sehr schwer Zeitnormen setzen. Innovative Entwicklungen lassen sich nicht durch Zielvorgaben erzwingen. Eine bestimmte Erfindung kann nicht innerhalb einer Frist erfolgen.

Wohl kann aber ein Forschungsplan aufgrund gesammelter Erfahrungen aufgestellt werden. Dieser Plan muß dann im Bedarfsfall den gegebenen Voraussetzungen immer wieder angeglichen werden.

Auch bei den Forschungskosten müssen Grenzwerte festgelegt und diese stets kontrolliert werden. Es ist darauf zu achten, daß die Möglichkeiten des Unternehmens nicht überschritten werden.

Ein solcher Grenzwert für die Entwicklungskosten könnte zum Beispiel ein gewisser Prozentsatz vom Gewinn sein, der nicht überschritten werden darf. Auch eine zeitliche Begrenzung ist durchaus denkbar und sinnvoll.

Nach einer Forschung über einen bestimmten Zeitraum mit ständig negativen Ergebnissen sollte eine eingehende Analyse und Selbstkritik erfolgen sowie auch nach den Ursachen der Mißerfolge gesucht werden. Ein Abbruch einer weiteren Forschungstätigkeit kann nicht immer ausgeschlossen werden.

Zu bedenken ist bei allen Entscheidung, jede Forschung verschlingt beträchtliche Geldmengen. Die Forschungskosten können ein Unternehmen enorm belasten.

Ein völliger Verzicht auf jede eigene Wertschöpfung birgt aber wiederum die Gefahr in sich, daß damit dann zunehmend Know-how und schließlich sogar der eigene Charakter verloren gehen. Jede Reduzierung oder Verlagerung einer Forschungs- und Entwicklungstätigkeit muß gründlich überlegt werden. Sie kann sehr nachhaltige Folgen haben.

2. Wie soll eine wirksame Kontrolle erzielt werden?

Nach der Festlegung, was kontrolliert werden soll, gilt es nun die Durchführung der Kontrolle zu bestimmen.

Wie soll die Kontrolle erfolgen? Wie ist eine Überprüfung zu erzielen?

Beim Vergleich der Meßergebnisse mit den Vorgaben wird eine mehr oder weniger große Differenz ermittelt. Die Abweichungen werden berichtet und nach eingehender Analyse beurteilt.

Die Kontrolle sollte möglichst frühzeitig in einem Prozeßablauf erfolgen. Sie sollte zu einem Zeitpunkt stattfinden, wo eventuelle Differenzen schon erkennbar werden.

Es gilt entsprechende Maßnahmen zur Korrektur schon sehr früh einzuleiten, so daß sie dann auch schnell wirksam werden können und auch noch verhältnismäßig kostengünstig sind.

Nach der Feststellung der Abweichung muß in der Regel auch schnell beurteilt werden, welche Auswirkungen die Differenz hat und welche Korrekturmaßnahmen zu erfolgen haben.
Die Prüfergebnisse müssen ausgewertet und beurteilt werden.
Bei jeder Überschreitung von Toleranzwerten, müssen Gegenmaßnahmen zu Anwendung kommen und in Aktion treten.
Der Kontrolleur oder Prüfer entscheidet über die erforderlichen Korrekturaktivitäten. Er überwacht den Prozeß und steuert auch seinen Ablauf. Er trägt die Verantwortung und nur er hat die Befugnis, steuernd einzugreifen und Aktivitäten zu veranlassen.

3. Welche Ergebnisse bringt die Kontrolle?

Nach der Feststellung und der Analysierung der Abweichungen werden Handlungen zur Korrektur veranlaßt, die den Fehler beseitigen sollen. Es werden Anweisungen gegeben und Aktivitäten angekurbelt, die dafür sorgen, daß der Plan wieder eingehalten wird, die Leistungen vollbracht und die Kosten reduziert werden.
Die Kontrolle sorgt für die Einhaltung des Programmes. Ein Plan oder eine Planung ist nur dann von einem Wert für ein Unternehmen, wenn auch das Vorhaben, die Konzeption oder das Programm kontrolliert und überwacht werden. Die Ergebnisse der Analyse führen zur Einleitung und Ausführung bestimmter Aktivitäten.
Zur Kosteneinsparung sollten die Entscheidungen möglichst früh in einem Prozeßablauf erfolgen. Frühzeitiges Erkennen, schnelles Reagieren, wirksame Gegenmaßnahmen sichert die Einhaltung des Planes und verhindert unnötige Verzögerungen und Kosten.
Das Management ist verantwortlich für die Kontrollfunktion aller betrieblichen Abläufe, wobei aber auch der Mitarbeiter im betreffenden Arbeitsprozeß mit in die Verantwortung einbezogen ist. Der für die jeweilige Tätigkeit Verantwortliche veranlaßt die erforderlichen Maßnahmen und entscheidet über eventuelle Ausnahmeregelungen.
Mit der Kontrollfunktion wird dem Mitarbeiter ein Instrument in die Hand gegeben, daß der Sicherstellung der Aufgaben und Leistungen, der Erfüllung des Planes und der Verwirklichung der Unternehmensziele dient.
Der richtige Einsatz der Mitarbeiter einschließlich einer Motivierung für den Job erlaubt eine optimale Erfüllung der Aufgaben und Leistungen. Es ermöglicht die Erzielung des gewünschten Ergebnisses.
Jeder Mitarbeiter ist eigentlich für seinen Arbeitsprozeß verantwortlich und übt damit eine Kontrollfunktion über seine Tätigkeiten aus. Er überwacht seine Arbeitsausführungen und greift mit entsprechenden Maßnahmen in das Geschehen ein, falls dieses erforderlich sein sollte. Sehr entscheidend für den Prozeß ist das persönliche Qualitätsbewußtsein des einzelnen Mitarbeiters. Die Qualität des gesamten Unternehmensprozesses wird mehr oder weniger von der Qualität jedes Einzelschrittes bestimmt.
Die Mitarbeiter müssen für dieses Qualitätsdenken entsprechend ausgebildet sein oder geschult werden. Die stetig steigenden Qualitätsansprüche machen eine Anpassung des Mitarbeiters an den jeweiligen Standard erforderlich.
Abweichungen der tatsächlichen Ergebnisse eines Arbeitsablaufes von der Planung machen aber nicht nur Gegenmaßnahmen erforderlich, sondern oft auch eine Planungsüberprüfung.
Ein Fehler kann sich auch infolge unkorrekter Planung ergeben.
Auch jeder Plan bedarf einer kontinuierlichen Überwachung und gegebenenfalls einer Korrektur. Im Extremfall kann sogar eine Neuplanung erforderlich werden.

Neben der Überwachung der Arbeitsprozesse müssen auch die Mitarbeiter selbst einer gewissen Kontrolle, Beobachtung oder Beaufsichtigung unterliegen, auch wenn diese Prüfungsfunktion von vielen Mitarbeitern nicht immer gern gesehen und meistens auch mißverstanden wird. Kontrollen gelten immer als etwas negatives und werden deshalb abgelehnt. Vergessen wird immer wieder, daß diese Kontrollen im eigentlichen Sinne keine persönliche Überprüfung bedeuten, sondern einen Soll-Ist-Vergleich bei der Arbeit und Aufgabenerfüllung darstellen. Sie dienen der Feststellung, ob ein Standard eingehalten wird, ob das Pensum und die Ziele in einem Zeitabschnitt auch erfüllt werden.
Erst bei Feststellung einer Abweichung, und dazu ist immer eine Überwachung erforderlich, kann auch eine Gegensteuerung eingeleitet werden.
Ob nun gewünscht oder nicht, auch die Leistung des Mitarbeiters muß gemessen werden. Es muß geprüft werden, ob vom Mitarbeiter auch eine effektive und die für das Unternehmen erforderliche Leistung erbracht wird und ob die notwendigen Arbeiten zufriedenstellend getätigt und ausgeführt werden.
Bei einer negativen Beantwortung der Fragen muß dann den Gründen nachgegangen werden. Es müssen die Ursachen für die Abweichungen ermittelt werden.
Es muß nicht immer an dem Mitarbeiter selbst liegen. Unvollständige Information, zu knappe Unterrichtung, ungenügende Schulung oder fehlendes Training, mangelnde Ausbildung, vernachlässigte Fortbildung, nicht ausreichende und nicht geeignete Hilfsmittel, nicht sachgemäße, nicht gepflegte Arbeitsgeräte, falsche Mitarbeiterführung oder nur schwache Motivierung können eine Ursache sein.
Es gibt zahlreiche Gründe für mangelhafte Leistungen. Es müssen nicht immer nur die Trägheit und Faulheit sein. Jedes Verhalten hat seine Ursache.
So wie nun Führungskräfte ihre Mitarbeiter beurteilen und bewerten, so begutachten und messen heute auch die Mitarbeiter ihren Chef. Mittels einer Vorgesetztenbeurteilung werden die Führungsqualitäten der Führungskräfte, ihre Fähigkeiten und Eigenschaften als Vorgesetzter beurteilt.
Die Mitarbeiter müssen in Fragebögen den Vorgesetzten bezüglich ihrer Fähigkeiten und ihres Verhaltens beschreiben. Die Fähigkeit zu delegieren, der Umgang mit Konfliktsituationen, das Verhältnis zu den Mitarbeitern und insbesondere auch zu den Mitarbeiterinnen sind u. a. die Themen.
Was wird als ideale Eigenschaft oder ideales Verhalten gesehen? Was ist gut, was ist schlecht? Was sollte geändert werden?
Aus der Differenz zwischen Soll und Ist können dann mögliche Verbesserungen abgeleitet werden.
Für viele Führungskräfte ist die Beurteilung des Vorgesetzten noch ungewohnt und völlig neu, wenn nicht so gar abschreckend! Vorgesetzte haben es wirklich nicht leicht!
Die Vorgesetztenbeurteilung sollte aber positiv gesehen und darf nicht nur negativ betrachtet werden. Man sollte schon auch die positiven Seiten und Vorteile sehen.
Die Zielsetzung ist eine Verbesserung der Zusammenarbeit und des Miteinanderumgehens, die Verbesserung des Führungs- und des Kooperationsprozesses.
Mit der Beurteilung der Führungskräfte wird ein Meß- und Kontrollinstrument für Führungsqualitäten entwickelt. Es bietet die Chance für eine Entwicklung der Führungskräfte. Der Manager erfährt, wie sein Führungsverhalten auf andere wirkt, ob seine persönliche Art ankommt, ob Führungsschwächen oder Probleme bei der Zusammenarbeit in der Gruppe oder im Team bestehen. Er erhält die Möglichkeit und Chance, sich zu verbessern oder zu ändern.

Durch einen eingeleiteten Meinungsaustausch können dann Mißverständnisse abgebaut und kreative Kräfte freigesetzt werden.

Jede Führungskraft muß sich heute bewußt sein, daß die Kompetenz zur Führung keine Selbstverständlichkeit oder gar ein mit der Position verbundenes Recht darstellt. Die Führungsfunktion wird einem mit der Verpflichtung zu stetigen Bewährung gegeben.

Als Führungskraft ist man nicht besser als die anderen. Die Aufgabe Führung ist ein Job wie jede andere Tätigkeit. Den Job hat man zu erfüllen.

Der heutige Manager ist gegenüber der klassischen Führungskraft mehr ein Moderator. Er ist ein Teamleiter, der eine Gruppe führt. Die Aufgabe zur Führung erhält man nicht von oben per Gesetz, sondern aus der Akzeptanz der Geführten von unten. Die Führungsautorität ist kein selbstverständliches Recht mehr, sie muß von den Geführten erworben werden.

So wie der Kunde über die Qualität eines Produktes entscheidet, so beurteilt nun auch der Mitarbeiter als ein Kunde die Führungskraft und ihre Qualitäten.

Nur wer eine Beziehung zum Kunden oder zum Mitarbeiter aufbauen kann, wird seiner Rolle, hier als Führungskraft gerecht. Nur er hat die Berechtigung zur Leitung und Führung von Menschen.

Ein Manager muß die Mitarbeiter zu einer aktiven Leistungsbereitschaft ermutigen und sie für die Unternehmensziele gewinnen können. Seine Aufgabe ist es, die Mitarbeiter so zu entwickeln und zu formen, daß aus ihnen Spitzenkräfte werden. Er muß quasi zum Coach der Mitarbeiter werden. Er hat neue Führungsinstrumente aufzuzeigen und diese den Leuten zu demonstrieren und zu vermitteln. Er muß Phantasie haben und sollte seine Mitarbeiter auch von seinen Visionen überzeugen können. Er sollte Glaubwürdigkeit ausstrahlen. Seine Funktion ist die ständige Weiterentwicklung und Veränderung der Firma einschließlich der Belegschaft.

Die Managementbewertung wie auch die Mitarbeiterbeurteilung dienen der Verbesserung des Arbeitsfriedens und der Kultivierung des Betriebsklimas, so u. a. der Verminderung der Fehlzeiten wie auch der Verringerung der Fluktuation. Sie verbessern das betriebliche Gemeinschaftsleben.

Nicht vergessen werden sollte, so manche Schwachstelle kann erst durch eine Begutachtung und Diagnose erkannt und dann abgebaut werden.

Eine Beurteilung dient nicht dem Schlechtmachen oder einer Degradierung, einer Fehlersuche oder Schuldzuweisung. Sie bedeutet in erster Linie eine Bewertung und Charakterisierung und führt damit zu Berichtigungen, zu mehr Gerechtigkeit und zu Verbesserungen.

Jede Beurteilung bedarf natürlich einer entsprechenden Vorbereitung und einer möglichst hohen Objektivität, wenn sie Erfolg haben soll. Anonymität und Vertraulichkeit sind durch unabhängige Berater gegeben.

Zur Beurteilung der Mitarbeiterinnen und Mitarbeiter dient an erster Stelle die Arbeitsleistung. Es folgen das Fachwissen, das handwerkliche wie auch intellektuelle Können, das persönliche Engagement, dazu dann die Sorgfalt und Methodik bei der Arbeit.

Mit eine der bedeutsamsten Eigenschaften des Menschen sind seine Gewissenhaftigkeit und sein Verantwortungsgefühl, mit der er seine Arbeiten und Tätigkeiten ausführt.

Wird die Aufgabe genau und gewissenhaft, verantwortungsbewußt und zuverlässig erledigt? Kann man sich auf den Menschen verlassen, kann man ihm vertrauen?

Nur Stabilität und Zuverlässigkeit vermittelt Vertrauen!

Sehr entscheidend ist auch die Verträglichkeit des Mitarbeiters mit seinen Kollegen. Abweisendes Verhalten wird weniger geschätzt als ein auf den Mitmenschen Zugehen. Menschen mit Ausstrahlung und einer Offenheit für Neues, für andere Ansichten und neue Erfahrungen zeigen eine positive Wirkung auf die Mitmenschen.

Alle diese Eigenschaften sind Meßkriterien für eine möglichst objektive Beurteilung der betrachteten Personen.

2.1.5. Die Funktion Motivierung

Motivierung ist die Kunst, Menschen von einer Tätigkeit so zu überzeugen, daß sie die Arbeiten mit Freude und Begeisterung gern ausführen!
Das wertvollste Potential eines Unternehmens sind seine Mitarbeiter. Die Motivierung der Mitarbeiter ist deshalb mit eine der wichtigsten, wenn nicht sogar eine der vordringlichste Aufgaben der Unternehmensführung. Sie zählt zu den entscheidenden Maßnahmen einer Verbesserung des wirtschaftlichen Leistungsvermögens eines Unternehmens. Sie ermöglicht sowohl einen Produktionsanstieg als auch eine Qualitätsverbesserung bei den erzeugten Gütern und den Dienstleistungen.
Mit der Motivierung der Mitarbeiter werden für das Unternehmen Antriebsenergien freigesetzt, die sehr entscheidend mit dazu beitragen, daß das angestrebte Ziel des Unternehmens erreicht wird. Motivierung erlaubt die Zielsetzung zu verwirklichen.
Mittels der Motivierung werden alle Mitarbeiter quasi angetrieben. Es werden zusätzliche Kräfte freigesetzt, die die Leistung steigern, die Produktivität erhöhen, die Fehlerzahl vermindern, die Qualität und Zuverlässigkeit verbessern. Die Motivierung bildet einen zusätzlichen Antrieb beim Start einer Arbeit wie auch bei der Arbeitsausführung. Sie gibt dem Arbeitsprozeß einen zusätzlich Schub bis zur Fertigstellung der Aufgabe.
Die Motivierung dient als ein Mittel, das menschliche Bemühen zur Erreichung eines Zieles zu aktivieren, die Leistungsfähigkeit zu steuern bei gleichzeitiger Sicherung der Zufriedenheit des Arbeitenden und Schaffenden.
Motivierte Mitarbeiter zeigen in der Regel mehr Freude bei der Arbeit, mehr innere Erfüllung. Sie fühlen sich wohler und ausgeglichener. Sie leisten mehr.
Durch die Motivierung der Mitarbeiter kann die Arbeit effektiver gemacht werden. Die Mitarbeiter, eigentlich ausgezeichnet durch ihre Individualität, können dazu gebracht werden, daß sie sich mehr zur Gruppenarbeit zusammenschließen und im Team das unternehmerische Ziel gemeinsam verwirklichen.

Der Wunsch, eine Leistung zu vollbringen, entspringt nicht immer einem eigenen inneren Antrieb des Menschen. Das Streben muß bei vielen Menschen erst geweckt werden.
Da die Menschen sehr verschieden sind, jeder eine andere Einstellung zum Unternehmen und seiner Zielvorstellung hat, jeder seine eignen persönlichen Wünsche und Freuden hat, müssen die einzelnen Mitarbeiter jeweils auch unterschiedlich aktiviert und bewegt werden.
Die Führungskräfte in einer Betriebsgemeinschaft müssen versuchen, die Wünsche der Mitarbeiter mit denen des Unternehmens zu verbinden und sie auf die gleiche Zielsetzung wie das Unternehmen auszurichten. Sie müssen nach gemeinsamen Wegen suchen, die die verschiedenen Interessen in einen Einklang bringen. Eine nicht immer leichte Aufgabe, die viel Einfühlungsvermögen und auch einige psychologische Kenntnisse voraussetzt.
Die Motivierung ist nicht immer ganz einfach, gibt es doch viele vorgefaßte Meinungen und Vorurteile zu überwinden. Eine ganze Anzahl von Hindernissen blockieren den Weg und müssen erst beiseite geschafft werden.

Nicht jeder Mitarbeiter ist von seinem Beruf voll begeistert und mit seiner Arbeit auch zufrieden. Die richtige Berufswahl war für viele Menschen in unserer Gesellschaft nicht immer möglich. Nur wenigen gelingt es, auch nachträglich den Erwerbsjob so zu gestalten, daß er Freude und Spaß bereitet.
Aber auch wenn der Beruf nur als Erwerbsquelle gesehen wird und beruflicher Ehrgeiz kaum besteht, sollte versucht werden, diese Mitarbeiter für das Unternehmen zu gewinnen und für ihren Job zu begeistern. Der Mitarbeiter ist der wichtigste Faktor in dem Bemühen, die Unternehmensproduktivität zu erhalten bzw. sie zu erhöhen und eine Qualitätsleistung zu vollbringen.

Noch werden in vielen Betrieben nicht alle Fähigkeiten der Menschen voll genutzt. Aufgrund oft fehlender Einbindung der Leute in eine Firmengemeinschaft, sind so manche Kräfte noch nicht gefördert und ruhen im Verborgenen. Diese noch ungenutzten Potentiale gilt es zu wecken und zu entfalten.
Mit der Motivierung der Mitarbeiter besteht die Möglichkeit zur Gewinnung neuer Kräfte, die die Leistung steigern, die Qualität erhöhen, die Wirtschaftlichkeit und Wettbewerbsfähigkeit verbessern.
Erst mit der Freude an der Arbeit läßt sich die Arbeitsqualität erhöhen.

Im Allgemeinen ist mit einer neuen Aufgabenstellung oder der Einführung einer Neuerung erst einmal eine längere Diskussion mit den betroffenen Mitarbeitern verbunden. Menschen sehen oft alles erst einmal mit einer gewissen Skepsis und führen eine Anzahl von eventuellen Schwierigkeiten an. Alles wird erst einmal negativ gesehen.
Ein Manager muß an dieser Stelle seine Führungsqualität zeigen und seine Überzeugungskraft beweisen. Er muß sich in einem Gespräch ruhig und sachlich mit den Gegenargumenten auseinandersetzen.
Eine Diskussion sollte in keinem Falle abgebrochen oder verhindert werden. Sie sollte aber schon von der Führungskraft geleitet werden.
Gespräche mit den Mitarbeitern dienen der Verbesserung des Wissens um die Zusammenhänge. Die Mitarbeiter können sich dabei aussprechen. Sie werden zum Überlegen gezwungen. Sie gewinnen das Gefühl, daß auch ihre Meinung gefragt ist. Sie sind jetzt mit in die Entscheidungen einbezogen und werden damit mitverantwortlich.
Auseinandersetzungen mit Neuerungen schärfen den Blick für die Schwachstellen und die gilt es ja zu finden, um sie dann abstellen zu können.

Die intensivere Beschäftigung mit der Firmenzielsetzung führt zu einem besseren Verständnis, zu einem Wir-Gefühl in der Betriebsgemeinschaft. All das hat mit eine positive Auswirkung auf die Leistung.
Das Image des Unternehmens gewinnt nach innen und außen. Der Mitarbeiter wird mehr in das Firmengeschehen mit einbezogen. Es wird ein Gefühl des Stolzes entwickelt. Letzteres ist eigentlich nur zu befürworten, wird doch die Mitarbeit und das Mitdenken gestärkt.
Jeder Mitarbeiter eines Unternehmens muß davon überzeugt werden, daß es nicht nur darum geht, gut zu sein, man muß auch besser sein als die Konkurrenz. Man muß die Kundenwünsche besser erfüllen als der Wettbewerb. Man muß mehr leisten, man muß attraktiver bei den Produkten oder den Dienstleistung sein, denn nur dann ist man als Unternehmen gefragt, nur dann läßt sich auch die Wirtschaftlichkeit eines Betriebes erhöhen. Wachstum und Arbeitsplätze lassen sich nur erhalten, wenn wir besser sind.

„Wir müssen soviel besser sein, wie wir teurer sein wollen. Und wir dürfen nur soviel teurer sein, wie wir besser sind." W. Schäuble.

Die richtige Motivierung der Mitarbeiter führt zu einer Erhöhung des Qualitätsstandards, zu einer Nutzung der kreativen Kräfte, zu einem erhöhten Interesse an der Arbeit, zu einer neuen Leistungsbereitschaft und damit zu einer gesteigerten Arbeitsqualität. Die Freude an der Arbeit steigert dann schließlich wieder die Arbeitsproduktivität.
Die Motivierung soll den Eifer des Menschen entfachen und ihn für seine Aufgaben begeistern. Das Instrument Motivierung, richtig genutzt, dient dem Wecken der Leistungsbereitschaft, der Freude an der Arbeit, der Steigerung der Qualität.

Die Möglichkeiten, die Menschen zu steuern und zu beeinflussen, sind sehr zahlreich und vielfältig. Es gilt jeweils nach den Wünschen, den Mitteln und Wegen zu suchen, die besten Möglichkeit herauszufinden.

- Was ist das vordringliche Bedürfnis?
- Was ist von Interesse?
- Wie erreicht man den besten Effekt?
- Wie gewinnt man den Mitarbeiter für die Ziele des Unternehmens unter gleichzeitiger Berücksichtigung der Wünsche und Interessen beider Seiten?

Wenn beide Seiten zufriedengestellt werden, dann ergibt sich auch für beide ein optimaler Gewinn.
Da die Wünsche von vielen Fakten bestimmt werden, wie Alter, Berufsjahre, wirtschaftliche Verhältnisse, persönliche Interessen, Bildungsgrad usw., ist es nicht ganz einfach, ein Patentrezept zu entwickeln für die Beantwortung der Frage: Was motiviert am besten?

Die Wünsche und Interessen der Menschen sind zu unterschiedlich als daß sich ein allgemeingültiger Ratschlag geben läßt. Die Menschen lassen sich nicht alle nach dem gleichen Schema behandeln. Was bei dem einen Mitarbeiter zu einem positiven Effekt führte, muß bei dem anderen noch lange nicht die gleiche Auswirkung haben.
Die Aufgabe der Führung ist es, entsprechende Anreize für alle menschlichen Bedürfnisse zu bilden und die wachsende Aktivität der Mitarbeiter in die Zielrichtung des Unternehmens zu lenken. Der Manager muß die Mitarbeiter beeinflussen. Er muß die Motive suchen und dann entsprechende Anreize bieten. Der Mitarbeiter muß quasi scharf gemacht werden. Das Interesse muß durch eine Belohnung geweckt werden.
Ein Mensch ist erst dann richtig motiviert, wenn auch seine eigenen Wünsche im Vordergrund stehen.
Für eine erfolgreiche Motivierung muß man herauszufinden versuchen, welche Motivgründe am besten ansprechen, was die Mitarbeiter besonders interessiert und was sie anspornen könnte.
Gedanken über einen Verbesserungsvorschlag wird sich nur derjenige machen, der vom System des Vorschlagswesens überzeugt ist, der es kennt und sich von der Belohnungshöhe auch angesprochen fühlt. Das System muß einen Reiz zum Mitmachen ausüben. Es muß die Neugier und das Interesse wecken. Nur ein ansprechendes Vorschlagsprogramm weckt die zahlreichen kreativen Ideen und nutzt die Fähigkeiten und Kenntnisse der Mitarbeiter, die im Verborgenen stecken.

Die eingebrachten Verbesserungsvorschläge, die Geistesblitze und die Neuerungen gilt es eingehend zu prüfen und zu bewerten. Die Belohnung sollte der Verbesserung stets angepaßt sein.

Ein Ansporn ist gegeben, wenn Anerkennung, Beförderung oder eine höhere Entlohnung winken. Die Entlohnung ist ein sehr entscheidender Faktor bei der Motivierung. Nur eine vernünftige und gerechte Gehalts- und Lohnpolitik treibt an und ermutigt etwas zu tun.

Auch Sozialleistungen und Arbeitssicherheit werden geschätzt. Sie vermitteln das Gefühl, man kümmert sich um den Menschen. Sie sollten keine selbstverständliche Einrichtungen sein, sondern ein Lohn für die Bemühungen und die geleistete Dienste.

Die Förderung der Zusammenarbeit wie auch die Pflege des Betriebsklimas haben positive Auswirkungen auf die Arbeitsmoral, auf die Arbeitsfreude und damit auf die Ausführung der Arbeit. Ein Lob für gute Leistung wirkt Wunder, wird leider aber immer wieder vergessen.

Positiv wie auch negativ können sich der Arbeitsplatz, das Arbeitsklima und das Verhältnis zum Vorgesetzten auswirken. Auch diese Äußerlichkeiten sollten nicht unterschätzt werden.

Voraussetzung für eine Arbeitsbegeisterung ist eine arbeitsgerechte Gestaltung der Arbeitsplätze. Räumlichkeiten und Mobiliar haben ihren Einfluß auf den Mitarbeiter und damit auf seine Tätigkeit und Leistung. Die Arbeitsumgebung sollte nicht als nebensächlich abgetan werden. Allzuoft wird sie immer wieder vergessen und nicht beachtet.

Nur die richtigen Mittel und Werkzeuge gestatten eine korrekte Ausführung der Arbeit. Auch Richtlinien und Programme helfen den Arbeitsablauf zu gestalten und angenehm zu machen.

Ein Mitarbeiter muß sehen, daß in seiner Position Möglichkeiten zum Aufstieg bestehen, daß seine Verantwortung größer werden kann, daß er Anerkennung erhält und daß seine Arbeiten geschätzt werden.

Neben der Weiterentwicklung müssen Chancen für die persönliche Entfaltung und Weiterbildung gegeben sein. Im Grunde strebt jeder Mitarbeiter nach mehr Selbständigkeit und höherer Verantwortung.

Bei der Einführung von neuen Betriebsabläufen, neuen Arbeitsprozessen oder neuen Arbeitsverfahren werden diese Neuerungen zunächst als Affront der bisherigen Tätigkeit gesehen. Jede neue Arbeitsmethode gilt oft erst einmal als Angriff auf den traditionellen bisherigen Arbeitsstil. Der Einführung einer neuen Methode sollte immer eine entsprechende Aufklärung und ausführliche Unterrichtung vorausgehen.

So ist die Einführung des Qualitätsgedankens mit der Zertifizierung gemäß der DIN ISO 9000 ff. für viele Mitarbeiter zunächst ein Eingriff in den gewöhnten täglichen Ablauf und wird deshalb als persönliche Kritik empfunden. Sie wird erst einmal mit aller Entschiedenheit abgelehnt. Die Frage Qualität wird zu stark zu persönlich genommen.

Was soll das alles mit der Qualität?
Qualität haben wir immer gemacht! Qualität war schon immer unser Ziel!
Plötzlich sollen wir nun keine Qualität mehr machen!
Meine Arbeit ist wohl nicht mehr gut genug?
In solchen und ähnlichen Situationen agiert das Unternehmen nicht immer mit der richtigen Vorsicht. Es wird getadelt. Wirkliche Hilfe läßt man vermissen. Statt miteinander zu sprechen, werden Anweisungen gegeben.

Das Management sollte bei jeder sich andeutenden Schwierigkeit mehr ein möglichst persönliches Gespräch mit den Mitarbeitern führen, sehr intensiv zuhören und die Mitarbeiter auch aussprechen lassen.
Auch eine Führungskraft kann einmal den Mitarbeiter ruhig zu Rate ziehen und auch dessen Vorschläge aufgreifen. Auch Mitarbeiter haben ein Meinung.
Wenn ein Mitarbeiter nicht den Eindruck hat, daß seine Meinung geschätzt wird, wird er auch keine wirkliche Mitarbeit zeigen.
Jede unberechtigte Kritik und Härte verfehlt ihre Wirkung und führt nicht zum gewünschten Effekt.
Die Information ist heute ein wichtiger Faktor in der Arbeitswelt zur Begeisterung der Menschen für eine Sache. Unwissende und uninformierte Mitarbeiter wissen nicht was sie tun und warum sie es tun. Von ihnen kann auch kein Mitdenken verlangt werden.
Ein Mitarbeiter möchte heute wissen, wie es um den Betrieb steht, ob das Unternehmen Erfolge erzielt, welche Fehlschläge es gegeben hat, was die Ziele sind. Er möchte wissen, was er zu tun hat, warum er es zu tun hat, was von ihm verlangt wird, was seine Verantwortung ist.
Alles muß deutlich definiert, verständlich beschrieben werden. Immer wieder werden Mitarbeiter bewußt oder auch unbewußt im unklaren gelassen. Eine Nachlässigkeit, die nicht gerade motiviert und den Mitarbeiter begeistert!
Alle Informationen über das Unternehmens sollten möglichst immer zügig weitergegeben werden und auch immer alle Mitarbeiter einschließen.
Jeder Mitarbeiter hat sein Wissen, seine Kenntnisse, seine Fähigkeiten, seine Erfahrungen, seine Ideen und Kräfte. In jedem Mitarbeiter ruhen aber auch Dinge, die infolge fehlender Motivierung noch nicht zur Entfaltung kamen und somit ungenutzt im Verborgenen liegen. Diese kreativen Ideen und Verbesserungsvorschläge sind zu entwickeln und durch Anreize herauszuholen. Aus ihnen ist dann Nutzen zu ziehen.
Erst eine richtige Motivierung bringt die Schätze an den Tag. Es bedarf einer geeigneten Umgebung, des richtigen Betriebsklimas und der entsprechenden Anstöße, um die Kräfte zu entfalten und zur Wirkung zu bringen.
Zum besseren Nutzen des Potentials der Mitarbeiter ist es erforderlich, daß der Mitarbeiter in den Entscheidungsprozeß mit einbezogen wird. Alle Mitarbeiter müssen auf das gemeinsame Unternehmensziel ausgerichtet werden.
Ein gute und geschickte Motivierung der Mitarbeiter hat recht positive Auswirkungen auf ein Unternehmen. So lassen sich die Produktivität und der Umsatz steigern, gleichzeitig die Kosten senken. Die Wirtschaftlichkeit eines Unternehmens wird erhöht, seine Wettbewerbsfähigkeit gestärkt.
Die betriebliche Arbeitsmoral wird durch motivierte Mitarbeiter verbessert. Es wird weniger gebummelt, mehr mitgearbeitet und mitgedacht. Es werden weniger Fehler gemacht und weniger wertvolle Zeit vertrödelt.
Die Menschen sind zufriedener und ausgeglichener. Sie zeigen eine höhere Qualität in ihrer Leistung.
Motivierte Mitarbeiter sind kreativer. So manche Innovation ist das Resultat einer zufriedenen Arbeitnehmerschaft.
Motivierung bewirkt, daß der Wirkungsgrad angehoben wird. Es erfolgen weniger Fehlleistungen. Die Fehlerkosten reduzieren sich. Es sind weniger Nacharbeiten, Wiederholungen oder Aussortierungen für Verschrottungen erforderlich. Die Kontrollen und Überprüfungen können vermindert werden. Die Verläßlichkeit wird erhöht.
Jede Fehlervermeidung führt zu geringeren Kosten und verbessert die Wirtschaftlichkeit.

Die Motivierung der Mitarbeiter verbessert die Kooperationsbereitschaft. Es wird insgesamt mehr Leistung, sowie mehr Qualität und Zuverlässigkeit erzielt.

Motivierungsziele.

Mit einer Motivierung der Mitarbeiter sollen u. a. die folgenden Zielpunkte erreicht werden:

- Die Mitarbeiter sollen arbeitsfreudiger werden. Sie sollen mehr Spaß und Freude an der Arbeit und der Leistung finden.
- Die Belegschaft eines Unternehmen soll leistungsfähiger werden und produktiver ihre Arbeiten verrichten.
- Die Berufstätigen sollen wieder ein Gefühl des Stolzes auf ihre geleistete Arbeit gewinnen.
- Die Betriebsangehörigen sollen sich mehr mit ihrer Tätigkeit im Betrieb und damit dann auch mehr mit dem Unternehmen identifizieren.
  Verbesserung des Zugehörigkeitsgefühls zum Unternehmen, Identifikation mit dem Unternehmen.
- Die Zusammenarbeit und das Zusammenspiel zwischen den Führenden und den Ausführenden sowohl untereinander als auch miteinander soll angeregt und verbessert werden.
  Beide Gruppen sollen sich als Mitarbeiter des Unternehmens in einer solidarischen Gemeinschaft sehen.
- Die Arbeitnehmer sollen zur Weiterbildung angeleitet werden. Sie müssen ermutigt werden, ihre Qualifikation auch von sich aus kontinuierlich zu verbessern. Überzeugung der Mitarbeiter zum stetigen Lernen und Weiterbilden.
- Die Mitarbeiter sollen angeregt werden, kreativ und innovativ zu werden. Das geistige Potential des Menschen im Betrieb muß besser genutzt werden.
- Das Verantwortungsgefühls und das Pflichtbewußtsein sind zu stärken. Der Mitarbeiter muß wieder mehr Eigenverantwortung tragen.
- Die zwischenmenschlichen Beziehungen sollen verbessert werden. Dazu sind alle Reibereien zu minimieren und alle Mißverständnisse aus dem Weg zu räumen. Ziel ist die Vereinfachung und Beschleunigung der betrieblichen Abläufe und eine Steigerung der Effektivität.

Möglichkeiten, um Mitarbeiter zu begeistern:

- Anerkennung der Leistung durch Lob und Belohnung.
- Aussichten auf Beförderungsmöglichkeiten.
- Die Pflege der Information und Kommunikation.
- Information der Mitarbeiter über das Geschehen in der Firma.
- Programm für ein Vorschlagswesen. Belohnung interessanter Ideen.
- Gerechte Lohn- und Gehaltsstruktur.
- Gute Unternehmens- und Personalpolitik.
- Förderung der Ausbildung und Weiterbildung, Schulung und Training.

- Einbeziehung der Mitarbeiter in Entscheidungen.
- Übertragung von Verantwortung.
- Verantwortung als Herausforderung.
- Verbesserte Arbeitsbedingungen.
- Gutes Betriebsklima.
- Förderung der betrieblichen Zusammenarbeit.
- Helle und saubere Arbeitsplätze. Freundliche Arbeitsumgebung.
- Moderne und wirkungsvolle Arbeitsgeräte und Werkzeuge.
- Möglichkeiten zur persönlichen Entfaltung. usw.

Gründe, um Mitarbeiter abzuschrecken:

- Nicht ausreichende Information über das Unternehmen.
- Fehlende Kenntnisse über die Ziele und Stärken der Firma.
- Ungenügende und falsche Unterrichtung.
- Nichteinbeziehung der Mitarbeiter in Entscheidungen.
- Keine Eigenverantwortlichkeit.
- Abneigung gegen Änderungen.
- Ablehnung von Mehrarbeit aufgrund gewisser Umstellungen.
- Abneigung gegen Änderungen von Gewohnheiten.
- Voreingenommenheit gegenüber Neuerungen.
- Betriebsblindheit, fehlende Weitsicht.
- Fehlende Aufklärung und Unterrichtung.
- Ignorieren von Verbesserungsmöglichkeiten.
- Keine ausreichende Identifizierung mit dem Unternehmen.
- Leistung und Qualität werden nur als Unternehmensziele gesehen.
- Abneigung und Angst vor Kontrollen und Überprüfungen.
- Furcht vor Einschränkungen besonders in der Entscheidungskompetenz.
- Angst, Unsicherheit und Mißtrauen.
- usw.

2.1.6. Die Funktion Befriedigung der Bedürfnisse

Das menschliche Verhalten wird auf eine mehr oder weniger starke Motivierung der physischen, emotionalen und psychischen Bedürfnisse zurückgeführt. Begehren und Sehnsüchte bestimmen die Haltung und Reaktion der Menschen.
Alle Menschen haben Bedürfnisse und daraus erwachsen Wünsche und Begehren. Die Bedürfnisse bilden das Motiv. Aufgrund von Anreizen wird ein Verlangen oder ein Appetit geweckt. Das Interesse steigert das Verlangen. Der Drang schwillt immer mehr an. Man möchte sich den Wunsch erfüllen.

Die sich aus den Bedürfnissen ergebenen Wünsche führen zu Spannungen und aktivieren die Menschen zu Handlungen. Anreize und Anstöße machen die Menschen aktiv.
Je stärker diese Spannungen werden, desto mehr sind die Menschen motiviert und möchten eine Befriedigung erzielen.
Das Bedürfnis führt schließlich zu einem Reagieren. Eine Entspannung tritt erst nach der Erfüllung der Wünsche ein.

Bedürfnisse ⇒ Wünsche ⇒ Spannung ⇒ Aktivität ⇒ Handlung

Jede Motivierung eines Menschen sollte die natürlichen Bedürfnisse ansprechen und in dem Menschen ein Verlangen wecken.

Der Mensch strebt im allgemeinen nach einer ständigen Verbesserung seiner wirtschaftlichen wie auch gesellschaftlichen Lage. Er sucht und drängt nach materiellen und geistigen Dingen. Was er noch nicht hat, möchte er gern haben. Unerfüllte Bedürfnisse sind für ihn Ansporn und Antrieb sich zu bemühen.
Werden erst die Wünsche geweckt, erfolgt auch ein Streben nach Erfüllung dieser Wünsche.
Die Grundbedürfnisse oder elementaren Lebensbedürfnisse des Menschen sind Essen, Trinken, Schlafen, Kleiden, Wohnen usw.. Sind diese Wünsche erst einmal zufriedengestellt und erfüllt, folgen die Bedürfnisse nach Komfort und Luxus. Mit wachsendem Wohlstand gewinnen Kultur und Lebensart, die schönen Dinge des Lebens an Bedeutung.
Neben der Erfüllung der materiellen und geistigen Interessen strebt man nach mehr Sicherheit für die Zukunft z.B. einer Altersversorgung, einer Pension oder einer Sicherheit des Arbeitsplatzes.
Es folgen die Wünsche nach Anerkennung, Lob und Wertschätzung, nach Achtung und Respekt, das Streben nach Unabhängigkeit und schließlich nach Entfaltungsmöglichkeiten. Man möchte geachtet werden, sich weiterentwickeln können. Man will kreativ werden und sich verwirklichen.
Das Endziel jeder Motivierung ist die Zufriedenheit der Menschen, die Erfüllung ihrer Bedürfnisse.
Man muß herausfinden, was den Menschen glücklich und zufrieden macht.
Was will der Mensch? Was braucht der Mensch zum Glücklichsein? Welche Wünsche, Begehren und Sehnsüchte hat der Mensch?
Die menschlichen Wünsche lassen sich auf die folgenden seelischen Grundbedürfnisse zurückführen.
Jeder Mensch möchte sich selbst verwirklichen. Er möchte sich selbst sein. Aufgrund der spezifischen Veranlagungen eines jeden Menschen möchte auch jeder Mensch sich in seiner Form entfalten können. Er möchte etwas sein und darstellen.
Jeder Mensch ist einmalig, ist ein eigenes und einzigartiges Individuum.
Neben diesem Drang nach einer Selbstverwirklichung strebt jeder Mensch nach Anerkennung und Bestätigung, nach Beachtung und Bewunderung. Er möchte Aufmerksamkeit gewinnen und ein gewisses Ansehen genießen. Auch dieses Geltungsbedürfnis drängt nach einer Befriedigung.

Schon ein paar Freundlichkeiten, ein nettes Wort wie „bitte" oder „danke" oder ein freundliches „Guten Morgen Herr oder Frau Soundso" haben ihre Wirkung und ihren Effekt. Der Mensch fühlt sich beachtet.

Als Ersatz für eine fehlende Anerkennung ergibt sich das Verlangen nach materiellen Gütern, nach Lohn und Gehalt. Auf diese materiellen Dinge kann bis zu einem gewissen Grad verzichtet werden, wenn man dafür Anerkennung und Ansehen genießen kann. Auszeichnungen ersetzen eine Auszahlung.
Die Menschen sind bereit, für ein Ansehen und eine Bewunderung materielle Einbußen hinzunehmen und sogar unter Lohnverzicht zu arbeiten.

Ein weiteres Grundbedürfnis der Menschen ist das Streben nach Besitz, nach einem Eigentum, nach einem eigenen Haus oder einer eigenen Wohnung. Der Mensch möchte etwas besitzen und sein eigen nennen dürfen.
Mittels der Arbeit versucht der Mensch, sich seine Wünsche zu erfüllen. Er vollbringt manuelle und geistige Arbeiten. Je mehr ein Anreiz gegeben ist, um so mehr steigert sich die Bereitschaft und der Wille zur Leistung.

Es folgt das Bedürfnis nach Kommunikation. Der Mensch möchte sich mitteilen, und er möchte auch etwas mitgeteilt bekommen. Er möchte mit seiner Umwelt kommunizieren, mit seinen Mitmenschen, mit seinen Kollegen, ja auch mit seinem Vorgesetzten sprechen und sich unterhalten.
Der Kommunikation kommt heute eine große Bedeutung zu. Die Mitarbeiter sind keine Befehlsempfänger mehr. Sie wollen nicht aufgrund einer Anweisung arbeiten, sie möchten in einem Gespräch überzeugt werden.
Fehlende Kommunikation ist der Grund für viele Mißverständnisse und zahlreiche Schwierigkeiten. Durch Fragen in einem Dialog oder in einer Konferenz können Mißdeutungen und Verständigungsschwierigkeiten ausgeräumt werden.
In einem modernen Führungsstil werden heute die Probleme und Aufgaben zusammen erörtert. Arbeiten werden nicht angewiesen oder angeordnet sondern besprochen. Statt zu sagen: „Sie machen das und das", empfiehlt sich ein: „Wir machen das", „Wir erfüllen die Aufgabe", „Wir müssen eine Kopie an die Abteilung schicken".
Ein kluger Mitarbeiter nimmt bei einem Gespräch erst einmal die Vorschläge der anderen entgegen und läßt erst die anderen reden. Er hört aufmerksam zu. Erst den Kunden die Wünsche äußern lassen, erst aufgrund von Umfragen Entscheidungen treffen.
Sehr klug ist es, wenn man nicht gleich zu Anfang eines Gespräches seinen eigenen Vorschlag einbringt. Es gilt erst einmal zu warten, was haben die anderen zum Thema zu sagen, was ist die Meinung der anderen. Man vermeidet auf diese Weise, daß man aufgrund von berechtigten und noch nicht vorher bedachten Gegenargumenten seinen eigenen Vorschlag zurückziehen oder gar Fehler eingestehen muß.
Auch so manche hitzige Diskussion und Verhärtung der Meinungsfronten läßt sich auf diese Weise vermeiden.
Der autoritärer Führungsstil hat heute keinen Erfolg mehr. Weit mehr wird durch ein Mitarbeitergespräch, eine Konferenz oder eine Beratung erreicht. Eine Diskussion, sprich Auseinandersetzung, ist dagegen weniger vielversprechend. Sie spaltet die Runde in Parteien auf und führt zu einem Gegeneinander. Weit besser ist eine Besprechung, bei der eine Gemeinsamkeit angestrebt wird.

Bei einer gut funktionierenden Kommunikation werden die Ursachen und Fehler aufgespürt und behoben. Mißverständnisse werden von vornherein vermieden.

Eine Führungskraft ist in einem solchen Gespräch mit den Mitarbeitern kein Vorgesetzter mehr. Er bildet wohl eine Mitte, ist jetzt aber statt von Untergebenen von einer Peripherie umgeben. An die Stelle von Stufenleitern, wo entweder von unten nach oben oder umgekehrt von oben herab nach unten geblickt und auch gesprochen wird, treten nun konzentrische Kreise. Ein Gespräch erfolgt in einer völlig neuen Atmosphäre, mehr in einer Ebene, in einem partnerschaftlichen Verhältnis und Stil.

Mit zu den Bedürfnissen der Menschen gehört das Verlangen nach dem Wissen. Man möchte etwas lernen. Es drängt den Menschen das Bedürfnis, nach den Hintergründen zu fragen.

Man möchte wissen, warum man das oder jenes tun soll, warum man eine bestimmte Tätigkeit auszuführen hat.

Schon ein Kind stellt die Frage nach dem „Warum". Es ist dabei nicht frech und ungezogen, sondern es ist interessiert, was wohl die Gründe für eine bestimmte Sache sind. Es möchte wissen, warum es schlafen gehen soll, warum es dunkel wird oder warum ein Wecker tickt.

Bei einem partnerschaftlichen Führungsstil gibt man deshalb zu jeder Anweisung auch gleich eine Begründung und erklärt, warum die Aufgabe zu einem bestimmten Termin erledigt sein muß, warum die Arbeiten sehr eilig sind und keinen Aufschub erlauben oder warum die Qualität und Zuverlässigkeit so wichtig sind.

In der Vergangenheit war es üblich, dem Mitarbeiter so wenig wie möglich mitzuteilen. „Das braucht der Mitarbeiter nicht zu wissen", „Das geht Sie nichts an", war die übliche Erklärung. Solche Äußerungen in unserer heutigen Zeit demotivieren jeden Mitarbeiter. Sie steigern nicht den Arbeits- und Leistungswillen. Sie bremsen jede Aktivität.

Eine Führungskraft ist gut beraten, wenn sie den Mitarbeitern alle nur mögliche Informationen gibt, die der Mitarbeiter haben will und die er benötigt. So viel Wissen wie nur möglich!

Es gilt das Interesse des Mitarbeiters zu wecken. Desinteresse führt zu einem Nachlassen des Engagement und der Leistung, zu einer Resignation oder gar zu einer inneren Kündigung.

Offenheit weckt Vertrauen. Ein „Tag der offenen Tür" lädt ein zur Information, zur Beantwortung von offenen Fragen. Er befriedigt das Bedürfnis Wissen.

Die Menschen sind heute an Informationen interessiert, mehr denn je. Sie wollen ihr Wissen erweitern. Sie haben erkannt, daß mit dem Wissen auch eine gewisse Macht und ein Einfluß verbunden sind. Allen bekannt ist der Spruch: Wissen ist Macht!

Fachkenntnisse ermöglichen es einem, sich an Gesprächen zu beteiligen, in einer Diskussion mitzureden. Mit einem Wissen kann man sich selbst besser verkaufen.

Um die Mitarbeiter wie auch die Kunden nicht mit einem Wissen zu überhäufen und gar zu erschlagen, gilt es, die richtigen Informationen auszuwählen. Nur gezielte Information kann aufgenommen und verarbeitet werden. Umfragen oder Marktforschungen helfen die richtige Entscheidung bezüglich des Informationsmaterials zu treffen.

Auch eine Führungskraft muß nicht in jedem betrieblichen Verteilernetz enthalten sein. Jeder muß sich fragen, welche Information nützt mir wirklich, erlaubt mir, sie auch zu verarbeiten und zu verdauen.

Sehr ausgeprägt ist das Bedürfnis des Menschen nach einer Tätigkeit. Es drängt ihn, tätig zu werden, etwas zu bewirken.

Oft ist dieser Tätigkeitsdrang, das Streben nach dem Wirkenwollen, das Sichbeschäftigen, stärker als jeder Hunger. Sich nicht betätigen zu können, ist eine Verurteilung zum Nichtstun. Sie ist eine physische Strafe.
Es ist mit ein Grundbedürfnis der Menschen, wirken zu wollen und sich auswirken zu können, nicht aufgrund eines Zwanges, sondern völlig freiwillig, aus innerem Antrieb heraus. Der Mensch möchte freiwillig etwas tun. Er will die größtmögliche Selbständigkeit erlangen. Ihn drängt es danach, nicht ein unbekanntes Rädchen im Getriebe zu sein, sondern selbst mitwirken zu können und etwas zu bewirken.
Eine moderne Anwendung findet das Tätigkeitsbedürfnis in den heutigen Brainstormingkreisen und Qualitätszirkeln in den Firmen. Ohne jeden Zwang oder äußeren Druck sitzt man in einem Team zusammen und löst Probleme oder sucht nach Verbesserungsmöglichkeiten. Aus freier eigener Willensentscheidung wirken alle Mitglieder an der gestellten Aufgabe mit. Ihr gemeinsames Ziel ist es etwas zu verbessern.
Man möchte kein Rad in einem Getriebe mit einer bestimmten festgelegten Funktion sein. Man ist frei und selbständig, man möchte selbst mitwirken, selbst rotieren und etwas bewirken.

Ein Unternehmen muß alle diese Grundbedürfnisse der Menschen kennen und sie bei seinen Betrachtungen und Entscheidungen, bei seiner Führung der Mitarbeiter berücksichtigen. Das Grundprinzip einer jeden modernen Mitarbeiterführung ist das Überzeugen der Menschen.
Einen Arbeitsauftrag oder eine neue Arbeitsmethode führt man nicht aufgrund eines Befehles oder einer Anweisung aus, sondern weit besser durch ein Überzeugen in einem Gespräch, mittels einer mehr oder weniger ausgedehnten Beratung oder in einer Konferenz. Die Aufgaben und Ziele werden nicht verkündet, sondern besprochen.
Ein persönliches Gespräch, von Mensch zu Mensch oder unter vier Augen, bringt mehr als jede Anordnung oder Anweisung. Auch der andere muß die Möglichkeit zu einer Erwiderung haben, muß seine Gegenmeinung vertreten dürfen, seine Einwände oder Bedenken vortragen können. Erst wenn ein Mitarbeiter auch wirklich überzeugt ist, identifiziert er sich auch mit der Sache und setzt sich dann aktiv für die Aufgabe ein.
Der Mitarbeiter möchte heute in seinem Betrieb sehen, ob sich seine Bemühungen lohnen, ob er sich seine Bedürfnisse erfüllen kann, ob Möglichkeiten für eine Verwirklichung der eigenen Wünsche und Ziele gegeben sind und ob Zukunftsaussichten bestehen. Er möchte Perspektiven sehen. Erst wenn er auch Möglichkeiten zur Erfüllung seiner Wünsche sieht, wird er sich auch wirklich aktiv bemühen und wird Leistung und Qualität in seinen Arbeiten und seinen Diensten zeigen.

Das Streben nach Erfüllung eines Wunsches ist der beste Antriebsmotor für eine Leistungssteigerung.
Keine Aussicht auf Erfüllung der Wünsche demotiviert jeden Mitarbeiter und führt zur Unzufriedenheit und innerer Unruhe. Die innere Kündigung ist oft die Folge einer solchen Unausgeglichenheit.
Die Wünsche der Menschen sind sowohl geistiger als auch und materieller Natur. Die Gewichtung aller Bedürfnisse richtet sich immer danach: Was hat der Mensch schon? Was fehlt ihm noch? Welcher Wunsch ist noch nicht erfüllt?
Mittels seiner Arbeit möchte der Mensch sich seine Wünsche erfüllen und eine innere wie auch äußere Befriedigung und Zufriedenheit erlangen.

Die Firmenpolitik eines jeden Unternehmens ist so auszurichten, daß die Bedürfnisse der Menschen möglichst weitgehend befriedigt werden. Aber nicht nur die Wünsche der Mitarbeiter gilt es zu erfüllen, auch das Unternehmen hat seine Anliegen und Wünsche. Auch diese gilt es zufriedenzustellen.
Die Bedürfnisse der Mitarbeiter umfassen die erwähnten physiologischen Wünsche der reinen Lebenserhaltung wie auch die einer langfristigen Existenzsicherung.

Neben dem sozialen Bedürfnis nach Zugehörigkeit zu einer Gemeinschaft darf der Wunsch nach Achtung und Anerkennung sowie das Bedürfnis nach Unabhängigkeit und Freiheit nicht vergessen werden.
Genau wie nun Bedürfnisse des Menschen befriedigt werden, gilt es auch die Bedürfnisse des Unternehmens zufriedenzustellen.
Die unmittelbare Existenzsicherung einer Firma erfolgt durch die Sicherstellung der Produktion oder einer Dienstleistung. Wenn dann ein Gewinn aus dem Vertrieb und dem Verkauf der erzeugten Güter und Leistungen erzielt werden kann, ist auch eine Lebensfähigkeit gegeben.
Die langfristige Sicherung erfolgt mit der Entwicklung von neuen Produkten oder neuartigen Serviceleistungen. Die Gewinnung neuer Kunden ermöglicht die Erweiterung der Produktion und der Dienstleistungen. Die Kundenbindung sichert den Verkauf. Die Einrichtung von Rücklagen dient der Vorsorge und der Investition für die Zukunft.
Das Streben nach einer Gemeinschaft wird durch Beitritt zu Unternehmens- und Berufsverbänden oder anderen Interessengemeinschaften erfüllt.
Anerkennung gewinnt das Unternehmen mit seinen Mitarbeitern durch die Steigerung des Shareholder-values oder durch einen Imagegewinn aufgrund besonderer Qualität wie auch durch öffentliche Auszeichnungen und Belobungen wie Zertifikate, Akkreditierungs- und Zertifizierungsurkunden oder Umweltschutzpreise.
Die höchste Stufe bilden dann gesellschaftliche Aktivitäten, die nicht in erster Linie der Werbung dienen. Beispiele hierfür sind die Bildung von Stiftungen, das Sponsern von Sportlern oder das Unterstützen und Fördern von sozialen Einrichtungen, von politischen Parteien und sportlichen Vereinigungen.

2.1.7. Die Funktion Mitwirkung und Mitgestaltung

Es sind nicht immer nur der Lohn oder das Gehalt oder auch die Anerkennung, die den Mitarbeitern eine gewisse Befriedigung bereiten, die Mitarbeiter in einem Unternehmen möchten auch in ihrem Unternehmen mitwirken und mitgestalten. Sie möchten mitverantworten und mitbestimmen.
Ausgehend von dem Tatbestand, daß Mitarbeiter gern für ihr Unternehmen arbeiten und mit Freude tätig sind, wollen sie auch ihrer Firma eine gewisse Gestalt und Form geben, wollen sie das Betriebsleben mit prägen und gestalten. Sie möchten für ihren Einsatz, für ihre Mühen und ihre Anstrengungen eine Verantwortung tragen.
Die Menschen möchten in der Regel an ihrem Tun sowohl materiell als auch innerlich teilhaben. Sie streben eine betriebswirtschaftliche wie auch persönliche Beteiligung an. Dieses In-

teresse und Engagement ist eine gute Grundlage für die Eingliederung des Mitarbeiters in den Arbeitsprozeß wie auch eine wesentliche Voraussetzung für einen wirkungsvollen und erfolgreichen Leistungsprozeß.

Das Mitmachen in einem Unternehmen ist unterschiedlich ausgeprägt und bei jedem Menschen verschieden stark, abhängig von seinem Temperament und seinem Arrangement für die Firma. Mitmachen bildet die Vorbedingung für eine Mitarbeit im betrieblichen Prozeß.

Die Arbeitsleistung eines einzelnen ist nur im Zusammenhang mit den Tätigkeiten der anderen im Betrieb Beschäftigten von Wert. Die betriebliche Leistung ergibt sich nicht aus der Summe von isolierten Arbeiten der einzelnen Mitarbeiter, sondern erst aus der Arbeitsleistung der gesamten Betriebsgemeinschaft auf der Basis einer betrieblichen Zusammenarbeit in einem Arbeitsteam.

Mitwirken und Mitgestalten im Arbeitsprozeß ist das Ergebnis einer betriebswirtschaftlich engen Zusammenarbeit.

Ein Mitwirken schließt eine Abstimmung mit den Mitarbeitern und eine Einordnung im Mitarbeiterkreis, im betriebswirtschaftlichen Unternehmen ein. Man ist an einer Zusammenarbeit interessiert und bemüht sich mit allen auszukommen.

Die Mitgestaltung ist etwas mehr als nur ein Mitwirken. Sie bildet eine schöpferische Leistung, eine aktivere Mitwirkung. Sie setzt ein engagiertes und fleißiges Mitmachen voraus.

Das Mitmachen und das Mitgestalten finden ihren Ausdruck in den eingebrachten Verbesserungsvorschlägen der Mitarbeiter, in der aktiven Teilnahme in der Weiterbildung, in Qualitätsverbesserungen und im persönlichen Verhalten zum Umweltschutz.

Die Mitverantwortung ist eine Forderung des Unternehmens. Sie ist die Voraussetzung für eine betriebswirtschaftliche Aufgabenerfüllung des einzelnen Mitarbeiters.

Nur ein Mitarbeiter, der seine Arbeit auch zu verantworten hat, wird seine Aufgabe auch immer richtig und korrekt, gewissenhaft und zuverlässig erfüllen.

Der Mensch strebt danach, mehr oder weniger Verantwortung zu tragen. Dieses Streben nach einer verantwortungsvollen Tätigkeit bildet den Anreiz zum persönlichen Einsatz.

Die Mitbestimmung bildet die höchste Stufe einer Mitwirkung, Mitgestaltung und Mitverantwortung. Sie setzt umfangreiches berufliches Wissen und Kenntnisse über die betriebswirtschaftlichen Zusammenhänge voraus. Sie verlangt ein gesamtbetriebswirtschaftliches Denken.

Wer seine Aufgaben gewissenhaft erfüllt, dem Unternehmen verantwortungsbewußt dient, hat auch eine gewisse Berechtigung zum Tragen einer betrieblichen Mitverantwortung. Durch seine aktive Anteilnahme und seinen persönlichen Einsatz ist ein solcher Mitarbeiter doch in einem sehr erheblichen Maße am Leistungsprozeß des Unternehmens beteiligt und gewinnt damit auch eine Berechtigung zur Mitgestaltung und Mitverantwortung und schließlich auch zur Mitbestimmung.

Mitbestimmung heißt für den Mitarbeiter:
Pflichten und Verantwortung übernehmen. In dick und dünn zum Unternehmen stehen. Mitverantwortung tragen!

Die Mitbestimmung ist grundsätzlich auf allen Ebenen möglich. Für die Mitbestimmung gilt wie auch bei der Führung des Unternehmens eine gewisse Betriebshierarchie. Nicht jeder kann bei allen betrieblichen Entscheidungen und Fragen mitreden und mitbestimmen. Eine gewisse Rangordnung muß schon sein. Sie garantiert Ordnung und verhindert ein Chaos. Sie erlaubt auch nur eine Wirksamkeit.

Sehr sinnvoll ist es, die Hierarchie nicht zu stark auszudehnen und damit alle Freude zum Mitarbeiten beim Mitarbeiter zu bremsen.
Auch bei der Mitbestimmung sollte eine möglichst schlanke Struktur bestehen und den Mitarbeitern ein demokratisches Mitwirken und Mitgestalten gestatten. Die Mitverantwortung ist ein wesentlicher Anreiz zum persönlichen Einsatz im Unternehmen.

2.2. Die schlanke Struktur der Mitarbeitergemeinschaft

Was in der Informationstechnologie bereits schon seit längerer Zeit praktiziert wird, die Abarbeitung eines Arbeitsprozesses nicht in aufeinanderfolgenden Schritten, sondern in vielen parallelen Arbeitsabläufen, soll nun auch in den Unternehmen Einzug halten und die Abläufe wirtschaftlicher, schneller und effektiver gestalten.
So wie der Prozessor eines Computers den Rechenprozeß analysiert und in einzelne Schritte aufteilt und diese dann nebeneinander bearbeitet, so soll nun auch die Unternehmensleistung behandelt und bearbeitet werden.
Der Gesamtablauf in einem Unternehmen wird in parallele Arbeitsschritte zerlegt. Die so zubereiteten Teilarbeitsabläufe des Unternehmens liegen nun in der Verantwortung eines Arbeitsteams aus Manager und seinen Mitarbeitern.
Das traditionelle System der hierarchischen und funktionalen Organisation wird dabei abgelöst durch eine starke Ausrichtung auf die Kernprozesse, d.h. auf die Kernaktivitäten des Unternehmens zur Wertschöpfung.
Diese neue Ausrichtung bedeuten natürlich ein Umdenken für die traditionelle Betriebsgemeinschaft. Die Zusammenarbeit erfolgt nun in einem völlig anderem Stil. Aufgaben und Verantwortung verschieben sich. Der Vorgesetzte schwebt nicht mehr im weiten Abstand über dem Arbeitnehmer, sondern steht nun mehr neben dem Mitarbeiter, der die eigentlichen Arbeiten ausführt. Er begibt sich in die Mitte des Geschehens. Die Isolierung des Managers wird dabei durchlässiger und bis zu einem gewissen Grad sogar aufgehoben.
Bei der bisherigen Arbeitsweise wurden die Managementaufgaben eines Arbeitsprozesses aus diesem Prozeß herausgelöst und dann mit anderen funktionell zusammengefaßt. Managementtätigkeiten wurden separat bearbeitet.
Der bisher übliche Managementstil wird nun durch eine neue Form, dem Lean Management ersetzt. Die zahlreichen Hierarchieebenen in der Mitarbeitergemeinschaft werden auf ein Minimum reduziert. Jetzt verbleiben die Managementfunktionen im Arbeitsprozeß und werden in der Form eines eigenen Managements gelöst.
Die Abteilungen, einst groß und zentral geführt, werden nun durch kleine Arbeitseinheiten ersetzt. Die Managementaufgaben werden jetzt von der Gruppe selbst wahrgenommen und ausgeführt. Sie werden durch ein Eigenmanagement ersetzt. Die Gruppe wird jetzt nicht mehr geführt oder geleitet, sie managt sich selbst.
In der alten Struktur kommunizierte eine Abteilung mit einer anderen nur über den Abteilungsleiter, den Hauptabteilungsleiter und den Fachbereichsleiter oder Direktor. Von Stufe zu Stufe wurde eine ausgearbeitete Vorlage oder Studie nach oben weitergereicht. Auf dem gleichen Wege ging es dann wieder zurück. Einmal eine Stufe zu überspringen, war ein Ding der Unmöglichkeit, ein Vergehen gegen die bewährte Ordnung und die alte Tradition.

Die traditionelle Hierarchie der Betriebsgemeinschaft.

Die traditionelle Betriebsgemeinschaft ist charakterisiert durch zahlreiche Rangstufen und Titel.

Topmanagement:	Vorstand, Geschäftsleitung, Unternehmer
Oberes Management:	Direktor, Bereichs-, Fachbereichsleiter, Verkaufsmanager
Mittleres Management:	Hauptabteilungsleiter, Oberabteilungsleiter
Unteres Management:	Abteilungsleiter, Gruppenleiter, Laborleiter, Meister
Mitarbeiter:	Ausführende, Arbeitnehmer

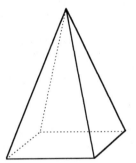

Vorstand

Direktion

Fachbereich

Hauptabteilung

Abteilung

Hauptgruppe

Gruppe

Ausführende

Die Hierarchie der schlanken Betriebsgemeinschaft.

Die Reduzierung der Hierarchieebenen in der Betriebsgemeinschaft durch die Einführung des schlanken Managements führt zur Bildung von Projekt- bzw. Produktgruppen und Arbeitsteams. Die Führungskräfte werden mit den Mitarbeitern in einem Team zusammengefaßt. Die Führungskraft ist nicht mehr der Chef des Teams sondern Mitarbeiter in der Teamgemeinschaft.

Die Entscheidungswege werden verkürzt. Die Planung wird vereinfacht. Das Berichtswesen wird auf das Wesentliche reduziert. Die Transparenz wird erhöht sowohl nach innen als auch nach außen. Insgesamt wird eine Kostensenkung erzielt.

Vorstand
Oberer Führungskreis
Führungskreis
Erweiterter Führungskreis
Ausführende

Nach Führungsorganisation der Daimler-Benz AG

Statt 6 bis 7 Hierarchieebenen gibt es nun vielleicht nur noch drei. Über dem ersten Berichtsplateau steht der Vorstand und unter der dritten Führungsebene befinden sich bereits die Mitarbeiter.
Nun spricht man direkt von Gruppe zu Gruppe, von Abteilung zu Abteilung, von Mensch zu Mensch. Man hat direkte Kontakte über Querverbindungen, über kürzere und schnellere Wege.
Eine Forschung und Entwicklungsgruppe hat nun Kontakte sowohl mit den Kunden als auch mit den Lieferanten. Eine Produktion arbeitet mehr mit den Lieferanten und den Verbrauchern zusammen. Alle stehen im Markt und werden nicht mehr von Hierarchien von einander getrennt. Nicht mehr der Vorgesetzte, der Chef oder Boß wird zufriedengestellt, sondern der Kunde und Verbraucher. Der Kunde wie auch der Lieferant werden mehr in die Organisation eingebunden. Die Nachbarabteilung wird nicht mehr als Konkurrent empfunden, sondern als Kunde gesehen, dem man zuarbeitet, mit dem man nun zusammenarbeitet, um seine Wünsche zu erfüllen.
Die Vorgesetzten verlieren bei diesem Umbau in der Rangordnung der Betriebsgemeinschaft ihre Funktion des Herrschens und Regierens. Statt zu bestimmen und anzuordnen, koordinieren sie nun die Abläufe und die Beziehungen. Sie sprechen die Vorgänge mehr mit den Mitarbeitern ab. Anweisungen und Anordnungen werden durch ein Gespräch ersetzt. Es findet ein stärkerer und intensiverer Meinungsaustausch statt.
Die Verbindungen zwischen den Einheiten und Gruppen werden vom Vorgesetzten aufeinander eingestellt und in Einklang gebracht. Sie werden harmonisiert.
Diese neue Arbeitsweise bedeutet nun nicht, daß jede Ordnung oder Organisation nun völlig aufgehoben wird. Das würde das Chaos für ein Unternehmen bedeuten und zu einem völligen Durcheinander aller Abläufe im Betrieb führen. Eine gewisse Ordnung muß schon bestehen, auch eine gewisse Rangfolge. Ohne Disziplin und einem geregelten Gang, ohne eine Einordnung und einen Benehmenskodex kann keine vernünftige Kommunikation erfolgen. Zwischen den Arbeitsgruppen müssen jetzt wie bei einem Computer bestimmte Schnittstellen definiert werden, die dann für eine Verbindung zu anderen Gruppen und Einheiten sorgen und eine Ausbreitung der Information erlauben.
Mit der Reduzierung der Hierarchieebenen und der neuen Strukturierung wird der Manager von Verwaltungsarbeiten entlastet. Er begibt sich wieder mehr Vorort und gewinnt mehr Zeit für den Kunden und auch für seine Mitarbeiter. Er ist gezwungen, sich wieder mehr mit dem Kunden und dem Mitarbeiter zu beschäftigen. Er ist gehalten, mit ihnen zu sprechen und zu diskutieren, ja ihnen auch zuzuhören. Er muß sich mit ihren Ansichten, Argumenten und Sorgen auseinandersetzen. Er erhält tiefere Einblicke in das Arbeitsgeschehen. Er hat sein Ohr wieder an der Basis, kann das Gras wachsen hören, erfährt, wo der Schuh drückt. Er bekommt auch wieder mehr Gespür für die Bedürfnisse der Mitarbeiter und der Kunden.
Die Mitarbeiter werden bei der verminderten Zahl von Hierarchieebenen wieder ernster genommen. Sie sind wieder mehr in den Betriebsablauf einbezogen. Sie können mitreden und mitgestalten.
Durch die engere Zusammenarbeit zwischen Vorgesetzten und Untergebenen, zwischen Führung und Ausführung können Verbesserungsprozesse weit schneller und effektiver eingeleitet und auch ausgeführt werden. Am Ort des Geschehens können die Probleme mit den betroffenen Mitarbeitern diskutiert und dann Lösungen erarbeitet werden. Es wird wieder aktiv an der Verbesserung der Arbeitsprozesse gearbeitet.

Die kontinuierliche Verbesserung des Total Quality Managements oder das Kaizen wird praktiziert. Es erfolgt eine stetige Weiterentwicklung. Die Qualität und Zuverlässigkeit wird Schritt für Schritt erhöht. Fehler werden mehr und mehr ausgemerzt und vermieden. Verbesserungen werden nicht mehr durch den Instanzenweg blockiert. Sie werden Vorort unter Einbindung der Mitarbeiter verwirklicht.

Viele Unternehmen, insbesondere amerikanische und japanische Konzerne, konnten aufgrund der schlankeren Struktur in der Mitarbeitergemeinschaft ihre Kosten bis zu 20 Prozent senken. Die Entwicklungszeiten für neue Produkte konnten bis zu 30 Prozent gekürzt werden.

Durch die Einbeziehung der Leute am Arbeitsplatz sind die Mitarbeiter mehr motiviert. Sie arbeiten wieder mehr mit, machen neue Vorschläge, vermindern ihre Fehlerrate, sind an einer schnelleren Erledigung der Arbeiten interessiert und haben Freude an ihren Verbesserungen.

Die Produktivität wächst gewaltig. Die Leistung steigt, der Kapitalumschlag erhöht sich, die Entwicklungszeiten verkürzen sich, die Gesamtkosten werden vermindert.

Alle diese Vorteile beruhen auf den folgenden Gegebenheiten und Tatbeständen:

- Die Arbeitsabläufe werden prozeßorientiert organisiert. Ihre Effektivität wird erhöht.
- Die Arbeitsprozesse werden kontinuierlich verbessert. Qualität und Zuverlässigkeit, ihre Produktivität werden gesteigert.
- Die Mitarbeiter werden bei allen Arbeiten so früh wie nur möglich miteinbezogen und beteiligt. Sie werden motiviert.
- Alle Abläufe erfolgen kundenorientiert und sind auf die Bedürfnisse und Wünsche der Kunden ausgerichtet.

Eine Geschäftspolitik nach diesen Grundsätzen sichert so manchen Arbeitsplatz und kann somit auch den Abbau von Arbeitsstellen verhindern.

Für das Unternehmen bedeutet es eine Leistungssteigerung einmal ohne bzw. nur durch geringen Abbau des Personalbestandes, nur durch einen Wandel im Arbeitsstil, durch einen neuen Umgang miteinander, durch eine verbesserte Unternehmenskultur!

Diese schlanke Organisation in der Betriebsgemeinschaft, diese Strukturerneuerung in der Mitarbeiterschaft läßt sich in der Regel nicht immer sehr leicht durchsetzen. Eine ganze Anzahl von Schwierigkeiten müssen doch erst überwunden werden.

Im allgemeinen widersetzen sich die Menschen jeder Neuerung im täglichen Ablauf und Arbeitsrhythmus. Die Mitarbeiter lehnen erst einmal Änderungen ab. Die Menschen zeigen eine natürliche Trägheit und ein gewisses Beharrungsvermögen. Sie halten aus Bequemlichkeit an bestehenden Zuständen fest. Sie wollen keine plötzlichen Veränderungen oder Neuerungen.

Sie haben Angst vor dem Unbekannten, vor neuen Aufgaben, vor neuen Verantwortungen und neuen Pflichten. Sie fürchten eine eventuelle Blamage, ja auch einen möglichen Machtverlust.

Auch das Management ist bei diesen Schwächen nicht ausgenommen.

Die Führungsschicht muß aber als erste Gruppe in der Firmenorganisation diese Schwachpunkte überwinden und als Vorbild vorangehen.

Jede Führungskraft sollte sich darüber klar werden, daß der Prozeß wichtiger ist als die Funktion. Die Abläufe im Unternehmen haben eine höhere Priorität als der Aufbau einer Hierarchie mit starren Strukturen und sturen Verhaltensregeln. Der Ablauf des Arbeitsprozesses muß organisiert werden, nicht der Aufbau.

So mancher Chef wird hier sicherlich noch umdenken müssen! Er muß sich dem Wandel der Zeit anpassen!

Ein schlankes Unternehmen muß die Zielsetzung klar und deutlich definieren. Es muß die Wegweiser setzen, denen dann die Mitarbeiter folgen können.
Die Schritte zur Verfolgung der Ziele müssen dabei gemessen werden. Es gilt festzustellen, welche Fortschritte erreicht werden und wo eventuell eingegriffen werden muß.
Das Erreichen des Zieles muß dann natürlich auch belohnt werden. Es muß sich lohnen, sich für etwas zu arrangieren und einzusetzen.
Erst eine Belohnung motiviert den Menschen, sich zu bemühen und mitzuarbeiten. Sie spornt zu einem größeren Einsatz an.
Der Mitarbeiter muß im Normalfall zu seiner Tätigkeit und zu seiner Leistung angeregt werden. Er muß einen Anstoß erhalten . Er muß quasi „angetrieben" werden. Ohne einen Treiber läuft kein Computerprozeß!
Die angeschlossenen peripheren Geräte eines Computers bedürfen eines speziellen Programmes, eines Gerätetreibers, der die Ansteuerung eines Druckers, des Scanners oder des Streamers unter der Benutzung des Betriebssystems ermöglicht.
Genau wie dieser spezielle Gerätetreiber muß nun auch die Führungskraft zum Team passen. Auch der Manager muß in der Gruppe integriert sein, die Teammitglieder verstehen. Er muß mit allen auskommen und zusammenarbeiten können.
In der Regel überzeugen Pilotprojekte. Sie motivieren zum Mitmachen, sich zu beteiligen und mitzuziehen. Durch solche Vorbilder wird auch bei den anderen der Wunsch geweckt, ebenfalls erfolgreich zu sein und dazuzugehören.

Jede neue Organisation oder neue Struktur erfordert auch ein sich selbst verändern. Es gilt sich anzupassen, das eigene Verhalten zu ändern, zu lernen, neu zu denken und nun anders zu handeln.
Die Verminderung der Hierarchien in der Mitarbeitergemeinschaft hat natürlich auch ihre Konsequenzen bei den Mitarbeiter. Mit dem Abbau der Entscheidungsebenen ergeben sich Verschiebungen der Aufgaben und der Verantwortungen. Es bedeutet kürzere Berichts- und Entscheidungswege, mehr flexibles Handeln und schnelleres Reagieren bei der Lösung der Aufgaben. All das setzt natürlich wieder mehr Raum für Entscheidungen und auch für die Verantwortung voraus.
Die Zusammenarbeiten in einer flacheren Mitarbeiterstruktur erfolgt mehr in der Form einer bereichsübergreifenden Projekt- und Teamarbeit. Die Leiter einer Projektgruppe haben nun direkten Kontakt zum nächsten Vorgesetzten, tragen ihm die auszuführenden Arbeiten vor, berichten über entscheidende Vorgänge.
Aber auch für den Vorgesetzten haben sich die Aufgaben verändert. Er erhält wieder mehr Verbindung zum Projekt und zu den Problemen Vorort. Er gewinnt wieder mehr Kontakte zu den Mitarbeitern. Er gibt Funktionen ab.
In der neuen Unternehmensstruktur für die Betriebsgemeinschaft werden die Grenzen zwischen den unterschiedlichen Bereichen abgebaut. Die Hürden verschwinden. Es erfolgen mehr Kontakte auf den Zwischenebenen, in den Peripherien.
Dieser Wandel in der Führungs- und Verantwortungsstruktur wird aber erst dann zu einer neuen Betriebskultur werden, wenn sich auch die Einstellung und das Verhalten der Führungskräfte und der Mitarbeiter ändert. Sie müssen sich, dem neuen Geist anpassen. Im Inneren der Menschen muß sich ein Wandel vollziehen. Ohne diesen inneren Wandel hat das neue Prinzip kaum eine Aussicht auf Erfolg.
Die Veränderung bedarf eines Lernprozesses auf beiden Seiten. Erst bei einer Umstellung in den Köpfen ändert sich dann auch etwas im Handeln der Menschen und in ihrer täglichen Zusammenarbeit.

Enttäuschend wird diese neue Führungsstruktur für so manchen älteren Menschen sein, der noch tief in der Tradition verwurzelt ist und zum Karrieredenken in seiner Ausbildungszeit erzogen wurde.
Weniger Führungsebenen bieten weniger Aufstiegsmöglichkeiten. Die Neuerung wird als Karrierestop gesehen. Also wird sie erst einmal abgelehnt. Fehler werden gleich der Reform zugeschoben!
Eine Karriere führt in Zukunft nicht mehr ausschließlich nach oben, sondern weit mehr in die Breite. Karriere bedeutet dann ein Wechsel in der Projektstelle, im Fachbereich, mehr in der Ebene als die Treppe hinauf.
Die älteren Mitarbeiter müssen sich hier umstellen und eine neue Einstellung entwickeln.

Mit der neu strukturierten Kultur in der Belegschaft bemühen sich die Unternehmen, ihre Wettbewerbsfähigkeit wieder zu erlangen, sie zu erhalten oder auch auszubauen.
Der Wettstreit um Marktanteile wird heute vorwiegend durch die Kosten entschieden. Ausschlaggebend sind die Produktionskosten. Sie müssen sinken!
Die Unternehmen sind bemüht die Herstellungs- und Fertigungskosten zu verringern und die Produktivität zu steigern. Die Leistungsverbesserungen bilden den Antrieb für die weiteren erfolgreichen Entwicklungen der Unternehmen.

Für die Zielsetzung des Unternehmens bildet eine schlankere Struktur in der Betriebsgemeinschaft eine interessante Möglichkeit. Es erlaubt weit besser als die alte Gliederung eine schnelle und zufriedenstellende Bedienung der Kundschaft. Es gestattet, ein überzeugendes Produkt einer hohen Qualität zum richtigen Zeitpunkt zu wettbewerbsfähigen Kosten zu erstellen.
Ein schlankes Unternehmen mit einer flacheren Hierarchie ist zukünftig so organisiert, daß das Management mit dem Mitarbeiter gemeinsam Unternehmensziele anpeilt und aktiv verfolgt. Beide sind bestrebt, die Geschäftsabläufe zu optimieren, den Auftrag schnell und flink, qualitätsgerecht und kostengünstig zu erfüllen.
Die Mitarbeiter tragen bei der neu gestalteten Struktur mehr Eigenverantwortung bei ihrer Tätigkeit. Sie werden zu mehr Leistung angespornt. Da alle an der Erreichung des Zieles interessiert sind, werden bei Änderung der Rahmenbedingungen auch schnell die Abläufe und auch die Strukturen geändert und den neuen Bedingungen angepaßt. Ja, man ist sogar bestrebt, den Prozeß in seiner Leistung kontinuierlich zu verbessern.
Schlanke Strukturen in einer Firma arbeiten weit besser als die alten traditionellen Einrichtungen. Die Belegschaft ist effizienter, effektiver und wirkungsvoller in ihrer Arbeit und Tätigkeit. Schlanke Unternehmen sind somit für die Zukunft weit besser vorbereitet und gerüstet. Für sie bestehen gute Aussichten für Wirtschaftlichkeit, Produktivität und Wettbewerbsfähigkeit!
Die schlanke Betriebsstruktur in der Belegschaft ist keine Maßnahme zur Kostensenkung oder zur Rationalisierung eines Unternehmen, obwohl es auf den ersten Blick so scheint. Die neue Struktur in der Mitarbeitergemeinschaft ist ein Prinzip für eine effizientere Organisation und Führung eines Unternehmens. Mittels eines schlanken Managements, mittels flacher Hierarchien in der Arbeitsgemeinschaft werden die Abstände zwischen den Vorgesetzten und den Mitarbeitern, zwischen den Mitarbeitern und den Kunden verkleinert bei gleichzeitigem Wandel in der Denkweise und im Arbeitsstil.
Eine netzwerkartige Kommunikation ersetzt die traditionelle Hierarchiestruktur. Es wird mehr Markt- und Kundennähe erreicht. Die Führungskraft ist nicht mehr der ausgesprochene Vorgesetzte oder der Boß. Der Manager ist jetzt mehr ein Moderator.

Eine schlanke Betriebsgemeinschaft bedeutet eine schlanke Führungsstruktur mit einem gleichzeitigen, vermehrten Eingehen auf den Kunden. Der Begriff Kunde umfaßt dabei auch den Lieferanten und den Mitarbeiter. Es wird mehr Qualität bei gleichzeitiger Senkung der Kosten erzielt. Es erfolgt ein Gewinn von Zeit.
Es bleibt mehr Raum für die Konzentration auf andere interessante Wachstumsmärkte und Produktsegmente, für Verbesserung der Produkt- und Prozeßqualität, für eine schnellere Entwicklung neuer Ideen einschließlich ihrer Umsetzung.

Gleichzeitig mit der Umstrukturierung in der betrieblichen Hierarchie sollte eine Nutzung von neuen Methoden und Strategien verbunden werden. Mittels veränderter Vorgehensweise, anderer Praktiken, neue Arbeitstechniken, wie einfachere, prozeßorientiertere Strukturen und Abläufe, durch Motivierung der Mitarbeiter, durch kommunikative Führung, durch moderne Arbeitsmethoden in den Gruppen und durch mehr Teamarbeit sollte das Unternehmen auf die neuen Anforderungen in der Weltwirtschaft ausgerichtet werden.
Die erhöhte Leistungsfähigkeit von einer effektiveren Betriebsbelegschaft beruht auf der verstärkten Gruppen- und Teamarbeit mit der bewußten Verschiebung von Verantwortung nach unten, auf der dadurch möglichen schnelleren Kommunikation zwischen allen am Wertschöpfungsprozeß beteiligten Mitstreitern.
Eine schlankere Arbeitsgemeinschaft erlaubt einen effizienteren Einsatz der Ressourcen, die bessere Nutzung des Ideenpotentials bei den Mitarbeitern für die Verbesserung aller Prozesse. Verschwendungen und Verzögerungen werden weitgehend vermieden.
Genau wie ein schlankerer Mensch schneller und flinker, in der Regel oft dann auch gesünder ist, so ist auch ein schlankes Unternehmen wendiger und anpassungsfähiger im Wettbewerb. Es gewinnt an innerer Stärke, an wirtschaftlicher Kraft und Ausdauer.
Eine schlanke Betriebsgemeinschaft ist nicht nur ein Gürtel enger schnallen, ein Abspecken und sich verkleinern, ein Reduzieren von Personal, sondern gleichzeitig ein Mobilisieren von Reserven, ein Wecken von neuen Kräften. Bei einer Steigerung der Produktion wie auch der Umsätze sind keine weiteren Arbeitskräfte notwendig. Das Management muß nicht weiter aufgeblasen werden.
Die Reduzierung in der Führungsschicht führt zu einer wirkungsvolleren Betriebsgemeinschaft, einem Produktivitätswachstum, zu einer Verbesserung des gesamten Unternehmensprozesses.
Der Strukturwandel bedeutet im ersten Schritt mehr Arbeitslosigkeit! Nicht nur die Zahl der Führungskräfte wird reduziert, auch die Schar der Ausführenden kann aufgrund der Erhöhung Leistungskraft vermindert werden. Manager und Mitarbeiter erhöhen ihre eigene Produktivität und somit vermindert sich der Bedarf an arbeitenden Menschen.
So unerfreulich diese Tatsache auch ist, es gibt keinen Ausweg und keine Alternative. Die Unternehmen müssen den Umbau in ihrer Struktur und Führung verkraften. Sie müssen sich auf eine schlankere Betriebsgliederung einstellen und Aufgaben wie auch Funktionen verschieben.
Im Endergebnis gewinnen die Unternehmen neue Kräfte, erhöhen und steigern ihre Produktivität, nutzen die synergistischen Effekte.

Wenn die Unternehmen weiterhin wettbewerbsfähig bleiben wollen, wenn sie ihre Arbeitsplätze weiterhin für die Mehrzahl ihre Mitarbeiter erhalten wollen und wenn sie wieder Anschluß an den internationalen Standard, an die USA oder Japan gewinnen wollen, dann müs-

sen die Unternehmen im Einvernehmen mit ihren Mitarbeitern sich auf einen grundlegenden Wandel einstellen.
Man muß zahlreichen Unternehmen den Vorwurf machen, daß sie viel zu spät diese Entwicklung begriffen haben und daß sie viel zu lange die Augen vor diesem Wandel infolge ihrer traditionellen Trägheit verschlossen haben.
Die organisatorische Änderung ist nicht zu vermeiden oder irgendwie umgehbar. Sie ist eine Entwicklung, die ein Unternehmen einschließlich aller Mitarbeiter akzeptieren muß. Die Mitarbeiter müssen mit diesen Wandel leben. Jeder Mitarbeiter muß sich auf die Veränderungen in seinem beruflichen Alltag und seinem persönlichen Leben einstellen.

2.3. Das Management zur Führung der Betriebsgemeinschaft

Ein Unternehmen bedient sich zur Unternehmensführung und Sicherstellung seiner betrieblichen Abläufe gewisser Instrumente und Werkzeuge. So werden zur Erzeugung der Produkte oder zur Durchführung von Dienstleistungen bestimmte technologische Methoden und Verfahren genutzt, während zur Lösung der geschäftlichen Aufgaben und Pflichten technische Einrichtungen und Betriebsinstitutionen dienen.
Ein Instrument zur Leitung und Lenkung eines Unternehmens bildet das Management. Eine Anzahl von Führungskräften sorgt für eine optimale Nutzung der Ressourcen.
Manager bedienen sich modernster Techniken und Strategien zur betrieblichen Aufgabenerfüllung. Neueste Verfahrenstechnologien garantieren eine Wirtschaftlichkeit. Das Management leitet und lenkt die Mitarbeiter der Betriebsgemeinschaft. Es motiviert die Ausführenden, die die betrieblichen Tätigkeiten vollbringen.
Das Management bildet quasi ein Gerüst und stellt als Verbund des Ganzen den Zusammenhalt und das Zusammenwirken der einzelnen Unternehmensbereiche und -teile sicher. Es sorgt für ein ordnungsgemäßen Verlauf der Geschäftsabläufe, für den Fortgang und die Reihenfolge aller Einzelschritte in einem definierten, festen Rahmen.
Mit der Einführung eines Managements erhält das Unternehmen eine Struktur. Das Management organisiert die Ordnung für die betriebswirtschaftlichen Funktionen und sichert die Arbeits- und Prozeßabläufe. Verschiedene Betriebsregelungen schaffen die Voraussetzung dafür, daß alles in einem Unternehmen in einer wohl durchdachten Folge abläuft und zu einem Erfolg führt. Das Management ermöglicht das gesamte betriebswirtschaftliche Geschehen.
Die Zielsetzung ist der wirtschaftlichste Betriebsablauf für das gesamte Unternehmen, ein perfektes Funktionieren der Betriebsgemeinschaft und ein wirksames Zusammenspiel bei den Mitarbeitern. Die Firmenmannschaft soll bestimmte Aufgabe und Dienste erfüllen und dabei einen Gewinn erreichen.
Das Management garantiert eine funktionierende Unternehmensorganisation, die den Betrieb mit allen seinen Arbeitsabläufen regelt.
Alle Arbeiten und Tätigkeiten sind wohl geordnet und organisiert. Das betriebswirtschaftliche Wirken ist festgelegt und in seiner Funktion gesichert.
Ohne eine organisatorische Regelung durch das Management würde alles in einem Betrieb durcheinander ablaufen. Eine Wirtschaftlichkeit der Firma wäre nicht gegeben. Der einzelne

Mitarbeiter könnte in einem solchen Chaos dann auch nicht seinen Lebensunterhalt bestreiten.
Die gemanagte Organisation ist die Voraussetzung für die ordnungsgemäße Ausführung und Durchführung der Arbeiten. Erst sie ermöglicht die Leistungen.

In einem kleinen Unternehmen, in einem Einmannbetrieb oder in einer Firma mit nur wenigen Mitarbeitern, ist der Unternehmer noch Produzent, Einkäufer, Verkäufer, Planer und Buchhalter, alles in einer Person. Er ist der Manager und als solcher auch gleichzeitig das Management, alles in einem.
Mit der Ausweitung eines Betriebes werden Mitarbeiter eingestellt. Es entstehen Abteilungen und schließlich sogar eine Organisation von Gruppen, Abteilungen oder Stationen. Einige Einkäufer und Verkäufer, Abteilungs- oder Betriebsleiter sind die neuen Mitarbeiter.
Mit zunehmender Größe muß der Unternehmer, der im allgemeinen oft auch der Eigentümer des Betriebes ist, Aufgaben und Funktionen abgeben und delegieren. Die Vielzahl der Aufgaben und die zahlreichen verschiedenen Erledigungen machen eine Arbeitsteilung und Spezialisierung erforderlich. Den Mitarbeitern werden bestimmte Aufgaben und Pflichten zugewiesen. Organisatorische Regelungen werden erforderlich.
Erfolgen keine besonderen Vorkehrungen führt diese Aufsplittung der Arbeiten zu einem Verlust der persönlichen Beziehungen. Die engen Bindungen des einzelnen Mitarbeiters an das Unternehmen verlieren mehr und mehr ihre Bedeutung und bestimmen nicht mehr den Betriebsablauf. Sie werden durch reine fachliche Tätigkeiten ersetzt.
Mit der Vergrößerung eines Unternehmens wächst die organisatorische Differenzierung der Betriebsaufgaben. Es erfolgt zunehmend eine sachliche Gliederung in Abteilungen und Aufgabenbereiche. Die Arbeitsgebiete werden abgegrenzt. Alles wird unpersönlicher und rein sachbezogen. Die Betriebsaufgabe wird in Teilaufgaben unterteilt. Der Mitarbeiter hat nur noch Teilarbeiten auszuführen und die Bindung zur Gesamtaufgabe geht langsam verloren.
Mit zunehmender Betriebsgröße kennen sich die Mitarbeiter immer weniger. Man spricht nicht mehr so oft miteinander. Die Wege zwischen den Abteilungen werden immer länger. Instanzen sind einzuhalten. Alles wird immer mehr abgegrenzt.
Das persönliche Interesse verliert sich und die Mitverantwortung an der Arbeitsleistung erlischt. Man tut seine Pflicht innerhalb der Abteilung. Der gesamte betriebswirtschaftliche Vollzug wird aber nicht mehr gesehen.
Hier hat nun das Management seine Aufgaben und Funktionen zu erfüllen. Es muß als Bindeglied zwischen den verschieden Arbeitsgruppen dafür sorgen, daß eine funktionierende Betriebsgemeinschaft erhalten bleibt, daß die einzelnen Abteilungen einschließlich der Mitarbeiter verbunden bleiben und die Leute weiter miteinander sprechen. Nur eine Kommunikation führt zu einen Informationsaustausch und ermöglicht eine erfolgreiche Zusammenarbeit.
Das Management muß als Kitt das ganze Unternehmen zusammenhalten und alles im Griff haben.
Ab einer gewissen Größe besteht für die meisten Unternehmen die Gefahr, daß die Unternehmensorganisation zu einem unbiegsamen Gefüge erstarrt. Das Unternehmen wird dann unelastischer und weniger anpassungsfähig. Der Betrieb wird schließlich sogar schwerfällig und reagiert nur noch langsam. Die Motivation der Menschen als Antrieb für eine Leistung können schließlich mehr und mehr verloren gehen, wenn hier nicht das Management aktiv eingreift und ein nur formales Ablaufen der betriebswirtschaftlichen Vorgänge verhindert.
Das Management muß dafür Sorge tragen, daß spontane Reaktionen weiterhin in die Struktur passen, daß neben der Sache auch noch der Mensch gesehen wird.

Der Mensch darf nicht vergessen werden, ist er es doch, der die Maschine, den Computer oder den Roboter bedient.
Die Managementorganisation selbst darf aber ebenfalls nicht zu einem nur sachbezogenen System verkümmern und sich ausschließlich nur auf die sachlichen Aufgaben konzentrieren. Die Betriebsorganisation muß auch die betriebswirtschaftliche Leistung des Menschen sehen und ihn bei allen Betrachtungen und Entscheidungen immer mit einbeziehen. Erst durch die Menschen erhält das Unternehmen sein Leben, seine Ausstrahlung und Lebendigkeit und Vielfältigkeit.
Der Umfang des Managements richtet sich nach der Mannigfaltigkeit und der Art der Aufgaben wie auch der Größe eines Unternehmens. Die Führungsschicht wächst in der Regel mit der Erweiterung einer Firma. Sie ist im allgemeinen kein starres Gebilde. Sie ist dynamisch und paßt sich den stetig verändernden Gegebenheiten an. Für diese Eigendynamik und Flexibilität muß das Management aber auch selbst sorgen. Mit den äußeren Veränderungen muß es sich selbst wandeln und den neuen Anforderungen anpassen. Es muß sich stetig weiterentwickeln und darf nicht auf einer Stufe verharren.
Neue Aufgaben und neue Tätigkeiten sowie auch ein Anwachsen des Arbeitsumfanges machen eine Vergrößerung in der Managementorganisation erforderlich.
Umgekehrt müssen aber auch Aufgabenverschiebungen und -änderungen, neue Organisationsstrukturen zu einer Reduzierung des Managements führen. Management ist kein Selbstzweck! Es ist stets ein Teil der Betriebsgemeinschaft! Es unterliegt wie alle betrieblichen Einrichtungen einem stetigen Wandel.
Die Leistungen des Unternehmens sind das Ergebnis der Zusammenarbeit der Menschen in einem Betrieb, ihres gemeinsamen Arbeitens und Wirkens. Die Gemeinschaftsarbeit wird entscheidend vom Management beeinflußt und geformt.
Nicht die isolierte Einzelentscheidung der Abteilung bestimmt den Ablauf, sondern die abgestimmte über die Abteilung hinausgehende gemeinsame Entscheidung aller Bereiche, koordiniert vom Management, sorgt erst für die Wirtschaftlichkeit des Unternehmens. Erst eine enge kooperative Gemeinschaftsarbeit aller betroffenen Mitarbeiter führt zum Erfolg des Unternehmens.
Das Management trägt hier einen entscheidenden Beitrag dazu bei, daß die Mitarbeiter zufrieden sind und etwas leisten.
Zur Vermeidung einer Isolierung der Menschen in einem Betrieb müssen die Mitarbeiter von ihren Vorgesetzten unterrichtet werden. Sie sind nicht nur die Erfüller einer Arbeit oder einer Aufgabe. Sie sind Mitwirkende. Das Management muß den einzelnen Mitarbeitern ein Zusammengehörigkeitsgefühl wie auch ein Wertgefühl vermitteln.
Ein Mitarbeiter erfüllt seine Aufgaben und Pflichten weit besser, wenn er um die Zusammenhänge weiß, wenn er unterrichtet wird. Er muß wissen, in welcher Beziehung seine Arbeit zur gesamten betriebswirtschaftlichen Zielsetzung steht. Er muß wissen, wie das Musikstück heißt, das da gespielt wird und in dem er mitwirkt.

Mit eine der entscheidendsten Aufgaben des Managers ist es, die Betriebsangehörigen für eine betriebswirtschaftliche Mitwirkung und Mitarbeit zu gewinnen. Diese Mitarbeit setzt eine Einbeziehung und Integration aller Mitarbeiter voraus. Die Tätigkeiten aller Mitarbeiter müssen in einem übersichtlichen Gesamtsystem integriert werden. Nicht das isolierte Sachdenken, sondern das betriebswirtschaftliche Denken im Sachzusammenhang führt zur Erfüllung der Aufgaben und damit zu einem wirtschaftlichen Erfolg.

Die Betriebsgemeinschaft, seine personelle Besetzung und damit seine Leistung in einem Unternehmen, wird im allgemeinen vom Unternehmer bzw. dem Topmanagement geprägt. Die Führungsspitze entscheidet mit seiner Berufung der Manager und diese wieder mit der Einstellung der Mitarbeiter über die Qualität der gesamten Betriebsgemeinschaft, seine Leistungsfähigkeit und Qualifikation und damit dann über den Erfolgt des gesamten Unternehmens.

Die Lenkung eines Unternehmens setzt entsprechende fachliche wie auch menschliche Qualifikationen voraus. Neben dem fachlichen Wissen und Können muß das Personalmanagement ein gewisses Händchen für die Mitarbeiterführung haben. Hier übernimmt dieses Management eine hohe und nicht zu unterschätzende Verantwortung. Die für das Betriebspersonal zuständigen Mitarbeiter müssen sich hier der Verantwortung auch stets bewußt sein. In ihren Händen liegt die Zukunft des gesamten Betriebes einschließlich der Menschen.

Das dem Unternehmer bzw. der Führungsspitze unterstehende Management bildet das Grundgerüst für die wirtschaftliche Tätigkeit eines Unternehmens. Als Instrument der Unternehmensführung trägt das Management die Verantwortung für die Regelung der Mitarbeit und Mitgestaltung aller im Betrieb tätigen Menschen. Es stellt eine Unterrichtung und eine Berichterstattung sicher. Alle betrieblichen Abteilungen müssen über die Unternehmensziele und über die Unternehmensentscheidungen unterrichtet sein. Eine nicht richtig informierte Gemeinschaft weiß nicht, was sie tut und warum sie es tut. Sie wird somit auch keine produktive Leistung vollbringen.

Das Managementsystem muß die Ordnung sicherstellen und die Arbeitsabläufe leiten, alles mit der Zielsetzung einer ordentlichen Erfüllung der Aufgaben und der Dienstleistungen.

Der Erfolg eines Unternehmens in der Wirtschaft wird sehr entscheidend von seiner gesamten Betriebsgemeinschaft geprägt, seinem Führungsleuten und seinen die Arbeiten ausführenden Kräften. Die Manager als Bestandteil der betrieblichen Gemeinschaft sind die Ausführungsorgane der Unternehmensleitung. Sie leiten die Menschen und sorgen für das Zusammenwirken der betrieblichen Abläufe. Sie stellen die Betriebsfunktionen des Unternehmens sicher.

Die zukünftige wirtschaftliche Kraft eines Unternehmens im Wirtschaftsmarkt wird auch sehr stark von der Mitarbeiterzahl bestimmt, von der manuellen und intellektuellen Leistungskraft, der Tüchtigkeit und dem Fleiß der in einem Betrieb tätigen Menschen einschließlich auch aller damit verbundene Kosten. Gerade die Personalkosten sind ein nicht unwesentlicher Kostenfaktor.

Die Globalisierung unserer Wirtschaft macht nun leider auch eine mehr oder weniger betriebliche Anpassung in der Mitarbeiteranzahl erforderlich. Ein schlankes und abgespecktes Unternehmen, d. h. ein Unternehmen mit einer möglichst geringen aber schlagkräftigen Mitarbeiterzahl hat in diesem Wettstreit weit bessere Karten. Eine nur kleine Betriebsgemeinschaft verursacht auch nur weniger Aufwendungen in den Löhnen und Gehältern, vermindert somit die Kosten.

Die Unternehmen müssen sich neben ihrem organisatorischen Umbau und den Veränderungen in ihren Aktivitäten auch in ihrer personellen Mitarbeiterzusammensetzung neu strukturieren. Sie müssen mit der Reduzierung der Mitarbeiterzahl die Qualitätsanforderungen an das Personals erhöhen. Statt Masse nun Niveau. Die Unternehmen müssen die beruflichen und fachlichen Ausbildungen ihrer Mitarbeiter fördern und sie zum ständigen Lernen motivieren. Die Belegschaft muß dem Wandel im Wirtschaftsmarkt angepaßt werden.

Die Restrukturierung der Unternehmen umfaßt die folgenden wichtigen Maßnahmen:

- Die Unterteilung des Unternehmens in schlagkräftige und flexible Arbeitseinheiten.
- Die Bildung von Arbeits- und Projektgruppen mit eigener Verantwortung.
- Die Einführung eines motivierenden Entlohnungssystems für alle Mitarbeiter.
- Die kontinuierliche und systematische Anpassung und Verbesserung aller Arbeitsabläufe und Prozesse wie auch der Qualifikation der Mitarbeiter.

2.3.1. Die Verselbständigung von Unternehmensteilen

Mit der Aufteilung eines Unternehmens in Arbeitseinheiten wird ein Unternehmen in kleinere Unternehmen innerhalb des Gesamtunternehmens unterteilt. Einzelne Unternehmensteile werden verselbständigt.
Die Grundidee ist, aus einem größeren Unternehmen kleinere, schlagkräftige und flexible Einheiten zu machen, die besser auf Veränderungen im Markt reagieren können, die ihre Mitarbeiter wieder aktivieren, die Kundenwünsche besser und schneller erfüllen können, die aber auch besser bezüglich der Kosten kontrolliert und überwacht werden können.
Das Unternehmen wird quasi zu einer Holding, die nur noch übergeordnete Aufgaben wahrnimmt. Ihre Zuständigkeit umfaßt die Unternehmensstrategie, die Finanzen und die Kontrolle der Geschäftsbereiche. Die Entscheidungen erfolgen vor Ort bei den neuen Geschäftseinheiten. Das operative Geschäft wird von den kleineren Einheiten getätigt.
Die Aufteilung in neue Geschäftsbereiche kann nach Schwerpunkten wie Produktgruppen, nach Märkten oder Kunden erfolgen. Jede Einheit hat ihre eigene Aufgabe und ist für die zu leistende Arbeit voll verantwortlich.
Ein großer Vorteil dieser Aufteilung in selbständige Geschäftseinheiten ist die verstärkte Einbindung der einzelnen Mitarbeiter in den Arbeitsprozeß.
Jeder beherrscht sein Aufgabengebiet. Die Entscheidungen fallen schneller. Die Zusammenhänge sind klarer. Die Abläufe sind einfacher und übersichtlicher. Der Geschäftsbereich arbeitet näher am Markt. Die Arbeitseinheit hat einen engeren Kontakt mit dem Kunden. Jeder Mitarbeiter wird wieder mehr gefordert, sieht wieder mehr Vorort, worum es eigentlich im Betrieb geht.
Für den Mitarbeiter wird die Arbeit wieder interessanter, da er wieder mehr die Zusammenhänge miterlebt. Er gewinnt Freude an der Arbeit.
Die Geschäftseinheit ist nicht nur für Produktion zuständig, sie ist auch verantwortlich für Entwicklung, Einkauf, Marketing und Vertrieb, für das Rechnungswesen und Controlling wie auch das Personal. Sie bilden eine selbständige Einheit.
Die Organisationseinheit steuert direkt den Umsatz, sie bestimmt das betriebliche Geschehen und damit dann auch das Ergebnis.
Sehr positiv wirken sich aus: Die Mitarbeiter denken und arbeiten wieder mehr mit. Sie konzentrieren sich nicht nur auf das eigene Tätigkeitsfeld, sondern auch auf das direkte Umfeld. Sie sehen die Engpässe bei den Anlagen oder Maschinen und versuchen Fehlläufe zu vermeiden. Es wird flexibel gearbeitet. Es wird schneller reagiert.
Die ein Gerät oder eine Maschine bedienenden Mitarbeiter arbeiten nicht nur mit dem Werkzeug, sondern warten es auch und führen auch gleich kleinere Reparaturen selbst aus. Die

früher zentrale Wartung und Instandhaltung wie auch Reparatur ist nun mehr direkt Vorort tätig. Sie kommt schneller und kostengünstiger zum Einsatz. Alles ist mehr auf das Ziel ausgerichtet.

Die Mitarbeiter aus den verschiedenen Bereichen arbeiten in einem Team über die bisher üblichen Bereichsgrenzen hinweg enger zusammen. Man holt sich ganz selbstverständlich auch einmal eine Hilfe vom Nachbarn, vom Kollegen im anderen Team.

Aufgrund der neuen Arbeitsgemeinschaften ergeben sich auch andere Strukturen in den Geschäftseinheiten, die jetzt der jeweils erforderlichen Größe angepaßt und mehr direkt auf den Markt ausgerichtet sind. Das so umstrukturierte Unternehmen ist damit aktiver im Marktgeschehen.

Beispiele aus der Automobilindustrie belegen den Erfolg des Prinzips einer Verselbständigung. Große Automobilhersteller können mit stolzen Ergebnissen aufwarten. Produktivität und Qualität, Arbeitsfreude und Motivation zur Leistung haben sich erhöht und bestätigen die Richtigkeit des eingeschlagenen Weges.

Die Mitarbeiter werden wieder mehr an ihre Arbeit und damit an das Unternehmen gebunden. Die Leute achten wieder etwas mehr auf die Qualität ihrer Arbeiten. Ihre Fehlerraten reduzieren sich, die Ausschußquote wird gemindert.

Die Durchlaufzeiten konnten in Betrieben, wo das Prinzip bereits verwirklicht wurde, bemerkenswert verkürzt werden, was die Bestände und damit die Lager- und Verwaltungskosten verminderte.

Infolge auch der besseren Kostenbeobachtung in den einzelnen Einheiten ließen sich Schwachstellen schneller erkennen und abstellen. Die Kosten konnten hier gesenkt werden.

Sehr positiv wirken sich die erhöhte Flexibilität durch den wechselnden Einsatz an den Arbeitsplätzen aus. Der tägliche Arbeitsablauf wird interessanter und abwechslungsreicher. Die Mitarbeiter werden mehr gefordert. Sie müssen nicht nur immer nur eine Tätigkeit verrichten. Sie können auch schnell einmal an anderer Stelle einspringen.

Die Aufteilung des Unternehmens ist nicht nur auf die Produktionsprozesse und die verarbeitenden Abteilungen beschränkt, sie umfaßt auch die Arbeitsvorbereitung, die Materialbeschaffung wie auch den Vertrieb. Auch hier ergeben sich neue Zuordnungen und Arbeitsaufteilungen.

Diese direkte Zuordnung bewirkt, daß der Produktionsprozeß besser gesteuert werden kann. Auf kurzfristige Änderungen kann schneller reagiert werden. Bei Engpässen oder irgendwelchen Abweichungen in der aktuellen Produktion können sofort Gegenmaßnahmen ergriffen werden.

Dieses Verselbständigen von Unternehmensteilen hat insgesamt sehr vorteilhafte Auswirkungen für das Unternehmen. Das betriebliche Geschehen um den Mitarbeiter herum wird „kleiner" und für die Person besser überschaubar. Neben der starken Ausrichtung auf den Markt werden die Mitarbeiter wieder mehr in das Unternehmensgeschehen eingegliedert und zu einer engagierteren und lebendigeren Mitarbeit motiviert.

2.3.2. Die Bildung von Arbeits- und Projektgruppen

Völlig neu in vielen Betrieben ist bei der Umstrukturierung der Unternehmen die Bildung von Arbeitsgruppen bzw. von Projektgruppen. Mit der Aufteilung eines Unternehmens in Unternehmenseinheiten übernehmen Projektgruppen die Verantwortung für die Arbeitsabläufe und das Arbeitsziel bzw. das Arbeitsergebnis. Die Gruppe, besser gesagt, das Arbeitsteam erhält von außen den Arbeitsauftrag. Die zu erledigenden Arbeiten werden dann von der Gruppe bzw. dem Team bestimmt.
Das Arbeitsteam legt die Ziele fest. Es verteilt die Aufgaben und die Arbeiten innerhalb des Teams und nutzt damit die Fähigkeiten und Fertigkeiten der Gruppenmitglieder. Die Arbeitsgruppe arbeitet als Team zusammen. Sie plant eigenständig die Arbeiten, die Tätigkeitsabläufe in ihrer Reihenfolge und Priorität. Arbeitszeit und Urlaubspläne werden selbst festgelegt. Alle Termine werden innerhalb der Arbeitsgemeinschaft abgestimmt. Einarbeitung auch von neuen Mitarbeitern, Training und Fortbildung sind mit eine Aufgabe des Teams. Die Verantwortung für den Produktionsprozeß einschließlich der Qualität der Arbeiten liegt in den eigenen Händen.
Das Team entwickelt durch die Eigenverantwortung mehr Kostenbewußtsein und unternehmerisches Denken.
Das gefertigte Produkt wird dann wieder nach außen an den Vorgesetzten abgegeben.
Die Arbeitsgruppe wird außerhalb des eigenen Bereiches von einem Gruppensprecher vertreten. Er ist der Ansprechpartner. Er ist kein Gruppenführer oder Vorgesetzter. Er ist ein normales Teammitglied wie jeder andere, hat nur seine Sprecherfunktion.
Die ursprüngliche Meisterrolle wird dabei durch einen neuen Arbeitsstil ersetzt. Ein Meister hat jetzt nur noch eine beratende, eine koordinierende, eine verknüpfende Aufgabe. Er ist wohl weiterhin der Lehrer, Ausbilder und Erzieher, aber jetzt mehr als Partner und Ratgeber im Team. Er ist kein Vorgesetzter der Projektgruppe mehr. Er ist mit ein Teammitglied.

Alle Mitarbeiter müssen im Arbeitsteam wirklich mitarbeiten. Diese Mitarbeit wird durch die Art der Zusammenarbeit gefördert. Aufgrund der Anforderungen an jeden einzelnen Teilnehmer in der Gruppe bzw. im Team ergibt sich eine gewisse Kreativität. Jeder fühlt sich gefordert und ist bemüht auch Verbesserungen zu leisten. Der Teamgeist regt den Einzelnen an. Er möchte sich beteiligen. Er möchte Erfolg haben.
Mit dieser Projektarbeit wird eine neue Unternehmenskultur praktiziert. Die Arbeit wird von einer Gruppe, einem Arbeitsteam verrichtet, das sich gegenseitig beisteht und unterstützt. Die Schwächen des einzelnen Mitgliedes werden von der Gruppe aufgefangen. Leistungsschwankungen werden ausgeglichen.
Die Projektgruppe erhält eine Unterstützung von außen durch die jeweils zuständigen Bereiche. Fachkräfte und Spezialisten beraten das Team. Es erfolgt quasi eine Teamarbeit über das Team hinaus.

Der Einführung der neuen Gruppenarbeit sollte immer ein Pilotprojekt vorausgehen, das für diese neue Arbeitskonzeption wirbt.
Das Vorbild hat die Aufgabe, Vertrauen zu schaffen und die Mitarbeiter von den Vorteilen einer solchen Arbeitsweise zu überzeugen.

Das Vorbild ist von großer Wirksamkeit. Nichts überzeugt besser als ein positiv erlebtes Beispiel. Es reißt die Mitarbeiter mit.
Obwohl der Arbeitsstil Projektarbeit sehr vorteilhaft ist, sollte bei der Einführung dieser Neuerung doch sehr behutsam vorgegangen werden. Für viele Mitarbeiter ist dieser Arbeitsstil eine völlig neue und ungewohnte Arbeitsweise. Bei fehlender Vorbereitung kann die Projektarbeit falsch verstanden werden und dann zu einem negativen Ergebnis führen. Nur ein behutsames Vorgehen erleichtert strukturelle Umstellung in einem Betrieb, macht in vielen Fällen auch nur einen Wandel möglich.
Wird die Gruppenarbeit von den Mitgliedern der Projektgruppe richtig verstanden und auch entsprechend korrekt praktiziert, dann erhöht diese Arbeitsweise die Flexibilität der Gruppenmitglieder. Die Mitarbeiter lernen schneller zu reagieren, zu improvisieren, unvorbereitet etwas zu unternehmen. Die Leute werden wieder fähig, falls es erforderlich wird, sich schneller in andere Gebiete einzuarbeiten und an anderen Plätzen ihren Mann zu stehen. Sie lernen Fähigkeiten und Kenntnisse zu erwerben. Der wechselnde Arbeitsplatzeinsatz wird wieder möglich.
Gleichzeitig wird durch den neuen Arbeitsstil die Nutzung externer Bereiche durch Einbindung in der Gruppe gefördert. Es werden Wissen und Können von außerhalb geholt und genutzt.
Ein großer Vorteil des neuen Systems Teamarbeit ist es, daß der Mitarbeiter nicht immerfort die gleiche Arbeiten und Tätigkeiten ausführt und nach festen, vorgegebenen Anweisungen arbeitet, sondern im Wechsel immer wieder andere Aktivitäten vollbringt.
Der gesamte Produktionsschritt bzw. die gesamte Teamarbeit wird zusammen mit den Kollegen verantwortet. Die betriebliche Tätigkeit ist weniger monoton und langweilig.
Der Mitarbeiter erlebt nun das Gefühl, daß seine Arbeit geschätzt wird, daß seine Meinung gefragt ist, daß er gebraucht wird. Alles das motiviert ihn in seiner betrieblichen Betätigung und Funktion.

2.3.3. Das Entlohnungssystem

Das Lohn- und Gehaltssystem eines Unternehmens sollte die Mitarbeiter ansprechen und motivieren. Ein Entlohnungssystem ist nur sinnvoll, wenn es auch für eine gerechte Belohnung sorgt, wenn es den Mitarbeitern einen gewissen Anreiz zum Arbeiten bietet und sie zum Vollbringen einer Leistung anspornt.
Das System der Entlohnung sollte einmal der Zielsetzung des Unternehmens dienen, sollte andererseits aber auch die Wünsche der Mitarbeiter berücksichtigen und sie zur Mitarbeit motivieren.
Ein vernünftiges Bezahlungssystem setzt individuelle Vereinbarungen zwischen Arbeitgeber und Arbeitnehmern voraus. Beide Seiten müssen sich auf eine gemeinsame Zielsetzung einigen. Eine Veränderung aufgrund neuer Situationen sollte möglich bleiben. Auch das Entlohnungssystem bedarf einer gewissen Flexibilität.
Für jedes Unternehmen bestehen andersartige Voraussetzungen und unterschiedliche Möglichkeiten. Die Anforderungen sind verschieden. Somit müssen auch die Lohnsysteme der Unternehmen in einem gewissen Grade Unterschiede aufweisen.

Eine gar nicht so unvernünftige Vereinbarung wäre ein System, bestehend aus einem fest definierten Anteil, zum Beispiel einer Art von Grundvergütung, die ein vernünftiges Existenzminimum garantiert und die Produktivität des Unternehmens berücksichtigt und widerspiegelt. Dazu kommt dann eine variable Prämie, die besondere Leistungen, wie Qualifikation des Arbeitnehmers, geleistete Verbesserungen oder Produktivitätssteigerungen belohnt.
Jedes System, daß in irgendeiner Weise eine gewisse Faulheit unterstützt, ist langfristig gesehen eine gefährliche Vereinbarung, die eigentlich beiden Seiten in keiner Form irgendwie dienlich ist. Ein solcher Vertrag ist ungerecht gegenüber jedem ehrlichen, tüchtigen und fleißigen Mitarbeiter.
Das Lohn- und Gehaltsmodell muß gerecht sein. Unterschiedliche Auszahlungen bei gleicher Arbeit und gleicher Qualifikation führen nur zu Unzufriedenheit und nähren das Mißtrauen. Im Endeffekt verliert das Unternehmen gute und tüchtige Arbeitskräfte.
Auch ein Lohnsystem muß neuen Gegebenheiten angepaßt werden können und das nicht nur einseitig sondern in beiden Richtungen. Wenn die Zeiten es erforderlich machen, muß auch einmal eine Lohnreduzierung möglich sein. Sie ist im beiderseitigen Interesse.
Jedes Lohn- und Gehaltsmodell sollte möglichst objektiv und weitgehend transparent sein. Nur ein solches System mit einer gerechten Entlohnung strahlt Vertrauen aus und erhöht die Zufriedenheit und Leistungsbereitschaft der Mitarbeiter.

2.3.4. Die kontinuierliche und systematische Anpassung

Unter einer kontinuierlichen und systematischen Anpassung versteht man die stetige Überprüfung eines Vorganges, sei es ein Arbeitsablauf, ein technischer Prozeß oder auch ein Ausbildungsstand, gekoppelt mit der ständigen Einführung von Maßnahmen zur qualitativen Verbesserung und einer effektiven Leistungssteigerung. Mit der systematischen Anpassung an neue Anforderungen erfolgt eine kontinuierliche Verbesserung.
In der Regel wird zunächst ein Standard geschaffen. Durch eine genaue Beschreibung wird ein Richtmaß festgelegt, mit dem dann ein veränderter Ablauf verglichen werden kann. Es werden Messungen ausgeführt und die Meßergebnisse den Vorgaben gegenübergestellt. Aus den Abweichungen ergeben sich dann Möglichkeiten für ein Anpassen und Verbessern.
Mit jeder Verbesserungsmaßnahme wird wieder ein neuer Standard geschaffen, der als Vergleichsmaß gilt. Erneut wird dann wieder eine Messung vorgenommen und ein Vergleich angestellt. Es folgen gewisse Maßnahmen zur Verfeinerung, zur Veredlung und Kultivierung. Es entsteht ein Vorgang einer stetigen Anpassung einer Sache, einer Verbesserung eines Prozesses. Es bildet sich ein Kreis eines kontinuierlichen Wandels.

Die erkannten Abweichungen sind jeweils der Ansatzpunkt für eine Optimierung der Arbeitsabläufe oder eines Ausbildungsstandes, für die Anpassung der Standards.
Es wird immer wieder ein neuer Standard aufgestellt, der aber gleich wieder angezweifelt und auf Verbesserungsmöglichkeiten geprüft wird. Eine Sache oder ein Arbeitsablauf unterliegt somit einem Prozeß einer ständigen Verbesserung.

Der Kreislauf des kontinuierlichen Wandels.

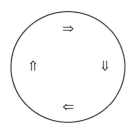

Aufstellung des Standards. Zielsetzung.
Es werden Vorgaben gemacht.

Beobachten des Arbeitsprozesses.
Die Messungen werden ausgeführt.

Vergleichen der Daten mit der Zielvorgabe.
Das Datenmaterial wird analysiert.

Beseitigung der Abweichungen.
Es werden Änderungen vorgenommen.

Aufstellung eines neuen Standards, Richtwertes.
Der Kreislauf wiederholt sich.

Die kontinuierlichen Kultivierungen und fortdauernden Veredelungen der Arbeitsprozesse, die stetige Aus- und Weiterbildung, die systematische Anpassung der eigenen Qualitäten, die Notwendigkeit zum ständigen Lernen zur Sicherung des Arbeitsplatzes sind für deutsche Unternehmen noch verhältnismäßig neu, werden aber immer mehr übliche Verfahren. Eine Jobsicherheit setzt mehr und mehr ein flexibles Verhalten und eine Bereitwilligkeit zum Lernen voraus. Kontinuierliches Verbessern, lebenslanges Lernen sind Voraussetzungen bei der Bewahrung des Markwertes. Sie dienen der Aufrechterhaltung und Pflege der Arbeitskraft und der Leistungsfähigkeit.
Bei jedem Prozeß ändern sich im Laufe der Zeiten immer wieder die Anforderungen. Dieser ständige Wechsel machen eine systematische Anpassung und Pflege der Qualitäten, auch der eigenen, an die Arbeitsmarktlage erforderlich.

Durch die Einführung eines Qualitätssicherungs- bzw. eines Qualitätsmanagementsystems werden Unternehmen gezwungen, in regelmäßigen Abständen die Arbeitsabläufe und -prozesse, wie auch die Qualifikation ihrer Mitarbeiter auf Verbesserungen zu überprüfen. Immer wieder werden Arbeitsschritte auf ihre Wirksamkeit und Effektivität, auf ihre Sicherheit und Zuverlässigkeit untersucht und damit dann auch verbessert.
Immer mehr wird aber auch auf eine Verbesserung des Ausbildungsstandes der Mitarbeiter wert gelegt. Die Mitarbeiter müssen auf die Anforderungen der neuen Technologien angepaßt werden. Vom Mitarbeiter wird mehr und mehr ein sich Fortbilden verlangt. Er muß sich auf ein lebenslanges Lernen einstellen.
Die beste Garantie für eine Jobsicherheit auch innerhalb der eigenen Firma bildet die rechtzeitige und regelmäßige eigene Weiterbildung, die Anpassung des eigenen Wissens und der einmal früher erworbenen Kenntnisse an die aktuellen Anforderungen.

Eine Veränderung oder eine Innovation vollzog sich bisher vorwiegend in einem Schub, nicht aber als fortlaufender Erneuerungsprozeß. Die Installierung eines neuen Verfahrens oder ei-

ner neuen Arbeitsmethode, die berufliche Ausbildung hatte nach ihrer Einführung bzw. nach ihrem Abschluß in der Regel erst einmal für einen längeren Zeitraum einen festen Bestand und wurde nicht gleich wieder angezweifelt und korrigiert oder fortgeführt.
Erst nach einem längeren Zeitabschnitt folgte dann wieder eine Neuerung oder Fortbildung. Alles lief immer in der Form von Stufen oder größeren Schritten oder auch Sprüngen ab.
Das Konzept der stetigen Verbesserung nutzt dagegen das Prinzip des Stückchen für Stückchen. Die Methode kommt aus Japan und ist auch unter dem Namen „Kaizen" bekannt geworden. Es ist ein japanisches Verfahren der kontinuierlichen Qualitätsverbesserung eines technischen Verfahrens wie auch des Menschen. Es ist eine Unternehmensphilosophie, wo der Mensch im Mittelpunkt der Betrachtung steht.
Der Mensch prüft alle Abläufe, Prozesse und Handlungen, alle Geschehen in seiner Lebenssphäre einschließlich sich selbst auf eine Verbesserungsmöglichkeit. Alles wird angezweifelt, nichts ist unantastbar. An allem wird getüftelt. Es wird probiert, ob es nicht anders vielleicht noch besser geht. Es wird immer wieder angepaßt.

Kaizen bedeutet ein stetiges Verbessern eines Prozesses ohne jeden Stop oder ein Verweilen. Ein Arbeitsablauf wird kontinuierlich ohne jede Pause verbessert.
Das Kaizen oder der Kontinuierliche Verbesserungsprozeß (KVP) beruht auf den folgenden Grundsätzen:

- Nichts ist in unserem Leben unantastbar. Alles kann und darf angezweifelt werden.
- Alles befindet sich in einem stetigen Wandel. Auch eine Zielvorgabe unterliegt einer dauernden Veränderung. Ein Optimum wird nie erreicht, es kann immer nur angestrebt werden.
- Dem Optimum nähert man sich nur in zahlreichen kleinen Schritten, nie in großen Sprüngen. Es wird mehr erreicht im Prozeß einer langsamen Anpassung und stetigen Veränderung.
- Ein System hat nur einen Bestand, wenn es stetig geändert wird. Ein System, das nur sich selbst überlassen bleibt, zerfällt.
- Alle Anstrengungen haben einem gewissen Ziel zu dienen. Was nicht unmittelbar einer Zielsetzung dient, ist verschleuderte Energie, ist eine Vergeudung von wertvollen Ressourcen. Jede Verringerung einer Verschwendung bedeutet eine Verbesserung.
- Kontinuierliche Verbesserungen sind nur unter Einbeziehung der Menschen vor Ort zu erreichen.
- Für alle Verbesserungen gilt immer der Grundsatz des gesunden Menschenverstandes als Arbeitsgrundlage.

Der Kontinuierliche Verbesserungsprozeß führt dazu, daß immer die neuesten und besten Methoden und Techniken von den Mitarbeitern zur Verbesserung eines Arbeitsprozesses angewandt werden, daß die Mitarbeiter immer den besten Bildungsstand haben und technisch auf der Höhe sind. Die Wirtschaftlichkeit der Unternehmensprozesse wie auch die Qualifikation der Mitarbeiter sind den Anforderungen des Marktes gewachsen. Neben der Erhöhung der Arbeitsproduktivität wird gleichzeitig auch die Qualität sichergestellt.
Der Mitarbeiter wird bei dieser Methode der systematischen Anpassung der Qualitäten und der kontinuierlichen Verbesserung der Prozesse mehr gefordert. Er wird gefragt, seine Mei-

nung und seine Vorschläge sind ein Bestandteil des Verbesserungsprozesses. Sein Verbesserungsvorschlag wird ernst genommen.

Für das Unternehmen ergeben sich als Folge der systematischen Anpassung in der Regel zahlreiche wertvolle Verbesserungsvorschläge und damit viele Neuerungen. Die Betriebsgemeinschaft wird stetig in ihrem Ausbildungsniveau erhöht und besteht somit aus einem hochqualifiziertem Personal.

Die Einführung des Kontinuierlichen Verbesserungsprozesses oder der Methode des Kaizens bedarf einer Vorbereitung der Mitarbeiter auf diese Technik.

Da sind die normale Skepsis wie auch ein natürlicher Widerstand gegenüber einer neuen Vorgehensweise oder Handhabung zu überwinden. Nicht alles wird immer gleich positiv gesehen.

Nur ein gewisses Einfühlungsvermögen und eine intensive Überzeugungsarbeit kann hier helfen, die Menschen für dieses Verfahren zu gewinnen. Erfolg verspricht nur eine enge Zusammenarbeit zwischen Führung und Mitarbeiter möglichst bereits bei der Einführung der Methode.

2.4. Die Herausforderung an die Betriebsgemeinschaft

Die Betriebsgemeinschaften der Firmen sehen sich heute einer gewaltigen Herausforderung gegenübergestellt. Alle Bereiche und Ebenen in einem betrieblichen Unternehmen sind von den Veränderungen in unserem wirtschaftlichen und politischen Leben berührt und müssen sich auf neue Anforderungen und Gegebenheiten einstellen.

Die Belegschaft eines Unternehmens bleibt von den allgemeinen Veränderungen in der Weltwirtschaft und Politik nicht verschont. Sie kann sich auch nicht irgendwie ausschließen, sie muß sich ebenfalls verändern und sich auf neue Situationen und Begebenheiten einrichten. Sie muß sich in ihrer Struktur und in ihrer Form, in ihrer Rolle und in ihren Funktionen umstellen und den neuen Anforderungen anpassen. Auch die Betriebsgemeinschaft unterliegt bei ihren Aufgaben und Funktionen einem tiefgreifenden Wandel.

Mit eine der größten Veränderung ergibt sich in der traditionellen Kontroll- und Überwachungsfunktion von Arbeitsabläufen.

Der kontrollierende Vorgesetzte, die Aufsichtsperson, der die Aufgaben verteilende, aufpassende und prüfende Chef, der gefürchtete Boß wird mehr und mehr ersetzt durch einen Gruppenleiter, einen Lehrer, einen Assistenten, den Kollegen Chef. Dieser neue Vorgesetzte steht nicht mehr weit über dem Mitarbeiter, sondern mehr neben ihm.

Die heutigen Mitarbeiter brauchen keine Anweisungen im herkömmlichen Sinne mehr. Sie sind heute mehr gleichberechtigte Partner und möchten auch so gesehen und behandelt werden. Man möchte nicht angewiesen sondern unterrichtet werden.

Die Ursachen für diesen Wandel sind sowohl in den Veränderungen in der Zusammensetzung als auch in dem erhöhten Bildungsstand der Belegschaften in den Betrieben zu suchen. Die Mitarbeiterschaft setzt sich heute aus anderen Menschen als noch vor einigen Jahrzehnten zusammen und zeigt bezüglich Aufbau, Struktur und Niveau eine andere Verteilung.

An die Stelle der unselbständigen Frau trat mehr und mehr die fachlich ausgebildete, selbst denkende, selbst handelnde und auch selbst entscheidende Frau, die ihren „Mann" zu stehen weiß. Die Frauen wurden selbstbewußter und selbständiger.
Aber auch der männliche Kollege ist aus dem „dummen Jungen" herausgewachsen. Er ist selbstsicherer geworden.
Sie alle sind heute weit mehr eigene Persönlichkeiten. Die Mitarbeiter sind sich ihrer eigenen Individualität mehr bewußt geworden!
Die Allgemeinbildung wie auch das fachliche Wissen und Können haben sich von Jahrzehnt zu Jahrzehnt erhöht und haben die Menschen erfolgssicherer gemacht. Fähigkeiten und Erfolg, dazu Fleiß und Ehrgeiz haben ihren Lebensstandard gewaltig verbessert und ihnen zu ihrem Wohlstand verholfen. Das Selbstbewußtsein wuchs. Das Selbstwertgefühl wurde bei den Menschen gestärkt.
Die Mitarbeiter in den Betrieben müssen aufgrund dieser Veränderungen heute anders geführt und geleitet werden. Sie sind keine unselbständigen Arbeitnehmer oder brav gehorchende Befehlsempfänger mehr, die vor dem Chef strammstehen und ohne Rückfragen oder Gegenargumente Anweisungen entgegennehmen. Auch der Mitarbeiter vertritt heute eine Meinung, macht sich so seine eigenen Gedanken und hat auch so seine eigenen Vorstellungen von seiner Arbeit.
Ein Manager muß sich heute weit mehr auch die Meinungen und Ansichten seiner untergeordneten Mitarbeiter anhören. Er muß mit den Mitarbeitern sprechen und reden, sich mit ihnen auseinandersetzen und diskutieren. Er muß auf Gegenargumente eingehen, Fragen beantworten. Ein Arbeitsauftrag muß erklärt werden. Nur eine Anweisung geben, ist nicht mehr ausreichend. Es bedarf vernünftiger und verständlicher Erläuterungen.
Das Bildungsniveau hat sich verändert und verlangt daraufhin einen neuen Umgang sowohl mit- als auch untereinander. Das alte Klischee der Instruktionsausgabe und des Befehlsempfanges muß durch das Bild einer kollegialen und partnerschaftlichen Zusammenarbeit ersetzt werden.
Der Mitarbeiter, ob in der Führung oder in der Ausführungsebene, muß sich heute auf eine veränderte Situation einstellen. Im Umgangston, in der Art und Weise des miteinander Sprechens und im Umgang mit den Menschen, in der Menschenführung erfolgte in den letzten Jahren ein bemerkenswerter Stilwandel. Das Verhältnis zwischen Vorgesetzten und Untergebenen ist ein völlig anderes geworden. Man steht nicht mehr in einer hierarchischen Unterordnung zu einander, sondern mehr nebeneinander, als gleichberechtigter Partner und Betriebskollege. Das Zusammenarbeiten erfolgt nun in einer höheren Ebene mit mehr Achtung gegenüber dem Mitarbeiter.
Die Arbeitsteilung in den Betriebseinheiten, in den Abteilungen und Bereichen verlangt, daß die Mitarbeiter eine andere Art der Gemeinschaftsarbeit pflegen. Sowohl mit den Betriebsangehörigen in der eigenen Unternehmensabteilung als auch mit den Leuten fremder Bereiche oder auch anderer Firmenorganisationen gilt nun eine völlig anderer Umgangston.
Man spricht nicht nur von Mensch zu Mensch in einer dienstlichen und geschäftlichen Art und Weise sondern mehr mit dem Menschen in einem kollegialen und kameradschaftlichen Ton. Man wählt mehr den Akzent und die Stilrichtung des Miteinanders.
Manager und Fachkraft bilden mehr eine Arbeitseinheit. Man arbeitet nun gemeinsam mit mehr Achtung und Respekt vor dem anderen. Man wächst durch die intensive Zusammenarbeit mehr und mehr zu einer funktionierenden Arbeitsgemeinschaft zusammen.
Trotz dieses Zusammenwachsens wird aber weiterhin zwischen Vorgesetzten und Untergebenen unterschieden. Die kollegiale Zusammenarbeit bedeutet keine Nivellierung oder Gleichmacherei. Es besteht weiterhin ein gewisses Respektverhalten und dieses wird auch weiterhin

bestehen bleiben. Die Zusammenarbeit wird aber in einer neuen, nun mehr menschlichen Form ihren Ausdruck finden. Die Hierarchieebenen werden sich weitgehend reduzieren und die Trennwände werden abgebaut werden.
Das Topmanagement, ursprünglich nur mit einer reinen Funktion einer Unternehmensleitung beschäftigt, wird sich zukünftig auch mehr mit gesellschaftlichen Problemen befassen müssen. Zusammen mit den Politikern werden die Manager der Wirtschaft Lösungen für die anstehenden Schwierigkeiten und Probleme unserer Weltwirtschaft insbesondere im Bereich Arbeitsmarkt zu suchen haben.
Die Wirtschaftskapitäne werden schon heute gern als Berater von so manchen weitsichtigen Politiker gesehen und um ihre Meinung und ihren Rat gefragt.
Ihre Aufgaben und auch Verpflichtungen werden hier noch weiter anwachsen. Sie werden in unserer pluralistischen Gesellschaft die Fragen der Zeit mit managen.
Die Umweltproblematik, die sich verändernde Bevölkerungsstruktur, die Probleme der Zuwanderung von Menschen aus anderen Kulturkreisen, die Internationalisierung unserer Gesellschaft und damit auch unserer Unternehmen sind nur einige der Beispiele, die einer gemeinsamen Handhabung und Lösung bedürfen, die auch nur in enger Zusammenarbeit von Politik und Wirtschaft gelöst werden können.
Das Management muß sich darauf einstellen, daß es neben seiner Aufgabe in der Wirtschaft auch mehr Verpflichtungen und damit auch Verantwortung in den sozialen und politischen Bereichen unserer Gesellschaft übernehmen muß. Die Lösung der gesellschaftlichen Probleme bedarf der Mitarbeit des industriellen Managements.
Die Spitzenmanager müssen mit den Spitzenpolitikern, mit den öffentlichen Einrichtungen und den staatlichen Behörden enger zusammenarbeiten. Der Rat des Fachmannes wird beim Politiker in Zukunft noch mehr gefragt sein. Diese Entwicklung einer wirtschaftlichen und politischen Zusammenarbeit wird nicht nur auf die Großunternehmen begrenzt bleiben. Auch die kleineren Firmen und Betriebe werden im kommunalen Bereich gefragt werden.
Diese Zusammenarbeit sollte in der Form von Gesprächen im kleinen Kreis erfolgen und nicht nur auf der Abgabe von Statements in Zeitungen, Zeitschriften und Journalen bestehen. Es bedarf nicht nur toller Reden, sondern mehr eines aktiven Handelns.
Die Unternehmen sind schon im eigenen Interesse gezwungen, eine bessere und verständlichere Außenpolitik zu betreiben. Sie müssen die Außenkontakte pflegen und ihre Tätigkeit wie zum Beispiel im Umweltschutz oder in der Nutzung der Ressourcen den Menschen darstellen und erklären. Sie müssen Rechenschaft für ihre Handlungen ablegen.
Nur in einem guten Miteinander lassen sich die verschiedenen Interessen unter einen Hut bringen und Lösungen finden, die dann zum Wohle des Ganzen sind.
Die Öffentlichkeitsarbeit, Public Relation ist ein unentbehrlicher Bestandteil der Unternehmensführung. Die Beziehungen des Unternehmens zu den Mitarbeitern, zu den Bürgern, zu den Kunden und Aktionären wie auch zu den Politikern müssen gepflegt werden. Die Pressesprecher haben dafür zu sorgen, daß die Mitteilungen der Firmen in der Öffentlichkeit richtig verstanden werden, daß sie ehrlich sind und keine Unwahrheiten enthalten. Sie haben die Fakten einschließlich der Hintergründe für jeden verständlich und wahrhaftig zu erläutern.

Durch die Verpflichtung des Spitzenmanagements zur Zusammenarbeit mit den wirtschaftlichen und politischen Institutionen des Staates müssen natürlich so manche betriebliche Aufgaben des Topmanagements auf untere Ebenen verteilt werden, wobei die Mitarbeiter bis hinunter zur ersten Arbeitsebene mehr Verpflichtungen in eigener Verantwortung übernehmen. So ergibt sich eine Schrumpfung von oben nach unten und von unten nach oben. Die

Abstände werden geringer. Das Management vermindert seine Hierarchieebenen infolge einer neuen gesellschaftlichen Entwicklung, infolge einer neuen Zuordnung auch der Verantwortlichkeiten. Jeder wird wieder mehr Eigenverantwortung tragen müssen.
All das entbindet das Topmanagement nicht von seiner Aufgabe der Unternehmensführung. Es hat weiterhin die Zielsetzung der Unternehmenspolitik zu erarbeiten, Entscheidung zu treffen und die anzuwendenden Strategien festzulegen.
Die Bewältigung aller dieser Aufgaben, einschließlich der wirtschaftlichen Herausforderungen setzt in Zukunft aber mehr vitale Zusammenarbeit mit der gesamten Betriebsbelegschaft voraus.

Mehr und mehr wird für die Unternehmen entscheidend die Teamfähigkeit aller Mitarbeiter, das Zusammenarbeiten in der Gruppe, das soziale Verhalten in der Arbeitsgemeinschaft und der Dienst an der Betriebsgemeinschaft. Die Menschen haben die menschliche Persönlichkeit ihres Kollegen anzuerkennen und zu achten, ganz gleich welcher Religion oder Hautfarbe. Auch der Mitarbeiter ist ein Mensch.
Alle diese Kriterien sind bestimmend für die Bewertung eines Unternehmen, sind es doch die entscheidenden Faktoren für die Zusammenarbeit und damit für den Zustand und das Ansehen eines Unternehmens. Die ethische Qualität in dem Zusammenwirken aller Beschäftigten bestimmt die Unternehmensqualität.
Jedes Unternehmen besteht aus Menschen, die zusammenarbeiten, um etwas herzustellen oder zu produzieren, um etwas zu entwickeln und zu erfinden.
Die Menschen bilden, um etwas zu leisten, eine betriebliche Firmengemeinschaft. Nur wenn Leistungen von ihnen vollbracht werden, hat die Firma auch Erfolg und Bestand. Nur eine optimale Zusammenarbeit garantiert den Erhalt der organisatorischen Einheit, sei es eine Abteilung oder das gesamte Unternehmen.

Jedes Unternehmen und damit auch alle seine Mitarbeiter stehen zunehmend im Licht der breiten Öffentlichkeit.
Wenn eine Firma bestimmte Moralansprüche oder ethische Anforderungen nicht erfüllt, wird das Image des Unternehmens in Mitleidenschaft gezogen. Das Unternehmen wird an seinen Auftreten und seinem Handeln wie auch an allen seinen Mitarbeitern gemessen. Nicht nur die Führungskräfte präsentieren das Unternehmen. Jeder einzelne Mitarbeiter steht für Firma. Schon ein kleiner Fehltritt eines einzelnen, wird gern von der Öffentlichkeit verallgemeinert. Schon steht das gesamte Unternehmen im Rampenlicht und wird verunglimpft.
Mitarbeiter müssen heute hohe Ansprüche an ihre Integrität gelten lassen, je höher in der Unternehmenshierarchie, desto größer sind die Anforderung. Nur dem wirklichen Vorbild wird auch Anerkennung gezollt und Glaubwürdigkeit geschenkt.
Ein Unternehmen hat sich vor der Gesellschaft zu verantworten. Jeder Mitarbeiter ist hier mit eingeschlossen. Der gesellschaftlichen Verantwortung kann sich keiner entziehen. Jeder Mitarbeiter muß sich deshalb auch über sein Tun und Handeln im Klaren sein. Er muß mehr denn je auch die Konsequenzen vorhersehen, die seine Tätigkeiten auslösen.
Korruption und Steuerdelikte, insbesondere bei so manchen Führungskräften, führen zu einem gewaltigen Vertrauensverlust sowohl bei den Mitarbeitern als auch in der Gesellschaft. Das Unternehmen wie auch seine Mitarbeiter leiden. Das allgemeine Mißtrauen wächst an. Die Belegschaft wird demotiviert und das Unternehmen in seiner Wettbewerbsfähigkeit gelähmt.

Jeder Mitarbeiter muß mit dafür sorgen, daß stets sauber und ehrlich gearbeitet wird, daß sein Unternehmen möglichst viele Güter fertigt bzw. zahlreiche Dienstleistungen ausführt. Jeder einzelne ist gehalten, mit zur Erhöhung der Produktivität beizutragen und mehr Leistung zu zeigen. Er muß unproduktive Arbeiten vermeiden, unwirtschaftliche Abläufe durch ökonomischere ersetzen.

Er muß aber auch gewisse Entscheidungen treffen, die anderen Interessen, vielleicht auch seinen eigenen, so manches Mal entgegenlaufen. Er muß auf andere Meinungen und Vorstellungen, auf politische Entscheidungen wie auch gesetzliche Anordnungen und Vorschriften Rücksichten nehmen. Jede Entscheidung muß mit anderen Ansichten und Interessen verglichen und gemessen werden. Es müssen schließlich Kompromisse eingegangen werden. All das kann sicherlich auch einmal zu einem persönlichen Konflikt führen.

Jeder Mitarbeiter ist sowohl Mitglied der Firmengemeinschaft als auch ein Bestandteil der menschlichen Gesellschaft. Für beides soll er sich arrangieren. Für beide muß er Entscheidungen treffen.

Es bleibt nicht aus, daß auf zahlreiche unterschiedliche Interessen immer wieder Rücksicht genommen werden muß. Gesetze und ethische Standards können nicht umgangen werden. Sie müssen in jede persönliche Entscheidungen mit einfließen. Sie müssen auch stets berücksichtigt werden.

Die Belegschaft eines Unternehmens muß sich mehr denn je auch Fragen der Öffentlichkeit stellen und kann diesen auch nicht ausweichen.

Der Mitarbeiter muß sich darauf einstellen, daß er in einer politischen Welt lebt, die auch des öfteren ihr nicht immer einfachen Fragen stellt. Neben der betrieblichen Tätigkeit hat jeder auch seine gesellschaftlichen Verpflichtungen.

Mit eine sehr entscheidende Herausforderung unserer Zeit ist das Problem der Arbeitslosigkeit. Alle großen Industrienationen leiden mehr oder weniger unter zunehmender Beschäftigungslosigkeit ihrer Bevölkerung in fast allen Berufsbereichen und Branchen. Das Angebot an arbeitsuchenden Menschen ist größer als die Zahl der angebotenen, freien Stellen.

Die Unternehmen und die politischen Institutionen sind hier zu einer Zusammenarbeit aufgerufen, um das Problem der Arbeitslosigkeit zu lösen oder zumindest zu mindern. Es ist mit ihre Aufgabe, die Menschen vor einer Arbeitslosigkeit zu bewahren und den Menschen Möglichkeiten für eine Beschäftigung zu verschaffen.

Jedes Anwachsen der Arbeitslosenzahl bedeutet weniger Kunden für das Unternehmen. Jeder Anstieg der Arbeitslosigkeit gefährdet den sozialen Frieden in der Betriebsgemeinschaft und in der Gesellschaft.

Uns allen sollte aber auch klar sein, eine Beschäftigungsgarantie kann immer nur begrenzt gegeben werden. Auch wenn es in beiderseitigem Interesse des Arbeitnehmers und des Arbeitgeber liegt, möglichst allen Arbeitswilligen eine volle Beschäftigung zu ermöglichen, kann eine solche Sicherung bei einem wirtschaftlichen und gesellschaftlichen Strukturwandel nicht gegeben werden. Zunahme im Arbeitsangebot, fehlender Absatz und steigende Produktivität führen nun einmal nicht zu einem Abbau der Arbeitslosenzahl. Ein Mangel an Arbeit erlaubt keinen Stellenaufbau und keine Neueinstellungen.

Ein in der Wirtschaft notwendiger Strukturwandel kann sicherlich durch Subventionen kurzfristig verhindert werden. Auch eine Gehalts- und Lohnerhöhung kann die Kaufkraft verbessern. Vergessen werden darf aber nicht:

Subventionen verschieben nur das Problem, sie beseitigen es nicht! Subventionen können nur eine vorübergehende und kurzfristige Lösung sein!

Langfristig gesehen vergrößert jede Subvention nur das Problem und bringt später noch neue Schwierigkeiten dazu. Notwendige Veränderungen dürfen nicht verhindert oder verzögert werden. Jedes Unternehmen ist heute gezwungen, sich dem Prozeß eines Strukturwandels zu unterwerfen, nicht nur im eigenen Interesse, auch im Interesse seiner Mitarbeiter. Die Unternehmen sind gezwungen, die Strukturbereinigung zu fördern.
Lohnsteigerungen sind nur bei gleichzeitiger Produktivitätserhöhung sinnvoll. Sie haben auch nur dann einen Bestand. Ist diese Steigerung in der Ertragsfähigkeit nicht gegeben, ist der Lohnvorteil nur von kurzer Dauer und wird durch die allgemeine Kostensteigerung wieder aufgefressen.

Wenn die Überlebensfähigkeit eines Betriebes gefährdet ist, aber weiterhin erhalten werden soll, müssen oft auch weniger freundliche Entscheidungen getroffen und auch einmal so ein paar Einschnitte vorgenommen werden.
Die Konsequenzen sind dann sicherlich nicht immer angenehm. Das Wohl des Ganzen macht sie aber leider erforderlich.

Innovationen müssen stets ermöglicht, gefördert und beschleunigt werden, auch wenn sie negative Auswirkungen auf die Mitarbeiter haben könnten.
Arbeitsintensive Produktionen müssen auslagert werden, auch wenn es weniger Arbeitsplätze in der Firma oder im Binnenmarkt bedeutet.
Wachsender Wettbewerb und steigende Arbeitskosten machen leider auch Entscheidungen erforderlich, die nicht immer zur Freude aller sind.
Wissensintensive Arbeiten kommen heute immer stärker zum Zuge. Die reinen manuellen Tätigkeiten verlieren ihre Bedeutung. Intelligente Lösungen verdrängen die Handarbeit, verringern den Bedarf an menschlicher Arbeitskraft.
Jeder Mitarbeitern muß sich heute mehr denn je dem Neuen zuwenden und anpassen, einen erforderlichen Strukturwandel sogar in Gang setzen. Ein Widerstand gegenüber einem technologischen Fortschritt aus Angst oder aus reiner Bequemlichkeit wie auch aus Hilflosigkeit ist ein Weg in die falsche Richtung. Einem natürlichen Strukturwandel darf man sich nicht widersetzen. Jeder Eingriff in der Wirtschaft ist eine Einmischung in einen natürlichen Ablauf, die sich selbst regulieren muß.
Die Existenz eines Unternehmens wird durch Subventionen nur kurzfristig gesichert, langfristig ist der Arbeitsplatz jedes Mitarbeiters gefährdet.
In dem heutigen Wandel liegt aber auch so manche Chance für uns alle, für unsere Überlebensfähigkeit, für Wachstum und Entfaltung!
Politik und Wirtschaft sind herausgefordert, nach neuen Möglichkeiten einer Beschäftigung für alle Menschen zu suchen. Sie haben die Aufgabe, uns alle vor Arbeitslosigkeit so weit wie möglich zu schützen und uns Perspektiven anzubieten. Sie haben auch die Pflicht, einen Strukturwandel in unserer Gesellschaft, in Wirtschaft und Politik einzuleiten und ihn zu fördern.
Die Bewältigung der Arbeitslosigkeit ist eine Aufgabe unserer Gesellschaft und damit auch eines jeden einzelnen Menschen. Jeder hat einen Beitrag zu leisten.
Eine möglichst soziale und gerechte Lösung bedeutet, daß einige Abstriche gemacht werden müssen, ob sie uns passen oder auch nicht. Sie sind eine Notwendigkeit.
Die Zeiten des Überflusses, des Wohllebens und der Verschwendung sind vorbei.
Eine Frühpensionierung von älteren Mitarbeitern ist erforderlich, wenn sie die Einstellung von jüngeren Leuten erlaubt. Auch die Entlassung von jüngeren Mitarbeitern, die eher eine

neue Stelle finden als die vielleicht 40- bis 50-jährigen, kann eine vernünftige Entscheidung sein. Es kommt immer auf die jeweilige Situation an und diese muß auch erkannt werden. Wir müssen lernen, mehr und besser vorauszuplanen, wirtschaftliche Entwicklungen frühzeitiger zu erkennen und dann entsprechende Gegenmaßnahmen zur Vorsorge zu ergreifen. Wir können nicht warten bis Veränderungen plötzlich eintreten und einschneidende Folgen oder Konsequenzen haben. Wir müssen selbst aktiv werden. Von jedem einzelnen Mitarbeiter müssen neue und zündende Ideen ausgehen.

Sowohl die Vertretungen der Arbeitgeber als auch die der Arbeitnehmer müssen die Initiativen zu einer neuen und besseren Zusammenarbeit starten. Das Ziel bei den Besprechungen und Diskussionen muß es sein, eine neue Qualität des Zusammenarbeitens zu finden, die im Interesse beider Seiten liegt und die die Wünsche beider Parteien berücksichtigen.
Mehr Achtung und Respekt voreinander, aber auch mehr Eingehen auf den anderen, mehr Einfühlungsvermögen, der anderen Seite ein wenig mehr zuhören und versuchen auch sie zu verstehen! Diese Leitgedanken sollten uns beflügeln.

Arbeitskämpfe sind kein Mittel mehr zum Durchsetzen von Standpunkten, Forderungen und Wünschen. Hier muß sich eine neue Kultur im Umgang entwickeln und ausbreiten.
Die heutigen Verhandlungen zwischen Arbeitgebern und Arbeitnehmern verlangen eine hohe Verantwortung gegenüber der menschlichen Gesellschaft. Das Gemeinwohl und der Friede in der Gemeinschaft müssen immer im Vordergrund stehen.
Beide Seiten müssen ausreichende Sachkenntnisse über die wirtschaftlichen Zusammenhänge besitzen. Das Gemeinwohl muß ihre Entscheidungen bestimmen.
Die Qualität der jeweiligen Vertreter bestimmt den Erfolg dieser Zusammenarbeit. Auch diese Qualität bedarf einem Wandel und einer weiteren Entwicklung zu einem neuen Standard.

3. Eine neue Unternehmenskultur zur Motivierung der Belegschaft

Jeder Mitarbeiter kann seine Aufgaben und Funktionen nur in einer guten Zusammenarbeit mit seinen Kollegen bewerkstelligen und ausführen.
Eine Voraussetzung jeder kooperativen Arbeit ist die Übereinstimmung in der Zielsetzung. Alle verfolgen die unternehmerischen Zielvorstellungen. Jeder muß sowohl von dem Sinn und Zweck der eigenen Arbeit als auch von der Richtigkeit und der Erfordernis der Tätigkeiten der anderen überzeugt sein. Das eigene Tun hat immer eine Beziehung zu den anderen betrieblichen Abläufen. Es steht in einem engen Zusammenhang mit dem gesamten Unternehmensprozeß. Für alle Abläufe, sei es in der Herstellung und Fertigung oder in der Verwaltung und im Vertrieb, ist eine Notwendigkeit gegeben. Jeder Arbeitsschritt sollte seine wirkliche Berechtigung haben und sinnvoll sein. Die eigene Aufgabe ist ein Teil der Gesamtaufgabe in der betrieblichen Organisation.
Eine weitere Vorbedingung bildet eine vernünftige betriebliche Arbeitsatmosphäre. Nur in einer guten Betriebsgemeinschaft kann eine wirkliche und harmonische Zusammenarbeit erfolgen, können Menschen zusammenleben und zusammenarbeiten, lassen sich überdurchschnittliche Leistungen vollbringen und gleichzeitig auch Freude an der Arbeitsausführung finden.
Die Mitarbeiter müssen ein gegenseitiges Verständnis für einander aufbringen und diese Beziehung pflegen und weiterentwickeln. Sie müssen die Betriebskultur kontinuierlich verbessern. Das gegenseitige Vertrauen muß zwischen den Kollegen wachsen und ein festes Bindeglied bilden.
Sehr entscheidend bei diesem kollektiven Zusammenwirken sind die Führungsqualitäten der Führungskräfte. Das Management hat die Funktion, die Aufgaben und Arbeiten zu verteilen und für eine ordnungsgemäße Ausführung der Tätigkeiten zu sorgen. Es trägt eine Verantwortung für die Leistung des einzelnen Mitarbeiters wie auch für den gesamten Leistungsprozeß des Unternehmens.
Der Manager muß mit den Menschen sprechen können. Er muß mit ihnen umgehen können und fähig sein, sie zu führen und zu leiten. Sein Geschick mit Menschen zu reden und sie zu überzeugen, ist sehr entscheidend für das Mitmachen und Mitziehen der gesamten Belegschaft. Die Führungskraft beeinflußt hier gravierend das Arbeitsklima, die betriebliche Atmosphäre des Zusammenwirkens und bedingt damit dann den Wert und die Qualität der geleisteten Arbeiten. Führungsstil und Unternehmenskultur formen die Belegschaft und sind sehr entscheidend für den Wert einer Firmengemeinschaft.
Jeder Manager sollte neben seinem erforderlichen fachlichen Wissen und Können ganz besonders die Funktion der Führung beherrschen.
Wer als Führungskraft anerkannt werden möchte, muß neben seinen Fähigkeiten in seinem spezifischen Arbeitsbereich auch ein ausgezeichnetes Organisationstalent besitzen und Menschen bewegen können. Er muß sich in andere Menschen einfühlen können und sie verstehen.

Er sollte Probleme erkennen können. Er muß das Metier, Menschen anzuregen und zu aktivieren, beherrschen.

Die Managementarbeit in einem technischen Betrieb verlangt allgemeines technisches Verständnis. Neben den technischen Kenntnissen sind insbesondere auch ein Einfühlungsvermögen in die entsprechende Technologie erforderlich, sind doch die meisten Gespräche und Diskussionen mit den Mitarbeitern technischer Natur. Nur wer die Sache auch versteht, kann mitreden und die erforderlichen Entscheidungen treffen.

Das Verhalten einer Führungskraft wie auch ihr Arbeitsstil sollten stets kooperativ und gerecht sein. Denken und Handeln sollten immer geradlinig erfolgen.

Von einer führenden Kraft sollte eine gewisse Ruhe ausgehen. Sie sollte keine Hektik verbreiten und die Mitarbeiter nicht verunsichern. Sie sollte Vertrauen ausstrahlen und menschliche Qualitäten aufweisen. Sie sollte in jeder Beziehung ein Beispiel geben und ein Vorbild sein. Nur durch eine einwandfreie Vorbildfunktion kann man Menschen auch überzeugen und sie für die Unternehmenszielsetzung gewinnen. Nur als Vorbild kann der Teamleiter sein Arbeitsteam zu mehr Leistung und zu mehr Schaffensfreude ermuntern.

Ein Manager muß den mit ihm arbeitenden Menschen auch aktiv zuhören können. Er muß sich bemühen, die Mitarbeiter zu verstehen und ihren Gedankengängen zu folgen. Er sollte sich für den Gesprächspartner auch immer die notwendige Zeit nehmen. Leider wird gerade das immer wieder vergessen und der Mitarbeiter wegen Zeitmangel oft zurückgewiesen.

Bei den Diskussionen sollte ein Objekt auch einmal aus einem völlig anderen Blickwinkel und nicht immer nur aus der Unternehmenssicht betrachtet werden können. Gerade der Mitarbeiter am Ort des Geschehens hat oft weit tiefere Einblicke und weit mehr praktische Erfahrungen. Jedes Objekt hat seine verschiedenen Seiten. Es ist sehr vorteilhaft, auch einmal eine andere Ansicht zuhören.

Ein Manager hat die Aufgabe, die Menschen zusammenzuführen und in keiner Form irgendwie zu trennen. Sein Führungsstil hat die Mitarbeiter zu vereinen, sie zusammen für eine Aufgabe zu begeistern und sie zur Erfüllung der Arbeiten mitzureißen. Er hat den Mitarbeitern, die Zielsetzung des Unternehmens zu erklären und ihnen ihre Aufgabe einschließlich der Hintergründe und der Beziehungen zu anderen Tätigkeiten verständlich zu machen. Er hat seine Leute für das Unternehmen zu gewinnen und die Ziele der Mitarbeiter mit denen des Unternehmens zu vereinen. Seine Aufgabe ist es, die Interessen der Belegschaft parallel mit denen der Firma in die gleiche Richtung zu führen, Belegschaft und Unternehmen zu vereinen.

Der Führungsstil des Managements befindet sich zur Zeit in einem Prozeß einer fast revolutionären Veränderung. Traditionelle Funktionen werden durch einen neuen und modernen Führungsstil, einer neuen Art des Umgangen und der Gemeinschaftsarbeit, ersetzt. Der sich abzeichnende Wandel von einem autoritären Ton zu einem kooperativen Denken und Handeln ist bereits unverkennbar. In großen Unternehmen kann man eine deutliche Verschiebung zu einer neuen Umgangsform in der Belegschaft beobachten. Der moderne Arbeitsstil zeigt einen mehr partnerschaftlichen und kollegialen Charakter. Der Mitarbeiter wird als gleichberechtigter Kollege gesehen. Dem Menschen wird wieder mehr persönliche Achtung entgegengebracht.

Dieser Wandel in der Belegschaft eines Unternehmens ist auf die allgemeinen technologischen Entwicklungen wie auch auf die wirtschaftlichen und sozialpolitischen Veränderungen unserer Zeit zurückzuführen. Die Befehlsausgabe und der Befehlsempfang, der unbedingte Gehorsam, das sture Ausführen der Anordnung, das Vorgehen und Handeln streng nach Vor-

schriften, all das hat keine Zukunft mehr in einem modernen fortschrittlichen und dynamischen Unternehmen. Die Zeiten sind vorbei, wo ohne Nachdenken, ohne ein Mitüberlegen stur nach einem Schema Arbeiten verrichtet wurden.
Dieser Wandel ist nicht nur auf die Wirtschaft beschränkt. Er vollzieht sich auch in anderen gesellschaftlichen Bereichen, selbst im militärischen Sektor. Der antiquierte Befehlston hat sich überlebt. An seine Stelle ist ein mehr partnerschaftlicher und den Menschen achtender Umgangston getreten.

Ein Manager muß heute mehr kollegial und kooperativ sein. Er muß die Aufgaben delegieren können und mehr auf seine Mitarbeiter vertrauen. Er sollte nicht alle Managementaufgaben allein ausführen und alles an sich reißen, sondern soweit als möglich die Aufgaben auch weitergeben und auf Mitarbeiter übertragen. Er muß wohl die Gesamtverantwortung tragen und auch freudig so manche Entscheidung fällen, sollte sich aber auch daran gewöhnen, nicht immer alles allein zu machen. Er hat alle seine Funktionen mehr mit seinen Mitarbeitern zu teilen. Neben dem Übertragen der Aufgaben auf die Gruppenmitglieder ist diesen auch eine Verantwortung zu übergeben. Der Mitarbeiter darf nicht nur eine Funktion ausführen, er hat auch eine Verantwortung zu übernehmen. Er hat seine Arbeiten eigenverantwortlich auszuführen.
Aber auch umgekehrt muß heute der Mitarbeiter mit dem Unternehmen mehr Gemeinsinn zeigen bzw. entwickeln. Er muß in der Firma mehr sein Unternehmen sehen und sich für die Interessen des Unternehmens einsetzen, sich also auch in die Arbeitgeberinteressen hineinversetzen. Er darf den Betrieb nicht nur als Zahlungsquelle seines Lohnes betrachten.
Eine sehr wichtige, leider immer wieder aber auch oft vernachlässigte Aufgabe ist die Beschäftigung mit den Menschen und ihren Problemen. Diese Fähigkeit, sich um die Mitmenschen zu kümmern, ihre Sorgen, Bedenken und Ängste sich anzuhören, den Menschen aktiv zuzuhören, ist nicht jedem gegeben, kann aber bis zu einem gewissen Grade erlernt werden. Schon ein Gespräch, wo der Vorgesetzte, statt zu dozieren, einmal etwas mehr zuhört, kann beim Mitarbeiter eine neue Arbeitseinstellung bewirken. Der Mitarbeiter sieht sich dann als Gesprächspartner und nicht als Empfänger von Anordnungen oder Anweisungen. Er fühlt sich verstanden und mehr dem Unternehmen zugehörig. Er sieht sich mit in die Betriebsgemeinschaft eingeschlossen.
Mit der Gesprächsbereitschaft werden sehr entscheidend zwischenmenschliche Beziehungen praktiziert und bestehende Schranken abgebaut. Hindernisse werden beseitigt.
Ein guter Manager zeichnet sich durch seine Verständnisbereitschaft und seine guten Kontakte zu den Mitarbeitern aus.
Natürlich bedarf die Erfüllung der Managementaufgabe eines guten und umfassenden Wissens und so einiger Erfahrungen über die zwischenmenschlichen Beziehungen. Man muß aber auch nicht gleich ein Psychologe sein, um die Menschen zu verstehen. Wer etwas von einem Menschen will, muß auf seine Mitmenschen zugehen, muß ihnen das Gefühl vermitteln, daß sie gesehen und ernst genommen werden.
Durch die intensivere Beschäftigung mit den Mitarbeitern gewinnt ein Manager tiefere Einblicke und so einige Erkenntnisse über die Stärken und Schwächen seiner ihm anvertrauten Menschen. Damit kann er dann die Mitarbeiter besser an dem für das Unternehmen und die Mitarbeiter passenden Arbeitsplätzen einsetzen, gilt es doch, die richtigen Mitarbeiter mit dem richtigen Wissen an den richtigen Stellen im Unternehmen zu beschäftigen. Die Arbeitskräfte sind optimal für die Firma zu nutzen.
Eine erfolgreiche Zusammenarbeit ist nur gegeben, wenn alle Mitarbeiter jeweils ihren Arbeitsplatz gefunden haben und alle auch die Voraussetzungen und Anforderungen bestens

erfüllen. Mitarbeiter sollten ihren Arbeitsplatz optimal ausfüllen. Sie müssen dafür die entsprechend erforderliche Ausbildung und Unterweisung erhalten, damit sie dann ihre Aufgaben beherrschen und mit zum Unternehmenserfolg beitragen können.
Die erwartete Leistungsfähigkeit kann nur erbracht werden, wenn auch alle die verlangte Qualifikation voll erfüllen. In der Entscheidung des Management liegt es, welche zusätzlichen Anweisungen, welches Training oder welche Fortbildungsmaßnahmen helfen, die Leistung des Mitarbeiters zu erhöhen.
Erst wenn der Stelleninhaber den höchstmöglichen arbeitsplatzbezogenen Ausbildungsstand erfahren hat, kann er auch die optimale Leistung erbringen. Erst dann ist er auch befähigt, etwas mehr zu leisten.

Eine entscheidende Voraussetzung für eine Motivierung der Mitarbeiter ist eine umfangreiche Information und Kommunikation. Erst eine gute Unterrichtung und Verständigung ermöglicht eine kooperative Zusammenarbeit. Ohne Kontakte und ohne ein Verstehen kann ein geschäftlicher Ablauf nur unzureichend funktionieren.
Eine fehlende Informationsbereitschaft und eine ungenügende Kommunikation erlauben keine Motivierung der Mitarbeiter für eine unternehmerische Zielsetzung. Nur wenn eine gute Verständigung gegeben ist, kann auch eine Person angesprochen werden.
Ein Unternehmen muß also sehr darauf achten, daß in dem Betriebsbereich eine gute Kommunikation herrscht und daß alle Mitarbeiter auch gut informiert sind. Es müssen immer alle gut und korrekt unterrichtet sein.
Von einem Mitarbeiter kann man nur ein Interesse an dem Firmengeschehen verlangen, wenn man ihm auch die Informationen über das Unternehmen gibt. Ein Mitarbeiter möchte wissen, was im Betrieb läuft. Das Interesse an dem Unternehmensgeschehen ist heute weit mehr bei den Mitarbeitern geweckt als vielleicht noch in früheren Jahren.
Ein Musiker kann nur in einem Orchester mitspielen, wenn er auch weiß, welches Stück gespielt wird. Er muß die Noten kennen. Ohne die entsprechenden Noten kann er sich nicht an dem gemeinsamen Konzert beteiligen.
Ein wirkliche betriebliche Gemeinschaft läßt sich nur durch einen kommunikativen Führungsstil erreichen. Mitarbeiter wollen überzeugt werden und sind heute nicht mehr durch Anweisungen zu bewegen. Neue Methoden und Techniken bieten sich hier als Hilfen an. Man sollte sie nutzen.
Betriebliche Erfolge lassen sich nur erzielen, wenn alle in der betrieblichen Gemeinschaft von der Zielsetzung des Unternehmens angetan sind und voll hinter den einzelnen Zielen stehen. Management und Mitarbeiter müssen in einem gewandelten Führungsstil miteinander umgehen. Sie müssen von dieser neuen Art des Umganges aber auch überzeugt sein. Sie sollten sich mit ihm identifizieren können.

Die Umstellung in der Unternehmenskultur wird nicht für jeden Mitarbeiter immer ganz einfach sein. Sie wird auch nicht von heute auf morgen zu vollziehen sein. Sie bedarf einer Vorbereitungs- und auch Einführungszeit.
Jede ungenügende oder schlechte Vorbereitung führt schnell zu Fehlschlägen. Das Vertrauen zur einer neuen Umgangsform darf aber in keiner Weise beschädigt werden. Ein Ansehensverlust läßt sich nur sehr schwer reparieren und wieder gutmachen. Beide Seiten müssen in die neue Aufgabenverteilung hineinwachsen.
Die geltenden Grundsätze in einem Unternehmen sollten ruhig auch immer schriftlich festgelegt werden und stets auch öffentlich sein. Sie gehören nicht unter Verschluß als streng vertrauliche Mitteilungen in die versteckte Ablage.

Die Regeln und Prinzipien für eine kooperativen Zusammenarbeit in einem Unternehmen sollten das Ergebnis eines Meinungsaustausches der gesamten Belegschaft sein und nicht allein vom Unternehmer oder vom Topmanagement ausgearbeitet und festgelegt werden. Es ist erforderlich, daß alle Mitarbeiter durch ihre Vertretungen auch ihre Meinungen und Erfahrungen einbringen und zum Gesamtwerk etwas beitragen. Hier beginnt bereits eine wirkliche Zusammenarbeit in einer neuen Unternehmenskultur. Alle müssen immer mit einbezogen sein. Nur wenn alle auch mitwirken, wird das Ganze auch gemeinsam von allen getragen.
Unternehmensgrundsätze sind keine Gesetze oder Dogmen. Auch sie leben und unterliegen einem Wandel, einer Evolution. Auch die Regeln eines Umganges im Unternehmen, Stil und Form sind nicht für die Ewigkeit geschrieben oder bestimmt. Sie bedürfen hin und wieder einmal einer kritischen Betrachtung und skeptischen Durchleuchtung und dann einer Anpassung oder Veränderung.
Das obere Management eines Unternehmens sollte im Sinne der Mitarbeiter des öfteren ruhig einmal über die Grundsätze diskutieren. Nur so wird auch eine Anpassung und Erneuerung vorangetrieben und kann sich das ganze Unternehmen in seiner äußeren und inneren Form auch weiterentwickeln.
Die Unternehmenskultur ist sehr entscheidend für das Ansehen eines Unternehmens. Das Führungsmanagement sollte auch öfters einmal auf den Wettbewerb schauen, um den Trend zu erkennen. Das Ziel sollte immer sein, mit der Zeit zu gehen und nicht hinterherzuhinken. Gute Einrichtungen oder funktionierende Strategien und Verfahren kann man ruhig auch einmal von einer Wettbewerbsfirma übernehmen.
Jedes betriebliche System hat seine Vor- und Nachteile. Nichts ist perfekt. Alles kann aber auch verbessert werden. Man kann immer wieder dazulernen.
So wie man die technischen Entwicklungen immer wieder verfolgt und beobachtet, so muß man sich auch über den Wandel in der menschlichen Gemeinschaft, in Wirtschaft und Politik informieren und gewisse Neuerungen einführen.
Jeder Wandel in den Grundsätzen einer Unternehmenskultur hat natürlich dann auch seine Auswirkungen in der gesamten Betriebsgemeinschaft und zieht Veränderungen im Management bis hin zu jedem Mitarbeiter nach sich. Ein moderner Führungsstil hat seine Effekte und Konsequenzen im Betriebsklima. Auch darüber muß man sich im klaren sein.
Ein harmonische Betriebsatmosphäre setzt ein intaktes Verhältnis und gute Beziehungen zwischen Vorgesetzten und Untergebenen voraus. Nur wenn beide Seiten sich verstehen, sich gegenseitig achten und schätzen, offen und ehrlich zu einander sind, beide Seiten sich auch immer ernsthaft und aufrichtig bemühen, nur dann können sich Vorteile und eine Gewinn für Arbeitgeber und Arbeitnehmer ergeben.
Die Leitsätze der Unternehmensführung sollten ruhig hin und wieder in der Firmenzeitschrift oder in Betriebsversammlungen anhand auch praktischer Beispiele behandelt und diskutiert werden. Das trägt zum besseren Verständnis bei und stärkt das Vertrauen in die Unternehmenspolitik.
Viele Schwierigkeiten in einem Unternehmen haben ihre Ursache nicht immer im sachbezogenen Feld, sondern sehr oft im personellen Bereich. Jeder Mitarbeiter sollte sich ruhig einmal die Zeit nehmen und über seinen persönlichen Stil, sein Auftreten und Verhalten, seine Art und seinen Umgangston nachdenken, ja vielleicht auch einmal mit seinen Freunden darüber sprechen. Er sollte Selbstkritik üben.
Was kann man anders machen? Was kann man verbessern?
Wo kann und muß man sich selbst verändern und auch einmal wandeln?

Diese Selbstbetrachtung ist mit ein Element eines neuen Lebens- und Arbeitsstiles im Unternehmen.
Wer selbst seine Fehler sucht und auch zugibt, verliert nicht sein Gesicht. Er gewinnt an innerer Stärke, an Menschlichkeit und Vertrauen!

Ein Unternehmen sollte die Kräfte seiner Mitarbeiter auch öfters einmal herausfordern, um die Mitarbeiter zu aktivieren und dadurch ihre manuellen und geistigen Leistungen zu verbessern. Jeder sollte hier und da auch einmal selbst darüber nachdenken, ob die Kräfte auch immer richtig und sinnvoll eingesetzt werden.
Die Menschen müssen ermutigt werden, eigene Einfälle und neue Vorstellungen zu entwikkeln. Alles das kann nur förderlich sein für die Beschäftigten, in ihrer täglichen Arbeit auch eine Befriedigung und Zufriedenheit zu finden.
Die Wege für gute zwischenmenschliche Beziehungen sind jederzeit zu ebnen. Auftretende Konflikte und Probleme sollten frühstmöglich in einer gemeinsamen Teamarbeit gelöst werden.
Ein Unternehmen, das es nicht versteht, seine Leute so zu motivieren, daß sie in dem Unternehmensziel nicht auch ihre eignen persönliche Zielsetzung sehen, wird kaum das Leistungspotential erhöhen, geschweige es entwickeln. Die Zahl der Erfolge wird nur gering sein.

Eine gute Unternehmensführung gewinnt zunehmend an Bedeutung. Der Führungsstil bestimmt das gesamte Leben und Wirken in einer Firma.
Die Ausweitung und Vergrößerung der Firmen, die verstärkte Dezentralisierung und die wachsende Spezialisierung machen ein Management erforderlich, daß mehr denn je als Bindeglied fungiert und das ganze Unternehmen zusammenhält. Die Manager sind hinsichtlich ihrer Führungsfähigkeit gefordert. Sie müssen dafür sorgen, daß die verschieden Bereiche zusammenarbeiten und die Lebensfähigkeit des Unternehmens immer gegeben ist.
Die gesellschaftspolitische Umstrukturierung machen auch ein Umdenken beim Management selbst erforderlich. Es muß sich in so einigen Bereichen neu orientieren.
Das Führen ist einem nicht in die Wiege gegeben. Es muß gelernt und erarbeitet werden. Auch ein Manager muß bereit sein zum Dazulernen und Umdenken. Er muß eine Lernbereitschaft aufbringen, um sich als Führungspersönlichkeit zu entwickeln und schließlich zu profilieren.
Führen bedeutet nicht herrschen. Man erhält mehr von den Menschen, wenn man sie als gleichberechtigte Persönlichkeiten leitet und führt. Alle Herrschaftsgebaren sind in unserer aufgeklärten Welt nicht mehr von Nutzen. Sie bewirken eher das Gegenteil von dem, was man eigentlich will.
Bessere Resultate erzielt man durch Einfühlungsvermögen, durch kameradschaftliches Miteinander, durch die Achtung des Menschen und seiner Würde.
Eine gute Menschenführung setzt eine hohe Qualität des Managements voraus. Die Führung muß es verstehen, die Menschen zu organisierten Tätigkeiten zu aktivieren und sie von einer engen Zusammenarbeit zu überzeugen.
Unternehmensziele lassen sich nur optimal verwirklichen, wenn auch die Wünsche der Mitarbeiter berücksichtigt werden und die Mitarbeiter zufrieden sind.
Ein Manager muß heute versuchen, mit seinen Mitarbeitern eine Einheit zu bilden und die gesamte Belegschaft von den Unternehmenszielen überzeugen.
Der Manager findet bei seinen Mitarbeitern nur eine Anerkennung, wenn er das Unternehmensziel klar definiert und bei einer Planung bereits die Mitarbeiter mit einbezieht.

Er muß seine Mitarbeiter ausreichend informieren und auch die notwendigen Aufgaben so delegieren, daß die Mitarbeiter eigenverantwortlich handeln können.

Ziel und Zweck einer guten Führung sind, alle Elemente, die beteiligten Menschen, die Stoffe und Materialien, das Kapital, die Maschinen und Geräte wie auch die Märkte zusammenzuführen und neue Werte zu schaffen.
Bei diesem Prozeß müssen natürlich gewisse Regeln und Gesetze eingehalten und beachtet werden. Von der Führung gehen die Anregungen und Impulse aus. Die Mitarbeiter müssen Reaktion zeigen und die neuen Ideen aufnehmen. Alles ist auf das Ziel auszurichten. Es gilt, gemeinsam eine Leistung zu vollbringen und dabei auch einen Gewinn zu erzielen. Das Unternehmen muß mit seinen Mitarbeitern wachsen können.
Die Motivierung der Betriebsgemeinschaft sollte u. a. auch in der Weise erfolgen, daß der Mitarbeiter mit einer Belohnung gereizt und nicht mit einer Strafe bedroht wird. Letzteres verunsichert nur den Mitarbeiter. Er fürchtet wohl seinen Boß, sieht ihn aber nicht als Leiter einer Gruppe oder eines Arbeitsteams. Drohungen und Bestrafungen lassen sogar das Leistungsvermögen stark absinken. Es wird dann nur noch das Notwendigste gemacht, die Fehler häufen sich, Mängel werden vertuscht. Es wird mehr und mehr gepfuscht.
Die Vorstellung, daß Menschen grundsätzlich faul und arbeitsscheu sind, nicht gern arbeiten wollen und deshalb den Zwang oder eine Knute brauchen, beruht in den meisten Fällen auf einem Mißverständnis und einer weitverbreiteten Voreingenommenheit. Die Menschen sind sehr wohl arbeitswillig. Sie wollen aber heute unter anderen Bedingungen arbeiten. Sie wollen nicht Anordnungen entgegennehmen und Vorschriften ausführen, sondern sie wollen mehr selbst entscheiden und die Aufgabe selbständig in die Hand nehmen. Sie wollen nicht immer wie ein dummer Junge an der Hand geführt werden, und sie wollen nicht alles „vorgekaut" bekommen.
Der Begriff Führung muß hier eine andere Bedeutung bekommen, mehr in dem Sinne einer Lenkung, einer Regie oder einer Vermittlung. Statt sich als Herrscher, Befehlsgeber und Kontrolleur zu geben, hat die Führungskraft ein Moderator zu sein, der ein Gespräch in einem Kreis von Mitarbeitern lenkt und regelt.
Dem Mitarbeiter muß heute mehr Vertrauen geschenkt und entgegengebracht werden. Nur wer Vertrauen schenkt, kann auch Vertrauen erwarten!
Jedem Mitarbeiter müssen Anreize gegeben werden, die sein Interesse, seine Aufmerksamkeit und seine Beachtung wecken und die ihm Auftrieb geben.
Die Anreize sind vorwiegend finanzieller Natur, sollten aber auch nicht-finanzielle Anteile beinhalten. Neben einem guten und gerechten Vergütungssystem reizen auch soziales Engagement, gesellschaftliche Anerkennung und Gemeinschaftssinn. Alle diese Anreize aktivieren die Menschen. Sie stimulieren und beleben die Leute.
In der Regel erwartet jeder Mensch eine Belohnung für sein Bemühen, für seine Anstrengungen und Leistungen.
Der Reiz sollte immer in der Weise erfolgen, daß auch gleichzeitig das Erreichen der Unternehmenszielsetzung gefördert wird. Anreize müssen ein bestimmtes Ziel verfolgen. Um ihre Wirksamkeit zu erhöhen, sollten sie möglichst in einem System gebündelt eingesetzt werden. Das Management hat die Aufgabe, die entsprechenden Anreize in einem System systematisch zusammenzufassen, so daß sie in einer geballten Form zur Erhöhung der Unternehmenswerte beitragen.
Ein Mitarbeiter muß heute das Gefühl gewinnen, wenn ich bei dieser Firma arbeite, kann ich mir auch meine Wünsche erfüllen. Menschen, die zufrieden mit ihrer Arbeit sind und auch

eine Perspektive sehen, haben Freude am Schaffen. Erst wenn man sieht, daß sich der Einsatz auch lohnt, dann gibt man auch sein Bestes.

Eine Führungskraft muß heute einen Mitarbeitern zur Seite stehen, direkt neben ihnen, nicht über ihnen. Der Manager muß seinen Mitarbeitern helfen, ihre Arbeit gern und sogar mit einer gewissen Begeisterung zu erledigen. Er muß dabei den Mitarbeitern auch eine Selbstkontrolle erlauben und nicht durch eine äußere Kontrolle einen Zwang ausüben und damit die Menschen einem Streß aussetzen.

Ein Mitarbeiter ist ein Mitarbeitender, ein selbständiger Mensch, der seine Tätigkeiten eigenständig und eigenverantwortlich erfüllen möchte.

Es ist davon auszugehen, daß eigentlich jeder Mitarbeiter guten Willens ist und eine gute Arbeit leisten möchte. Sollte das nicht der Fall sein, dann sollte man sich auch einmal fragen, warum dieses Desinteresse und diese Faulheit bestehen. In den meisten Fällen wurden dem Mitarbeiter nicht die richtigen Möglichkeiten und Gelegenheiten gegeben. Oft entsprach das Arbeitsangebot nicht seinen Vorstellungen und spornte ihn in keiner Weise zu einer Aktivität an. Man hat es an den richtigen Anreizen fehlen lassen.

Ein weitsichtiges Unternehmen sieht mit seinen Führungskräften den gesellschaftlichen Strukturwandel in der Wirtschaft und berücksichtigt ihn bei seinen Überlegungen und Handlungen, bei allen seinen Entscheidungen. Es bezieht die gesamte Mitarbeiterschaft bei allen seine Aktivitäten mit ein.

Die Betriebsgemeinschaft ist kein Anhängsel, kein Waggon, der hinterhergezogen wird. Eine Belegschaft ist ein wesentlicher Bestandteil des Unternehmens. Sie bildet die Lokomotive, die vom Unternehmer gesteuert wird.

Ein fortschrittliches Unternehmen erkennt auch die sich aus der strukturellen Veränderung ergebenen neuen zwischenmenschlichen Wechselwirkungen und nutzt sie bei seiner Mitarbeiterführung.

Die Zufriedenheit der Menschen in einer Betriebsgemeinschaft bestimmt sehr entscheidend die Leistungskraft und das Ansehen eines Unternehmens. Alle Mitarbeiter in ihrer Gesamtheit prägen mit das Bild des Unternehmens im Wirtschaftsleben, seine Stellung im Wirtschaftsmarkt, seine Standfestigkeit und Überlebensfähigkeit im Wettbewerb.

Das betriebliche Arbeitsklima und die im Unternehmen gepflegt Kultur werden sehr entscheidend von den folgenden Punkten beeinflußt und bestimmt:

- die Produktivität und Rentabilität des Unternehmens,
- die Zufriedenheit und das Wohlbefinden der Mitarbeiter,
- die Leistungsfähigkeit und Kreativität der Arbeitskräfte,
- die Verbesserungsvorschläge und Innovationen aus dem Mitarbeiterkreis.

Die betriebliche Umwelt beeinflußt in hohem Maße die Mitarbeiter. Nur in einer entsprechenden Atmosphäre gedeiht eine Teamarbeit, wird diese auch erst nur möglich. Eine gute betriebliche Arbeitssphäre hat ihre Ausstrahlungskraft auf die Menschen in einem Unternehmen und verbessert die Arbeitsfreudigkeit. Das Ansehen eines Unternehmens sowohl bei seinen Mitarbeitern als auch bei seinen Kunden wird nur erhöht, wenn auch alle wirklich zufrieden sind. Ein Kunde merkt sehr schnell, ob ein Mitarbeiter zufrieden ist und seine Tätigkeit gern und mit Freude ausführt.

Ein Unternehmen genießt nicht nur aufgrund guter Erzeugnisse und eines hervorragenden Services ein außergewöhnliches Ansehen im Markt, sondern auch durch eine Betriebsgemeinschaft, die diese guten Leistungen erst ermöglicht.

Die Unternehmenskultur, der Führungsstil des Unternehmens prägt die Qualität und damit dann die Leistung der Belegschaft.

3.1. Die innovative Betriebsgemeinschaft

Eine innovative Betriebsgemeinschaft zeichnet sich durch die schöpferische Leistung und den Einfallsreichtum der Leute aus. Denken und Handeln sind konstruktiv und schöpferisch. Die Mitarbeiter haben Ideen.
Diese Geistesblitze und Impulse sind die Voraussetzung für jegliche Neuerungen. Es muß dabei nicht immer etwas völlig Neues geschaffen werden. Es ist genauso nützlich, wenn aus alten Techniken durch eine andere Anwendung und Nutzung neue Methoden oder Verfahren entwickelt werden. Aus der Mitarbeiterschaft müssen die Anstöße für neue Produkte, neue Prozesse und neue Technologien kommen. Mitarbeiter müssen die Funken initiieren. Sie müssen die Einfälle haben, die zur Entwicklung von Ideen führen, die neu oder zumindest unkonventionell sind.
Wenn auf dem Gebiet der Neuerung in einem Unternehmen nichts passiert, keine technologischen Entwicklungen erfolgen, sich keine Initiativen ereignen, beginnt das Leben in einem Betrieb zu rasten. Die Arbeitsabläufe zeigen mehr und mehr Roststellen. Die Firma beginnt zu rosten und in ihrer weiteren Entwicklung zu erlahmen.
Innovationen sind wesentlich für ein Wachstum des Unternehmens, ja auch schon für den normalen Bestand sie eine Voraussetzung. Ohne Neuerungen bleibt eine Firma in ihrer Entwicklung und Entfaltung stehen und veraltet.
Nur eine lebendige und aktive Betriebsgemeinschaft schiebt ein Unternehmen vorwärts. Schöpferische Ideen treiben den Fortschritt an und beflügeln ein Unternehmen.
Ohne die Kreativität der Menschen wäre unsere kulturelle wie auch zivilisatorische Entwicklung noch immer auf einer sehr niedrigen Stufe. Wir wären nicht über die Steinzeit hinausgekommen.
Neue Ideen bilden die Impulse für einen Fortschritt und eine Entwicklung. Sie helfen, Zeit zu sparen und Arbeitsabläufe rationeller zu gestalten. Deshalb sollte sich auch jeder bemühen, ein wenig mehr nachzudenken. Jeder kann schöpferische Ideen entwickeln und es ist nicht nur die Aufgabe einer Forschungs- und Entwicklungsabteilung, neue Wege zu suchen. Jeder Mensch kann geniale Einfälle haben und somit auch an seinem Arbeitsplatz seinen kleinen Beitrag leisten.
Eine gewisse Systematik kann bei der Ideenfindung sehr hilfreich sein. Eine Grundvoraussetzung ist erst einmal eine positive Einstellung zur Sache. Wer schon von vornherein meint, er könne es nicht, es sei nicht seine Aufgabe, meine Ideen werden ja doch nicht akzeptiert usw., hat bereits verloren. Ein gesunder Optimismus ist eine Vorbedingung. Eine pessimistische Denkweise bremst jede Aktivität.
Sehr hilfreich ist dann eine planmäßige und methodische Vorgehensweise. Jedes Problem bzw. jede Aufgabe sollte immer erst einmal genau definiert werden. Das Thema muß genau beschrieben werden:
Was ist die Aufgabe? Was ist die Frage? Was soll erreicht werden?

Ohne genaue vorherige Definition des Problems kann auch keine Lösung gefunden werden. Ohne Aufgabenstellung kann kein Start oder Aufbruch erfolgen.
Nach der genauen Beschreibung der Aufgabe werden dann die Alternativen zur Lösung gesucht. Alle Mitarbeiter sind aufgerufen, sich ihre Gedanken zu machen, ihre Vorschläge zu unterbreiten, ihre Kreativität zu zeigen.

Brainstorming bietet hier eine gute und auch bereits bewährte Möglichkeit zur Ideenfindung. Bei der Methode werden gleichzeitig mehrere Mitarbeiter mit einbezogen und ihre Kreativität genutzt. Alles konzentriert sich auf die vorgegebene Frage oder Aufgabe. Alle Geistesblitze werden gesammelt. Jede denkbare Kombination, völlig unkonventionelle Vorschläge, jede Idee wird festgehalten.
Der Gedankenentwicklung wird keine Begrenzung auferlegt. Jede Kritik wird in dieser Phase vermieden. Sie behindert nur den freien Gedankenflug.
Nach der Zusammenstellung einer Anzahl von Lösungsvorschlägen der verschiedensten Arten, folgt ein Reifeprozeß. Alle Vorschläge werden in Ruhe durchdacht und kritisch betrachtet. Es kristallisiert sich eine Lösung heraus, die dann auf ihre Anwendung genau geprüft wird. Jetzt sind die Fachleute und Spezialisten gefragt, sie realisieren die Idee.
Die schöpferischen Ideen, die phantasievollen Einfälle, die kreativen Geistesblitze sind die Grundvoraussetzung für jede Neuerung, für neue Produkte, neue technologische Verfahren, andere Abläufe und Wege, für jede neuartige Methode. Sie erhalten ein Unternehmen am Leben, erhöhen seine Ertragskraft und seine Wirtschaftlichkeit, steigern seine Wettbewerbsfähigkeit.
In einer Atmosphäre eines schöpferischen Denkens werden so manche neuen Einfälle geboren. Die Menschen stecken sich quasi gegenseitig an und werden zum Nachdenken inspiriert.
Die Förderung der kreativen Entfaltung der Mitarbeiter trägt mit dazu bei, daß die Menschen in einem Betrieb sich weiter entwickeln, sich in ihrem Arbeitsbereich wohlfühlen und an der Arbeit und Tätigkeit mehr Freude gewinnen. Ihre Qualifikation wächst und damit steigt dann auch ihr Wert für das Unternehmen.
Aufgeweckte Mitarbeiter bilden ein fruchtbares Fundament für ein Unternehmen.

3.2. Die Entscheidungsfreude

Mit eine wichtige Führungsqualität eines Managers ist die Fähigkeit, Entscheidungen zu fällen. Eine Führungskraft muß entscheiden können. Sie muß entschlußfähig sein Die Entscheidungsfreude ist eine Voraussetzung für das Führen von Mitarbeitern.
Für einen aktiven Mitarbeiter gibt es nichts schlimmeres in einer Zusammenarbeit als einen Chef, der keine Entschlossenheit zeigt und keine Entscheidung fällen kann, der sich nicht traut ja oder nein zu sagen oder stets wartet, bis sich etwas von selbst erledigt. So ein Arbeitsstil motiviert keinen Mitarbeiter, bewirkt sogar das völlige Gegenteil. Die Mitarbeiter resignieren. Nichts wird schließlich mehr bewegt!
Ohne eine vorhergehende Entscheidung kann und darf eigentlich keine Aktivität erfolgen oder Maßnahme zum Zuge kommen.

Bei einer Entscheidung wird in der Regel zwischen Alternativen gewählt und unter Abwägung von allen Vor- und Nachteilen ein Weg eingeschlagen, der eine optimale Erfüllung des Zieles verspricht. Es wird entweder ein Einschnitt gemacht, ein Wandel eingeleitet oder aber auch die alte Richtung bestätigt.

Mit der Festlegung der Zielsetzung muß gleichzeitig auch immer über die Bedeutung und die Rangfolge der einzelnen Zielpunkte entschieden werden. Der Manager oder das Team muß festlegen, welche Mitarbeiter für welche Aufgaben einzusetzen sind und wer für was verantwortlich ist. Es muß die Lage oder die Situation beurteilt und dann eine Wahl getroffen werden. Es ist einen Entschluß zu fassen.

Bei jeder Entscheidungsfindung muß zunächst erst einmal das Problem definiert werden. Bei der Definition des Problems sind die Unternehmenspolitik und auch die allgemeine Praxis im Unternehmen zu berücksichtigen. Die von der Entscheidung betroffenen Mitarbeiter sollten in keinem Falle vergessen werden.

Ein Problem kann erst dann systematisch gelöst werden, wenn es auch klar erkannt wurde und eindeutig definiert ist.

Nach Beschreibung des Problems wird die Frage analysiert. Es werden alle Faktoren herausgestellt, die von besonderer Bedeutung und von Einfluß sind.

Alle möglichen Auswirkungen einer Entscheidung auf das Unternehmen und auch auf die Mitarbeiter sind dabei zu betrachten und zu überdenken.

Die entwickelten Alternativen werden gegeneinander abgewogen. Das jeweilige Für und Wider wird betrachtet. Es gilt die optimale Lösung zu finden. Ein systematischer Selektionsprozeß muß sicherstellen, daß die beste Lösung gefunden wird und dann auch zur Anwendung kommt.

Bei der Entscheidungsfindung können mathematische Methoden oder Techniken zur Unterstützung eingesetzt werden. Sie helfen bei der Entscheidungsfindung. Sie sollten, soweit sie bekannt sind, genutzt werden.

Die Entscheidungsfindung, das Fällen einer guten und gerechten Entscheidung ist keine leichte Aufgabe. In der Praxis hat jede Maßnahme auch ihre negative Seite und damit dann auch ihre nicht immer gerade positiven Folgen.

Der Mitarbeiter, der eine Entscheidung zu fällen hat, sollte von seinem Entschluß überzeugt sein und darf keine Unsicherheit zeigen. Er muß sich dem Problem stellen und eine immer möglichst objektive und sachliche Entscheidung treffen.

3.3. Das Delegieren von Arbeiten und von Verantwortung

Zu einer guten Mitarbeiterführung gehört das Delegieren der Arbeiten und Aufgaben. Ein guter Manager reißt nicht alle Sachen an sich, sondern verteilt die anstehenden Aktivitäten auf seine Mitarbeiter, wählt die richtige Person für die spezifische Aufgabe.

Neben der Arbeitszuordnung erfolgt auch ein Delegieren der Befugnisse und der Zuständigkeiten. Die Mitarbeiter erhalten neben der Aufgabe auch eine Kompetenz und Verantwortlichkeit übertragen. Sie müssen nun selbständig und eigenständig handeln.

Mit der Übernahme einer Aufgabe und der dazugehörigen Eigenverantwortung erhalten die Mitarbeiter mehr persönliche Selbständigkeit und Unabhängigkeit. Sie wachsen in eine neue

Aufgabe hinein. Sie werden Schritt für Schritt zur Mitarbeit und zum Mitdenken erzogen. Sie werden unabhängiger, eigenständiger und selbstbewußter.
Ein gutes Verhältnis zwischen Vorgesetzten und Mitarbeiter ist sicherlich für jede Zusammenarbeit eine Voraussetzung. Es erleichtert den Umgang miteinander, wenn beide Seiten sich verstehen und harmonisch miteinander auskommen. Der einträchtige Umgang dient auch sehr entscheidend der Verbesserung des Betriebsklimas.

Die gemeinsame Tätigkeit, die Zusammenarbeit an der gemeinsamen Aufgabe läßt die zwischenmenschlichen Beziehungen und das gegenseitige Verständnis wachsen. In der Gemeinschaftsarbeit werden die Stärken und Schwächen des Mitarbeiters mehr und mehr sichtbar. Jeder stellt sich auf den anderen ein, kann dieses aber auch nur aufgrund der gewonnenen Erkenntnisse über den anderen. Das Vertrauensverhältnis wächst.
Der Sinn und Zweck der erforderlichen Arbeiten, wie auch der Zusammenhang der eigenen Tätigkeit mit der Gesamtaufgabe sollte immer allen Mitarbeitern bekannt sein. Es zahlt sich immer wieder aus, wenn die Mitarbeiter gut informiert sind.
Die Beteiligten treten bei ihrer Zusammenarbeit in einen Lernprozeß, wo jeder nun selbst Entscheidungen fällen und auch selbst Verantwortung tragen muß. All das spornt die Leute an, gibt ihnen Befriedigung und Freude in der geleisteten Arbeit.

Das Delegieren der Arbeiten einschließlich der dazugehörigen Verantwortung bedeutet eine Dezentralisierung sowohl innerhalb des Arbeitsbereiches als auch innerhalb des gesamten Unternehmens. Jeder Mitarbeiter erhält eine Teilaufgabe mit Eigenverantwortung übertragen. Seine Bedeutung wächst, was ihn wiederum zu mehr Leistung und Arbeitsfreude anspornt und motiviert.
Jedes Delegieren muß natürlich das reibungslose Funktionieren der gesamten Organisation sicherstellen. Es darf in keiner Weise Arbeits- und Prozeßabläufe stören oder bremsen. Die Aufteilung der Arbeit und Verantwortung sollte immer abgestimmt sein.
Die Voraussetzung für eine Delegation sind qualifizierte, gut ausgebildete und spezifisch geschulte Mitarbeiter, die selbständig Aufgaben erfüllen können und bei ihren Tätigkeit auch mitdenken.
Die Mitarbeiter werden durch die Übertragung von Aufgaben und Pflichten zum Mitdenken und zur Mitarbeit motiviert. Sie werden zu einem schöpferischen Denken und zu einer eigenen Initiative ermutigt.

Aufgrund des Delegierens werden Entscheidungen weit schneller gefällt. Ergebnisse werden termingerecht erhalten. Die Qualität wird erhöht. Die Mitarbeitergruppe ist bemüht, eine saubere und ordentliche Arbeit auszuführen. Die Aufgaben werden in schnellerer Folge erledigt.
Die Motivation durch eine Verteilung von Befugnissen und Verantwortung stärkt das Selbstbewußtsein der Menschen. Sie wachsen mit ihren Aufgaben.
Das Delegieren von Arbeiten einschließlich der Verantwortung führt zu einer Übertragung von so einigen Teilen der Managementfunktionen und erlaubt eine Reduzierung des Managements. In der betrieblichen Organisation werden weniger Führungskräfte benötigt. Die Aufsichts- und Überwachungsfunktion, einst vom Vorgesetzten ausgeführt, wird nun vom Mitarbeiter selbst übernommen. Die ursprünglichen Abstände zwischen Management und Mitarbeitern verringern sich, lösen sich teilweise auf und werden mehr und mehr überwunden. Managementfunktionen werden vom Mitarbeiter selbst ausgeführt. Der Mitarbeiter überwacht und kontrolliert sich selbst. Der Vorgesetzte wird in diesen Funktionen überflüssig.

Eine gewisse Verschiebung ergibt sich auch bei der Messung des Erfolges. Es wird nicht mehr nur der Manager oder der Mitarbeiter allein betrachtet, sondern das Arbeitsergebnis der ganzen Gruppe gesehen. Es zählt nicht in erster Linie die Leistung des einzelnen, sondern das Resultat des gesamten Teams.

Die Übertragen von Arbeiten und Verantwortungen setzt natürlich ein Vertrauen des Managers in seine Mitarbeiter voraus. Der Manager muß sich davon lösen, daß nur er die Aufgabe korrekt erfüllen kann. Ein weitblickender Manager muß seine Mitarbeiter so führen und leiten, er muß sie so formen und erziehen, daß er ihnen voll vertrauen und auch Arbeiten eigenverantwortlich übertragen kann.

Fehlende Delegation von Arbeiten hat nicht immer nur seine Ursache in fehlender Qualifikation der Mitarbeiter, sondern oft auch in der fehlenden Fähigkeit des Managers, die delegierten Arbeiten zu koordinieren, zu kontrollieren, zu überwachen und sie zusammenzufassen.

Auch Führungskräfte müssen lernen und sich die fehlenden Eigenschaften zu eigen machen. Die Komplexität der Aufgaben macht es heute erforderlich, daß die Tätigkeiten aufgeteilt und in der jeweiligen Eigenverantwortung ausgeführt werden.

Führen heißt nicht alles selber machen, sondern die Menschen so zu führen, daß sie die Aufgaben allein erledigen!

Oft sind fehlende oder unzureichende Informationen die Ursachen für nicht praktiziertes Delegieren, für fehlendes Vertrauen in die Mitarbeiter.

Auch fehlende Anreize oder Frustration beim Mitarbeiter können Abneigungen gegen Verantwortungsübernahme signalisieren.

Nur ein gutes Miteinanderumgehen erlaubt es, die Schwachstellen zu erkennen und dann die Beziehungen zu verbessern. Ein Delegieren verlangt ein Aufeinanderzugehen, einen Willen zur Zusammenarbeit, eine Bereitschaft, Arbeiten und Pflichten zu übernehmen. All das sollte jeweils von beiden Seiten ausgehen. Der Vorgesetzte wie auch der Mitarbeiter müssen einen Beitrag liefern. Beide müssen an einem Delegieren interessiert sein, der eine, um Arbeit abzugeben, der andere, um Verantwortung zu übernehmen und zu gewinnen.

Mit dem Delegieren wird schöpferische Mitarbeit und das Fällen von Entscheidungen von oben nach unten verlagert und somit auf die breite Mitarbeiterschaft ausgedehnt. Die Hierarchiehöhe wird verringert. Der Mitarbeiter, die untere Ebene gewinnt an Bedeutung. Der Ausführende erringt mehr Qualität.

Mit der Delegation ist in der Regel ein Übertragen einer vollständig abgeschlossenen Arbeit verbunden. Es wird nicht nur ein Teil, sondern die gesamt Aufgabe übergeben.

Die Mitarbeiter erhalten bei einem solchen Arbeitsstil einen eigenen Freiraum für ihre Aufgaben. Sie dürfen eine größere Aufgabe selbständig ausführen oder lösen. Jeder Mitarbeiter wird damit mehr in die Arbeit eingebunden.

Das Arbeitsergebnis ist entscheidend. Es wird erst nach vollständigem Abschluß von der Arbeitsgruppe dann dem Vorgesetzten übergeben.

Die Führungskräfte gewinnen mit dem Delegieren der Arbeiten auf ihre Mitarbeiter mehr Freiraum für andere Aufgaben. Sie werden weniger mit Nebensächlichkeiten und Kontrollfunktionen belastet.

Die Zusammenarbeit zwischen Manager und Mitarbeitern muß in eine enge Wechselbeziehung münden. Beide Seiten müssen sich gegenseitig befruchten. Nur eine enge Symbiose wirkt sich dann vorteilhaft auf das gesamt Unternehmen aus.

3.4. Die Fähigkeit zum Überzeugen von Mitarbeitern

Jedes Unternehmen muß versuchen, seine Mitarbeiter für die betriebswirtschaftlichen Abwicklungen und Vorhaben zu gewinnen. Für alle Arbeiten bei der Herstellung der Erzeugnisse, im Einkauf und Verkauf wie auch in der erforderlichen Administration werden fleißige und tüchtige Arbeitskräfte benötigt. Das Unternehmen muß versuchen, für alle erforderlichen Tätigkeiten im Betrieb von außen qualifizierte Menschen hereinzuholen und für die Ausführung oder Durchführung zu interessieren. Die Führungskräfte haben die Aufgabe die Menschen so zu beeinflussen, daß sie als Mitarbeiter gern für das Unternehmen arbeiten und ihre körperlichen Leistung wie auch ihre geistigen Fähigkeiten zur Verfügung stellen. Bei dieser Werbung um Mitarbeiter gilt es, die Menschen von einer Mitarbeit zu überzeugen und nicht nur zu einer Tätigkeit zu überreden. Nur wirklich überzeugte Mitarbeiter geben dann auch ihr Bestes und setzen sich aktiv für das Unternehmen ein. Nur überzeugte Mitarbeiter sind auch wirkliche mitarbeitende Kräfte.

Die zu gewinnenden Mitarbeiter müssen von der Idee des Unternehmens beeindruckt sein, die versprochene, auszuführende Tätigkeit muß sowohl Freude als auch eine zufriedenstellende Bezahlung versprechen. Die Leute müssen überzeugt sein, daß Ihre Interessen mit der Zielsetzung des Unternehmens vereinbar sind, daß sie sich bei der Tätigkeit für das Unternehmen auch zahlreiche Wünsche und Bedürfnisse erfüllen können und daß sie mit der auszuführenden Tätigkeit auch zufrieden sind. Sind alle diese Bedingungen erfüllt, werden die umworbenen Kräfte in der Regel einer Mitarbeit zustimmen und das Stellenangebot akzeptieren. Sie sind dann für das Unternehmen gewonnen. Das Unternehmen hat sie überzeugt.
Die Führungskräfte müssen bei der Werbung und Gewinnung von Mitarbeitern es verstehen, die Menschen anzusprechen und ihre Aufmerksamkeit zu gewinnen. Die Menschen müssen die Beweggründe und Ziele des Unternehmens verstehen. Die eigentliche Arbeit sollte von Interesse sein und es muß Spaß machen, sie auszuführen. Die Tätigkeit einschließlich der Vergütung sollten einen gewissen Reiz ausüben und den Mitarbeiter begeistern. Wenn die Aufgabe interessant ist und auch eine gewisse Freude und Befriedigung verspricht, wird das Problem, geeignete Mitarbeiter zu finden, kein Problem sein.
Die Motivierung der Mitarbeiter für eine Aktivität erfolgt vorwiegend mittels der Kommunikation. Jede Verständigung setzt gute zwischenmenschliche Beziehungen voraus. Erst wenn diese bestehen, wird man miteinander auskommen können. Beide Seiten müssen miteinander reden können. Die Gesprächspartner sollten möglichst die gleiche Sprache sprechen und auch in den Interessen eine gewisse Übereinstimmung zeigen. Die Chemie zwischen den Partnern, hier zwischen dem Unternehmen und den die Arbeit ausführenden Menschen, muß stimmen. Können zwei Menschen sich nicht riechen, besteht kaum die Möglichkeit einer guten und dauerhaften Beziehung. Ein Zusammenarbeit ist dann nur sehr schwer gegeben. Sie erfolgt nur oberflächlich. Schließlich treten mehr und mehr Unstimmigkeiten und Reibungen auf. Die Aufgabenerfüllung leidet. Man sollte sich in solchen Fällen wirklich überlegen, ob es dann nicht doch besser ist, sich zu trennen und eigene Weg zu gehen.

Überzeugen kann man Menschen nur, wenn man sie auch mit Worten und Argumenten fesseln kann. Überzeugen kann auch nur derjenige, der selbst überzeugt ist!
Sprache und Gesten müssen zu einander passen und ansprechen. Sie sollten den Zuhörer aufhorchen lassen. Ein monotoner und nicht ansprechender Chef wird kaum eine Zuhörerschaft

gewinnen und einen Mitarbeiter fesseln. Die Mitarbeiter müssen das persönliche Engagement spüren. Sie müssen sich angesprochen fühlen.
Gleiches gilt aber auch umgekehrt. Nur aufgeweckte und aktive Mitarbeiter erwecken das Interesse des Vorgesetzten.
Mitarbeiter, die ihre Argumente, die ihre Ansichten und Überzeugungen verständlich und packend vortragen können, haben es im allgemeine immer leichter auch ihren Vorgesetzten zu überzeugen als weniger geübte. Statt zu klagen, sollte man daraus eine Lehre ziehen und sich hier weiterbilden und seine Schwächen abbauen.

3.5. Die Motivierung mittels zwischenmenschlicher Beziehungen

Die Motivierung der Mitarbeiter für die Ziele des Unternehmens setzt gute menschliche Beziehungen und Kontakte sowohl zwischen den Kollegen als auch zwischen Unternehmensführung und Belegschaft voraus.
Der Umgang miteinander und das Verhältnis zueinander sind sehr entscheidend für eine produktive Zusammenarbeit in den einzelnen Abteilungen wie auch im ganzen Unternehmen.
Die guten Beziehungen und die Verbindungen sollten nicht nur auf dem Papier geregelt sein und auch nicht nur in der Form von Kästchen mit entsprechenden Pfeilen bestehen, sondern wirklich praktiziert werden.
Jede Kontaktpflege, jeder kameradschaftlicher und kollegialer Umgang, jedes miteinander Sprechen verbessert das Betriebsklima und vermeidet Mißverständnisse.
Reibungen in jeder Form stören eine vernünftige Zusammenarbeit und sollten möglichst vermieden werden, wenn möglich schon im Keim erstickt werden.
Zielpunkt einer Motivierung der Mitarbeiter für gute zwischenmenschliche Beziehungen ist die Entwicklung eines Teamgeistes. Der Mitarbeiter soll im Team mit seinen Kollegen einschließlich der Führungskräfte zusammenarbeiten und die betrieblichen Aufgaben erfüllen. Dieser Teamgeist sollte nicht nur auf die Arbeitsgruppe beschränkt sein, sondern darüber hinausgehen und sich über das ganz Unternehmen ausbreiten einschließlich der Kunden und der Lieferanten.

Bei dem Aufbau guter Beziehungen untereinander muß berücksichtigt werden, daß jeder Mitarbeiter andere wirtschaftliche Bedürfnisse, andere soziale Anliegen und andere psychische Wünsche hat. Auf alle diese unterschiedlichen Belange sollte versucht werden, so weit wie es auch möglich ist, einzugehen und um ein wenig Rücksicht zu nehmen. Im Vordergrund steht die unternehmerische Zielsetzung. Sie darf in keinem Falle vergessen oder aus den Augen verloren werden. Aber gleich an zweiter Stelle stehen auch die Wünsche und Anliegen der Menschen, die eine Verwirklichung der Vorstellungen des Unternehmens eigentlich erst ermöglichen. Ein Unternehmen, daß seine sozialen Verpflichtungen und Aufgaben nicht erfüllt oder diese auch nur vernachlässigt, kann auch seine eigene Zielsetzung langfristig nicht verwirklichen.
Gute Beziehungen zwischen den Menschen fördern das Auskommen miteinander und erleichtern jede Zusammenarbeit. Ein freundliches und anständiges Verhältnis der Menschen in einem Betrieb ist der Funktionsfähigkeit des Unternehmens nur förderlich. Es trägt sehr er-

heblich mit dazu bei, daß alles in einem Unternehmen besser klappt und ordnungsgemäß ablaufen kann.
Die zwischenmenschlichen Beziehungen bilden das Schmiermittel zwischen den betrieblichen Einheiten und sichern einen reibungslosen Ablauf der geschäftlichen Vorgänge. Sie sind die Grundvoraussetzung für eine gutes und gesundes Arbeitsklima.
Als Folge eines guten Betriebsklimas sind die Mitarbeiter zufriedener und ausgeglichener. Sie zeigen mehr Arbeitsfreude und Leistungsbereitschaft, machen weniger Fehler und reduzieren die Kosten. Die Leute sind mit ihren Gedanken mehr bei der Arbeit und achten mehr auf die Ausführung ihrer Tätigkeit.
Die größere Zufriedenheit der Belegschaft zeigt sich dann in einer gesteigerten Produktivität, in einer erniedrigten Fluktuationsrate und in der weit geringeren Zahl von Krankmeldungen oder unentschuldigtem Fehlen. Nicht jeder Schnupfen führt zu einer Abwesenheit. Auch nicht jeder Sonnenschein wird gleich als Grippe genutzt. Die Fehlzeiten werden reduziert.

Ein entwickelter Teamgeist erleichtert die Arbeit für alle, entlastet das Management wie auch die Mitarbeiter. Es bedeutet für alle weniger Mühen und geringere Streßbelastungen. Die harmonische Zusammenarbeit erleichtert die Erfüllung der gewünschten betrieblichen Leistungen und Dienste.
Zu den Aufgabe des Managements gehört es, den Weg für eine harmonische Beziehung zwischen den Mitarbeitern zu schaffen. Der Vorgesetzte muß versuchen herauszufinden, was den zwischenmenschlichen Ablauf stören könnte, was zu Reibungen und damit zu Reibungsverlusten führt. Er muß die Gründe für eventuelle Unzufriedenheiten ermitteln. Er sollte die Wünsche und Bedürfnisse der Mitarbeiter kennen. Er muß versuchen, herauszubekommen, was die Mitarbeiter bewegen und berühren könnte, was ihr Interesse wecken und erregen würde.
Die Mitarbeiter müssen heute davon überzeugt werden, daß man in dem Kunden auch den Kollegen sieht und daß man diesem Kollegen dann auch gern die Wünsche erfüllt. Das Interesse der Mitarbeiter muß auf die Kundenzufriedenheit ausgerichtet werden.
Die Beziehungen zwischen den Mitarbeitern, ihr persönlicher wie auch geschäftlicher Umgang untereinander, ihre tägliche Zusammenarbeit werden durch eine Anzahl von Faktoren beeinflußt.
Im Folgenden wurden einige wichtige Punkte zusammengestellt, die man immer im Auge behalten sollte.
Werden so einige Weisheiten auch immer beachtet, gewinnen sowohl Unternehmen, Management aber auch die Mitarbeiter.

- Jeder Mensch ist sein eigenes Individuum. Die Individualität des Menschen ist zu respektieren.
- Die Menschen brauchen eine persönliche Handlungsfreiheit. Jeder sollte auch eine eigene Verantwortung tragen.
- Jeder Mitarbeiter leistet mehr, wenn er an seinem Arbeitsplatz voll zufrieden ist.
- Jeder Beschäftigte sollte an dem jeweils richtigen Arbeitsplatz eingesetzt werden.
- Die Leistung steigt mit der Entwicklungsfähigkeit des Mitarbeiters. Jeder sollte seine Fähigkeiten auch ausbilden und entfalten können.
- Fähige Mitarbeiter sind zu fördern.
- Die Wünsche und Bedürfnisse der Mitarbeiter sind weitgehend zu berücksichtigen.
- Mit jedem Mitarbeiter sollte hin und wieder einmal ein kleines Gespräch geführt werden. Dem Mitarbeiter ist zuzuhören.

- Die Aufgaben und Ziele der Firma sind jedem Mitarbeiter klar zu beschreiben und jedem auch deutlich zu machen.
- Jeder Mitarbeiter ist über alle wesentlichen geschäftlichen Dinge zu informieren.
- Alle Mitarbeiter haben ein Anrecht auf Informationen.
- Jedes Firmenmitglied sollte immer bereit sein, seine Kenntnisse weiter zu vermitteln und dem Kollegen zu helfen.
- Ein jeder Mitarbeiter sollte Verständnis auch für den anderen zeigen.
- Jeder in einem Unternehmen tätige Mitarbeiter möchte auch seine Aufstiegschancen sehen. Sie bilden den Anreiz für seine Tätigkeit und seine Leistung.
- Jeder Mensch wünscht sich eine Bestätigung in seinem Beruf. Er strebt nach Anerkennung in seiner Arbeit und Leistung. Eine gute Unternehmensführung sollte gute Arbeit immer anerkennen und auch loben. Besondere Leistungen verdienen eine Belohnung.
- Jeder Mitarbeiter sollte auch die Möglichkeit für eine Eigeninitiative haben.
- Die Zufriedenheit eines Mitarbeiters wächst, wenn er weiß, daß ihm jederzeit auch einmal geholfen wird.
- Es gilt immer die Spielregel: fair play. Jeder Betriebsangehörige hat ein faires Spiel zu spielen.
- Jeder hat das Recht auf eine gerechte und anständige Behandlung.
- Bei jedem aufkommenden Problem sollte versucht werden, es möglichst schnell ohne jede Verzögerung durch ein Mitarbeitergespräche zu lösen.

Jede Betriebsgemeinschaft bedarf einer gewissen Pflege. Jeder einzelne Mitarbeiter hat mit dazu beizutragen, daß alle in einem guten Einvernehmen und Übereinstimmung miteinander auskommen und daß gute zwischenmenschliche Beziehungen bestehen, diese erhalten bleiben und auch gepflegt werden.
Jeder Mitarbeiter sollte sich im Klaren sein, jeder Mensch hat seine Stärken und auch seine Schwächen. Kein Mensch ist vollkommen. Nobody is perfect!
Jeder sollte auch seine eigenen Unzulänglichkeiten kennen. Insbesondere bei Störungen in der Arbeitsgemeinschaft sollte man seine eigene Reaktionen und Neigungen in bestimmten Situationen kennen. Der Mitarbeiter sollte sich zu beherrschen wissen und auch einmal etwas einstecken können.
Der Mensch sollte versuchen, mit sich selbst ehrlich zu sein. Er sollte sich selbst immer wieder prüfen und auch sich selbst analysieren.
Ein Mitarbeiter, der diese Ehrlichkeit zu sich selbst beherzigt, kann nur gewinnen.

3.6. Die Förderung und die Weiterbildung der Mitarbeiter

Das Gedeihen und der Erfolg eines Unternehmens ist sowohl von der technischen Ausrüstung und Ausstattung der Betriebsanlagen als auch von der Leistungskraft und dem Arbeitswillen seiner Belegschaft abhängig.
Leistungsvolumen und Arbeitsqualität werden vorwiegend von der Qualität der Mitarbeiter, von ihrer fachlichen Aus- und Weiterbildung bestimmt.

Zur Erhaltung der Leistungsfähigkeit der Leute sowie auch ihrer weiteren Verbesserung muß eine gewisse Vorsorge erfolgen und somit ergeben sich die Fragen:
Was macht ein Unternehmen aus seiner bestehenden Belegschaft? Nutzt die Unternehmensführung wirklich das Mitarbeiterpotential? Wird die Qualität der Mitarbeiter erhöht und kontinuierlich verbessert?

Zu den Führungsaufgabe des Managements gehört die Mitarbeiterausbildung. In der Verantwortung der Führungskräfte liegt die Förderung der Mitarbeiter, die Mitarbeiterunterweisung, die Mitarbeiterausbildung und Mitarbeiterweiterbildung.
Eine Unternehmensführung muß die im Betrieb tätigen Mitarbeiter kennen. Sie muß wissen, welche Aufgaben sie ausführen können, was sie zu leisten vermögen, welches Wissen und welche Kenntnisse sie besitzen, welchen Aufgaben und Anforderungen sie gewachsen sind.
Die Führungskraft sollte auch wissen, welche Schwächen bestehen, welche Fehler hier und da auftreten können und wie diese am besten vermieden werden.
Die Unternehmensführung muß in allen betrieblichen Bereichen sagen können, wie der Mitarbeiter weiterentwickelt und noch mehr gefördert werden kann. Sie muß wissen, was zur Entwicklung und Entfaltung der Mitarbeiters getan werden muß. Es gilt nicht nur die Mitarbeiter zu unterweisen, sondern sie auch durch Schulung und Training systematisch aufzubauen, ihre Leistungskraft zu erweitern. Ein Unternehmen lebt und gedeiht nur, wenn auch seine Mitarbeiter heranreifen und wachsen!
Ein Unternehmen kann heute nur noch eine Spitzenstellung einnehmen, wenn auch seine Mitarbeiter eine Spitzenleistungen vollbringen. Jede Förderung der Belegschaft, jede fachliche Schulung und Weiterbildung ist deshalb eine Investition für die Zukunft.
Gut ausgebildete und trainierte Mitarbeiter, richtig unterwiesenes Personal leisten mehr. Informierte Mitarbeiter machen weniger Fehler. Sie vermeiden Fehlleistungen und bewirken Qualität in ihrer Arbeit, sind mit Leib und Seele bei der Sache.

Die häufigste Unterweisung erfolgt direkt am Arbeitsplatz. Es ist die Ausbildung Vorort, ein Training on the Job.
Der unterwiesene Mitarbeiter wird mit den Problemen am Arbeitsplatz unmittelbar ohne jede Verzögerung konfrontiert. Er muß sich sofort auf Situationen einstellen und aktiv werden.
Fast alle Unterweisungen in der Industrie erfolgen in dieser Form.
Mehr und mehr erfolgen aber auch Trainingskurse vor dem eigentlichen Arbeitsantritt. In Trockenläufen erfahren die Mitarbeiter eine Ausbildungen am Simulator. Der Computer macht es möglich, daß die Menschen in einer simulierten Arbeitswelt ihre ersten Erfahrungen sammeln können.
In den Schulungskursen können die Reaktionen und das Verhalten trainiert und geübt werden, die in der Praxis zu gefährlichen Situationen führen und den Mitarbeiter selbst oder auch andere unbeteiligte Personen gefährden können.
Übliche Unterweisungsformen sind Berichten, Erzählen, Zeigen, usw.. Auch Rollenspiele, die Gewinnung von Erfahrungen durch Versuch und Irrtum, die programmierte Unterweisung oder ein Selbststudium nach Lernprogrammen helfen das Wissen und die Fähigkeiten zu erlangen und zu vertiefen.
Jede Form verlangt ihren bestimmten Zeitaufwand und verursacht auch ihre spezifischen Kosten. Jedes System hat auch seine Vor- und Nachteile. Die Entscheidung für die anzuwendenden Verfahren oder Lernmethoden liegt in der Hand des Managements, das in einer Zusammenarbeit mit den Mitarbeitern das richtige Instrument wählt.

Die angewandten Techniken bei der Unterweisung sind sehr unterschiedlicher Natur. Sie umfassen die Vorbereitung des Aspiranten, die Präsentation des Stoffes und des Materials, das Übungsprogramm und die Kontrolle des Erfolges.
Der Erfolg einer guten Unterweisung durch die Führungskraft zeigt sich dann in der Wirksamkeit, in der Einsatzfähigkeit der unterwiesenen Kräfte, in der Zeitersparnis für den Manager, in der geringeren Fehlerzahl, die korrigiert werden muß und in der Leistungsfähigkeit der Abteilung bzw. der betrieblichen Organisationseinheit.
Das Unternehmen steigert mit der Weiterbildung seiner Mitarbeiter die Produktivität und reduziert die betrieblichen Kosten. Gleichzeitig werden das Betriebsklima verbessert, die Arbeitsmoral erhöht, und die Qualität der Mitarbeiter verbessert. Das Unternehmen erhöht seine inneren Werte.
Der Erfolg der Mitarbeiterausbildung und -förderung zeigt sich in der Zufriedenheit der Kunden. Der Verbraucher erhält einen leistungsfähigeren Service, eine bessere und zielgerechtere Beratung so wie weit mehr Freundlichkeit bei den Einkaufsgesprächen. Die Zahl der Beanstandungen und Reklamationen reduzieren sich. Das Unternehmen gewinnt an Ansehen sowohl bei der eigenen Belegschaft als auch beim Kunden.
Eine gute Unterweisungen stärkt das Vertrauen zum Vorgesetzten wie auch zum gesamten Führungspersonals. Ein gut ausgebildeter Mitarbeiter zeigt auch eine gewisse Dankbarkeit gegenüber seinem Unternehmen, was sich dann in der Firmentreue und in seiner Arbeitsfreude und Leistung ausdrückt.
Eine gute Ausbildung ist im beiderseitigen Interesse. Unternehmen und Mitarbeiter gewinnen. Das Unternehmen steigert sein Leistungsvermögen. Der Mitarbeiter baut seine Leistungsbereitschaft aus. Beide erhöhen ihr Potential, ihre Qualität und ihren Marktwert.

3.7. Die Motivierung durch Information und Kommunikation

Information bedeutet Auskunft, Belehrung, Nachricht und Unterrichtung. Die Information dient der Bekanntmachung von betrieblichen Vorhaben und Zielen und ist von entscheidender Auswirkung auf das Betriebsklima in einer Firma.
Die Information ist die Grundvoraussetzung für jede Arbeit oder Tätigkeit. Erst aufgrund einer Unterrichtung wird man über die auszuführende Arbeit aufgeklärt. Kenntnisse der Zusammenhänge fördern das Verantwortungsgefühl und auch die Freude an der Arbeit.
Die Kommunikation, die Mitteilung und Berichterstattung jeglicher Art, fördert das Verständnis innerhalb eines Betriebes zwischen den Mitarbeitern untereinander und zwischen Belegschaft und Firmenleitung. Sie dient dem Gedankenaustausch, dem Bedürfnis einer Mitteilsamkeit der Menschen.
Information und Kommunikation verhindern Mißverständnisse und Konflikte. Sie fördern das innerbetriebliche Miteinander, das Zusammenarbeiten in einer Organisation wie auch darüber hinaus mit anderen Einheiten in der Firma.
Im gesamten Unternehmen sollte ein gut funktionierender Informationsaustausch stattfinden. Er sollte kontinuierlich gepflegt werden. Über Neuerungen oder Änderungen sollten immer alle Mitarbeiter möglichst gleichzeitig unterrichtet werden.

Ein immer wieder gemachter Fehler vieler Unternehmen ist es, wenn nur einige Mitarbeiter eine Mitteilung erhalten, andere aber erst später über x Ecken Kenntnis davon bekommen. Solche Schwachstellen sind für den Nichtunterrichteten frustrierend und nicht gerade motivierend.

Es sollte möglichst immer vermieden werden, daß Mitarbeiter vergessen werden. Es ist störend für jedes gutes Betriebsklima, für jedes Zusammenleben und jegliche Zusammenarbeit. Die korrekte und vollständige Information hat heute einen hohen Stellenwert. Nur das richtige Wissen um all die Dinge fördert den Arbeitseifer und die Arbeitsmoral.

Unterrichtete Mitarbeiter sind mehr motiviert. Sie empfinden sich anerkannt. Sie fühlen sich mit einbezogen. All das fördert das Verantwortungsgefühl!

Ein informierter und stets gut unterrichteter Betriebsangehöriger denkt mit und ist damit ein weit produktiverer Mitarbeiter!

Die Führungskräfte sollten sich zur Verbesserung der betrieblichen Leistung, der zwischenmenschlichen Beziehungen im Betrieb immer wieder die Fragen stellen:

- Wer braucht Information?
- Wo ist eine Information gefragt?
- Welche Information wird benötigt?
- Wann wird die Information verlangt?

Information motiviert und fördert den Leistungswillen. Die Unterrichtung, nicht nur über die Sache selbst, sondern auch über begleitende Umstände, den Stand der Dinge, die Verhältnisse im Unternehmen, über die technischen und wirtschaftlichen Zusammenhänge im Betrieb, dient dem allgemeinen Verständnis und steigert den Leistungswillen eines Menschen.

Kommunikation ist mit ein Grundbedürfnis des Menschen. Jeder Mitarbeiter hat ein natürliches Mitteilungsbedürfnis, eine natürliche Mitteilsamkeit, die er erfüllt sehen möchte. Er benötigt die Kommunikation zum Arbeiten wie die Luft zum Atmen.

Eine ungenügende Informationsbereitschaft, insbesondere von oben nach unten, stört den betrieblichen Ablauf eines jeden Unternehmens. Ohne Information laufen die geschäftlichen Dinge in einer falschen Richtung und behindern jegliche Zusammenarbeit.

Das Betriebsklima bildet die Atmosphäre eines Betriebes. Sie bestimmt das Verhältnis zwischen Arbeitgeber und Arbeitnehmer wie auch die Beziehungen der Mitarbeiter untereinander. Sie beeinflußt das Zusammenleben und das Zusammenarbeiten, das gemeinsame Wirtschaften in einem Betrieb.

Die betriebliche Atmosphäre wirkt sich auf das Wohlbefinden der Mitarbeiter, auf ihre Freude an der Tätigkeit wie auch auf ihre persönliche Gesundheit aus. Ist das Wohlsein in irgendeiner Form gestört, hat es Effekte auf den allgemeinen Betriebsablauf. Der betrieblich Prozeß wird negativ beeinflußt. Er ist in seinem allgemeinen regelmäßigen Ablauf gestört.

Das Betriebsklima ist ausschlaggebend für das Leistungsvermögen und die Schaffensfreude der in einem Betrieb beschäftigten Leute.

Es motiviert oder auch nicht den Mitarbeiter zu seiner Leistung und bestimmt damit die seelische Verfassung des Mitarbeiters, seine Einstellung zum Mitarbeiter und das soziale Verhalten in der Gemeinschaft.

Das Betriebsklima sollte stets beobachtet und gefördert werden. Ein Unternehmen darf das Betriebsklima nie unterschätzen. Man sollte stets darauf achten, daß ein harmonisches und ausgeglichenes Arbeitsleben besteht. Man sollte darauf bedacht sein, es gesund zu erhalten und es in jeder Form weiterzuentwickeln.

Wir sprechen an dieser Stelle nicht von der Geselligkeit, die sicherlich auch ihre Bedeutung und Berechtigung hat und auch nicht vergessen werden darf. Auch sie ist ein Bestandteil des betrieblichen Arbeitsklimas. Auch sie ist notwendig, dient sie doch der Lebensfreude der Menschen.

Wir meinen an dieser Stelle hier mehr das Betriebsklima bezüglich des Miteinanderumgehens, die Zusammenarbeit der Mitarbeiter am Arbeitsplatz, das Verhältnis zwischen Arbeitgeber und Arbeitnehmer, die Beziehungen zwischen Vorgesetzten und Untergebenen, das Verhalten von weiblichen und männlichen Mitarbeitern untereinander.

Ein gutes Miteinander hat seine Auswirkung auf das Zusammenleben, auf das Miteinanderauskommen, auf den Teamgeist und auf das Zusammengehörigkeitsgefühl.

Das Betriebsklima entscheidet über den Erfolg oder Mißerfolg bei der Einführung von notwendigen Veränderungen, von Neuerungen und Verbesserungen. Es hat einen enormen Einfluß auf die Ausführung der Arbeiten und damit auf die Qualität der Erzeugnisse und der Dienstleistungen des Unternehmens.

Das Klima in einem Unternehmen wird somit mitbestimmend für die Wirtschaftlichkeit der Firma. Ein gutes Arbeitsklima dient der Imagepflege und motiviert die Mitarbeiter.

Das Betriebsklima wirkt sich sowohl nach innen als auch nach außen aus. Es fördert die positive Einstellung zur Arbeit und die Identifizierung mit der Aufgabe. Ein gutes Betriebsklima dient der Vorbeugung und der Vermeidung von Fehlern. Es sorgt für eine bessere Qualität der Erzeugnisse und der Leistungen.

Alle diese Dinge bestimmen das Ansehen der Firma in der Gesellschaft, seine Ausstrahlungskraft auf die Menschen, sowohl auf den Kunden als auch auf den eigenen Mitarbeiter.

Ein Betriebsklima wird durch eine Anzahl verschiedener Faktoren bestimmt:

Gutes Betriebsklima:	Schlechtes Betriebsklima:
Teamgeist, Zusammenarbeit,	Intrigen,
Kooperation,	Anschwärzen beim Chef,
selbständiges Arbeiten,	schlechte Laune,
Anerkennung,	Neid der Kollegen,
gerechte Arbeitsverteilung,	Angst um den Arbeitsplatz,
gute Information,	Hektik, Spannungen,
Entscheidungsbeteiligung,	arbeitsfaule Kollegen,
Firmentreue,	Gefahr der Wirtschaftsspionage,
usw..	usw..

Für die Ausführungen der betrieblichen Funktionen,
> dem Planen von Zielen,
> dem Organisieren von Arbeiten,
> dem Motivieren von Mitarbeitern,
> dem Ausführen einer Leistung und
> dem Kontrollieren der Arbeitsabläufe,

ist eine störungsfreie Kommunikation sehr vorteilhaft, wenn nicht sogar überhaupt eine notwendige Voraussetzung. Die Informationsübermittlung ist das Fundament für das Funktionieren eines Unternehmens und somit auch eine sehr wichtige Aufgabe, die eigentlich nie vergessen oder vernachlässigt werden sollte.

Die Bedeutung der Kommunikation ist durch den Entwicklungsprozeß der Demokratisierung unseres politischen wie auch wirtschaftlichen Lebens und insbesondere mit dem Aufbau und der Entfaltung der Informationstechnik enorm angewachsen.

Ohne intensiven Austausch von Informationen zwischen den Mitarbeitern kann ein Arbeitsprozeß kaum in der richtigen Art und Weise ablaufen. Für eine effektive Arbeitsweise müssen sich die Mitarbeiter untereinander verständigen und ihre Ergebnisse wie auch ihre Erfahrungen austauschen. Es müssen Gespräche erfolgen, die den Arbeitsablauf begleiten.

Die Kommunikation ist ein Vorgang der Information und des Verstehens zwischen den Menschen. Sie dient der Verständigung der Menschen untereinander.

Für das Führungspersonal hat sie die wichtige Funktion der Vermittlung der Unternehmensziele. Der Manager bedient sich der Kommunikation als ein Instrument zur Durchführung der Geschäftsziele. Mittels der Gespräche übermittelt das Führungspersonal den Mitarbeitern die Ziele, die man gemeinsam erreichen sich vorgenommen hat. In einer Besprechung werden die Aufgaben den Mitarbeitern verdeutlicht.

Der Informationsaustausch dient aber auch der Übermittlung von Bedenken und Gegenargumenten, dem beiderseitigen Erfahrungsaustausch.

In einer Diskussion werden das Für und Wider dargelegt, werden Punkte auf den Tisch gebracht, wird mehr oder weniger gestritten bis dann eine Lösung gefunden wird.

Eine gute Kommunikation ist die Voraussetzung für eine Motivierung, ist aber auch selbst eine Motivierung!

Die Kommunikation ist die Vorbedingung für eine effektive gute Zusammenarbeit. Fehlende Kommunikation erschwert die Erfüllung der Unternehmensaufgaben und die Ausführung der unternehmerischen Zielsetzung.

Bei einer Kommunikation sind immer mindestens zwei Menschen beteiligt.

Der eine vermittelt eine Information. Er sendet eine Mitteilung aus. Seine Aussage muß klar und deutlich, sie muß verständlich sein.

Der andere empfängt diese Information. Er übernimmt die Nachricht. Er muß die Botschaft verstehen können.

Ob eine Kommunikation gut oder schlecht ist, hängt von der Ausstrahlung wie auch vom Empfang ab.

War die ausgesendete Information verständlich?

Wurde die Information vom Empfänger auch verstanden?

Nur bei einer positiven Beantwortung der Fragen ist eine echte Kommunikation gegeben.
Die Aufgabe einer funktionstüchtigen Betriebsgemeinschaft wie auch der Unternehmensführung ist es, die Wege für eine gute Kommunikation zu ebnen.
Beide müssen dafür sorgen, daß eine Kommunikation gegeben ist. Sie müssen die Voraussetzungen und die Möglichkeiten einer guten Verständigung schaffen.
Erst die Kommunikation erlaubt es, zusammenzuarbeiten und gemeinsam tätig zu werden. Sie bestimmt, ob dann die Leistung oder der Service auch optimal wird.
Gewisse Schwierigkeiten ergeben sich in der Kommunikation durch vorgefaßte Meinungen und Vorurteile, die sich in der Regel negativ auswirken und deshalb abgebaut werden müssen.
Auch mangelnde Kenntnisse können die Ursache für Verständigungsschwierigkeiten bilden. Es betrifft nicht nur immer die Sprache, auch wenn beide die gleiche Muttersprache beherrschen, können sie aneinander vorbeireden.
Fehlende Objektivität und eine zu starke subjektive Sicht bilden ebenfalls oft eine Sprachbarriere und behindern eine Verständigung.
Alle diese Hindernisse müssen Unternehmensführung und Mitarbeiter erkennen und abbauen. Jeder Behinderung muß entgegengewirkt werden. Durch entsprechende Vorsorge und auch Vorbereitung müssen Barrieren abgebaut werden.
Beide Seiten sollten in der Lage sein, Informationen klar verständlich und korrekt weiterzugeben. Umgekehrt sollte jeder aber auch dem anderen zuhören können. Jeder sollte verstehen, was der andere einem mitzuteilen hat.
Die Kommunikation ist immer ein Zwei-Wege-Lauf, ein Prozeß mit einer Rückkopplung. Kommunikation muß sowohl von oben nach unten, als auch umgekehrt von unten nach oben erfolgen. Sie muß aber auch in der jeweiligen Ebene in allen Richtungen ablaufen können. Kommunikation ist sowohl das Gespräch zwischen Vorgesetzten und Untergebenen als auch die Mitteilung zwischen den Mitarbeitern, zwischen den Kollegen in der Führungsebene wie in der Arbeitsebene.
Fehlende Kommunikation bedeutet Isolierung in jedem Bereich. Sie kann zu einer Isolation des Mitarbeiters führen, wodurch er dann seine Aufgaben nicht mehr voll erfüllen kann.
Die Kommunikation erfolgt in Worten und Bildern, wobei die verbale Mitteilung im Vordergrund steht. Sie überwiegt bei den Kontakten zwischen den Menschen.
Sehr entscheidend sind die gewählten Worte. Es kommt sehr darauf an, wie man etwas sagt, was man ausspricht und was man verschweigt. Nur das richtige Wort vermeidet Mißverständnisse und verbreitet Vertrauen.
Ein Mitteilender muß gut artikulieren können, nur dann wird ihm zugehört und wird er auch richtig verstanden.
Die Führungsschicht muß sich heute weit mehr als früher auf eine Diskussion mit den Mitarbeitern einlassen. Die Kommunikation erfolgt heute nicht mehr vorwiegend nur in einer Richtung. Eine Gegenantwort wird ebenfalls üblich. Sie ist aber auch notwendig, denn nur im Gespräch miteinander werden Verständigungen erreicht und können Mißverständnisse abgebaut werden.
Das einzelne Wort selbst wie auch der Zusammenhang in dem das Wort benutzt wurde, sind sehr entscheidend für eine Verständigung. Man sollte also immer erst überlegen, was man sagt und wie man etwas sagt. Es darf eigentlich nie vergessen werden, erst der Ton macht die Musik.

Ein paar Tips für eine gute und erfolgreiche Kommunikation:

- Die Informationen sollten immer klar und verständlich formuliert werden.

- Die Mitteilung muß wirkliche Information enthalten. Sie muß Substanz haben.

- Man sollte nur Wörter und Begriffe benutzt werden, die auch verstanden werden. Unbekannte Fremdworte und Floskeln sollte man möglichst vermeiden. Begriffe, die negative Reaktionen auslösen können, sollte man unterlassen.

- Es sollte immer ein Thema nach dem anderen abgehandelt werden. Jedes Durcheinander sollte möglichst immer vermieden werden.

- Es sollte immer eine ausreichend Zeit für eine Gespräch zur Verfügung stehen. Mitteilungen zwischen Tür und Angel können schnell zu Mißverständnissen und Fehlern führen.

- Eine Mitteilung sollte immer knapp, präzise, kurz und bündig sein. Ein „um den heißen Brei herumreden" sollte man vermeiden.

- Jeder sollte sich bemühen, immer klar und deutlich auszusprechen was er denkt.

- Es sollte eine stetige und nicht nur gelegentliche Kommunikation erfolgen. Ein Gespräch sollte kein Ausnahmefall sein.

- Ein Mitteilung fesselt die Zuhörer weit mehr, wenn sie in einer Sprache erfolgt, die abwechslungsreich und lebhaft ist, die aufhorchen läßt. Monotonie ist einschläfernd und führt dazu, daß man nicht zuhört.

- Eine Information muß immer wahrhaftig sein. Sie muß immer korrekt sein.

- Besonders als Vorgesetzter sollte man immer Zeit für die Mitarbeiter haben. Eine Führungskraft ist immer für den Mitarbeiter da.

- Eine Führungskraft muß auch Zuhören können. Sie sollte aktiv zuhören können, d.h. sie sollte mitdenken und sich auch bemühen, alles richtig zu verstehen.

- Ein Vorgesetzter sollte seine Mitarbeiter immer ausreichend informieren. Unzureichende Information läßt das Mißtrauen wachsen und behindert jede gute Zusammenarbeit. Teamarbeit setzt Information voraus!

- Ein jeder Mitarbeiter, der andere für sich gewinnen will, der andere von seiner Meinung überzeugen möchte, muß lernen, sich auszudrücken und sich verständlich machen. Er muß lernen, andere zu überzeugen.

Ratschläge zur Ausführung von Besprechungen oder Konferenzen.

Ein paar Tips zur Vorbereitung und Durchführung einer Besprechung oder Konferenz:
Jede Besprechung dient der Motivierung der Mitarbeiter. Sie fördert den Informationsaustausch zwischen den Teilnehmern.

- Das Besprechungsthema.
  Es sollte immer eine klare und eindeutige Zielsetzung der Besprechung bestehen. Was soll die Besprechung erreichen?
  Besser als ein Thema in der Form eines Satzes ist eine Fragestellung, die den Teilnehmer zur Beantwortung anregt. Statt dem Thema: „Die Erhöhung der betrieblichen Qualität." sollte eine Fragestellung: „Sollen wir die betriebliche Qualität erhöhen?" zur Konferenz einladen.

- Vorbereitung der Besprechung.
  Jede Besprechung sollte gründlich vorbereitet werden, ansonsten verspricht sie keinen Erfolg. Die Teilnehmer müssen wissen um was es geht. Sie müssen sich auf die Diskussionspunkte vorbereiten können.
  Die Tagungspunkte müssen festgelegt und allen Teilnehmern bekannt sein.
  Der Ablauf der Konferenz sollte grundsätzlich organisiert sein. Festlegung eventueller Kaffee- oder Zigarettenpausen oder sonstiger kurzer Erholungspausen sind sehr vorteilhaft.
  Die Besprechung ist auf eine bestimmte Zeit zu begrenzen und sollte sich nicht ins Unendliche ausdehnen. Eine straffe Organisation sollte dafür sorgen, daß nicht herumgeschwafelt wird, daß man gleich nach der Begrüßung und Einleitung zur Sache kommt. Eine Agenda sichert den erfolgreichen Ablauf.
  Regeln sorgen für einen zügigen Konferenzverlauf. Die Redezeit ist festzulegen. Es ist darauf zu achten, daß die Zeiten nicht überschritten werden. Jeder Teilnehmer sollte seinen Diskussionsbeitrag leisten. Die Leitung muß den Ablauf im Griff haben und darf ihn nicht aus der Hand geben. Sie muß auf die Einhaltung der Regeln achten. Eine Besprechung ist keine Quasselbude!
  Vor jeder Konferenz ist zu prüfen, ob die Besprechung wirklich notwendig ist. Eine Besprechung darf keine Routinerunde werden und regelmäßig zu einem bestimmten Zeitpunkt ohne bestimmte Themen stattfinden. Jeder Routineablauf sollte vermieden werden.

- Teilnehmerzahl
  Die Zahl der Besprechungsteilnehmer sollte begrenzt sein. Bei den Teilnehmern ist darauf zu achten, daß sie zum Thema etwas sagen können. Nicht die Teilnehmerzahl bestimmt das Ergebnis, sondern die Zusammensetzung der Teilnehmer. Entscheidend ist die Qualität nicht die Quantität.
  Voraussetzung der Teilnahme ist eine optimistische Einstellung. Eine pessimistische Einstellung zur Konferenz wie auch zum Thema gefährdet das Konferenzergebnis.

4. Die Mitarbeiter im Unternehmen

Die Mitarbeiterschaft eines Unternehmens umfaßt alle in einem Unternehmen tätigen Menschen einschließlich auch aller Führungskräfte.
Angefangen von der untersten Arbeitsebene bis zur höchsten Spitze hinauf sind alle in einem Betrieb Beschäftigten ein Teilchen des Ganzen. Wie in einem mechanischen Uhrwerk ist jeder ein Rädchen in dem Mechanismus, ein Bauteil in dem Unternehmensgetriebe. Jeder hat eine genau definierte Funktion auszuführen.
Die in einem Unternehmen beschäftigten Personen sind im eigentlichen Sinne alle Mitarbeitende, ganz gleich in welcher Position oder Stellung sie sich befinden. Jeder Einzelne hat eine spezielle Aufgabe und ist mit seiner Tätigkeit auf die mitarbeitenden Kollegen angewiesen, der Chef auf seine mit ihm arbeitenden Leute, die Ausführenden auf ihre Führung. Keiner kann ohne den anderen etwas ausrichten oder allein etwas bewerkstelligen. Der betriebliche Unternehmensablauf ist auf alle Mitarbeiter verteilt. Jeder hat seine definierte Rolle wie in einem Theaterstück zu spielen. Durch eine Organisation sind alle fest eingebunden und bestimmten Funktionen zugeordnet.
Der Produzierende benötigt den Einkäufer wie auch den Verkäufer. Gleiches gilt auch umgekehrt. Der Einkäufer stellt die erforderlichen Materialien sicher, sorgt für die rechtzeitige Anlieferung der notwendigen Einsatzstoffe. Der Herstellungsbetrieb vertraut dem organisatorischen Können des Einkaufs bei den Anlieferungen.
Der Verkäufer übernimmt den Vertrieb der Güter. Er garantiert durch seinen Handel und Absatz der Waren den kontinuierlichen Prozeßablauf des Unternehmens. Die Verkaufsabteilung muß sich auf die Produktion verlassen können. Der Herstellungsbetrieb hat die vom Kunden angeforderten Erzeugnisse zu erstellen. Der Käufer hat einen Anspruch auf eine Lieferung. Wenn keine Verkäufe erfolgen, gerät der Unternehmensprozeß aus dem Gleichgewicht. Es werden Güter erstellt, die sich stapeln. Die Produktherstellung muß schließlich gestoppt werden, was wieder zu einem Stau bei der Anlieferung der Einsatzmaterialien führt.
Der Einkäufer sorgt für den Zufluß der Einsätze und der Verkäufer für den Abfluß der erzeugten Waren. Beide sichern durch ihre speziellen Tätigkeiten den Herstellungs- bzw. Verarbeitungsablauf. Sie stellen sicher, daß der produzierende Mitarbeiter weiterhin seine Arbeiten ausführen kann. Einer kann ohne den anderen nicht sein. Alle brauchen sich einander. Jeder ist auf die Mitarbeit seiner Betriebskollegen im Betrieb angewiesen.
Die Wechselbeziehung zwischen den einzelnen Mitarbeitern verschiedener Tätigkeiten gilt auch für das Verhältnis von Vorgesetzten und Untergebenen, von Führung und den Ausführenden. Auch hier besteht eine betriebliche Funktionsabhängigkeit.
Die Führungskräfte tragen die Verantwortung für den gesamten Unternehmensablauf. Das Management leitet die Mitarbeiter, organisiert die Arbeiten einschließlich aller Produktströme, die in den Arbeitsprozeß einfließen und ihn dann auch wieder verlassen. Die Führung sorgt für die Einhaltung der Termine und Mengen, steuert den Arbeitsprozeß. Sie stellt den Ablauf aller Arbeiten sicher. Sie organisieren und managen alle betrieblichen Leistungen.

Die Arbeiter und Angestellten, die Ausführenden vollbringen die eigentlichen Arbeiten in einem Unternehmen. Sie führen die Tätigkeiten in dem vom Management organisierten Arbeitsprozeß aus. Für ihre Aktionen tragen sie eine gewisse spezielle Verantwortung. Von ihnen verlangt man Zuverlässigkeit, Pflichterfüllung und Verantwortungsbewußtsein. Ihre Aufgabe ist die Erstellung der Leistung.
Die Führungskräfte und die Ausführenden stehen in einer wechselseitigen Abhängigkeit zueinander. Jeder kann seine Aufgaben und Funktionen nur unter der Mitwirkung der anderen vollbringen.
Führung und Ausführende stehen sich nicht immer sehr freundlich gegenüber. Zwischen beiden Seiten besteht ein gewisses Spannungsverhältnis.
Aufgrund der Entwicklungsgeschichte, der unterschiedlichen Interessen mit verschiedener Zielsetzung und einer bereits lang andauernden Voreingenommenheit hegt man ein schon traditionelles Mißtrauen. Eine Trennlinie trennt Kapital und Arbeitskraft strickt voneinander. Diese Unterscheidung verliert aber mit wachsender Qualifikation der gesamten Belegschaft ihre ursprüngliche Berechtigung. Auch der Mitarbeiter in der untersten Stufe hat mit seiner spezielle Fachausbildung und seinem hochqualifizierten Ausbildungsniveau in einem hochtechnisierten Betrieb eine verantwortungsvolle Aufgabe zu erfüllen. Er führt wohl direkt keine Mitarbeiter, leitet oft auch kein spezielles Arbeitsteam, trägt aber eine ganz spezifische Verantwortung für den Ablauf einer Arbeit oder Aufgabe. Er managt einen technischen Prozeß oder auch nichttechnischen Arbeitsablauf. Nur aufgrund seiner spezifischen Qualifikation, seiner hohen Ausbildung und seiner individuellen Kenntnisse kann er die Aufgabe ausführen und voll erfüllen.
Die Unterscheidung zwischen Führung und Ausführung ist heute nur noch aufgrund der speziellen Funktionen berechtigt, wobei diese aber mehr und mehr sich vermischen. Beide Parteien sind eigentlich gleichberechtigte Partner in einem Leistungsprozeß, wo eine Aufgabenverteilung besteht und somit jeder eine bestimmte Funktion hat.
Management und Ausführende bilden zusammen eine betriebliche Arbeitsgemeinschaft. Nur gemeinsam besitzen sie das gesamte Wissen und Können des Unternehmens einschließlich der Fähigkeit, den Unternehmensprozeß zu führen. Nur gemeinschaftlich als Betriebsgemeinschaft können sie die wirtschaftlichen Abläufe und Vorgänge bewerkstelligen und steuern.
Führung und Ausführende besitzen nicht nur das betriebliche Know-how, sie sind auch heute mehr und mehr Miteigentümer des Unternehmens durch den Besitz von Aktien, Vorzugsaktien und Firmenbeteiligungen oder aufgrund einer Berechtigungen auf eine Betriebsrente oder Pension. Sie verfügen also sowohl über das Wissen und die Erfahrungen des betrieblichen Unternehmens als auch mehr oder weniger über das Eigentum einer Firma.

Bis auf die oberste Unternehmensleitung haben das Mittelmanagement und die Mitarbeiter in der Regel keine großen Machtbefugnisse oder Verantwortungen im Unternehmen. Sie beziehen wohl ein gutes Einkommen einschließlich auch einer Sicherheit für ihren Lebensstandard, sind auch für Teilaufgaben oder Teilfunktionen in einem gewissen Grade verantwortlich, tragen aber keinerlei sichtbare Verantwortung für das Unternehmen. Die Verantwortung verschiebt sich von Stufe zu Stufe auf den nächsten Vorgesetzten. Die Befugnisse und Rechte sind nur begrenzt. Die Mehrzahl der Mitarbeiter besitzen keine größere Machtstellung oder besondere höhere Verantwortlichkeit für die Leitung und Lenkung des Unternehmens.

So betrachtet, stehen Aufgaben wie auch Einkommen und Verantwortung in keinem richtigen Verhältnis zu einander im Unternehmen.
Für die Zukunft muß das Unternehmen alle Mitarbeiter, ganz gleich in welcher Funktion und Aufgabe, mehr in das Unternehmen einbinden. Die Unternehmensleitung muß sowohl die Führungsmannschaft als auch die Arbeitnehmer mehr als Miteigentümer und als Wissensträger sehen. Sie muß alle mitarbeitenden Betriebsangehörigen mehr an der betrieblichen Verantwortung beteiligen.
Diese Einbindung verpflichtet dann die Mitarbeiter wieder zu mehr Mitwirkung und Teilnahme am Betriebsgeschehen. Sie werden zu unternehmerischen Denken und Handeln veranlaßt. Auch die Betriebsgemeinschaft muß unternehmerische Verantwortung übernehmen und Risiken mit tragen. Sie darf nicht nur die Vorzüge genießen.
Die Unternehmen müssen in Zukunft die mitarbeitenden Menschen mehr in das Macht- und Verantwortungsgefüge eingliedern. Bei Entscheidungen, insbesondere bei denen, wo die Mitarbeiter betroffen sind, müssen diese auch mehr mit einbezogen werden.
Alle Mitarbeiter sind bei ihren Tätigkeiten voll verantwortlich für ihr Tun, für ihre Ausführungen oder Betätigungen. Sie haben nicht nur für den Ablauf ihrer Tätigkeit zu sorgen, sondern diesen Arbeitsprozeß auch selbst zu kontrollieren, zu überwachen und zu steuern, d.h. sie haben unternehmerisch und eigenverantwortlich tätig zu werden. Mit ihren Funktionen tragen sie auch eine Gesamtverantwortung für das Unternehmen.
Das Management wird mehr und mehr zu einem Mittler zwischen dem Unternehmer, dem Eigentümer oder den Aktionären und den in dem Unternehmen tätigen Menschen. Sie sorgen für die Verständigung und ebnen die Wege für eine gut Kommunikation.
Als Beauftragte des Unternehmens sollen sie die unternehmerischen Ziele verwirklichen. Die arbeitnehmenden Mitarbeiter haben die Zielsetzung in die Praxis umzusetzen und für die Erfüllung der betrieblichen Aufgaben zu sorgen.
Ein großer Teil der Mitarbeiter vieler Unternehmen führt die Arbeiten nur als Job aus. Gegen eine Bezahlung sorgt man dafür, daß der Betrieb läuft, daß ein Umsatz gemacht wird und Gewinne beschert werden. Ohne eine innere oder äußere Beteiligung kümmert man sich um die Abläufe, um die betriebswirtschaftlichen Aktionen und Prozesse.
Viele Mitarbeiter erfüllen ihre Aufgaben ohne eine Kontrollfunktion des Arbeitsprozesses, ohne Beobachtung und Überwachung der eigenen Leistung, ohne Eingriffsberechtigung in die betrieblichen Abläufe, ohne eine ernsthafte Eigenverantwortung. Die verlangte Verantwortlichkeit wird als Routineablauf gehandhabt.
Diese Mitarbeiter müssen wieder mehr auch in die Gesamtverantwortung mit einbezogen werden. Sie bilden ein Element des Unternehmens. Als Teil der Betriebsorganisation müssen sie so motiviert werden, daß sie sich wieder mit etwas mehr Engagement für die Firma einsetzen und auch wieder eine innere Verpflichtung zu ihrem Betrieb fühlen.
Die Führung wie auch die ausführenden Mitarbeiter in einem Unternehmen entscheiden in einer partnerschaftlichen Zusammenarbeit über die wirtschaftliche Kraft und Leistungsfähigkeit und das allgemeine Ansehen eines Unternehmens im Wirtschaftsleben. Sie bestimmen mit ihren manuellen und geistigen Tätigkeiten, mit ihren Routinearbeiten und ihren schöpferischen Aktivitäten, mit dem Managen der Aufgaben und der Ausführung der Arbeiten, ob ein Betrieb oder eine Firma im Wettbewerb bestehen kann, ob ein Unternehmen exzellente oder weniger gute Chancen im wirtschaftlichen Wettstreit hat. Ihre Zusammenarbeit entscheidet, ob ein Unternehmen in eine aussichtsreiche oder in eine nicht gerade glückliche Zukunft blicken kann.
Gute und fleißige Mitarbeiter bilden das Fundament für ein Unternehmen. Ohne den persönlichen Einsatz eines jeden Betriebsangehörigen in allen Bereichen und Abteilungen der Firma

wird keine Leistung vollbracht und wird auch keine Ausstrahlung erzielt, die den Kunden anzieht und zum Kauf der Waren animiert. Das Format und das Niveau aller Mitarbeiter, sei es Management oder das die Arbeiten ausführende Personal eines Betriebes, sie alle zusammen prägen das Bild eines Unternehmens, bestimmen die Qualität der Erzeugnisse und der Dienstleistungen.

Aufgrund des großen Einflusses der Mitarbeiter auf das Unternehmens kommt der Mitarbeiterführung eine wachsende entscheidende Bedeutung zu. Sie wird zur Hauptaufgabe der Unternehmensführung.

Schon mit der Auswahl und der Einstellung der Manager, der Arbeiter und der Angestellten, aller Hilfs- und Fachkräfte wird bereits über die Qualität der Menschen im Unternehmen und damit dann über die Ausstrahlung und den Wert einer Firma entschieden.

Hier fällt bereits die Entscheidung, ob die Menschen zusammenpassen und zusammenarbeiten können, ob das Betriebsklima ein harmonisches wird, ob eine Leistung hoher Qualität vollbracht werden kann und ob das Unternehmen im Wettbewerb einen Bestand hat.

Weiterhin ausschlaggebend für die Überlebensfähigkeit eines Betriebes ist dann die betriebliche Aus- und Fortbildung, die Anzahl und das Niveau der Trainings- und Schulungskurse des gesamten Fortbildungsprogrammes.

Das Unternehmen hat das Betriebspersonal in seiner Aus- und Weiterbildung zu fördern und in seinem Wissen und seinen Fähigkeiten kontinuierlich zu verbessern und den technischen Entwicklungen anzupassen. Die Arbeitsgruppen sind zur Arbeit und Leistung zu bewegen. Die Mitarbeiter sind für die Zielsetzung des Unternehmens zu gewinnen und zur Kreativität zu ermuntern.

Jede Fortbildung dient sowohl den Interessen des Arbeitnehmers, der seine Fähigkeiten und Qualitäten verbessert, als auch denen des Arbeitgebers, der höher qualifizierte und besser gerüstete Fachkräfte erhält. Personal wie auch Unternehmen, beide ziehen ihre Vorteile und auch ihren Nutzen daraus.

Die Mitarbeiter sind das wertvollste Gut eines Unternehmens. Es liegt in den Händen der Unternehmensleitung, was aus diesem Fundus wird. Jedes Unternehmen sollte seine Ressource Menschen nutzen, sie zu einem Wert für das Unternehmen aufbauen.

Gute Mitarbeiter bilden das wertvollste Potential für eine Qualitätsarbeit wie auch für Neuerungen. Die Betriebsbelegschaft muß aber auch für diese Aufgaben und Ziele erst einmal gewonnen und dann entwickelt werden. Leistung und Qualität sind erst das Ergebnis eines aufwendigen Ausbildungsprogrammes.

Die Menschen bildet die Quelle für Kreativität und Innovation. Nur die Menschen entwickeln Ideen, neue Techniken und Methoden, neue Verfahren und Technologien, neue Unternehmensstrategien.

In so manchem kleinen und mittleren Betrieb wird noch immer der betrieblichen Komponente Mitarbeiter nicht die richtige und gebührende Aufmerksamkeit geschenkt. Die Leute selbst, ihr Einsatz und ihre Nutzung, ihre Fortbildung wird vorwiegend als eine unwichtige, firmeninterne Angelegenheit gesehen.

Der Mitarbeiterführung wird oft nur eine untergeordnete Bedeutung zuerkannt. Mitarbeiterschulung wird all zu oft noch immer nur als Kostenfaktor ohne jede Wertsteigerung gesehen und deshalb nicht besonders gefördert.

Der Wert eines Mitarbeiters für das Unternehmen wird noch viel zu oft unterschätzt.

Was man aus Mitarbeitern machen kann, was man quasi aus jedem Menschen hervorzaubern könnte, welche Werte, welches Können, welche Talente in jedem Menschen ruhen, wird nicht immer gesehen.
Wer aber den Wert seiner Mitarbeiter wirklich sieht, kann auch bei richtiger Nutzung des Faktors Mensch im Unternehmen den Erfolg des eigenen Unternehmens erheblich verbessern.
Die Menschen in einem Betrieb sind ein entscheidendes Element für die Zukunft im globalen Wettbewerb. Die Chancen für ein Unternehmen erhöhen sich, wenn mehr auf die Mitarbeiter gesetzt wird. Neue Ideen, neue Strategien und neue Technologien werden nur von zufriedenen und tüchtigen Menschen entwickelt.

Mit den Veränderungen in unserer Gesellschaft, insbesondere in unserem Wirtschaftsleben, vollzieht sich auch ein Wandel bei den Menschen selbst.
Die Entwicklung zur Dienstleistungsgesellschaft führt zu neuen Unternehmensstrukturen und damit auch zu einer Veränderung in der Unternehmenskultur.
Alte Regeln, traditionelle Abläufe, bisher gültige und auch geschätzte Normen verlieren ihre Bedeutung. Alles wird neu bewertet und durch andere Standards, Maxime und Richtlinien ersetzt.
Die Menschen passen sich in der Regel dem Neuen an und verändern sich, um mit den neuen Begebenheiten klarzukommen und mit den neuen Tatbeständen leben zu können.
Den Führungskräften fällt die Aufgabe zu, diesen Veränderungsprozeß zu begleiten und ihn dort einzuleiten, wo er noch nicht zur Wirkung kam.
Die Führung muß die Menschen für das Neue, für den Wandel, für eine Neuorientierung und für Reformen vorbereiten und motivieren. Sie muß das Unternehmen wie auch alle seine Mitarbeiter verändern und auf die geänderten Anforderungen in unserer globalen Welt einstellen.
Wer mithalten und auch überleben will, muß sich auf diese Veränderungen einstellen und sich ihnen anpassen. Das gilt sowohl für das Unternehmen und sein Management wie auch für alle Betriebsangehörigen. Wir alle müssen uns verändern, wir müssen flexibler werden und unsere Arbeitsfähigkeit entwickeln.
Wir alle werden von einem Prozeß des stetigen Wandels erfaßt. Alle unsere Werte, Ansichten und Anschauungen, Methoden und Techniken, ja auch unsere Maßstäbe und Bewertungsrichtlinien geraten auf einen Prüfstand und werden hier und da geändert, den neuen Ansprüchen und Forderungen angepaßt.
Bei dem Wandel von der Industriegesellschaft zur Dienstleistungsgesellschaft, bei der Umstellung von der mechanischen Produktion zu einer wissensorientierten Industrie, gewinnt der Faktor Mensch eine neue Bedeutung.
Während das Individuum Mensch in der industriellen Fertigung und Herstellung vorwiegend nur als Produktionsfaktor, als das Element Arbeit gesehen wurde, rückt nun der Mensch wieder in den Mittelpunkt des wirtschaftlichen Geschehens. Der Mensch tritt sowohl als Produzent als auch als Konsument auf, wobei eine klare Abgrenzung mehr und mehr schwindet.
Die produzierende Arbeitskraft muß die ihr zur Verfügung stehenden Mittel einschließlich ihrer eigenen Bemühungen möglichst zweckmäßig, kostengünstig und umweltschonend einsetzen und verwenden, um die Aufgabe zu erfüllen und einen größtmöglichen Nutzen zu erzielen. Gleichzeitig muß aber auch der Kunde zufriedengestellt werden. Der Mensch muß mit den Produktionsfaktoren haushalten. Er muß überlegen und abwägen, um mit geringsten Mitteln einen bestimmten Erfolg zu erreichen.
Der Produzent ist sowohl Hersteller als auch Kunde. Alle Menschen sind Erzeuger wie auch Verbraucher. Sowohl die Hersteller der Waren als auch der Konsument der Güter, sie alle

haben ihre Bedürfnisse und Wünsche. Diese Ansprüche befinden sich in einem stetigen Wachstum und Wandel. Die Kunden verlangen nicht nur Quantität, sondern mehr und mehr auch Qualitätsarbeit, eine qualitativ hochwertige Leistung, eine Spitzenqualität.
Die Produzierenden haben diese Wünsche der Verbraucher und Käufer zu erfüllen. Sie müssen eine hohe Qualität in ihrer Arbeit zeigen und diese kontinuierlich weiter verbessern. Die Menschen, die die Güter fertigen oder erzeugen, die die Dienstleistungen vollbringen, werden vom Verbraucher, quasi von ihrem eigenen Ich gezwungen, eine ordentliche und stets verbesserte Qualitätsarbeit zu leisten. Sie müssen Zuverlässigkeit garantieren und die Aufträge mit allen Erwartungen und Ansprüchen, ja auch so manche Sonderwünsche erfüllen.
Diese Beziehung zwischen dem äußeren Kunden, dem Verbraucher und Käufer der erzeugten Waren und dem inneren Kunden, dem Abnehmer der Leistung, den Kollegen und Mitarbeitern hat seine Auswirkungen auf den Arbeitsstil des schaffenden und tätigen Menschen und damit dann auch auf die Gebaren und das Verhalten des gesamten Betriebes. Der Mitarbeiter ist nicht nur ein Mitarbeitender. Er ist sowohl Lieferant als auch Produzent und Verbraucher in einem Arbeitsprozeß. Wir alle sind Kunden und wollen alle ordentlich und ehrlich bedient werden.
Die Menschen müssen mehr denn je bei ihren Tätigkeiten zusammenarbeiten. Sie müssen mitdenken, aktiv an der Arbeit teilnehmen. Sie können nicht nur stur ihre Pflichten erfüllen und ihre Aufgaben mechanisch abarbeiten. Sie müssen die Arbeit zur vollen Zufriedenheit der Kunden, d. h. zur eigenen Erfüllung und Befriedigung ausführen.

Eine Voraussetzung für diese Arbeitsweise ist eine ausführlichere und bessere Information der Belegschaft. Der Mitarbeiter muß mehr denn je informiert werden, er muß wissen, was seine Aufgabe und Pflichten sind und warum eine bestimmte Arbeit erforderlich ist.
Als Mitglied eines Orchesters muß er wissen, was gespielt wird. Er muß die Noten kennen, die da vor ihm auf dem Pult liegen. Er muß mit dem Dirigenten zusammenarbeiten können, was einen engeren Kontakt mit dem Vorgesetzten voraussetzt.
Ihm müssen aber auch die Wünsche des Publikums und der Konzertbesucher bekannt sein. Er muß wissen, was der Markt fordert, was daraufhin seine Aufgabe ist und was er zu leisten hat. Marktforschung und Meinungsumfragen geben hier eine Antwort.

Nur in einer harmonischen Zusammenarbeit kann der Mensch kreativ werden und neue Arbeitsschritte, neue Produkte, bessere Abläufe sich ausdenken.
Nur in einem guten Betriebsklima kann er sich auch für seine Arbeit begeistern und engagieren, kann er sich wohl fühlen und auch sich selbst weiter entwickeln und damit dann auch besondere Leistungen vollbringen.
In dem Prozeß des Wandels bei der Zusammenarbeit der Mitarbeiter fällt dem Management die Aufgabe zu, die Mitarbeiter zu führen, sie zu motivieren und zu aktivieren, ja auch anzutreiben. Das Management muß den Wandel erkennen und bei seiner Mitarbeiterführung berücksichtigen. Die Menschen sind keine Befehlsempfänger mehr, sie sind nicht nur ausführende Organe der wirtschaftlichen Unternehmung, die nur eine Pflicht in der Arbeit sehen und auf Anordnungen tätig werden.
Der Führungsstil des Managements befindet sich in einem Prozeß einer Veränderung. Der sich abzeichnende Wandel von einem autoritären zu einem kooperativen Umgang ist bereits in den Unternehmen zu erkennen.

In großen Firmen kann man eine deutliche Veränderung beobachten. Ton und Stil in der Zusammenarbeit haben sich gewandelt. Sie erfolgen heute in einer neuen Art und Weise, in einer höheren Qualität.

Dieser Wandel in der Unternehmenskultur ist sowohl auf die technologischen Entwicklungen als auch auf die wirtschaftlichen und sozialpolitischen Veränderungen unserer Zeit zurückzuführen. Die Befehlsausgabe und der Befehlsempfang, das sture Ausführen einer Anordnung, der unbedingte Gehorsam hat keine Zukunft mehr in einem neuzeitlichen, dynamischen Unternehmen. Die Zeiten sind vorbei, wo ohne Nachdenken, ohne eine Überlegen stur nach einem Schema Arbeiten verrichtet wurden.

Dieser Wandel ist nicht nur auf die Wirtschaft beschränkt. Er vollzieht sich auch in allen anderen gesellschaftlichen Bereichen. Der antiquierte Führungsstil des Befehlens hat sich überlebt.

Die Menschen wollen wieder wirklich mitarbeiten, im reinsten Sinne des Wortes. Das bedeutet, sie wollen das Leben in einem Betrieb oder auch nur in einer kleineren Organisationseinheit mit gestalten. Sie wollen kreative Arbeit leisten. Hierzu sollten sie auch durch eine weitsichtige Unternehmensführung ermuntert werden.

Auf alle diese Veränderungen in der Belegschaft muß sich die Unternehmensführung einstellen und sich auch vorbereiten. Ein Unternehmen muß sich in seiner Gestaltung und Organisation wandeln. Dieser Wandel muß alle Ebenen bei den Führungskräften wie auch bei den Mitarbeiter umfassen.

Innovationen sichern unser Überleben, also müssen die Wege dafür geebnet werden. Neuerungen brauchen ihre Freiheiten, in der Enge verkümmern sie.

Die Unternehmen müssen hierfür die Freiräume und die Möglichkeiten zur Entfaltung schaffen. Das bedeutet, Unternehmen und Belegschaft müssen sich verändern. Die Unternehmensführung und die Mitarbeiter haben sich auf einen neuen Arbeits- und Lebensrhythmus einzustellen. Beide müssen neue Wege für das Zusammenlebens und das Miteinanderumgehen entwickeln.

Der bisher übliche Arbeitsablauf mit seiner Stetigkeit und Konstanz, ja auch Eintönigkeit wird durch einen flexiblen, sich der jeweiligen Situation anpassenden Verlauf abgelöst. Arbeiten ist keine Tätigkeit mehr, die gemäß einem Schema täglich schön gleichmäßig verrichtet wird. Die Art der Arbeit wie auch ihr Ablauf werden mehr und mehr vielfältiger werden. Gearbeitet wird nur noch dann, wenn Arbeit ansteht, wenn sie verlangt wird. Werden vom Kunden keine Autos gekauft, werden auch keine produziert. Der Kunde steuert die Fertigung, nicht die Führungskraft. Die Unternehmensführung vollzieht nur den Kundenwunsch.

Die Mitarbeiter bummeln in einer Nachfragestille ihre Überstunden ab, die sich während der Zeit eines größeren Kaufinteresses angesammelt haben.

Dieser Wandel wird uns, den Menschen verändern. Wir alle werden aufgrund des schnellen Wechsels in der Wirtschaft und in der Technik mehr gefordert sein. Wir werden auch mehr über uns selbst nachdenken müssen. Wir haben unsere Arbeitsfähigkeit und Leistungsbereitschaft auszubauen, mehr unternehmerischen Geist zu entwickeln und uns flexibler auf die Begebenheiten einzustellen.

Eine Unternehmensführung muß heute weit mehr kooperativ sein als vielleicht in früheren Zeiten. Sie muß nicht nur die Arbeiten delegieren, sondern auch die dazugehörige Verantwortung. Die Menschen in einem Betrieb wollen nicht nur die Arbeiten ausführen, sie wollen sie auch verantworten. Sie wollen eigenverantwortliche Tätigkeiten vollbringen.

Ein Unternehmen muß aber trotz dieser zunehmenden Eigenverantwortung des Arbeitnehmers weiterhin ein gewisses Verantwortungsbewußtsein für seine im Betrieb tätigen Menschen zeigen. Den Menschen müssen auch die Möglichkeiten für einen Eigenerwerb gegeben werden.

Das Management wird nicht nur aufgrund seiner organisatorischen Fähigkeiten für das Unternehmen sondern auch für seine Verständnisbereitschaft und Unterstützung der Mitarbeiter, seinen Kontakten zu den Mitmenschen beurteilt.

Natürlich bedarf die Erfüllung betriebswirtschaftlicher Aufgaben guter und umfassender Managementkenntnisse. Aber genauso wichtig sind heute auch so einiger Erfahrungen über die zwischenmenschlichen Beziehungen.

Ein Manager kann seine Aufgaben nur in enger Zusammenarbeit mit seinen Mitarbeitern vollbringen. Er muß die Leute für seine Zielsetzung gewinnen. Er muß sie von dem Sinn und Zweck wie auch von der Notwendigkeit der Arbeiten überzeugen. Er muß die Mitarbeiter mitreißen und für die Aufgabe begeistern können.

Sehr entscheidend sind da die Führungsqualitäten einer Führungskraft. Seine Aufgaben sind nur erfüllbar, wenn er Menschen führen und leiten kann. Er muß mit Menschen umgehen können.

Es muß das erforderliche Wissen und Können sowohl im Fachbereich als auch in der Menschenführung besitzen. Verhalten und Arbeitsstil sollten stets kooperativ und menschlich sein. Nur so kann man Mitarbeiter überzeugen und sie für die betriebliche Zielsetzung gewinnen.

Die Unternehmensleitung hat die Aufgabe, Menschen zusammenzuführen, wobei die Ziele der Mitarbeiter mit denen des Unternehmens vereint werden müssen. Die Interessen der Belegschaft müssen mit denen der Firma parallel in die gleiche Richtung laufen.

Die gestellten Aufgaben müssen in einer engen Teamarbeit, wo jeder seine Funktionen und Pflichten hat, verrichtet werden.

Zur Aufgabenerfüllung gehört ein Delegieren der Aufgaben und der Tätigkeiten. Dieses Delegieren ist von großer Bedeutung. Es dient sowohl der Erfüllung einer gestellten Aufgabe als auch gleichzeitig der Einbindung der Mitarbeiter.

Eine wichtige Voraussetzung ist natürlich in jedem Falle, daß alle beteiligten Mitarbeiter, die eine Aktivität übernehmen, auch für diese Aufgaben vorbereitet sind. Sie müssen fähig sein, die gestellten Aufgaben erfüllen zu können. Sie müssen informiert und unterrichtet sein. Das erforderliche geistige und materielle Rüstzeug muß vorliegen. Jeder muß die entsprechenden Kenntnisse und das erforderliche Können aufweisen, ansonsten müssen Schulungen oder Fortbildungskurse besucht werden.

Führung als auch Ausführende müssen sich bemühen, sich kontinuierlich über die Jahre weiterzuentwickeln und ständig dazuzulernen. Es ist gar nicht so abwegig, wenn eines Tages der Mitarbeiter seine berufliche Laufbahn für einen befristeten Zeitraum unterbricht und noch einmal die Schulbank drückt und ein Kolleg oder Seminar besucht, wo er sein Wissen auffrischt. Heute ist es vielleicht noch nicht für jeden vorstellbar, aber morgen wird es eine Realität werden!

Das Management muß alle Notwendigkeiten zur Erweiterung des Wissens organisieren und veranlassen. Die Ausführenden müssen die Möglichkeiten zum Besuch der Ausbildungs- und Trainingskurse haben und diese dann nutzen. Jeder Mensch muß auch selbst etwas dazu beitragen, daß sein Horizont sich erweitert, daß sein Ausbildungsstand sich erhöht und daß er nicht stehenbleibt. Ein jeder muß selbst dafür sorgen, daß er nicht Schritt für Schritt veraltet.

Die Produktzyklen werden heute immer kürzer. Immer schneller kommt es zu Neuerungen und Veränderungen. Immer rascher wandeln sich auch unsere Ansprüche und Wünsche und damit dann auch unsere Anforderungen und Zielsetzungen.

Alle diese Fakten haben ihre Auswirkungen auf die Unternehmen, auf die Menschen selbst, auf ihren Arbeitsstil, auf die Arbeitsorganisation wie auch auf die Struktur und Organisation eines Unternehmens.
Der Wandel in der Organisation und im Ablauf der Arbeiten verändert die Menschen in den Arbeitsprozessen. Als Kunde verlangen wir immer wieder neue Produkte, eine Änderung im Design, fordern eine schnelle Verbesserung in der Qualität, mehr oder verbesserten Service. Alles das verlangt aber auch, daß wir selbst uns auf neue Dinge schneller einstellen müssen.
Wir alle müssen uns auf ein neues Tempo in unserer Arbeit, in unserer Ausbildung und unserem Lernen einrichten. Wir müssen uns umstellen und neu orientieren.

Die Zusammenarbeit zwischen Führung und Ausführung muß nicht nur verbessert sondern in vielen Fällen auch grundlegend geändert werden.
Die traditionelle strenge Unterteilung in Vorgesetzte und Untergebene ist heute nicht mehr sehr sinnvoll und zeitgemäß. Sie sollte in einem Antiquariat verschwinden. Management und Mitarbeiter müssen gemeinsam die Ziele setzen und bei der Ausführung der Arbeiten enger zusammenwirken. Das gemeinsame Ziel, Qualitätsprodukte im Markt zu vertreiben und dabei Erfolg zu haben, liegt im beiderseitigen Interesse. Das müssen auch beide Seiten erkennen und sich zu eigen machen. Beide, Führung und Ausführende, müssen sich auf ihre Pflichten und Aufgaben konzentrieren und jede aufreibenden Kompetenzstreitigkeiten vermeiden.
Die Hierarchien in den Unternehmen sind sicherlich notwendig, sind aber oft übertrieben und somit störend im Arbeitsprozeß. Beide Parteien müssen mehr wirkliche Zusammenarbeit praktizieren und keine gegenseitige Pole bilden und sich immer mißtrauisch betrachten. Der goldene Mittelweg, das Gleichgewicht sollte von beiden Seiten angestrebt werden.
An erster Stelle steht die Aufgabe und die gilt es zu erfüllen. Der Kunde ist der Auftraggeber. Seine Wünsche gilt es zu befriedigen. Ohne ihn gäbe es keinen Auftrag und auch keine Arbeit.
Ein Gerangel um Stellung oder Positionen ist dann nur Zeitverschwendung. Jeder Streit um Kompetenz ist eine Vergeudung wertvoller Zeit, kostbarer Energien und teurer Kräfte.
Die Betriebsgemeinschaft muß heute weit mehr Schwung und Dynamik entwickeln. Statt die Kräfte zu vergeuden bei dem Ausbau der Position oder der Rangordnung, sollte man mehr Aktivität bei der Lösung der eigentlichen Aufgaben und der anstehenden Probleme aufwenden.
Mehr Flexibilität, mehr Zugreifen und Anpacken, schnelle Reaktionen sind gefragt. Neues Wissen ist weiterzugeben, die Mitarbeiter sind zu informieren und weiterzubilden.
Die Wünsche und Forderungen der Kunden machen es notwendig, daß sowohl das Management als auch die ausführenden Arbeitnehmer flexibler werden und dynamischer reagieren und sich nicht mit Formalitäten aufhalten.

Sicherlich gibt es Grenzen zwischen dem Vorgesetzten und dem ihm unterstellten Mitarbeiter. Es dürfen aber keine undurchdringlichen Mauern sein. Die Wände müssen durchsichtig und durchlässig sein. Die Leiter und Vorgesetzten müssen nicht im separaten Zimmer allein sitzen. Sie können auch im Arbeitsfeld ihren Stuhl und Schreibtisch haben. Die Chefzimmertüren müssen nicht immer verschlossen sein. Die Wände zwischen Vorgesetzten und den Arbeitenden müssen durchlässig sein und das in beiden Richtungen. Das Management hat seinen Arbeitsplatz mehr Vorort einzunehmen, sich in der Mitte des Geschehens zu plazieren.

Aber auch der Arbeitnehmer kann nicht mehr seine Aufgabe nur in der reinen Ausführung seiner Tätigkeit sehen. Mit seiner Arbeit übernimmt er auch eine Verpflichtung. Er hat darauf zu achten, daß die Arbeit termingerecht erfüllt und daß Qualität gegeben ist. Auch sein Ziel muß es sein, daß das Produkt möglichst schnell, akkurat und preisgünstig hergestellt wird. Er übernimmt unternehmerische Verantwortungen in seiner Arbeit und seinem Handeln.
Der Arbeitnehmer wächst langsam, aber stetig mehr in Managementfunktionen hinein und wird wieder stärker zum Mitmachen, zur Mitarbeit und zum Mitwirken geführt. Er wird ermuntert, aktiver zu werden und selbständiger zu handeln. Er wird zu einem Mitarbeiter.
Die traditionelle hierarchische Struktur eines Unternehmens wird heute abgelöst durch ein Ordnungssystem unter Einbeziehung des Mitarbeiters mit in die Verantwortung für das Unternehmen. Der Mitarbeiter kann seinen Arbeitsplatz nur erhalten, wenn er mehr pflichtbewußt für das Unternehmen arbeitet und sich verantwortlich für seine Firma einsetzt. Seinen Platz im Unternehmen kann er nur behalten, wenn auch das Unternehmen gesund bleibt, wenn das Unternehmen Erfolg hat und Gewinne macht. Nur ein wettbewerbsfähiges Unternehmen kann Arbeitsplätze bieten und diese sichern.

Das herrschaftliche Gebaren noch so mancher älterer Manager hat keine Überlebens-chance in diesem Strukturwandel.
An die Stelle der Befehlsausgabe und des Befehlsempfanges tritt eine neue Unternehmenskultur. In einer Teamarbeit, einer flexiblen Gruppe werden gemeinsam die Kundenwünsche erforscht und die Anforderungen der Verbraucher erfüllt, gemeinsam wird auf der Basis einer inneren Überzeugung Wert auf Qualität in der Arbeit gelegt.
Die Unternehmen müssen in der Zukunft neue Maßstäbe setzen. Es gilt sich darauf einzurichten, daß die Untergebenen mehr mitsprechen und mehr mitentscheiden wollen. Diese Mitwirkung wird mehr und mehr auch ein Muß. Der zukünftige Mitarbeiter muß mit der Aufgabe wachsen. Er hat zunehmend auch Verantwortung zu tragen.
Der Mitarbeiter will nicht mehr der reine Befehlsempfänger sein. Er möchte zu Rate gezogen werden. Auch seine Meinung muß gehört werden. Auch er hat etwas zu sagen. Der Mitarbeiter möchte überzeugt werden.
Jedes Unternehmen hat sich heute infolge der allgemeinen gesellschaftlichen Entwicklung auf mehr Meinungsvielfalt einzustellen und eine Mitsprache zu erlauben. Die Leitung hat sich auf einen Dialog einzurichten. Auch eine Gegenmeinung muß gestattet sein, hilft sie doch auch so manchen Fehler zu vermeiden. Alles wird dann mehr aus verschiedenen Sichtwinkeln betrachtet.
Sicherlich wird durch das Gespräch mehr Zeit verbraucht und auch eine Entscheidung oft verzögert. Bei der Durchsetzung der Ziele oder der Ausführung einer Aufgabe steht dann aber durch die Vorabdiskussion auch mehr Überzeugung dahinter. Die Leistung wird im Endeffekt erhöht.
Das Arbeitsklima wird durch einen solchen intensiven Austausch von Gedanken und Meinungen, durch eine derartige Zusammenarbeit entschieden verbessert. Das Arbeitsverhältnis wird mehr ein partnerschaftliches Miteinander. Alles wird durchsichtiger und überzeugender.
Natürlich muß eine gewisse Distanz erhalten bleiben. Das „Du" ist keine Garantie für ein besseres Miteinander. Die Zusammenarbeit sollte stets sachlich sein und nicht ins kumpelhafte ausarten.

Alle Mitarbeiter müssen in ihren Bereichen, in ihren Ebenen oder Positionen mehr wirkliche Verantwortung tragen, einmal für ihre Arbeit, ihre Tätigkeit und ihr Tun aber auch für die gesamte Betriebsgemeinschaft, für das Unternehmen als Ganzes gesehen.

Jeder Mitarbeiter und jede Führungskraft hat auch mit seiner Aufgabe und Tätigkeit eine Gesamtverantwortung.

Jeder Arbeitnehmer muß sich darauf einstellen, daß er in Zukunft für seine Arbeit nicht nur zuständig, sondern auch mehr selbst verantwortlich ist. Eigenverantwortliches Handeln gilt für die von ihm ausgeführte selbständige Arbeit, für die Überwachung der eigenen Tätigkeit, für die persönlichen Kontrolle seiner Leistung und für die Selbstkontrolle der eigenen Zielsetzung.

Die Führungskraft sollte hier helfend dem Mitarbeiter zur Seite stehen, nicht als Besserwisser, sondern mehr als Arbeitskamerad.

Diese Verantwortungsübernahmen durch den Arbeitnehmer bedeutet, daß das Management Verantwortlichkeiten abgeben kann. Es kommt zu einer Verschiebung der Verantwortung auf untere Ebenen. Das Management wird entlastet und gewinnt neue Freiräume für andere Aufgaben. Es gewinnt u.a. auch Zeit für Gespräche und einen Erfahrungsaustausch mit den Menschen im Betrieb.

Das Engagement der Mitarbeiter ist die Triebkraft für die Leistungen eines Unternehmens. Kreativität in der Belegschaft führt zu Innovationen und stärkt die Wirtschaftskraft eines Betriebes.

Der Erfolg eines Unternehmens im europäischen Binnenmarkt wie auch im globalen Wirtschaftsmarkt ist entscheidend von der Qualität aller seiner Mitarbeiter abhängig.

Eine noch so gute Produktionstechnologie und Verfahrenstechnik sind erst von Nutzen und Wert für ein Unternehmen, wenn sie von engagierten und qualifizierten Mitarbeitern betrieben werden. Nur motivierte Fachkräfte nutzen das Werkzeug, die Mikroelektronik und Informationstechnologie, bringen Leistung und achten auf Qualität. Nur bei motivierten Menschen sind die Leistungskraft und das Kreativitätspotential aktiviert.

Die Zufriedenheit der Mitarbeiter wird sicherlich nicht nur durch das Betriebsklima bestimmt, sondern auch sehr entscheidend beeinflußt von einem gerechten Lohn- und Gehaltssystem, von einer fairen monetären Belohnung, von einem objektiven Führungs- und Beurteilungssystem.

Die Mitarbeiter sind mehr motiviert, wenn sie nach wirklicher Leistung bezahlt werden, wenn sie eine Verantwortung tragen dürfen und wenn sie mehr in die Gesamtverantwortlichkeit mit einbezogen werden. Sie sollten ruhig auch ein wenig mehr herausgefordert werden, eigenverantwortlich zu handeln und tätig zu sein. Das stärkt das Selbstbewußtsein und das Selbstwertgefühl. Es steigert die Leistungsbereitschaft.

Die Motivierung der Menschen ist in vielen Fällen nicht immer ganz einfach. Was bei dem einen wirksam ist, muß bei dem anderen noch lange nicht den gleichen Effekt bewirken. Zu viele Faktoren sind mitbestimmend bei dem Anregen und Anfeuern der Menschen.

Immer wieder wichtige und entscheidende Punkte bei einer Motivierung sind:

- Das Beurteilungssystem einschließlich der Vergütung für alle Mitarbeiter. Die Lohn- und Gehaltspolitik des Unternehmens muß gerecht sein und sich an der Leistung orientieren.

- Das Prämiensystem und Vorschlagswesen. Es erfolgt eine Belohnung für besondere Leistung.
- Die allgemeine Ausstattung und Ausrüstung der Arbeitsplätze.
- Die spezielle Ausrüstung des Unternehmens mit Arbeitsmitteln wie Werkzeug, Maschinen, Geräte, Technik, Computer und anderen Hilfsmitteln.
- Die Vergünstigungen und Freiheiten, Privilegien und Rechte.
- Das Modell der Arbeitszeit, der Gleitzeit und der flexiblen Arbeitszeit.
- Die Aus- und Weiterbildung der Mitarbeiter. Das Schulungs- und Trainingssystem.
- Die betrieblichen Aufstiegsmöglichkeiten.
- Das Betriebsklima, die Information und Kommunikation im Unternehmen.
- Die Führung und Leitung der Mitarbeiter, das betriebliche Führungssystem.
- Die Qualität und Kompetenz der Mitarbeiter. Das Verhältnis zwischen der Führung und den Ausführenden.
- Die Vorbildfunktion der Führungskräfte wie auch der Kollegen.
- Die Möglichkeiten zur wirklichen Mitarbeit und Mitgestaltung im Unternehmen.
- Die Eigenverantwortung und die Selbständigkeit bei der Arbeit.

Die Betriebsgemeinschaft einer Firma besitzt das entscheidende Wissen sowohl über die technischen Prozesse und Verfahren als auch über die wirtschaftlichen Abläufe und Vorgänge in dem gesamten Unternehmen. Insbesondere die Führungsschicht besitzt neben dem technischen und wirtschaftlichen Detailwissen auch Kenntnisse über die betrieblichen Zusammenhänge, die Unternehmenszielsetzung und -planung einschließlich der Strategien und der taktischen Methoden.
Diese spezielle Wissen muß aber in Zukunft auch ein wenig mehr auf alle Mitarbeiter übertragen werden. Es darf nicht nur ein Privileg der Leitung sein.
Wer mehr von den Zusammenhängen weiß, wird auch viele Dinge mit ganz anderen Augen sehen und vieles ganz anders beurteilen. Er wird mehr Verantwortungsbewußtsein entwickeln und auch mehr verantwortlich handeln.
Für die Zukunft scheint mir das ein sehr wesentlicher Fakt zu sein. Wir verschwenden viel zu viel Zeit für ein Gegeneinander als für ein Füreinander.
In den Händen der gesamten Belegschaft, angefangen vom einfachsten Mitarbeiter bis hinauf zum Topmanagement, liegt das gesamte Firmen-know-how.
Die Firmenbelegschaft trägt als Wissensträger eine hohe Verantwortung. Es ist sehr entscheidend, wie die Mitarbeiter mit diesem Wissen umgehen und wie sie die Stärken und das Können des Unternehmens am besten nutzen und bewahren, wie sie das Firmenwissen mehren.
An die Belegschaft eines Betriebes werden in der Regel hohe Anforderungen gestellt. Es geht nicht nur um die Fachkenntnisse, auch Tugenden wie Zuverlässigkeit, Pflichtgefühl und Verantwortungsbewußtsein müssen gegeben sein.
Für ein Unternehmen ist sehr entscheidend der richtige Einsatz der Maschinen und der Geräte, die wirtschaftliche Nutzung aller erforderlichen Hilfsmittel und Werkzeuge, wie auch die optimale Verwendung von Kapitals und Mensch. Alle diese Wirtschaftsfaktoren müssen richtig koordiniert werden.
Es gilt dafür Sorge zu tragen, daß alle Komponenten, die Ressourcen, das Kapital und die menschliche Arbeitskraft, optimal zum Einsatz kommen. Rohstoff, Geld und Mensch müssen

möglichst produktiv eingesetzt und möglichst immer wirtschaftlich zum Wohle des Unternehmens und damit auch für die Menschen genutzt werden. Jeder Mitarbeiter trägt hierbei einen Teil der Verantwortung.
Das Humankapital hat in den letzten Jahrzehnten sehr an Bedeutung gewonnen. Infolge der gewachsenen Zahl von hochqualifizierten Mitarbeitern wie auch der höheren allgemeinen Ausbildung des Personals ist die Komponente Arbeitskraft in ihrem Wert enorm gestiegen. In allen Firmen erfolgte eine gewaltige Zunahmen im geistigen Potential. Die Nutzung der Technik und der Technologien verlangt nach höherer Qualifikation, nach mehr Spezialwissen und Können. Nicht nur technische Betriebe, alle Unternehmen benötigen heute weit mehr hochqualifizierte Facharbeiter und Spezialisten als in früheren Tagen. Überall werden manuell arbeitende und geistig schaffende Menschen, geschickte Hände und flinke Köpfe zur Bewerkstelligung der Aufgaben benötigt.
Noch besteht aber vielerorts der Eindruck, daß einige Unternehmen noch nicht das Leistungspotential des Personals richtig und ausreichend kennen, es entsprechend nicht effizient genug nutzen. Noch investiert man in vielen Unternehmen zu wenig in die Ressource Mitarbeiter.
Man vergißt, daß mit der Veräußerung von Geschäftsbereichen und der Reduzierung der Hierarchien zahlreiche gute Mitarbeiter aus den Bereichen Ausführung und mittleres Management abgebaut werden und damit dann auch negative Auswirkungen auf die Motivation der Mitarbeiter und gewaltige Verluste im Know-how erfolgen. Bei so mancher Restrukturierung werden die falschen Mitarbeiter geopfert.
Jeder Abbau an Personal bedeutet weniger Wissen und Einbußen bei Innovationen. Die einstigen Wettbewerbsvorteile vermindern sich und schwächen das Unternehmen. Eine Wertsteigerung bezüglich des Leistungsvermögens wird nicht errungen.
Der Entwicklung und Entfaltung des Wertpotentials Mensch wird in zahlreichen Betrieben oft noch immer zu wenig, teilweise sogar kaum Rechnung getragen.
Man sieht nicht, daß eine Investition im Humankapital neues Wissen bedeutet und eine Wertschöpfung beinhaltet. Nur vermehrte Kenntnisse machen ein Unternehmen resistenter gegenüber den Wettbewerbsnachteilen.
So mancher Personalabbau könnte auch durch eine Änderung in der Personalpolitik des Unternehmens aufgefangen werden. Ein Unternehmen hat weit mehr Chancen, wenn es mehr geschäftsorientiert, mehr auf den Kunden ausgerichtet wird. Es ist etwas mehr auf die Faktoren zu achten, die die geistige Leistungsfähigkeit erhöhen und die die Effektivität verbessern. Es gilt mehr auf die Probleme des Verbrauchers einzugehen. Die Entscheidungsprozesse müssen statt zentral mehr dezentral ausgerichtet werden. Nicht die Funktion steht an erster Stelle, sondern der Kunde. Ein Unternehmen hat kundenorientiert und nicht funktionsorientiert ausgerichtet zu sein.

Das mittlere Management, die Fachexperte und Spezialisten werden sicherlich heute wohl besser bezahlt, genießen aber oft immer noch kaum besondere Rechte, größere oder mehr Entscheidungsfreiheiten oder eine höhere Verantwortung. Hier gilt es neue Anreize zu schaffen, die nicht nur die finanziellen Wünsche befriedigen.
Mit dem Anwachsen des geistigen Potentials muß auch eine erhöhte Verantwortlichkeit verbunden sein.
In der Obhut der Experten und Fachkräfte befinden sich so zahlreiche teure Geräte, kostspielige Instrumente und wertvolle Maschinen. Nur ein richtige Einsatz dieser materiellen Güter zusammen mit dem menschlichen Kapitals sichert auch einen vernünftigen Nutzen für das Unternehmen.

Die Ausweitung der Verantwortung und der Befugnisse für die Mitarbeiter in der mittleren und unteren Ebene ist mit ihren gewachsenen Wissen und Können wie auch mit ihren erweiterten und selbständig ausgeführten Aufgaben gerechtfertigt.

Die gesamte Belegschaft einer Firma muß heute ihr Wissen immer wieder den jeweiligen neuen Entwicklungen und den Fortschritten in der Wissenschaft und Technik anpassen. Der Mitarbeiter muß immer wieder lernen und sich selbst weiterbilden, sich den jeweiligen neuen Herausforderungen in unsere Gesellschaft stellen und seine Kenntnisse erweitern. Er muß sein Wissen den veränderten Anforderungen anpassen und auf die steigenden Ansprüche einstellen.

Mit dem wachsenden Know-how der Betriebsgemeinschaft steigt auch der Wert des Unternehmens.

Der Ausweitung der Kenntnisse sollte dann aber auch eine Veränderung im Verantwortungsbereich folgen. Mit dem Wissen eines Menschen wächst auch sein Verantwortungsbewußtsein.

Mit der Vergrößerung des Wissens und der Spezialisierung bei den Mitarbeiter vollzog sich in den letzten Jahrzehnten eine Verschiebung in der Gewichtung von Kapital und Mensch in den Unternehmen.

Der einstige traditionelle Kapitalist, der Eigentümer des Unternehmens wurde durch einen professionellen Manager ersetzt. An die Stelle des Eigentümers des Kapitals, der die Macht im Unternehmen besaß und diese auch nach seinen Vorstellungen ausführte, trat nun das Fachmanagement mit seinen Funktionen. Manager führen nun das Unternehmen nach marktwirtschaftlichen Regeln und Gesetzmäßigkeiten.

Die Stärke eines Unternehmens bildet heute nicht mehr ausschließlich das Kapital, sondern weit mehr das Mitarbeiterpotential, welches alle Kräfte der Führung und Ausführung mit einschließt. Erst die Mitarbeiter in ihrer Gesamtheit vollbringen die Leistungen, erzeugen die Güter und Waren, entwickeln die neuen Produkte.

Die Führung des Unternehmens liegt wohl in den Händen eines Managements, dem Topmanagement und den verschieden Ebenen eines Mittelmanagements. Das Management trägt auch die Verantwortung für das Wachsen und Gedeihen des Unternehmens und für die im Unternehmen beschäftigten Menschen. Aber die eigentliche Leistung eines Unternehmens ist nur möglich aufgrund fleißiger und tüchtiger Mitarbeiter. Ohne Menschen, die die Arbeiten ausführen, die die Leistungen vollbringen, die ihr Wissen und Können einsetzen und die aktiv tätig sind, kann kein Unternehmen existieren und leben. Ein Unternehmen bedarf arbeitswilliger und tüchtiger Mitarbeiter, die körperlich wie auch geistig beweglich sind und verantwortungsbewußt ihre Arbeit vollführen.

Die Verantwortung vieler Mitarbeiter entspricht heute in vielen Fällen nicht mehr ihren Fähigkeiten. Man kann sogar von einer Unterbeschäftigung bezüglich der Verantwortung sprechen. Stellung und Position stehen in keinem richtigen Verhältnis zu ihren Aufgaben und Arbeiten.

Im Bezug auf die Verantwortung im Unternehmen muß sich hier in vielen Bereichen und Abteilungen noch einiges tun.

Man sollte nicht vergessen, wachsende Verantwortung erhöht das Pflichtbewußtsein. Mit der Verantwortung wächst die Freude an der Tätigkeit und mit der Freude an der Arbeit steigert sich die Leistung.

In den Verantwortungsbereich eines Mitarbeiters gehört die Pflicht zum Nachdenken und Überlegen, zum Abschätzen und Abwägen wie auch das Ausdenken von Neuerungen und Verbesserungen. Ein Mitarbeiter hat die Verpflichtung, sein Bestes in seiner körperlichen und geistigen Leistung zu geben.

Obwohl die intellektuelle Ausbildung sich bei den Menschen enorm erhöht hat, man mehr und mehr Könner und Spezialisten in den Betrieben für bestimmte Aufgaben beschäftigt, wird aber das gesamte Leistungsvermögen der Menschen noch nicht überall voll und richtig ausgeschöpft. Besonders in den Arbeitsbereichen einer vorwiegend manuellen Tätigkeit wird die geistige Komponente nicht immer gesehen und deshalb auch nicht immer voll genutzt.

Welche Werte sich hier verbergen, zeigt sich erst bei Einführung eines betrieblichen Vorschlagsprogrammes, daß dann das versteckte, geistige Potential weckt und hervortreten läßt. Eine Belohnung reizt zu neuen Ideen und Vorschlägen und führt dann oft zu wahren Wundern. Tolle Einfälle müssen durch Anreize hervorgelockt werden.

Das Management muß hier die Wege ebnen. Es sollte dort, wo ein Vorschlagsprogramm noch nicht besteht, dieses einführen und es dann auch stetig weiterentwickeln. Nur so kann das oft noch schlummernde Potential besser genutzt werden.

Für die Mitarbeiter ergeben durch die neuen Entwicklungen in der Wirtschaft aufgrund des globalen Marktes so einige Veränderung in der Aufgabenstellung und den betrieblichen Pflichten. Arbeitsstil und Arbeitsablauf unterliegen einem Wandel, der noch in keiner Weise abgeschlossen ist.

Das Management muß seine traditionelle Art der Unternehmensführung ändern und nun weit mehr Führungsqualität zeigen. Fachliche Kompetenz oder Stellung in der Hierarchie sind nicht mehr allein entscheidend. Der Manager von morgen muß eine höhere Qualifikation bei der Mitarbeiterführung mitbringen.

Neu für so manche Führungskraft wird sein, daß zukünftig mehr das Wissen weitergegeben wird. Der Mitarbeiter muß mehr und besser unterrichtet werden, wenn er die Arbeiten selbständig auszuführen soll. Der Mitarbeiter aber auch selbst will heute mehr Informationen haben, sowohl über seine Arbeit als auch über die Zusammenhänge und das Geschehen im Unternehmen.

Von der einstigen alleinigen Führungsfunktion muß die Führungskraft einen Teil seiner Kompetenz abgeben. Sie muß teilen. Sie muß das Wissen weitergeben, die Mitarbeiter mehr informieren und unterrichten, den Geführten mehr Eigenständigkeit gewähren.

Ein Mitarbeiter zeigt heute mehr Selbständigkeit und Verantwortungsbewußtsein. Er benötigt nicht immer die führende und leitende Hand. Er kann und will heute mehr auf eigenen Füßen stehen.

Der Manager arbeitet zukünftig mehr im Team mit seinen Mitarbeitern, zeigt Kreativität und übt auch Selbstkritik. Er praktiziert mehr eine wirkliche Zusammenarbeit und teilt auch die Verantwortung.

Sicherlich nicht für jeden Manager eine leichte Aufgabe, aber das Management muß lernen, sich zu ändern und sich auf neue Arbeitsweisen einzustellen. Ein Manager muß aufhören, nur Vorgesetzter zu sein. Er muß nun mehr die Rolle eines Moderators einnehmen. Statt die Arbeit anzuordnen und die Mitarbeiter zu führen und zu verwalten, muß die Führungskraft jetzt die Mitarbeiter so leiten, daß sie ihre Arbeiten allein und selbständig auszuführen können.

Das traditionelle typische Konkurrenzdenken, das noch immer zu beobachtende Verheimlichen von entscheidenden Informationen, nur dem Kollegen und den Mitarbeitern nichts verraten, darf nicht mehr den Arbeitsstil beeinflussen und bestimmen. Die Zukunft liegt in einem mehr Miteinander und nicht im Alleingang.

Die Aufgaben und Pflichten, die Tugenden eines Mitarbeiters.

- Jeder Mitarbeiter, der eine Verantwortung übernimmt, sollte seine Pflichten und seine Aufgaben, seine Tätigkeiten stets vorbildlich erfüllen.

- Ein Mitarbeiter ist zuverlässig und zeigt ein Qualitätsbewußtsein.

- Ein verantwortungsbewußter Mitarbeiter ist bestrebt, sich über alles, was zu seinem Aufgabenbereich gehört, zu informieren. Jeder Mitarbeiter muß bemüht sein, sich das erforderliche Wissen anzueignen und stets zu lernen. Er zeigt eine natürliche Neugierde und eine stetige Bereitschaft, sich kontinuierlich fachlich zu bilden.
  Jeder Mitarbeiter sollte sein Wissen und Können stets erweitern. Die einmal erworbene Qualifikation ist immer wieder zu verbessern.

- Jeder Mitarbeiter sollte versuchen, sich auch einmal selbst kritisch zu sehen. Er sollte zur Selbstkritik bereit sein und den Mut besitzen, auch eigene Fehler einzugestehen. Jeder Mensch macht auch Fehler.

- Ein Mitarbeiter identifiziert sich mit dem Unternehmen. Er setzt sich für sein Unternehmen ein. Er versucht seine Ziele mit den Unternehmenszielen in Einklang zu bringen

- Jeder Mitarbeiter trägt eine soziale Verantwortung. Neben Selbstdisziplin und Gerechtigkeitssinn muß ein Mitarbeiter Gemeinsinn zeigen. Er muß die Menschenwürde beachten und tolerant gegenüber seinen Mitmenschen sein.

- Mitarbeiter zeigen heute Teamfähigkeit, Mobilität und Innovationsfreude. Sie sind gegenüber allen neuen Dingen aufgeschlossen.

- Jede verantwortungsbewußte Mitarbeiter gibt sein Wissen weiter. Er informiert die mit ihm arbeitenden Kollegen.

- Ein Mitarbeiter muß stets kostenbewußt denken und handeln. Er sollte versuchen, auch die notwendige Wirtschaftlichkeit des Unternehmens zu sehen.

- Der Mitarbeiter muß stets kundenorientiert sein. Die Aufgabe ist es, Produkte für den Menschen zu entwickeln und zu erzeugen, den Kunden einen perfekten Service zu bieten.

- Neben der Aktivität, den Gewinn des Unternehmens zu verbessern und zu mehren, darf ein Mitarbeiter aber auch die Allgemeininteressen nicht vergessen oder verdrängen. Anstand, Sitte, Moral wie auch die Gesetze sind einzuhalten.

Für die Betriebsgemeinschaft ergibt sich daraus eine Arbeitsteilung, eine neue Zuordnung der Pflichten und Funktionen.

Manager, die viel und vorwiegend mit Leuten zu tun haben, müssen hauptsächlich Führungsqualitäten zeigen. Sie müssen die Mitarbeiter wirklich führen und leiten können. Ihre Aufgabe ist das Bewegen, das Managen der Mitarbeiter, das Ansprechen und Umgehen mit Menschen.

Als Manager des Personals bewegen und motivieren sie die Mitarbeiter in einem Unternehmen, ihre Leistung zu bringen.

Die Führungskräfte oder Manager der Aufgabe dagegen benötigen wohl auch die Qualitäten einer Menschenführung, aber mehr das spezielle Fachwissen. Sie managen die Aufgaben, die technischen Abläufe, die betrieblichen Tätigkeiten. Sie handhaben und verwalten die Arbeiten. Sie organisieren und handhaben die Sachen zusammen mit den Mitarbeitern in einem Team. Die Führungskraft wird zu einem Teammitglied.

Zwischen beiden Managern, dem Manager des Personals und dem Manager der Sachen, ist streng zu unterscheiden. Der Unterschied darf nicht verwischen. Auch wenn beide Funktionen früher einmal eins waren und beide Aufgaben von dem gleichen Personen ausgeführt wurden, muß in Zukunft mehr differenziert werden. Die Aufgabe einer guten Menschenführung ist zu wichtig als das sie nun einmal so nebenbei gemacht werden könnte.

Das Leiten der Menschen kann nicht mehr so ohne weiteres jeder Führungskraft übertragen werden. Es bedarf der entsprechenden fachlichen Qualifikation.

Nur in der Menschenführung überdurchschnittliche Manager schaffen es, den Mitarbeiter vernünftig zu motivieren, daß er mit Freude und Spaß seine Routinearbeiten verrichtet. Bei dieser Motivierung geht es auch nicht nur allein um die Steigerung der Leistung sondern auch um die Zufriedenheit und das Wohlbefinden der Mitarbeiter.

Viele Arbeiten sind nun leider einmal eintönig und langweilig, aber auch sie müssen erledigt werden. Wie oft werden gerade diese Arbeiten auf die lange Bank geschoben und dann sogar vergessen?

Zufriedene Mitarbeiter sehen die Notwendigkeit dieser Arbeiten ein. Sie entwickeln sogar in vielen Fällen ein Wohlgefallen an diesen eintönigen Tätigkeiten und sorgen für ihre gewissenhafte und prompte Erledigung.

Immer wieder läßt sich feststellen, glückliche Menschen sind ausgeglichener und leisten mehr!

Die richtige Motivierung der Mitarbeiter gewinnt für das Unternehmen eine zunehmende Bedeutung.

Der heutige und auch der zukünftige Arbeitnehmer muß schon bei seiner Einstellung mehr an allgemeinem Wissen und auch mehr an speziellen Kenntnissen in seinem Fachbereich mitbringen. Er muß bereit sein neben seiner beruflichen Tätigkeit im Berufsleben, sich ständig weiter fortzubilden und immer wieder sein berufliches Fachwissen aufzufrischen und zu verbessern, ja auch immer wieder Neues hinzuzulernen. Er muß motiviert sein, seine Leistungsfähigkeit ständig zu erhöhen und sich für das Berufsleben fit zu erhalten. Jeder Mitarbeiter hat sich immer wieder, um seine eigene persönliche Verbesserung zu bemühen. Wer nicht stehen bleiben und Rost ansetzen will, muß eigentlich stets etwas für sich tun.

So wie ein Mensch zum Beispiel sein Äußeres pflegt, seine Zähne täglich putzt und seine Hände vor dem Essen wäscht, genau so muß auch ein Arbeitnehmer seine Ausbildung und

sein fachliches Wissen pflegen und den jeweiligen neuen Anforderungen anpassen. Er muß ständig hinzulernen, seine berufliche Ausbildung vervollkommen.
Ein Aufgeben der Zielstrebigkeit führt zu einer Schwächung der Kräfte und schließlich zu einem Abstieg. Im Wissen stagnierende Arbeitskräfte haben weit weniger Chancen im Arbeitsmarkt und können schnell ihren Arbeitsplatz verlieren.
Diese Tatsachen werden in Zukunft noch weit stärker hervortreten. Der Mitarbeiter sollte sich dieser Tatbestände auch stets bewußt sein.
Der Mitarbeiter muß von der Notwendigkeit seiner kontinuierlichen Weiterbildung überzeugt sein. Die Menschen, die es nicht sind, müssen dazu angehalten werden, sich permanent weiter fortzubilden und nach einer weiteren beruflichen Vervollkommnung zu streben. Sie sind dafür zu gewinnen, ihr fachliches Wissen selbst zu erweitern.
Die Mitarbeiter können die ständig komplizierter werdenden Arbeitsprozesse nur bewältigen, wenn sie ihre Kenntnisse und ihr Können kontinuierlich ausdehnen. Alle Mitarbeiter müssen einsehen, daß eine gute Ausbildung allein nicht mehr ausreicht. Sie muß stetig verbessert werden. Jeder in einem Unternehmen Beschäftigte darf seine Fortbildung nie vernachlässigen, darf in seiner täglichen Leistung nicht nachlassen.
Die Mitarbeiter sollten aber auch mehr die Möglichkeit erhalten, an der Gestaltung und Planung und auch an der Ausführung der Tätigkeiten mitzuwirken.
Sie sollten weit mehr an den Unternehmensentscheidungen mitsprechen und die täglichen Aufgaben und Ziele mit gestalten. In Gesprächen und Besprechungen sollten die auszuführenden Arbeiten gemeinsam mit allen Beteiligten geplant und dann zugeordnet werden. Sicherlich wird durch die Mitbestimmung der Entscheidungsprozeß in vielen Fällen verlängert und so manches Mal auch sehr verzögert. Es wird mehr und länger diskutiert. Einwände werden erhoben, offene Fragen müssen beantwortet werden. Aber am Ende stehen dann alle Mitarbeiter mit hinter der Entscheidung. Die Mitbestimmung verlängert wohl so manchen Prozeß, erhöht aber auch das Durchsetzungsvermögen.
Die Belegschaft trägt in ihrer Gesamtheit eine betriebswirtschaftliche Verantwortung. Wo dieses Verantwortungsbewußtsein noch fehlt, müssen die Menschen herangeführt und beteiligt werden.
Mitarbeiter mit Verantwortung haben ein weit größeres Interesse an ihren Tätigkeiten und zeigen mehr Pflichtgefühl und Zuverlässigkeit als Arbeitnehmer ohne jegliche Selbstverantwortlichkeit.
Bei einer Mitarbeit aller in der Form eines Teams wird das Unternehmen in seiner wirtschaftlichen Kraft gestärkt. Es zeigt mehr Kreativität. Innovative Ideen können sich besser entwickeln.
Durch die größere Verantwortung eines jeden Einzelnen werden die Aufgaben auf breitere Schultern verteilt. Das Management wird von so einigen Pflichten entlastet. Auf so manche kostspielige Kontrolle und Endprüfung kann verzichtet werden. Die überwachende Funktionen wird vom verantwortlichen Mitarbeiter selbst übernommen.
Der Mitarbeiter gewinnt durch diese Umstrukturierung wiederum mehr Verständnis für die Funktionen des Managements. Sein Interesse für das Geschehen im Unternehmen wird geweckt. Er wird wieder mehr an die Unternehmensziele herangeführt.
Mit dem Verständnis wächst das Interesse. Mit dem Lernen durch Erfahrung wird das Verantwortungsbewußtsein erhöht.

Bei einem Führungsstil, der nicht autoritär geführt wird, verliert der Mitarbeiter seine Angst. Er wird seine Fehler oder sein Fehlverhalten auch leichter zugeben und nicht mehr aus Furcht verschweigen und verstecken. Er wird mit dazu beitragen, die Qualität und die Verläßlichkeit zu verbessern.

Das vom Mitarbeiter gewonnene Verantwortungsbewußtsein spornt ihn selbst zu mehr Leistung an. Das wiederum stärkt die Wirtschaftskraft des Unternehmens und sichert das Überleben im globalen Wettbewerb.

Die Unternehmen gewinnen mit dieser Verschiebung in der Verantwortung mehr an innerer Stärke und Qualität. Das Verantwortungsbewußtsein wird auf alle Mitarbeiter verteilt, die sich dann auch mehr als eine Betriebsgemeinschaft sehen.

Die Mitarbeiter insgesamt werden mehr angeregt, sich für das Unternehmen einzusetzen und die Unternehmenspolitik aktiv zu unterstützen und auch mitzutragen.

Einige Grundsätze für eine Betriebsgemeinschaft.

- Alle Aktivitäten und Tätigkeiten der Betriebsgemeinschaft müssen grundsätzlich in erster Linie dem Unternehmen dienen. Priorität hat das Unternehmen.
  Ein gut florierendes Unternehmen bildet die Grundlage für die Sicherung der Existenz eines jeden Mitarbeiters. Es ermöglicht ihm die Erfüllung seiner menschlichen Bedürfnisse und seiner persönlichen Wünsche.

- Im gesamten Unternehmen muß eine Atmosphäre der freien Kommunikation herrschen. Jeder Informationsaustausch ist zu unterstützen und zu fördern.
  Information dient der Befriedigung des Wissensbedürfnis der Menschen. Informierte Mitarbeiter leisten eine bessere Arbeit.

- Jedem Mitarbeiter ist in einem gewissen Rahmen eine Eigeninitiative zu gestatten. Der Mitarbeiter wird ermuntert, eigene Initiativen und Aktivitäten zu ergreifen und zu entwickeln. Engagement und Unternehmensgeist werden gefördert.

- Zur Unternehmenskultur gehört die Teamarbeit, eine kooperative Zusammenarbeit in einer Arbeitsgemeinschaft. Für die gesamte betriebliche Organisation gilt das Prinzip der bereichsübergreifenden Gemeinschaftsarbeit und einer kollektiven und kollegialen Teamwork. Denken und Handeln eines jeden Mitarbeiters sind vom Teamgeist beseelt. Der Arbeitsstil wie auch die Arbeitstechnik in der Führung und Ausführung erfolgen in der Form einer solidarischen Betriebsarbeitsgemeinschaft. Der Arbeitsstil wird von Flexibilität und reaktionsschnellen Reagieren auf das Marktgeschehen geprägt.

- Jeder Mitarbeiter sollte den Arbeitsplatz einnehmen, der auch seiner Ausbildung, seinen Fähigkeiten und seinem Können entspricht. Der Arbeitsplatz sollte die Möglichkeit für eine Weiterentwicklung bieten. Für jeden Mitarbeiter sollten Chancen für eine freie Entfaltung und Verwirklichung bestehen. Anreize sollten den Mitarbeiter herausfordern.

- Jeder Mitarbeiter hat eine Leistungsbereitschaft zu zeigen. Er sollte sich stets bemühen, sein Bestes zu geben und seine Leistungsfähigkeit zu erhalten.

- Jeder Mitarbeiter trägt eine Mitverantwortung sowohl für das Unternehmen als auch für sich selbst. Die Verantwortlichkeiten sind eindeutig und klar zu definieren. Handlungsspielräume sollten jedem Mitarbeiter gewährt werden.

- Hierarchische Strukturen sind weitgehend abzubauen und auf ein Minimum zu begrenzen. Hierarchien sind nur soweit erlaubt, wie sie zu Aufrechterhaltung der Ordnung und für den Unternehmensablauf notwendig sind.

- Jeder Mitarbeiter ist sein eigener Manager. Er hat sein Arbeits- und Privatleben selbst zu managen. Jeder ist für seine Handlungen selbst verantwortlich.

- Die Zusammenarbeit, das Leben und Arbeiten in einer Gemeinschaft, die Unternehmenskultur und das Führungssystem eines Unternehmens unterliegen einer permanenten Verbesserung und Weiterentwicklung.
  Arbeitsstil und Ordnung befinden sich in einem natürlichen, kontinuierlichen Wandlungsprozeß. Unzeitgemäße Abläufe werden immer wieder erneuert. Alles unterliegt einer stetigen Wandlung und Verbesserung. Veränderungen sind ein natürlicher Entwicklungsprozeß.

- Das Unternehmen bemüht sich, die Betriebsatmosphäre stetig zu verbessern.

- Die Funktion einer jeden Führungskraft ist nur temporär. Eine Führungskraft hat seine Führungsfähigkeiten immer wieder unter Beweis zu stellen.

- Rücksichtslosigkeit und Eigenegoismus gelten als feindliche Angriffe auf die Betriebsgemeinschaft. Tendenzen in dieser Richtung sind zu unterbinden. Ihnen ist entgegenzuwirken. Sie dürfen nicht geduldet werden.

- Das Prinzip vom Gegensatz Kapitalist und Arbeiter muß aus den Köpfen der Mitarbeiter verschwinden. Es ist keine Grundlage für eine gute und fruchtbare Zusammenarbeit. Beide Seiten müssen sich bemühen, diese Gegensätzlichkeit endlich zu überwinden. Die spaltenden Gedanken sind aus dem Bewußtsein aller zu vertreiben.

- Das Grundprinzip einer kooperativen Zusammenarbeit und eines wirklich friedlichen Zusammenlebens in einem Unternehmen ist die Achtung und Wertschätzung des Menschen, die Unantastbarkeit der Menschenwürde.

- Die im Unternehmen getroffenen Vereinbarungen zur Regelung der Zusammenarbeit gelten für alle Mitarbeiter und sind für alle verbindlich. Sie sollen das Zusammenleben und die gemeinsame Tätigkeit im Betrieb erleichtern. Die betriebliche Zusammenarbeit sollte von den sozialen Werte wie Loyalität, Gerechtigkeit, Redlichkeit und Treue bestimmt sein. Sie sollte aber auch den Gedanken der Solidarität und den Gemeinschaftssinn beinhalten. Diese Werte sind einzuhalten und zu beachten.

- Eine Führung der Mitarbeiter aufgrund der Prinzipien Drohung, Druck und Angst ist zu vermeiden. Alle Mitarbeiter sind gleichberechtigte Partner.

- Gut ist, was sowohl dem Unternehmen als auch dem Mitarbeiter nützt, was vorteilhaft für die Gemeinschaft ist. Vermieden werden sollte immer all das, was nur dem Individuum dient, sei es das Unternehmen allein oder nur der einzelne Mitarbeiter.

- Ein Unternehmen, das langfristig überleben will, hat nur eine Zukunft in einer Gemeinschaft mit dem Kunden und dem Lieferanten. Eine Firma ist auf beide angewiesen. Nur in einem guten Miteinander, wo auch jeder jeden leben läßt, kann eine Zukunft aufgebaut werden. Unternehmen, Lieferant und Kunde bilden eine Interessengemeinschaft. In einer Partnerschaft sucht wohl jeder seinen Vorteil, jeder nimmt aber auch Rücksicht auf den anderen. Jede Abgrenzung und Absonderung bedeuten Trennung und ein Gegeneinander.

- Kommandieren, Kontrollieren und Korrigieren müssen durch Mitarbeiten, Mitmachen und Mitdenken ersetzt werden.
- Auch die Führungskräfte sind ein Bestandteile der Betriebsgemeinschaft. Management und Ausführende bilden eine betriebliche Solidargemeinschaft.
  Jeder hat seine speziellen Aufgaben und Pflichten. Statussymbole sollten möglichst abgelegt werden. Sie passen nicht mehr in unsere Zeit.
  Sonderrechte wie Firmenwagen; Fahrten der 1. Klasse oder besondere Gewinnbeteiligungen trennen eine Betriebsgemeinschaft, ziehen Grenzen zwischen den Menschen.
- Ein Unternehmen bildet eine soziale Gemeinschaft. Die sozialen Beziehungen müssen gepflegt werden. Jede Vernachlässigung dieser Beziehungen schadet der Arbeitsgemeinschaft, stört das Zusammenleben und ein Zusammenwirken.
- Jeder Mitarbeiter trägt heute weit mehr denn je eine Verantwortung gegenüber der Gesellschaft. Er hat die Ausbeutung der Natur, den Raubbau der Rohstoffe wie auch die Verschmutzung unserer Umwelt mit zu verantworten. Wir alle sollten uns bewußt werden, daß wir ein Gleichgewicht in unserer wirtschaftlichen Umwelt anzustreben haben. Es gilt ein menschenwürdiges Leben zu sichern auf der Basis des Wissens, nicht aufgrund materieller Dinge, von Expansion, Ausbeute und Raubbau.

5. Auftrag und Verpflichtung einer betrieblichen Gemeinschaft

Wirtschaftliches Wachstum galt bisher immer als eine unabdingbare Notwendigkeit für ein erfolgreiches Unternehmen. Es galt die Regel, nur ein kontinuierliches Wachsen in allen Bereichen und Feldern garantiert einen Gewinn und sichert das Überleben einer Firma. Als Folge dieser Auffassung wurden alle Hebel in Bewegung gesetzt, um immer größer zu werden und den Umsatz zu steigern. Das Management nahm eine steigende Produktion, eine Ausdehnung der Produktpalette und eine möglichst große Zahl von Standbeinen ins Visier. Das Unternehmen wurde ausgebaut in der Breite aber auch in der Höhe. Nur wachsende Zahlen versprachen Erfolg. Schon ein geringfügig sinkender Absatz gilt sofort als eine Bedrohung für ein Unternehmen. Plötzlich zurückgehende Verkaufszahlen, Umsatz- und Gewinneinbußen gelten als schwerer Schlag, wenn nicht gar schon als wirtschaftliche Katastrophe. Im Wirtschaftsteil der Zeitungen können wir immer wieder lesen wie der Aktienkurs eines Unternehmens fällt, weil der Gewinn um ein paar Prozentpunkte zurückgegangen ist gegenüber der Bilanz im Vorjahr. Es erfolgen Kurseinbrüche wegen Reduzierungen im Gewinn, wegen fehlender Gewinnsteigerung!
Spätestens an dieser Stelle werden wir mit den Fragen konfrontiert:

- Kann es wirklich ein unbegrenztes Wachstum geben?
- Wohin soll ein solches ständiges Wachsen der Unternehmen führen?
- Sichert nur eine Ausdehnung der Produktion die Arbeitsplätze?

Die Antworten auf diese Fragen lauten:
Ein unbeschränktes Wachstum für jedes Produkt gibt es nicht. Für jedes Erzeugnis kommt einmal ein Tag, wo es nicht mehr gefragt ist. Marktsättigung, andere Bedürfnisse und Wünsche der Kunden, technischer Fortschritt führen eines Tages zu sinkenden Verkaufszahlen. Für einmal sehr gefragte Produkte, gleiches gilt für die Dienstleistungen, besteht nur ein zeitlich begrenzter Bedarf. Das Wachstum für ein Erzeugnis oder Service ist nicht unendlich.
Zunächst gibt es sicherlich noch die Möglichkeit für ein Ausweichen in fremde, neue Märkte, aber auch diese sind nach einer gewissen Zeit mehr oder weniger schnell befriedigt und gesättigt. Alle Güter unserer Wirtschaft, alle Leistungen der Menschen haben nur eine zeitlich begrenzte Lebensdauer.
Aufgrund dieser nur auf einen bestimmten Zeitraum beschränkten Nachfrage für Produkte und Dienstleistungen resultieren für ein Unternehmen zwei entscheidende Aufgaben. Die Firma muß für die von den Mitarbeitern im Unternehmen erzeugten Güter ständig nach neuen Absatzmärkten suchen. Ihre Pflicht ist es aber auch, neben dem Auftrag der Erschließung neuer Märkte auch schon nach neuartigen Produkten und Leistungen, nach bisher nicht genutzten, anderen Möglichkeiten Ausschau zu halten.

- Für welche eventuellen neuen Produkte besteht ein Bedarf?
- Wohin geht die Entwicklung, der Fortschritt oder der Trend, das Interesse?
- Was verlangt der Markt, der zukünftige Verbraucher und Käufer?
- Welche zukünftige Produkte könnten ein Marktinteresse finden?

Die für den Vertrieb der Waren zuständigen Mitarbeiter müssen die Wachstumsbereiche der Produkte und Dienstleistungen herausfinden und beobachten. Sie müssen Erzeugnisse aufspüren, für die ein Markt besteht oder für die sich ein solcher entwickeln kann.
Der Verkauf und Vertrieb haben die Pflicht schon frühzeitig sowohl nach neuen Märkten für die zur Zeit produzierten Güter zu suchen wie auch den Markt bezüglich eventueller neuer Erzeugnisse zu erforschen.
Für jedes Produkt ergibt sich ein gewisser Zyklus. Mit der wachsenden Nachfrage nach bestimmten Gütern wächst im allgemeinen dann auch das Unternehmen. Es expandiert. Die Anlagen werden vergrößert und ausgebaut. Ein Zweigwerk wird errichtet. Das Unternehmen wird dem steigenden Bedarf angepaßt.
Schließlich kommt der Punkt, wo der Bedarf sinkt infolge geringer werdenden Interessen am Produkt oder an der Leistung oder aber auch infolge einer Marktsättigung. Die Bedürfnisse wurden mehr und mehr zufriedengestellt. Der Absatz sinkt, das Unternehmen muß sich verkleinern. Es muß schrumpfen. Man spricht von einem Gesundschrumpfen. Das Unternehmen muß sich dem Markt anpassen, dieses Mal in der anderen, nicht gerade in der immer so gewünschten Richtung.
Es müssen schließlich sogar Arbeitsplätze abgebaut oder umgelagert werden. Mitarbeiter müssen in andere Bereiche versetzt werden, wo noch ein weiteres Wachstum besteht oder erfolgen kann. Entlassungen sind nicht immer zu vermeiden.
Eine weitsichtige und verantwortungsvolle Unternehmensführung hat mit ihren Mitarbeitern dieser Entwicklung vorgebaut, hat neue Produkte in der Schublade oder neue Artikel und Waren vorbereitet, hat das Personal für neue Aufgaben geschult und trainiert.
Das Unternehmen hat sich zusammen mit der gesamten Belegschaft auf Veränderungen einzurichten. Alle sind auf einen Wechsel, eine Reform oder eine Neuordnung vorzubereiten.

Wachstum ist kein Gesetz oder eine fest bestehende Regel. Ausdehnung und Wachstum bestehen für ein Unternehmen nur solange, wie auch eine Nachfrage gegeben ist.
Besteht kein expandierender Markt mehr, dann muß das Unternehmen darauf reagieren und seine Ausdehnung und seine Struktur ändern. Es muß sich den Marktverhältnissen angleichen und unter Umständen sich verkleinern.
Ein Unternehmen kann nun aber auch in seiner Wirtschaftlichkeit wachsen ohne eine Ausdehnung in der Produktion oder Fertigung, ohne Steigerung des Umsatzes oder Vergrößerung des Produktabsatzes.
Ein Wachstum bezieht sich nicht nur auf die Erhöhung des Ausstoßes, sondern auch auf eine Verbesserung der Produktivität, auf die Erhöhung der Qualifikation und Leistungsfähigkeit seiner Mitarbeiter, auf die Erzeugung eines Produktes auf einem kostengünstigeren Weg, auf die Schaffung neuer Werte.
In den Aufgabenbereich der Mitarbeiter gehört auch der Auftrag, alle Arbeitsprozesse, alle technischen Abläufe wie auch alle organisatorischen Handlungen und Strukturen immer wieder auf eventuelle Verbesserungsmöglichkeiten zu überprüfen.

- Was kann anders, was kann besser und was kann billiger erfolgen?
- Wo bestehen noch Verbesserungspotentiale?

Wenn man ein Unternehmen auf die Zukunft möglichst gut vorbereiten will, muß man der Firma oder dem Betrieb eine dauerhafte Struktur geben, die aber auch wieder so flexibel ist, daß sie schnell auf Veränderungen im Markt reagieren kann.
Ein Unternehmen wie auch seine Belegschaft sollten immer in der Lage sein, sich auf neue Bedingungen und Anforderungen einzustellen und auf globale Veränderungen zu reagieren. Auf einen immer wieder auftretenden Wechsel im Wirtschaftsmarkt und neue Situationen gilt es sich schnell und leicht anzupassen. Der Wille zum Überleben verlangt ein Einstellen auf jegliche Veränderungen. Das gesamte Unternehmen muß sich in einer ständigen Bewegung befinden. Die Mitarbeiter müssen quasi immer auf der Hut sein. Die Firma wie auch die Mitarbeiter haben das eigene Dasein und Überleben zu managen.
Der Prozeß des ständigen Verbesserns und Fitmachens des Unternehmens ist eine permanente Aufgabe der gesamten Belegschaft, nicht nur der Firmenleitung oder des zuständigen Managements. Jeder einzelne Mitarbeiter sollte darauf bedacht sein, seinen Arbeitsauftrag immer wieder einmal zu überprüfen und zu kontrollieren, inwieweit die Abfolge seiner Handlungen, die Tätigkeit selbst vervollkommnet und besser gemacht werden kann.
Ein weitsichtiges Unternehmen wie auch ein vorsorglicher Mitarbeiter sollte im Interesse der eigenen Überlebensfähigkeit und der eigenen Existenzerhaltung, der Sicherung der Zukunft folgende Themen immer im Auge behalten:

5.1. Die wirtschaftlichste Kapitalanlage

Das in einem Unternehmen eingesetzte Kapital umfaßt das Geldkapital und das Sachkapital. Jeder Wirtschaftsbetrieb hat einen gewissen Kapitalbedarf. Die Aufgabe und das Ziel eines jeden Unternehmen ist es, dieses Kapital so einzusetzen, daß es den Betriebsablauf sichert und einen Gewinn erbringt.
Mit der Umwandlung von Geldkapital in Sachkapital werden Investitionen vorgenommen. In der Regel wird die Ausrüstung der Produktionseinrichtungen zur Produktivitätssteigerung verbessert. Die Anlagen werden modernisiert und neue Prozeßverfahren werden eingeführt. Das Unternehmen wird in seinem Wert verbessert.
Aber auch die Aus- und Fortbildung der Mitarbeiter ist eine lohnende Investition. Sie erhöht die innere Substanz der Firma. Die Weiterbildung dient dem Ziel der Verbesserung der Arbeitsleistung, der Steigerung des betrieblichen Leistungsvermögens.
Das eingesetzte Kapital, sei es in der Form von Geld, Sachen oder Bildung, muß etwas bringen. Eine Investition hat nur dann einen Sinn, wenn es sich auch lohnt, wenn nach einer gewissen Zeit ein Gewinn erzielt werden kann oder es zumindest doch in seinem Wert erhalten bleibt.
Die mit einer Investition verbundenen Leistungen müssen sich wieder auszahlen. Eine Geldanlage verlangt auch eine Rendite.
Jede Investition, jeder Einsatz oder Aufwand muß deshalb aber auch kontrolliert und beobachtet werden. Es müssen die Leistungen mit den Ergebnissen verglichen werden. Aus diesen Soll-Ist-Vergleichen sind dann jeweils die erforderlichen Konsequenzen zu ziehen. Die Möglichkeiten zum Eingriff verhindern eine Fehlinvestition.

In allen betriebswirtschaftlichen Abläufen und Prozessen muß immer wieder einmal eine Bilanz gemacht werden. Es gilt zu prüfen, ob der Einsatz und Aufwand sich rentieren, ob die Bemühungen auch ein positives Ergebnis einbringen.

- Wird mit der Investierung, der Kapitalanlage das Ziel erreicht und werden die Erwartungen erfüllt?
- Hat sich der Aufwand und der Einsatz, hat sich die Arbeit gelohnt?

Die mit einem Kapitaleinsatz gemachten Erfahrungen, das gewonnene Know-how sind jeweils mit der Zielsetzung zu vergleichen. Die Leistung unterliegt einer Kontrolle.
Bei diesem Vergleich müssen die Ergebnisse natürlich auch ehrlich zur Kenntnis genommen und dürfen nicht irgendwie geschönt, verwischt oder weggemogelt werden. Auch negative Resultate bilden ein Know-how. Sie verhindern, daß Fehlentscheidungen begangen und daß Fehler wiederholt werden. Auch aus negativen Ergebnissen lernt man für die zukünftigen Entscheidungen.
Der Produktionsfaktor Kapital muß stets eine wirtschaftliche und vernünftige Verwendung finden. Jede Kapitalinvestition sollte möglichst optimal für das Unternehmen und seine Menschen erfolgen, so daß dann auch ein wirtschaftlicher Nutzen gezogen werden kann.

5.2. Das Engagement des Betriebspersonals

Die Leistungsfähigkeit eines jeden Unternehmens ist das Ergebnis der Produktivität der Mitarbeiter. Sie wird sehr entscheidend durch die Fähigkeiten und das fachliche Können der betrieblichen Gemeinschaft beeinflußt. Die Qualifikation des Personals allein reicht aber nicht aus. Auch die Motivierung zur Leistung wie auch für Qualität bestimmt mit den Erfolg eines Unternehmens. Das Engagement der Mitarbeiter steigert das betriebliche Leistungsvermögen und die Ausstrahlungskraft der Firma. Die Arbeitsleistungen oder Dienste verbessern sich in ihrer Qualität, wenn sie mit einer gewissen Begeisterung und Hingabe vollbracht werden.
Aufgrund der Bedeutsamkeit und Wichtigkeit der Mitarbeiter im Unternehmen kommt auch jeder Personalentscheidung eine größere Gewichtung zu.
Das menschliche Kapital, man spricht gern vom Humankapital, ist heute weit bedeutender als Maschinen oder Gebäude. Die Qualität der Arbeitskräfte ist bestimmend für die erzeugten Waren und Güter.
Nur ausgebildete und befähigte Kräfte können mit den technischen Handwerkzeug umgehen und es optimal einsetzen und nutzen. Nur qualifiziertes Personal leistet Qualitätsarbeit und liefert Spitzenleistungen.
Die Arbeitskraft und das Leistungsvermögen des Menschen bilden das wichtigste Kapital eines Unternehmens. Sie sind deshalb zu erhalten und zu pflegen. Die Leistungen der Mitarbeiter sind der Grundstock für jedes unternehmerische Vorhaben. Erfolg oder Mißerfolg sind eng mit der Tatkraft und Engagement der Mitarbeiter verbunden.

Anlage und Einsatz von Geldern in der Aus- und Weiterbildung der Menschen sind somit von entscheidendem Einfluß auf die Erzeugnisse, die Produkte und Dienstleistungen einer Firma. Es sind Investitionen für die Zukunft.

Die Unternehmensführung muß dafür sorgen, daß jeweils die richtige Person an dem richtigen Arbeitsplatz sitzt und auch zum richtigen Einsatz kommt.

So manche negative Personalentscheidung ist nicht immer der betroffenen Person zuzuschreiben, sondern oft einer nicht ausreichenden Auswertung und einer falschen Entscheidung der Personalabteilung zuzurechnen.

Nicht immer hat der Stelleninhaber versagt, es kann auch das Personalmanagement sein, das die Entscheidung für die Stellenbesetzung getroffen hat.

Auch beim Personaleinsatz gilt es, die Ergebnisse mit den Erwartungen zu vergleichen. Aus jedem Vergleich sind dann auch Konsequenzen zu ziehen.

Die Personalentscheidungen umfassen eine ganze Anzahl von Fragen und damit verbundener Probleme:

- Welche Anforderungen muß das Unternehmen an den Mitarbeiter stellen?
- Was sind die Arbeitsplatzanforderungen?
- Was wird am Arbeitsmarkt angeboten?
- Wie ist die Ausbildungstand der Bewerber?
- Kann die Ausbildung durch Fortbildung oder Training verbessert werden?
- Können organisatorische oder technische Einrichtungen oder auch andere Hilfsmittel die Leistung verbessern?
- Werden die Fähigkeiten der Leute auch richtig entwickelt und genutzt?
- Welche verborgenen Leistungen und Fähigkeiten stecken in den einzelnen Mitarbeitern, in dem Team oder in der Arbeitsgruppe?
- Wie entdeckt man die Anlagen und Begabungen der Menschen und entwickelt sie zum Nutzen des Unternehmens?

Eine altbekannte Tatsache ist, daß zufriedene und glückliche Menschen mehr leisten und kreativer sind. Nur ein mit sich selbst zufriedener Mensch hat Freude an der Arbeit, schafft auch gern etwas und denkt bei seiner Arbeit mit. Er macht weniger Fehler, erledigt seine Aufträge etwas flinker und ist mit allen seinen Sinnen bei den Aufgaben. Er ist für das Unternehmen produktiv.

Das Arbeitsumfeld, der Arbeitsplatz und die Arbeitsbedingungen tragen sehr entscheidend mit zu einer Zufriedenheit bei und motivieren den Schaffenden. Sie fördern das Wohlbefinden des Mitarbeiters und erhöhen seine Leistung. Sie motivieren zum Engagement für die Firma.

5.3. Die optimale Nutzung der Strategien

Die Rolle eines Unternehmens im Wirtschaftsmarkt ist nicht nur ausschließlich von seiner Größe und seinem Umfang bestimmt, sondern auch von seiner Spezialisierung und seiner Konzentration auf seine Stärken, von seinen Strategie und Taktiken.
Zur Verfolgung der betrieblichen Zielsetzung sind immer die Strategien zu wählen, die auch gute Erfolgschancen versprechen. Ein Unternehmen muß seine spezifischen Stärken herausfinden und dies dann in den richtigen Bereichen gezielt einsetzen.
Auch die in einem Unternehmen genutzten Strategien und Methoden wie auch Techniken sollten wie auch der Kapitaleinsatz einer stetigen Beobachtung und Kontrolle unterliegen.
Nicht jede Strategie erweist sich von vornherein als richtig. Oft zeigt sich erst im Lauf der Zeit, daß aufgrund neuer und veränderter Einflüsse und Verhältnisse eine andere Methode mehr Erfolg verspricht.
Die Überprüfungen der genutzten Methoden und Techniken dienen auch der eigenen Kontrolle.

- Hat die Strategie etwas gebracht?
- Könnte eine andere Taktik oder Politik mehr Erfolg bringen?
- Kann eine andere Methode schneller zu einem erfolgreichen Ergebnis führen oder gar kostengünstiger sein?
- Was sind die wirklichen Stärken des Unternehmens?
- Werden die Strategien richtig eingesetzt?

Wieder werden Leistungen und Zielvorstellungen verglichen, werden Ist-Werte den Soll-Vorgaben gegenübergestellt.
Zur Messung bedarf es einer genauen Definition der angestrebten Ziele und dann einer ehrlichen Ermittlung der Leistungsergebnisse. Es sollte stets ein wertungsfreier Vergleich erfolgen. Erst aus den Ergebnissen des Vergleichs sind dann Schlußfolgerung zu ziehen und Entscheidungen zu treffen.
Wird das Ergebnis nicht erreicht, müssen neue Strategien, andere Methoden, neue Künste in der Unternehmensführung die alten Verfahren, Prozeduren und Techniken ersetzen.
Auch die Strategien und Stärken unterliegen einem stetigen Wandel. Sie müssen immer wieder auf ihre Effizienz geprüft und wenn notwendig erneuert werden.
Nur ein optimaler Einsatz, eine überlegte und durchdachte Strategie verspricht auch einen Erfolg.

5.4. Die Kontrolle und Überwachung der Innovationen

Jede Innovation ist eine Leistung und so wie nun die Leistung gemessen wird, muß auch an eine Neuerung eine Meßlatte angelegt werden.
Jede Einführung eines neuen Produktes oder einer neuen Dienstleistung muß bezüglich ihrer Annahme im Markt beobachtet werden. Die Vorgaben, die angepeilten Ziele müssen den tatsächlichen Ergebnissen gegenübergestellt werden.
Auch eine Forschung ist zu kontrollieren, eine Entwicklung zu überwachen. Auch eine Produktentwicklung unterliegt einem Soll-Ist-Vergleich.
Sicherlich keine sehr leichte Aufgabe, kann doch keiner genau sagen, wie das Forschungsergebnis jeweils aussieht und wann mit einem Ergebnis gerechnet werden kann.
Aber auch hier müssen heute Messungen erfolgen. Jede Forschung erfordert gewaltige Aufwendungen und kein Unternehmen kann es sich leisten, diese Gelder leichtsinnig zu verplempern.
In gewissen Zeitabständen muß jeder Prozeß, jeder Vorgang und jedes Geschehen immer wieder einmal kritisch betrachtet werden. Auch eine Neuentwicklung sollte einer Kontrolle unterliegen und überprüft werden. Es gilt Rechenschaft abzulegen, ob es sinnvoll ist, weiter zu machen oder ob neue Wege eingeschlagen werden müssen. Die ermittelten Ergebnisse sind den Zielvorgaben gegenüberzustellen und kritisch zu analysieren.
Zur Existenzerhaltung wie auch zur Sicherung der Zukunft müssen Firmen und Betriebe Aktivität in ihrer Forschung und Entwicklung zeigen. Sie müssen heute sähen, wenn sie morgen ernten wollen.
Eine Sicherheit, daß die Saat aufgeht, ist nicht gegeben. Alle Investitionen in der wissenschaftlichen Forschung oder in der Anwendungstechnik sind immer mit einem Risiko verbunden. Jeder Fehlschlag bildet einen materiellen Verlust, trotz der Erfahrungen die gewonnen werden.
Die Aufwendungen in der Forschung sind heute gewaltig. Sie liegen in der Größenordnung von Milliarden. Alle diese Kosten müssen vom Unternehmen erbracht und getragen werden.
Kosten und Zeitaufwand bedürfen daher einer ständigen kritischen Überwachung und Kontrolle. Nur ein frühzeitiger Eingriff verspricht, die Kosten im Rahmen zu lassen.

Jeder ökonomische Fortschritt ist an Innovationen gebunden und diese Neuerungen werden in einem starken Maße von den Investitionen in den Arbeitsplatz, in die Ausrüstung und in das Humankapital bestimmt. Ein Erfolg liegt vor allem in den Händen der Menschen eines Unternehmens, in der Kreativität der Leute.
Alle Tätigkeiten setzen immer mehr Sachkenntnisse voraus und machen spezielle technische Ausrüstungen erforderlich. Sie zwingen zu hohen Aufwendungen. Die Kosten zeigen in dem Forschungs- und Entwicklungsbereich eine sehr ansteigende Tendenz.
Die Fähigkeiten der Menschen, ihr spezielles Geschick, ihr fachliches Können und Wissen müssen deshalb auch wirtschaftlich gesehen werden. Ihre Nutzung muß sich wirtschaftlich rechnen.
Um diese Kosten auch stets im Griff zu behalten, müssen sie überwacht und kontrolliert werden. Sie müssen gesteuert werden.

6. Die Neuerungen in der Betriebsgemeinschaft

Die Unternehmensleitung einer Gesellschaft verfolgt das vordringliche Ziel, daß das Unternehmen gewinnbringende Leistungen vollbringt, daß es bestimmte Güter und Waren produziert, definierte Erzeugnisse herstellt oder fertigt und bezeichnete Dienstleistungen ausführt. Diese Leistungen werden in der Regel von den verschiedensten Fachkräften, von zahlreichen Spezialisten und Experten sowohl in der Produktion bzw. Herstellung als auch im Dienstleistungsbereich und in der Verwaltung eines Betriebes vollbracht.
Die jeweilige Fachkraft verwirklicht in Zusammenarbeit mit weiteren qualifizierten Mitarbeitern die erforderlichen Arbeiten und Aufgaben. Jeder Mitarbeiter hat seinen bestimmten Arbeitsplatz in dem Unternehmen. Er hat seine definierten Aufgaben und Pflichten zu erfüllen, die in einem Zusammenhang mit der Gesamtaufgabe des Unternehmens stehen.
Jedes Unternehmen lebt von seinen Mitarbeitern, die mit ihren Fähigkeiten und ihren Kenntnissen, die mit ihrem Können und ihrer Tatkraft die unternehmerische Zielsetzung bewerkstelligen. Die Mitarbeiter erbringen die Leistungen des Unternehmens.
Eine Firma ist sehr auf ihre Mitarbeiter angewiesen und stellt deshalb auch gewisse Anforderungen an die Belegschaft. Sie verlangt von ihrem Personal eine Zuverlässigkeit in der Arbeit, eine gewissenhafte Arbeitsausführung. Sie setzt voraus, daß alle bereit und fähig sind, ihre Arbeiten und Pflichten bestens zu erfüllen. Sie erwartet von den Mitarbeitern, daß diese ihre beruflichen Fähigkeiten stets verfeinern und vervollkommnen, daß sie sich als Fachkraft auch immer weiterbilden, daß sie dazu lernen und ihr Wissen ausweiten, daß sie sich als Arbeitskraft auch stetig weiterentwickeln, verbessern und erneuern.
Die Führungsschicht wie auch die Ausführungsebene müssen eine Bereitschaft zur beruflichen Fort- und Weiterbildung und einen Willen zur Steigerung der Leistung zeigen. Der Wille zur Ausweitung des beruflichen Wissens und Könnens, dazu ein inneres Bedürfnis zur kontinuierlichen Verbesserung seiner selbst und der betrieblichen Abläufe, zur stetigen Steigerung der Effektivität und Produktivität sind heute ganz normale Anforderungen an den durchschnittlichen Mitarbeiter. Die Leute in einem Unternehmen müssen heute mehr bereit sein, eine Eigenverantwortung sowohl im Beruf als auch im Leben zu übernehmen und eine verstärkte Selbständigkeit in ihrer Arbeit am Arbeitsplatz zu entwickeln. Nur unter solchen Voraussetzungen stärken die in den Organisationseinheiten tätigen Mitarbeiter das Unternehmen und bilden auch einen Wert für die Firma. Management und Arbeitnehmer entscheiden mit ihrem Zusammenwirken über die Leistungskraft des Unternehmens.
Der Wandel zu einer neuen, freundlicheren Unternehmenskultur und zu einer vereinfachten und übersichtlicheren Unternehmensstruktur ist kein nur zeitlich begrenztes Kosteneinsparungsprogramm, das dann nach einer gewissen Zeit abflaut und wieder fallengelassen wird.
Die Teamarbeit und eine schlanke, effektive Betriebsgemeinschaft haben nachhaltige Auswirkungen in der Wirtschaft und darüber hinaus auch in unserer Gesellschaft. Sie führen zu

einer wertbeständigen Veränderung, wobei sich dieser Prozeß kontinuierlich weiter fortsetzen wird.
Die Erhöhung der Arbeitsproduktivität durch bessere Zusammenarbeit und Verschiebungen in der Verantwortlichkeit lassen in den industriellen Prozessen die Arbeitsintensität sinken. Die gleiche Leistung wird mit einer immer geringeren Mitarbeiterzahl und vermindertem Arbeitsaufwand erzielt. Die Beschäftigungszahl der Arbeitnehmer in der gesamten Industrie wird mehr und mehr sinken infolge rationellerer Arbeitsweisen, infolge neuer Technologien und durch Einführung von weniger arbeitsintensiven Abläufen.
All das läßt leider wenig auf eine Verbesserung der Arbeitsmarktsituation hoffen. Ganz im Gegenteil, die Nachfrage nach einer durchschnittlichen Arbeitskraft wird sich vermindern. Ein steigender Bedarf wird nur an hoch spezialisierten Experten bestehen.
Wir sind zu produktiv! Wir sind zu gut! Unsere Leistungen sind zu effektiv!
Wir müssen uns heute mit dem Tatbestand auseinandersetzen, in unserer Wirtschaft wird nicht mehr jede Arbeitskraft gebraucht. In vielen Industriebereichen sinken die Mitarbeiterzahlen. Für alle gibt es immer weniger Arbeit.
Vollbeschäftigung ist nur noch mit Kürzungen, mit Einschränkungen, mit einem Weniger möglich. Der Arbeitsanfall ergibt für jeden nur noch einen kleineren Arbeitsanteil, was auch zu einer Minderung im Entgelt führen muß.
Eine Alternative bildet die Teilbeschäftigung, die Vollbeschäftigung nur für einige und Arbeitslosigkeit für den Rest.
Wer aber sind dann diese Auserwählten, die arbeiten dürfen?
Wer wählt sie aus? Wer bestimmt, wer arbeiten darf oder gar arbeiten muß?
Leider ergibt auch dieser Weg keine vollbefriedigende Lösung, müssen doch die Kosten der Nichtarbeitenden dann von den noch Berufstätigen getragen werden. Jeder Arbeitslose mehr vergrößert dazu noch die sozialen Probleme.
Andererseits führt jeder Verzicht auf eine weitere Produktivitätssteigerung zu einem Verlust an internationaler Wettbewerbsfähigkeit und endet dann mit weiteren Einbußen an Arbeitsplätzen. Somit ist auch dieser Weg nicht gerade erstrebenswert. Auch er führt in eine Sackgasse und zu keiner positiven Lösung des Problems.
Wir müssen uns darauf einstellen, daß nicht mehr jeder unbedingt auf ein volles Arbeitsleben mit einer 35-Stundenwoche pochen kann. Es ist leider nicht mehr genug Arbeit für alle da.
Als Schlußfolgerung dieser Tatbestände ergibt sich, daß es mehr denn je notwendig wird, eine innovative Politik zu betreiben. Wir alle, ob Arbeitgeber oder Arbeitnehmer, ob Führungskräfte oder Ausführende, müssen uns bemühen, nach völlig neuen Wegen und Möglichkeiten zu suchen. Wir müssen gemeinsam neue befriedigende Varianten in der Arbeit und Entlohnung aufspüren und erforschen.
Wir alle sind herausgefordert und müssen uns den Fragen und Problemen unserer Zeit stellen:
- der Reduzierung der Arbeitnehmerschaft infolge der Produktivitätssteigerung,
- dem steigenden Angebot an billigen und nicht immer gut qualifizierten Arbeitskräften im globalen Markt,
- dem Struktur- und Stilwandel in den Wirtschaftsunternehmen, aber auch in unserem gesamten gesellschaftlichen Leben.

Mit allen diesen Punkten sind auch zahlreiche Auswirkungen verbunden, die ihre Folgen für uns alle haben. Wir müssen versuchen, vernünftige und tragbare Antworten auf diese herausfordernden Fragen zu finden.
Allzu lange hat man die zu hohen Löhne und die zu kurze Arbeitszeiten als Vorwand und Schutz benutzt und jede organisatorische Änderungen, Veränderungen im Arbeitsstil, in der

Struktur der Unternehmen, in den Abläufen in den Organisationen abgelehnt oder nur halbherzig verfolgt. Man muß den führenden Managern in den Unternehmen den Vorwurf machen, daß sie diese Entwicklungen nicht früh genug erkannt und sich auch nicht schnell genug auf die neuen Situationen eingestellt haben.
Jetzt gilt es diese Versäumnisse aufzuholen und sich umzustellen. Jedes weitere Nichthandeln und Zögern bedeutet Einbußen bei unserer Wettbewerbsfähigkeit und in unserer wirtschaftlichen Führungsposition, in unserer gesamten Volkswirtschaft.
Wir leben auf keiner Insel, wir stehen mitten drin im globalen Wettbewerb. Wir haben uns der globalen Herausforderung zu stellen und die sich ergebenen Probleme anzupacken. Die Unternehmen haben sich mit ihren Betriebsgemeinschaften zu verändern. Jeder einzelne Mitarbeiter muß sich auf einen Wandel in seinem Leben einstellen!
Die Belegschaft eines jeden Unternehmens muß sich auf einen Strukturwandel einrichten und sich dann auch mit den Veränderungen auseinandersetzen.
Sie muß sich mit diesem Wandel identifizieren. Sie muß Flexibilität entwickeln und Reaktion zeigen.
In den bereits umstrukturierten Unternehmen, wie zum Beispiel in der deutschen Automobilindustrie, zeichnen sich Entwicklungen ab, die darauf schließen lassen, daß neue Arbeitsplätze geschaffen werden können.
Um die Arbeitslosigkeit zu verringern, müssen Arbeitsplätze entstehen. Das ist nur in wettbewerbsfähigen und wirtschaftlich gesunden Unternehmen möglich.
Die Stückzahlen müssen internationales Niveau erreichen. Nur dann können wir wieder mithalten und uns vergleichen.
Niedrige Lohnstückzahlen erlauben sogar höhere Löhne, wenn die Produktivität gegeben ist. Immer erst bei entsprechender Ertragsfähigkeit kann auch wieder verteilt werden.
Für die Wirtschaftspolitik gibt es zwei extreme Möglichkeiten für eine verbesserte Wettbewerbsfähigkeit der Unternehmen.
Entweder senkt man die Löhne, alle begnügen sich mit etwas weniger und werden etwas bescheidener.
Oder aber man reduziert das Personal. Dann haben einige ihren gesicherten Arbeitsplatz, aber andere sind auf der Jobsuche.
Beide Maßnahmen sind allein keine Ideallösungen, lassen aber die Produktivität steigen.
Der erste Weg bedeutet, man begnügt sich mit einer geringeren Entlohnung, verzichtet für einen bestimmten Zeitraum auf jegliche Lohn- und Gehaltssteigerungen. Man gibt sich mit einem etwas geringeren Lebensstandard zu frieden. Das bedeutet noch keine Nöte, wohl aber ein paar Einschränkungen im täglichen Leben!
Die andere Möglichkeit ist, man speckt die Unternehmen ab und macht aus ihnen schlanke und hochproduktive Unternehmen, die aufgrund ihrer Wettbewerbsfähigkeit weltweit Marktanteile gewinnen und dadurch wachsen. Die bestehenden Arbeitsstellen bleiben weitgehend gesichert, obwohl in einigen Bereichen Menschen ihren Arbeitsplatz verlieren.
Beide Wege bilden keine Ideallösung. Ein Mittelweg zwischen beiden Extremen wäre aber vielleicht eine vernünftige Lösung. Es wäre eine Möglichkeit, zu verhindern, daß die Einschnitte weniger spürbar und weniger schmerzhaft sind, daß die Lasten gleichmäßiger verteilt werden.
Weder die 25-Stunden-Woche noch Lohnerhöhung erhöhen die Kaufkraft. Die Arbeitslosigkeit wird durch solche Vereinbarungen nicht reduziert. Es werden auch keine zusätzlichen Marktanteile errungen. Notwendige Investitionen werden sogar erschwert.
Der heutige Wirtschaftsmarkt bedarf schlanker Unternehmen mit einer hohen, flexiblen Leistungsfähigkeit und einem produktiven Einsatz der Arbeitskräfte.

Die Wirtschaft verlangt einen grundlegende Strukturwandel, einen Wechsel in der Denkweise und in den Handlungen bei allen Betriebsangehörigen, sowohl bei den Führungskräften als auch bei den ausführenden Mitarbeitern.

Unsere Gesellschaft braucht kreative Menschen, um die vor uns liegenden Probleme zu lösen. Diese Kreativität ist nicht nur die Aufgabe der Wissenschaftler, Forscher und Anwendungstechniker, nur einer Minderheit oder schöpferischen Elite. Sie ist eine Pflicht eines jeden Mitarbeiters in einem Unternehmen. Die gesamte Belegschaft eines Betriebes hat sich an dem Prinzip der schöpferischen Tätigkeit zu orientieren und beteiligen. Mitmachen und nicht Abwarten!

Alle Menschen können schöpferisch tätig sein. Alle können Neues schaffen oder zumindest einen Beitrag dazu leisten. Aber alle müssen sich auch bemühen, sollten ein wenig mehr nachdenken und sollten ein wenig mehr Flexibilität und Leistungsbereitschaft aufbringen.

Wenn einmal eine eingeführte Neuerung nicht gleich perfekt funktioniert, dann darf man nicht nur immer die Mängel gleich der neuen Regelung zuschieben. Man sollte auch einmal bei sich selbst nach dem Fehler suchen und nicht immer auf die anderen verweisen. Oft fehlt es an einer wohlwollenden Bereitschaft zum Neuen.

Einmal mehr überlegen, auch über sich selbst nachdenken, sich selbst auch einmal kritisch betrachten und dann aus den eigenen Fehlleistungen lernen, was ist daran eigentlich so unmöglich?

Ein Mitarbeiter ist gut beraten, wenn er immer wieder einmal über seinen eigenen Arbeitsstil nachdenkt und sich mit den neuen Methoden in der Arbeit und in der Organisation beschäftigt. Es geht nicht nur darum, moderne Methoden zu kennen, man muß sie sich auch zu eigen machen und sie nutzen.

Wir alle müssen uns verändern. Wir alle müssen unsere Leistungsfähigkeit stärken, sie mehr und besser pflegen und stets den Entwicklungssprüngen anpassen, sie kontinuierlich verbessern und erneuern.

Wir müssen Unternehmensgeist entwickeln, mehr auch einmal ein Risiko eingehen und uns nicht nur immer von Bedenken bremsen lassen.

Es gibt keine Gewähr für eine lebenslange Beschäftigung und Anstellung in einer Firma oder eine Garantie für soziale Sicherheit oder ein Recht auf Wohlstand.

Wir haben uns auf eine stetigen Wandel im Unternehmen, in der Wirtschaft, in der Politik, in unserer gesamten Gesellschaft einzustellen. Der globale Markt zwingt uns zu einer neuen Orientierung.

Wer überleben will, muß sich anpassen. Er muß bereit sein, neue Wege zu beschreiten, alte Gewohnheiten aufzugeben. Er muß flexibel sein.

Wir haben uns darauf einzustellen: Wir haben unser ganzes Leben lang zu lernen und uns fortzubilden, neue Fähigkeiten zu erwerben und unsere Kenntnisse immer wieder zu erweitern!

6.1. Die Messung der Leistung

Es liegt in der Natur der Sache, daß eine Fachkraft in erster Linie ihre spezielle Arbeit bzw. ihr besonderes Fachgebiet sieht und sich ausschließlich auch darauf konzentriert. Das Interesse gilt weniger den nicht in direkter Berührung stehenden Bereichen des Unternehmens oder der allgemeinen Unternehmensinstitution. Man sieht nur seinen speziellen Fachbereich, sein Aufgaben- und Tätigkeitsfeld.
Aber auch die Unternehmenszielsetzung muß eigentlich von jedem Mitarbeiter beachtet und vertreten werden. Jeder Betriebsangehöriger muß auch das Gesamtunternehmen im Blickfeld haben.
Im allgemeinen leben und arbeiten die Menschen, insbesondere Fachleute und Spezialisten, in einer von ihnen selbst geschaffenen Arbeitswelt. Sie lehnen Einblicke in ihren Bereich oder gar eine Leistungsmessung von außen ab. Sie verrichten meistens ihre Arbeiten separat, völlig losgelöst von allen anderen Abläufen. Sie verweigern Einblicke oder eine Rechenschaftslegung besonders gegenüber Leuten, die nicht direkt vom Fach sind.
Nur das Management sorgt für die Verbindung des Einzelprozesses mit den Abläufen im gesamten Unternehmen.
Die alte Befehlshierarchie erlaubte Einblicke und Eingriffe. Den Anordnungen der Führungskraft wurde Folge geleistet. Man kannte es nicht anders.
Ein großer Nachteil dieses Systems war die fehlende Kreativität. Alles lief nach einem festen Schema, nach vorgegebenen Bahnen ab. Abweichungen waren nicht gestattet, also wurden auch kaum einmal andere Wege beschritten oder irgendwelche neue Versuche unternommen.
Die Anzahl der Mitarbeiter, die als ausgesprochene Fachkräften und wirkliche Spezialisten einzustufen sind, hat im Laufe der Jahre in den Unternehmen immer mehr zugenommen. In allen Unternehmensbereichen arbeiten heute zunehmend ausgesprochene Spezialisten. Zahlreiche Fachkräfte aller Art, Laboranten, Techniker und Monteure, Chemiker, Biologen, Ingenieure und Elektrotechniker, Programmierer, Juristen oder Marketingspezialisten usw. bevölkern heute einen Betrieb. Sie alle zeichnen sich durch ihr Fachkenntnisse und ihr Spezialwissen wie auch durch ihre Individualität aus.
Je größer nun diese Zahl in einem Unternehmen wird, desto mehr werden diese Fachleute richtungsweisend und bestimmend für die Wirtschaftskraft und das Leistungsniveau eines Unternehmens.
Ihr wirklicher Wert für ein Unternehmen ist aber eigentlich erst dann gegeben, wenn in einem Team zusammengearbeitet wird, wenn die einzelnen Arbeitsschritte miteinander verbunden werden, wenn die verschiedenen Fachbereiche sich gegenseitig ergänzen. Nicht jeder für sich allein, sondern gemeinsam in einer engen Zusammenarbeit!
Das bedeutet nun aber, daß ein jeder auch über seinen Tellerrand hinaus schauen muß und die eigenen Arbeit mit den Tätigkeiten der anderen Kollegen abzustimmen hat. Was einst das Management besorgte als Bindeglied zwischen den Arbeitsbereichen, was einst durch ein hierarchisches Ordnungssystem festgelegt war, wird nun mehr und mehr vom Mitarbeiter selbst getätigt. Er stimmt seine Aktivitäten mit denen der anderen ab und nimmt selbst Rücksicht auf die anderen. Die Mitarbeiter übernehmen nun Managementfunktionen.
Als Folge daraus ergibt sich eine notwendige Leistungsmessung, denn Planung und Koordination wie auch Zusammenwirken setzen Meßwerte voraus.
Die Experten und Spezialisten müssen nicht nur ihre Aufgaben erfüllen, sie müssen nun auch ihre Aktivitäten und ihr Engagement mit den Kollegen abstimmen.

Sie haben ihre Tätigkeiten selbst zu koordinieren, selbst ihre Leistung zu verantworten und Rechenschaft über ihre Arbeiten abzulegen.
Wie jeder wirtschaftliche Faktor muß nun auch die Leistung der Mitarbeiter gemessen. Es muß geprüft werden, ob die vollbrachte Arbeit auch mit der anderen Tätigkeiten im Einklang steht, ob die einzelne Arbeiten auch in die Beziehung zur Gesamtaufgabe passen, ob der Aufwand in einem richtigen Verhältnis zum Ertrag steht, ob z. B. die Gehälter und Löhne auch ihre Zinsen bringen.
Diese Leistungsmessung schließt auch die geistige Arbeit mit ein. Auch sie muß gemessen, zumindest aber doch beurteilt werden.
Obwohl geistige Arbeit nicht immer meßbar ist, müssen auch beim Geistesarbeiter die Vorgaben oder Normen mit der geleisteten Arbeit verglichen werden. Fachkräfte müssen es sich gefallen lassen, daß auch ihre Arbeit beurteilt und gegenüber einem Standard verglichen wird. Gegebenenfalls müssen sie sogar Rechenschaft ablegen und sich Eingriffe und Korrekturen in ihrer Arbeit gefallen lassen, wobei diese Berichtigungen möglichst aufgrund einer eigenen Initiative erfolgen sollten.
Kein Unternehmen kann es sich leisten, Abteilungen ihrer Selbstwillen durchzufüttern. Auch die Fachkräfte müssen Leistungen für das Unternehmen erbringen und vorgegebene Normen erfüllen.
Die Aufgabe der Selbstüberwachung und Selbstkontrolle ist eine Funktion, die mehr und mehr vom Mitarbeiter auch selbst übernommen werden muß. Es ist ein Auftrag, der in den eigenen Aufgabenbereich fällt.
Diese Neuerung wird sicherlich nicht jedem gefallen. Sie ist aber notwendig, um im globalen Wettbewerb bestehen zu können. Andernfalls wird die wirtschaftliche Kraft der Firma durch unproduktive Arbeitsprozesse und durch Verschwendung wertvoller Energien geschwächt.
Eine Forschung oder Entwicklung nur der Wissenschaft zuliebe, ist für eine Unternehmen nur ein Kostenfaktor ohne jeden Ertrag. Der Aufwand für eine Entwicklung muß auch einmal zu einem positiven Ergebnis führen.
Die in einem solchen Bereich arbeitenden Menschen müssen deshalb überwacht und auch kontrolliert werden, nicht unbedingt von außen, besser wäre eine Eigenkontrolle. Der Ablauf Forschung und Entwicklung unterliegt wie auch jeder andere betriebliche Prozeß in bestimmten Zeitabständen immer wieder einmal einer Überprüfung und Rechenschaftslegung. Diese Kontrolle der Fachkräfte, die auch die Führungskräfte mit einschließt, bildet ein Novum. Sie muß aber in Zukunft aus ökonomischer Notwendigkeit, aus wirtschaftlicher Vernunft und logischer Einsicht eine ganz normale und selbstverständliche Einrichtung werden.

6.2. Die soziale Verantwortung

Eine weitere Veränderung sowohl im Unternehmen als auch in seiner Betriebsgemeinschaft ergibt sich durch die soziale Verantwortung eines jeden Menschen gegenüber der Allgemeinheit. Jeder Mensch, ob Unternehmer, Führungskraft oder Arbeitnehmer, hat ein soziales Gewissen seinen Mitmenschen in der betrieblichen Gemeinschaft gegenüber. Darüber hinaus trägt er aber auch eine Verantwortung gegenüber allen Bürgern unserer menschlichen Gesellschaft.

Jeder Mitarbeiter hat ein gewisses Verantwortungsgefühl für seine Kollegen im Betrieb wie auch für seine Mitmenschen außerhalb der Firma zu entwickeln.
Dieses allgemeine Verantwortungsbewußtsein, das Pflichtgefühl oder auch Gewissen sind eigentlich nicht neues. Sie wurden nur lange Zeit allzu oft vernachlässigt, vergessen und nicht beachtet, vom Eigenegoismus verdrängt. Sie werden nun wieder entdeckt und in ihrem Gehalt und ihrer Tragweite wieder stärker betont.
Jeder Mensch hat ein Gewissen, vor dem er eigentlich alle seine Handlungen und Taten verantworten muß. Er hat eine Verantwortung und Pflicht gegenüber seinen Mitmenschen, gegenüber seinen Kollegen und Mitarbeitern wie auch gegenüber einem Kunden oder Konsumenten.
Ein Medikament hat eine wirkliche heilende Wirkung zu zeigen, dem Menschen zu helfen und nicht nur den Gewinn eines pharmazeutischen Großbetriebes zu mehren. Chemiker und Mediziner haben bei der Entwicklung eines Medikamentes dessen Wirksamkeit in den Vordergrund zu stellen und nicht den Gewinnerwartungen der Firma einen Vorrang einzuräumen.
Ein Konstrukteur eines Kleinfahrzeuges hat nicht nur einen hübschen Kleinwagen zu entwerfen, er hat auch ein Fahrgestell so zu konstruieren, daß es in einer scharfen Kurve in der Spur und auch auf den Rädern bleibt. Das Fahrzeug hat auch eine Sicherheit für den Käufer zu bieten. Es darf nicht nur etwas versprochen werden. Die Qualität ist auch zu erfüllen. Die Zuverlässigkeit muß gegeben sein.
Der Kunde und Verbraucher hat ein Anrecht auf einen ehrlichen Service. Unternehmen wie auch die Mitarbeiter in dem Unternehmen haben hier eine Verpflichtung gegenüber dem Verbraucher und Käufer der Waren.
Ein Kunde ist wie der Kollege im Betrieb zu sehen. Umgekehrt ist der Arbeitskamerad aber auch ein Konsument. Beiden hat man zuzuarbeiten. Man hat bei der Zuarbeit ein ordentliches Teilstück zu übergeben, bei der Auslieferung ein korrektes Fertigungsstück zu erstellen. Man hat Qualitätsarbeit zu leisten und hierfür auch eine der Verantwortung zu tragen.
Ein Chemiker kann wohl wunderschön leuchtende Farbstoffe für Textilien entwickeln, muß aber auch beachten, daß diese Chemikalien die Gesundheit der Menschen nicht gefährden und bei ihm Allergien oder Krankheiten auslösen. Farben dürfen nicht nur das Auge erfreuen, sie müssen auch sicherstellen, daß dem Körper keinerlei Schaden zugefügt wird.
Unternehmen haben einschließlich ihrer Mitarbeiter neben ihrer unternehmerischen Tätigkeit und dem Gewinnstreben auch eine moralischen Verpflichtung. Sie haben eine soziale Verantwortung zu erfüllen.
Es ist eine falsche Unternehmenspolitik, wenn alles nur ausschließlich auf eine rein materielle Wertschöpfung, auf den Shareholder-value, auf eine Maximierung der Aktienkurse ausgerichtet wird und das Management nur eine Wertsteigerung für die Aktionäre anstrebt. Es ist eine gefährliche Zielsetzung für das Unternehmen, wenn nur ausschließlich der totale Wettbewerb gesehen und ein rein egoistischer und gefühlloser Umgang mit den Mitarbeitern, mit den Kunden und den Lieferanten praktiziert wird.
Jedes aggressives Verhalten bewirkt das Gegenteil der eigentlichen Zielsetzung. Es ist der eigenen Existenzsicherung des Unternehmens nicht förderlich, wenn ausschließlich nur immer die eigenen wirtschaftlichen Ziele gesehen werden.
Mitarbeiter machen sich mitschuldig, wenn sie eine solche Verhaltensweise der Unternehmensführung oder des Managements unterstützen und mittragen.
Sowohl für das Unternehmen als auch für die Mitarbeiter gilt eine Moral. Von beiden wird eine ethische Gesinnung verlangt.

Wachstum und Gewinn sind nicht allein um jeden Preis anzustreben. Es gelten auch noch andere Maßstäbe, an denen ein Unternehmen und seine Mitarbeiter gemessen und beurteilt werden.
Die reine Erhaltung des Unternehmens sollte nicht das einzige Ziel eines Unternehmenspolitik sein. Neben der betriebswirtschaftlichen Zielsetzung sind auch soziale und gesellschaftliche Aufgaben und Pflichten zu erfüllen. Den Menschen in der Gesellschaft müssen auch Möglichkeiten zur ihrer eigenen Existenzsicherung in den Betrieben und Firmen gegeben werden.
Nur in einer wirklichen Arbeitsgemeinschaft mit allen seinen Mitarbeitern und hierzu zählen in diesem Moment auch die Kunden und Zulieferer, kann sich ein Unternehmen den kontinuierlichen Veränderungen in seinem Umfeld anpassen.

Ein Gewinn kann wohl durch weniger Investitionen, durch Einsparungen in der Forschung und Entwicklung, durch Personalabbau, durch massiven Druck auf Zulieferer kurzfristig schnell gesteigert werden. Langfristig ist aber eine solche Unternehmenspolitik ein gefährliches Spielchen. Fehlendes Know-how und vernachlässigte Weiterentwicklung, nicht geförderte Weiterbildung, nicht gepflegte Kunden- und Lieferantenbeziehungen, enttäuschte Mitarbeiter lassen sich nur mit äußerst großen Anstrengungen und Mühen wieder korrigieren.
Ein Unternehmen sollte diese Werte nicht außer acht lassen und auch nie vernachlässigen. Es verliert ansonsten seine innere Substanz.
Ein Unternehmen sollte sich auf seine Stärken konzentrieren. Es sollte die Geschäftsfelder fördern, die das Geld verdienen und die die erforderlichen Kapitalkosten erwirtschaftet, die den Menschen Brot und Arbeit geben. Man sollte nur Geschäftsfelder erschließen, von denen man auch etwas versteht. Ein Unternehmen muß so ausgerichtet werden, daß eine klare Unternehmensstrategie zu erkennen ist. Es sollte seine Kerngeschäfte stets im Auge behalten und sich auf seine langfristigen Unternehmensziele konzentrieren.
Das Ziel eines jeden Unternehmens muß es sein, den Menschen einen Lebensunterhalt und ein wirtschaftliches Auskommen zu ermöglichen.

6.3. Das pluralistische Führungssystem

Für eine optimale Zusammenarbeit und ein gutes Zusammenleben in einer Unternehmensgemeinschaft zwischen den Mitarbeitern untereinander wie auch zwischen der Firmenleitung und den Arbeitnehmern bedarf es einer neuen Organisationsform, neuer Arbeitsverhältnisse und einer neuen Unternehmenskultur im Umgang miteinander.
Die herkömmlichen Denkweisen und Einstellungen zur Arbeit machen radikale Veränderungen erforderlich. Der Mensch, der bisher fast nur immer als Kostenfaktor gesehen wurde, tritt nun wieder in den Mittelpunkt mit seinen Erfahrungen und seinen Ideen. Aufgrund seiner Vielfalt gewinnt er wieder eine wachsende Bedeutung. Der Mensch wird heute wieder in seinem Wert für das Unternehmen entdeckt. Nur die Menschen schaffen die Werte, erzeugen die Güter, entwickeln neue Technologien und treiben die Weiterentwicklung und den Fortschritt voran. Die Unternehmen brauchen das Wissen und die Kompetenz ihrer Leute. Nur wer das Know-how der Mitarbeiter erschließt, es entwickelt und es konsequent nutzt, gewinnt entscheidende Wettbewerbsvorteile.

Die traditionelle Pyramidenform der Firmenorganisation, in der eine Befehlsgewalt von oben nach unten erfolgte, wird mehr und mehr ersetzt durch ein pluralistisches Gebilde, wo die Entscheidungsgremien nun parallel zueinander organisiert sind. Die Kontakte erfolgen nun in breiter Ebene auf der Basis von mehr gleichberechtigten Partnern. Die Mitarbeiter gewinnen wieder ihre Individualität, ihre Eigenständigkeit und Selbständigkeit.
Diese Neuorganisation bedeutet nun nicht, daß es kein Management mehr gibt und dieses nun auch nicht mehr erforderlich ist. Die Führungskräfte sind weiterhin unentbehrlich. Sie treffen auch weiterhin die letzte Entscheidung, nur jetzt mehr im Rahmen einer Aufgabenverteilung, nicht als Befehlsstelle oder Ausgabe sondern mehr in der Funktion eines Moderators, eines Vermittlers, eines Bindegliedes oder einer Kontaktperson.
Alle Entscheidungen sollten möglichst immer im Einvernehmen aller Betroffenen erfolgen. Je mehr Beteiligte mit einbezogen werden, um so breiter ist die spätere Basis, die dann die Vereinbarungen und Maßnahmen mittragen, sie durchsetzen und verantworten.
Die Mitarbeiter tragen in der Zukunft mehr Eigenverantwortung in ihrer Arbeitsausführung. Sie werden ihre Aufgaben und Pflichten mehr eigenständig ausführen und ihr Tun mehr selbst verantworten. Gegenüber der Unternehmensführung wird ihre Stellung ein mehr partnerschaftliches Verhältnis sein. Die Mitarbeiter sind nicht mehr die Untergebenen, die Ausführenden von Anweisungen und Anordnungen. Sie sind mehr und mehr die selbständigen Ausführenden, die im Rahmen einer Arbeitsteilung ihre Aufgaben und Pflichten erfüllen.
Das Management stellt die Mitarbeiter ein. Die Arbeit liegt in der Kompetenz der Fachkräfte selbst. Die Spezialisten stecken für ihren Bereich den Rahmen ab und bestimmen die Abläufe. Jeder Mitarbeiter eines Betriebes trägt jeweils selbst eine Verantwortung. Alle Arbeiten liegen bis zum Abschluß in seinem Verantwortungsbereich. Die eine Tätigkeit ausführenden Mitarbeiter setzen sich selbst die Normen, kontrollieren den Fortschritt der Arbeiten, messen ihre Erfolge wie auch Mißerfolge. Sie entscheiden selbst und ziehen allein auch die erforderlichen Konsequenzen.

Die innere Organisation eines Unternehmens muß pluralistisch sein. Erst die Vielfalt ermöglicht Spitzenleistungen im Unternehmen, die dann zu einer herausragenden Marktstellung der Firma führen.
Ein Unternehmen, daß sich der Notwendigkeit einer grundlegenden Umstrukturierung und einem Wandel in der Betriebsgemeinschaft entzieht, wird wenig Chancen im zukünftigen Wettbewerb haben.
Die Belegschaft sollte sogar diesen Wandel in der Organisation und in der Führung zügig vorantreiben und sich dabei auch nicht zu viel Zeit lassen. Sie muß sich der Herausforderung so oder so stellen und da ist es immer besser, wenn man möglichst frühzeitig seine Aufgaben vollbringt, wenn man rechtzeitig auch dabei ist.
Jede Verzögerung bedeutet einen Vorteil für den Wettbewerb, der sein Verbesserungspotential in der Produktivität dann schneller nutzen kann.
Im Grunde kommt eigentlich kein Unternehmen an dieser Umstrukturierung zu einer schlankeren und vielfältigeren Betriebsgemeinschaft vorbei. Wer sich im Wettbewerb behaupten will, muß die Zeichen der Zeit sehen und sich wandeln.
Wer mit den wachsenden Anforderungen der Märkte mithalten will, muß hinzulernen, muß sein Wissen den neuen Erkenntnissen anpassen, muß mit der Entwicklung Schritt halten, muß der Kreativität des Individuum mehr Raum schaffen und darf die Menschen nicht durch Vorschriften allzu sehr einengen.

Wir müssen dem Menschen mehr Freiheit geben, jeden auch ein wenig mehr nach seiner Fasson selig werden lassen. Nur Freizügigkeit und Bewegungsfreiheit lassen Entfaltungen zu und führen zu Innovationen, aus denen wir dann wieder einen Nutzen für uns ziehen können.
Wir müssen aber auch die Menschen mehr fordern. Sie brauchen den Anreiz und die Aufforderung. Der Mensch bedarf der Herausforderung, um aktiv und kreativ zu werden und etwas zu leisten.
Wer sich diesen neuen Entwicklungen verschließt und hier nicht Schritt hält, sie womöglich noch abbremst und blockiert, bleibt im Wettbewerb zurück und hinkt schließlich der allgemeinen Entwicklung hinterher.
Er verliert wertvolle Zeit, verschleudert kostbare Energie!

Unsere Wirtschaft muß eine neue Kultur in den Betrieben und Firmen entwickeln und diese innerbetriebliche Erneuerung auch zum Zuge kommen lassen. Die Mitarbeiter sind gefordert, mit einen Beitrag bei diesem neuen Aufbruch zu leisten. Sie haben sich mit den Werten und der Moral auseinanderzusetzen, neue Eckpfeiler einzuschlagen, unseren Wertbegriffen und moralischen Vorstellungen einen neuen Sinn zu geben. Die alten Strukturen sind aufzubrechen und niederzureißen. Ein neuer Anfang ist zu wagen.
Neben einem gesunden Gewinnstreben dürfen die Menschen in den Unternehmen nicht vernachlässigt oder gar vergessen werden. Die Leistungsfähigkeit eines Unternehmens ist nur gegeben bei leistungswilligen, bei frohen und zufriedenen Mitarbeitern.
Führungskräfte und Mitarbeiter müssen Freude am Schaffen haben. Sie müssen ein ausgeprägtes gesundes Bewußtsein für Verantwortung gegenüber dem Unternehmen, den Kollegen und der Gesellschaft entwickeln.
Nur Unternehmen mit wirklich verantwortungsvollen Persönlichkeiten in der Führung können die Mitarbeiter mitreißen und ihnen das notwendige Vertrauen vermitteln.
Nur ehrliche und aufrichtige Führungskräfte können Mitarbeiter überzeugen, daß sowohl die Unternehmen als auch ihre Belegschaft Schlankheitskuren absolvieren müssen.
Wir alle müssen in der Zukunft anders denken und anders handeln. Wer immer nur am Alten festhält und die Vergangenheit bewahren will, wer die Augen vor dem Wandel in unserer Gesellschaft verschließt und wer sich den Veränderungen in unserem Leben nicht anschließt, wird der allgemeinen Entwicklung in der Wirtschaft und in unserer Gesellschaft nachlaufen.
Wer nicht lernfähig ist, keine Kreativität zeigt, Innovationen verhindert oder bremst, wer nicht teamfähig ist und die Betriebsgemeinschaft durch sein Festhalten am alten Dingen stört, wer sich nicht den Herausforderungen unserer Zeit stellt, der hat kaum eine Chance in seiner Firma. Er stellt sich selbst ins Abseits.
Wir alle müssen uns dem globalen Wandel in unserem Wirtschaftsleben anpassen und uns auf neue Entwicklungen einstellen. Wir müssen uns mit Neuerungen auseinandersetzen. Es gilt mehr denn je, positiv zu denken, Zuversicht zu zeigen und das Zusammengehörigkeitsgefühl in einer Betriebsgemeinschaft wie auch in der Gesellschaft zu wecken. Optimistische Aktivitäten und vertrauensvolles Denken dienen nicht nur dem Gewinn und Nutzen einer Firma, sie sind auch im eigenen Interesse. Die Unternehmen und damit auch ihre Mitarbeiter haben nur dann Erfolg und eine Zukunft, wenn alle am gleichen Strang ziehen, wenn sie motiviert und bereit sind, die neue Unternehmenskultur mitzutragen und sie unterstützen. Es gilt, sich für das Unternehmen einzusetzen.
Die Führungskräfte können nur Anerkennung erlangen, wenn sie einfühlsam mit den Mitarbeitern zusammenarbeiten und mit den Menschen in den Betrieben intelligent umgehen können. Die Mitarbeiter haben in Zukunft bei ihrer täglichen betrieblichen Arbeit wieder mehr

ihr Unternehmen zu sehen. Die eigene Überlebensfähigkeit ist nur gesichert, wenn auch ihr Unternehmen gedeiht.
Nicht nur Fachwissen sondern auch strategisches und kommunikatives Handeln und Denken werden mehr denn je eine Voraussetzung bei den Mitarbeitern. Die Menschen müssen neue Fähigkeiten entwickeln. Sie müssen zukünftig mehr ihr Können und ihr Wissen kontinuierlich erweitern. Kenntnisse und Erfahrungen sind weiterzugeben und nicht immer nur für sich zu behalten und für sich selbst zu nutzen. Statt Egoismus ist ein Teamdenken zu praktizieren. Jeder Mitarbeiter hat sich zukünftig dem Team seiner Kollegen anzupassen, sich in das Team einzufügen und seine Berufskollegen für das Team zu begeistern.

6.4. Neue Wege zum betrieblichen Erfolg

Die Globalisierung und die neuen Entwicklungen in unsere Gesellschaft machen so einige Anpassungen und Umstellungen erforderlich. Neben Reformen wird es zu so einigen Strukturänderungen kommen, die uns beschäftigen werden und uns auch persönlich zu Veränderungen zwingen. In allen Bereichen unseres Lebens werden sich zahlreiche Modernisierung ausbreiten und an vielen Stellen auch zu einem radikalen Wandel führen. Wir alle haben uns mit neuen Anforderung und neuen Bedingungen auseinanderzusetzen und in unsere Arbeit darauf einzustellen!

- Der autoritäre Führungsstil wird durch eine neue Unternehmenskultur der zielorientierten Führung ersetzt werden. Die betrieblichen Aufgaben haben dann gegenüber den Funktionen und Positionen den Vorrang.
- Die Beziehungen zwischen Führung und Ausführung, zwischen allen Mitarbeitern wird zukünftig von einem Verhältnis des Vertrauens geprägt. Das Zusammenwirken in der Betriebsgemeinschaft beruht statt auf Angst und Furcht auf der Basis von Vertrauen.
- Die Aufgabenverteilung einschließlich der Verantwortung erfolgt schon heute mehr und mehr im Rahmen eines Gespräches mit den Mitarbeitern und nicht in der Form von Anordnungen, Anweisungen oder Instruktionen. Die betrieblichen Aufgaben werden im Mitarbeiterkreis delegiert.
- Die Betriebsgemeinschaft hat sich im Unternehmen als eine Zweckgemeinschaft zu sehen. Die Mitarbeiter sind motiviert, die Unternehmenszielsetzung zu erfüllen.
- Das Unternehmen integriert alle Mitarbeiter. Alle Mitarbeiter sind alle in einer Betriebsgemeinschaft eingeschlossen. Sie bilden den wesentlichen Bestandteil eines Unternehmens.
- Die Leistungsfähigkeit des Unternehmens beruht auf seiner Mitarbeiterschaft.
- Die Unternehmensziele sind immer eindeutig und klar zu definiert. Ihr Inhalt muß von allen verstanden werden.

- Alle Mitarbeiter verfolgen die Unternehmenszielsetzung.
- Die Mitarbeiter sehen ihre Aufgabe in der Erfüllung ihrer Arbeiten und nicht im Ausbau ihrer Position und Macht. Erstes Ziel ist die Aufgabenerfüllung.
- Jeder Mitarbeiter ist in seinem Arbeitsfeld und seinem Fachbereich kompetent und hat sein Fachwissen kontinuierlich weiterzuentwickeln.
- Das Unternehmen nutzt die Erfahrungen und Kenntnisse, die Kompetenz seiner Mitarbeiter.
- Die Entscheidungen werden immer in Zusammenarbeit der betroffenen Mitarbeiter gefällt. Alle Mitarbeiter sollten informiert sein.
- Die Kontrolle gilt als Teil der Unternehmensaufgabe. Kontrollen werden nicht negativ gesehen. Sie dienen der Überprüfung der Arbeitsabläufe zur Verwirklichung der Ziele. Es werden nicht die Menschen sondern die Arbeitsergebnisse kontrolliert. Die Kontrolle soll sicherstellen, daß die Ziele erreicht werden und daß Qualitätssicherheit gegeben ist.
- Die Informationen werden weitergegeben. Sie werden nicht zur Machtausübung mißbraucht. Die Information ist kein Privileg einer bestimmten Position oder Führungsfunktion. Information dient der Unterrichtung der Mitarbeiter und soll die Integration der Mitarbeiter mit dem Ziel der Qualitätsverbesserung fördern.
- Führungskräfte und Ausführende praktizieren echte Zusammenarbeit. Jeder erfüllt seine spezifische Aufgabe. Es wird nicht gegeneinander sondern miteinander gearbeitet. Das Verhältnis vom Mitarbeiter zum Vorgesetzten, wie auch umgekehrt, ist vom Streben zur Zusammenarbeit geprägt.
- Alle Mitarbeiter sehen sich als Mitglieder einer Teamgemeinschaft.
- Alle sind für ihre Arbeit voll verantwortlich. Jeder trägt seinen Anteil im Rahmen einer Gesamtverantwortung.
- Gemeinsam versuchen alle die gesteckten Ziele zu erreichen Jeder bringt seine Kompetenz und seine Erfahrungen ein.
- Der Unternehmenserfolg ist das Ergebnis einer Teamarbeit. Er ist nicht der Verdienst eines einzelnen Mitarbeiters. Erfolg hat immer nur das gesamte Arbeitsteam.
- Der Erfolg eines Unternehmens ist nur bei einer gezielten Investition in den Produktionsfaktor Mensch gesichert. Das größte Kapital bildet heute der Mitarbeiter. Die Wissensreserven der Mitarbeiter sind zu erschließen und für das Unternehmen optimal zu nutzen.
- Die Leistungsfähigkeit einer Firma wird vorwiegend durch das Leistungsvermögen der Mitarbeiter, ihrer Bereitschaft und ihrem Willen zur Leistung bestimmt und geprägt. Es gilt die Strategie zu nutzen: jeden Mitarbeiter mit dem erforderlichen Wissen an der richtigen Stellen im Unternehmen einzusetzen.

7. Methoden und Techniken zur Stärkung der Leistungsfähigkeit

Zur Erhöhung der Produktivität und zur Steigerung der Leistungsfähigkeit wie auch zur Verbesserung der Zuverlässigkeit in einem Unternehmen dienen eine Anzahl von Methoden und Techniken.
Es sind Hilfsmittel, um Mitarbeiter anzuregen und zu motivieren, ihre Arbeitsabläufe, die Art und Weise ihrer Arbeitsausführungen und die Effektivität der Arbeiten sowohl im technischen Bereich als auch in der Verwaltung zu verbessern. Die Verfahren und Systeme sollen den Leuten in der Entwicklung, in der Produktion und Herstellung sowie Montage, im Ein- und Verkauf, im Kundendienst, in der Administration und Verwaltung das Arbeitsleben erleichtern und gleichzeitig das Leistungspotential erhöhen.
Das Ziel ist jeweils die Verbesserung der Wirtschaftlichkeit und der Qualität, die Steigerung des Leistungsvermögens der Mitarbeiter. Es gilt Fehler und Mängel aufzuspüren, sie abzustellen und sie in Zukunft zu verhüten.
Wir wollen uns hier auf einige wichtige und interessante Methoden beschränken, die einer betrieblichen Gemeinschaft helfen, ihre Aufgaben und Pflichten besser zu erfüllen, ihre Arbeiten einfacher und schneller, aber auch effektiver zu gestalten.
Die Techniken werden kurz beschrieben. Eine Nutzung der Methoden als Werkzeug setzt sicherlich hier und da auch eine intensive Beschäftigung mit den Instrumenten voraus. Eine optimale Verwendung der Techniken und Strategien wird erzielt, wenn die Kenntnisse über diese Werkzeuge mit einem guten Allgemeinwissen und mit Betriebserfahrungen kombiniert werden. Erst eine Verbindung von Theorie und Praxis erlaubt eine Beherrschung und ein Meistern aller Situationen und Veränderungen in einem Unternehmen.
Die Literatur bietet die Möglichkeit, sich eingehender über diese Verfahren zu informieren.
Eine kurze Anmerkung sei noch gemacht.
Die Programme, insbesondere aus USA und Japan, haben das Ziel, die Effizienz eines Unternehmens zu steigern. Diese Aufgabe erfüllen sie nur, wenn sie auch richtig angewendet werden. Ein reines Kopieren auf einen deutschen Betrieb sollte man aber vermeiden. Nicht alles ist direkt übertragbar!
Bei den Techniken aus Amerika und Japan ist zu bedenken, daß diese Methoden ausschließlich für die spezielle Situation, die typischen Gegebenheiten und die Umstände des jeweiligen Landes und nicht in erster Linie für deutsche Verhältnisse entwickelt wurden. In deutschen Unternehmen sind vorwiegend gut ausgebildete Mitarbeiter tätig, die ihren Beruf erlernt haben oder eine fachliche, oft hochqualifizierte Ausbildung absolviert haben. Es sind Facharbeiter, Techniker, Fachkräfte, Ingenieure, Hochschulabsolventen mit einem oft sehr umfangreichen Allroundwissen. Aufgrund der Schul- und Fachausbildung können unsere Mitarbeiter weitgehend selbständig und eigenverantwortlich arbeiten. Sie wissen was sie tun!
Man sollte sich hüten, solche ausgebildeten Kräfte in ein System zu pressen, daß in der Form auf völlig andere Verhältnisse zugeschnitten wurde. Im Gegensatz zu vielen anderen Staaten

haben wir es in deutschen Unternehmen in der Regel nicht mit ungelernten oder mit schwach ausgebildeten Arbeitnehmern zu tun.
Ein reines Kopieren der Methoden kann vehemente negative Folgen haben und den gegenteiligen Effekt verursachen.

7.1. Die Innovationen

Innovationen sind Neuerungen; es sind Veränderungen und Reformen in unserem wirtschaftlichen, politischen und kulturellen Leben, Erneuerungen in unserer Gesellschaft.
Die Innovationen umfassen Erfindungen und Entdeckungen, die fortschrittlichen Lösungen von Aufgaben oder Problemen, die literarischen Schöpfungen und künstlerischen Kreationen, das Entstehen und Schaffen von neuartigen Produkten und modernen Verfahren, die Entwicklungen neuer Techniken und Technologien.
Alle diese Neuerungen bildet den eigentlichen Lebensquell für ein wirtschaftliches Unternehmen und damit dann auch für die gesamte Wirtschaft.
Innovationen fördern die Entwicklung und Entfaltung eines Unternehmens. Sie ermöglichen die betriebliche Ausweitung und Ausdehnung einer Firma. Sie bewirken das Wachstum unserer Wirtschaft.
Innovationen schaffen die Möglichkeiten für Arbeitsplätze und sorgen somit für eine Befriedigung der menschlichen Bedürfnisse, für die Erfüllung der zahlreichen Wünsche und Begehren der Menschen.

Die Fähigkeit der Menschen, sich etwas Neues auszudenken und unkonventionelle, neue Wege zu beschreiten, bestimmt die wirtschaftliche Kraft und die Leistungsfähigkeit eines Unternehmens und ist somit von erheblicher Auswirkung und weitreichendem Einfluß auf die gesamte Wirtschaft wie auch auf unsere Gesellschaft.
Die Innovationen ergeben sich meistens erst nach einem mühsamen Forschen und fleißigen Entwickeln, einem anstrengenden Grübeln und einem intensiven Nachdenken, einer vitalen Kreativität der Menschen. Zahlreiche Erfindungen und Entwicklungen sind das Ergebnis eines harten Ringens und eines immer wieder Verzichtens, einer langen Entbehrung.
Neuerungen werden oft von Menschen geschaffen, die allein und zurückgezogen arbeiten, die monatelang und schließlich viele Jahre lang tüfteln und probieren, die im stillen Kämmerlein nachdenken und überlegen.
Innovationen können aber auch sehr gut in einem Team entstehen, wo sich die Teammitglieder gegenseitig anfeuern und inspirieren.
Neue Ideen, neue Einfälle oder neue Überlegungen lassen sich nicht befehlen oder anordnen. Innovation kann man nicht aufgrund von Verordnungen, Erlassen oder Verfügungen erzielen. Man kann sie auch nicht aus den Menschen herauspressen oder befehlen. Innovationen bedürfen einer geeigneten Atmosphäre, eines Fluidums des freien Denkens. Der Phantasie muß freier Raum gegeben sein. Sie muß sich frei ausbreiten können. Die Kreativität darf nicht irgendwo eingeschränkt oder behindert sein. Geistesblitze gedeihen nur in einer völligen Freiheit, in einem Klima der Gedankenfreiheit. Sie setzen eine schöpferische Begeisterung bei den Mitarbeitern voraus, die allein oder in einer kleinen Gruppe ohne Hierarchien, ohne Be-

grenzungen oder Einschränkungen schnelle Entscheidungen treffen und zu ihrem Tun hoch motiviert sind.

Jedes Unternehmen, daß seine Forschung fördert, seine Entwicklungsabteilungen und seine Anwendungstechnik unterstützt, die dem freien Gedankenspiel Lebensraum gewährt, die alle Zwänge und Beschränkung auf ein Minimum begrenzt und die forschende und tüftelnde Mitarbeiter begeistern kann, schafft den idealen Raum für Neuerungen.
Nur Unternehmen, die diese Freiheiten gewähren, haben auch die Chance, daß sich in ihren Bereichen Innovationen entwickeln und entfalten können.
Innovationen sind eine Art Revolution, eine Erneuerung in unserem Denken und Handeln. Die Innovationen bilden den Schlüssel für unsere Zukunft, für unser Überleben in dieser Welt, für unsere Entfaltung, für jeglichen Fortschritt. Sie sind die Grundlage einer Spitzentechnologie und erst sie garantieren unser zukünftiges Leben einschließlich unserer Nachwelt.
Ein Unternehmen, das an seine eigene Zukunft wie auch an die seiner Mitarbeiter denkt, sollte immer bestrebt sein, den Weg für ein innovatives Denken zu ebnen. Es sollte quasi ein Flußbett anlegen, in dem das Wasser fließen kann und in dem sich dann die Fische auch tummeln können. Die Flußbreite darf nicht zu eng sein, sie muß einen Spielraum gewähren.
Das freie Gedankenspiel muß sich entfalten können und darf nicht eingesperrt werden.
Die jungen Menschen in einem Betrieb brauchen Freiheiten, sie müssen auch einmal revolutionäre Gedanken ausführen können. Sie dürfen nicht durch unnötige und engstirnige Vorschriften beengt werden und in ein starres Ordnungssystem gepreßt werden.
Ein Naturwissenschaftler oder Techniker muß jederzeit auch einmal eine Möglichkeit für eine ganz unkonventionelle Versuchsdurchführung haben. Er muß etwas probieren können.
Ein junger Chemiker muß neben seinen beruflichen Aufgaben auch einmal ein Experiment ausführen können, über das er nicht seinem Vorgesetzten berichten muß.
Sowohl der geistig Schaffende als auch der handwerklich Tüftelnde, beide sollten schon von Anfang an in ihrem Berufsleben eine eigene Spielwiese haben, wo sie einmal etwas ausprobieren können, wo nicht gleich andere ihre neunmalklugen Ratschläge geben können und jede Entfaltung gleich im Keim ersticken.
Die fehlende Spielwiese für unsere Techniker und Wissenschaftler ist sehr schnell ein Grund für eine abnehmende Zahl von Patenten und Erfindungen, für weniger Verbesserungsvorschläge und nur kümmerliche neue Ideen.
Schon jungen Menschen muß ein innovatives Handeln erlaubt werden. Sie sind dazu zu ermuntern. Sie sind zu reizen und herauszufordern.
Die Unternehmen wie auch unsere Gesellschaft müssen hierfür die entsprechenden Strukturen schaffen. Eigeninitiative und Innovationen brauchen ihre Freiheiten und ihre besondere Atmosphäre!
Innovationen setzen ein freundliches Umfeld der Kreativität voraus. Es muß eine schöpferische Begeisterung bei den Menschen herrschen. Die Mitarbeiter müssen motiviert und irgendwie begeistert und hingerissen, sie müssen quasi von einer Tarantel gestochen sein. Ein Experiment auszuführen, muß sie faszinieren und mitreißen. Es muß ihnen Spaß bereiten, etwas völlig Neues auszuprobieren, ein Experiment zu starten, es einmal zu versuchen und nicht immer an das „wenn" und „aber" zu denken. Sie müssen Freude an der Arbeit, an ihrer Aufgabe, an der Lösung von Problemen gefunden haben.
Wenn man der Innovation keine Anreize gibt und auch kein geeignetes Klima für eine Kreativität schafft, dann kann man auch keine Änderungen und Verbesserungen in einem Betrieb erreichen. Dann läuft alles immer im alten Trott weiter, ohne jeder Veränderung, ohne eine Erneuerung. Alles bleibt dann aber auch im alten Zustand ohne eine weitere Entwicklung.

Die Aufgabe einer in die Zukunft blickenden Unternehmensführung muß es sein, eine Unternehmenskultur der ständigen Wert- und Qualitätsverbesserung zu schaffen, die Raum für Kreativität und Innovationen gewährt.
Die Unternehmenskultur sollte Innovationen fördern. Innovative Leistungen müssen für alle klar erkennbar sein, ansonsten sollten sie sichtbar gemacht werden. Die Menschen müssen fasziniert werden. Sie müssen zum Mitdenken und zum Verbessern angeregt werden. Nur dann entwickeln sie auch kreative Ideen. Nur dann verbessern sie auch ihr Verhältnis zur Arbeit und zum Unternehmen.
Die Zielsetzung muß lauten, mehr Zeit und mehr Raum für Innovationen. Die Menschen brauchen die Möglichkeiten für ein innovatives Arbeiten.
Innovative Gedanken benötigen ihre Atmosphäre und auch ihre Zeit. Sie müssen sich entwickeln und dann auch reifen können.
Das Management eines Unternehmens hat für diese Entfaltung die Grundlagen und die Voraussetzungen zu schaffen. Innovationen sind nicht die Aufgabe nur einer bestimmten, zuständigen Abteilung, wie zum Beispiel einer Entwicklungs- oder Forschungsgruppe. Alle Mitarbeiter sind gefordert. Alle Mitarbeiter können innovative Gedanken entwickeln.
Das Unternehmen sollte sowohl für den einzelnen als auch für das Team Leistungsanreize bieten. Diese Anreize fördern das Engagement der Leute. Die menschliche Leistungskraft wie auch ihr Leistungsvermögen wachsen gewaltig, wenn ein gewisser Ansporn und Antrieb gegeben sind.
Innovationen bilden die Grundlage für die Schaffung neuer Arbeitsaufträge. Sie sind einerseits die Sicherung für den Erhalt der Arbeitsplätze wie auch andererseits der Wegbereiter für die Einrichtung von neuen Arbeitsstellen. Erneuerungen lassen eine Firma wachsen, führen zu neuen Investitionen, lassen Umsatz und Gewinne steigen, bringen neue Erfolge.
Wer auf einen Fortschritt setzt, sollte das Innovationsklima fördern und auch den unkonventionellen Gedanken einen freien Flug erlauben. Kritische Fragen, ja auch das Querdenken, dürfen nicht immer gleich als Störungen oder als gegen das Unternehmen gerichtet empfunden werden.
Neue und vielleicht auch einmal völlig unübliche Gedanken müssen als ein ganz natürlicher und normaler Vorgang gesehen werden.
Jede Idee sollte man ernst nehmen. Ein plötzlich geäußerter Einfall, ein ganz unüblicher Gedankenblitz sollte mehr zum Nachdenken anregen und nicht nur ein ablehnendes und mitleidiges Lächeln hervorrufen.

Die Nutzung des Ideenpotentials der Mitarbeiter führt neben den Vorteilen aufgrund der Neuerungen für das Unternehmen auch zu mehr Kompetenzen für die innovativ tätigen Menschen. Sie entwickeln mehr Verantwortung bei ihrer Arbeit, mehr Gewissenhaftigkeit und mehr Pflichtgefühl.
Ein Vorschlagswesen kann den Weg für Innovationen ebnen. Ideen und Anregungen sind nicht nur anzuhören, sie müssen auch honoriert werden. Eine Belohnung spornt an.
Die Umsetzung einer Anregung sollte auch nicht unnötig hinausgezögert oder gar durch Bürokratie verhindert werden. Innovative Vorschläge bedürfen einer schnellen unkonventionellen Umsetzung. Je schneller sie umgesetzt werden, desto wertvoller sind sie für das Unternehmen einschließlich der Belegschaft.
Unternehmen, die noch kein Vorschlagsprogramm oder Vorschlagswesen haben, sollten ein solches einführen und dann auch weiterhin fördern.

Ein Vorschlagssystem ist stetig weiterzuentwickeln und bedarf immer wieder einer Aktivierung.
Nur ein die Mitarbeiter ansprechendes Vorschlagswesen öffnet die Türen und Tore für neue Ideen, für neuartige, originelle Einfälle und Impulse. Wird der Mitarbeiter nicht angeregt, werden bei ihm auch keine Gedankenblitze initiiert.
Einer neuen Idee sollte dann auch der Weg von der Geburt bis zur Umsetzung nicht durch Kompetenzstreitigkeiten und Hierarchieebenen verbaut werden.
Der oft beobachtete natürliche persönliche Ehrgeiz und Egoismus sollte bei allen ein wenig mehr in den Hintergrund treten. Das Management sollte jeden Bürokratismus vermeiden und allen bürokratischen Hemmschuhen entgegenwirken. Die Unternehmensleitung sollte eine neue Idee oder einen neuartigen Vorschlag voll unterstützen.

Die Forderungen und Wünsche des Marktes bilden die Signale, die die Belegschaft einer Firma verstehen muß. Es gilt heute, sich weit mehr als früher auf den Kunden einzustellen, die Wünsche und Bedürfnisse der Kundschaft zu entdecken und zu erforschen. Der Kunde verlangt heute immer wieder neuartige Erzeugnisse, moderne Produkte und neue Güter, mehr Qualität und höhere Zuverlässigkeit. Alle diese Wünsche gilt es herauszufinden und zu entdecken. Sie bilden den Auftrag.
Ein Unternehmen hat sich auf die Forderungen und Wünsche der Kunden einzustellen. Meistens entsprechen diese Anforderung auch den eigenen Vorstellungen, ist man doch selbst auch ein Kunde. Jeder Mitarbeiter ist sowohl Produzent, Lieferant und Verkäufer als auch der Kunde und Käufer.
Die Mitarbeiter eines Betriebes müssen immer wieder die Bedürfnisse und Wünsche der Kunden bzw. des Marktes neu erkunden. Sie müssen versuchen, den Trend der Zeit zu erkennen.
- Was will der Kunde?
- Was sind die Wünsche und Bedürfnisse des Kunden?
- Was braucht der Kunde?
- Was macht den Verbraucher glücklich und zufrieden?

Dem Verbraucher müssen aber auch immer wieder neue, moderne und bessere Produkte angeboten und interessante Dienstleistungen unterbreitet werden. Die Wünsche und Interessen des Käufer sind zu wecken. Kundenwünsche bringen das Unternehmen in Schwung. Sie lassen den Betrieb rotieren.
Die Entwicklung von Produkten und die Produktion von Gütern sollten stets verbraucherorientiert sein. Der uneingeschränkte Dienst am Kunden ist hierbei oberstes Gebot. Sie bildet die Antriebskraft für die Leistungen und die Neuerungen.
Nur der Kunde verrät einem Unternehmen, wo es mangelt und wo es brennt! Nur wer dem Kunden sein Gehör schenkt, wer den Verbraucher intensiv zuhört, entdeckt auch neue Marktlücken!
Die Erfüllung der Marktanforderungen, der Verbraucherbedürfnisse und der Kundenwünsche bedarf einer reaktionsschnellen und aktiven Unternehmensmannschaft. Die Zufriedenheit der Käufer ist nur durch eine vitale Unternehmensführung zu erreichen.
Die alten, starren und steifen Unternehmen mit ihren hierarchischen Strukturen müssen hier noch so manchen alten Ballast abwerfen. Ein Unternehmen muß jederzeit auf Kundenanforderungen reagieren können. Es muß beweglich sein und schnell auf veränderte Kundenwünsche ansprechen.

Starre Strukturen beengen und bremsen dabei jede Kreativität, verhindern jeden Gedankenflug, bremsen alle Versuche einer Neuerung. Sie verhindern existenzsichernde Veränderungen und verzögern jeden Fortschritt.
So manche innovative Leistung wird noch immer in vielen Unternehmen durch die verknöcherten Strukturen gehemmt. Den Innovationskräften müssen die erforderlichen und notwendigen Freiheiten gegeben werden. Gewinne zu machen, reicht allein nicht aus. So manches Unternehmen ist zu gewinnorientiert, sieht nur noch den Aktienwert, betont nur noch das äußere Erscheinungsbild und vergißt die entscheidenden inneren Werte. Das ausschließliche Gewinnstreben, seine Überbetonung und Ausrichtung nur auf eine gute Bilanz, führt dazu, daß kein Risiko eingegangen wird, daß jeder Idealismus und jede Bereitschaft gebremst werden, daß eine Entwicklung und Forschung nicht genug gefördert, oft sogar eingeschränkt werden. Mit jeder Verminderung oder gar Einstellung von Investitionen für Entwicklungen und Forschungsvorhaben spart man an der verkehrten Stelle, am völlig falschen Ende!
Bei der heute verbreiteten Personalreduzierung zur Gewinnmaximierung wird leider all zu oft auch vergessen, jede Verkleinerung der Mitarbeiterzahl vermindert auch das kreative Potential. Jede massive Reduzierung der Belegschaft schafft eine innovationsfeindliche Atmosphäre. Mit jeder Entlassung oder Frühpensionierung geht auch wertvolles Know-how verloren.
Die Schlankheitskuren zu Lasten von älteren Mitarbeitern führen zu einem gewaltigen Verlust an Kenntnissen, von Wissen und Erfahrungen. Es wird immer wieder unterschätzt, welchen Wert gerade die älteren Menschen in einem Betrieb haben.
Das Maximum der Leistung aufgrund von Wissen und Erfahrung wie auch von rationeller Umsetzung erreicht der Mensch mit rund 50 Jahren. Ältere Mitarbeiter zeichnen sich gegenüber jüngeren durch Expertenwissen, weit mehr berufliches Engagement, objektivere Urteilsfähigkeit und einen ausgeprägteren Sinn für das wirklich Machbare aus. Sie zeigen eine realistischere Selbsteinschätzung und eine größere Souveränität bei komplexen Sachverhalten. Sie sind auch weit weniger durch private Probleme belastet.
Statt die älteren Mitarbeiter in die Pension oder Rente zu schicken, sollte man ihre Kompetenz und ihre Erfahrungen in einem Team, als Berater oder Spezialist sowie als Trainer oder Coach nutzen.
Jede Schlankheitskur im Hauruckverfahren, jedes Herauslösen einer größeren Mitarbeiterzahl aus der Belegschaft hat negative Auswirkungen auf die im Betrieb weiterhin zurückbleibenden Kollegen. Bei den verbleibenden Mitarbeitern werden Ängste und Mißtrauen geweckt und geschürt. Es werden Mauern errichtet. Statt einer Motivierung breitet sich Enttäuschung und Furcht aus. Mutlosigkeit, Sorge und Unsicherheit befällt die Mitarbeiter. Resignation beeinträchtigt ihre Arbeit. Innovationen werden abgewürgt.
Bürokratie, Vorschriften und Hierarchien sind Hindernisse für so manchen schönen innovativen Gedanken. Die Mitarbeiter fühlen sich bei einer solchen verbeamteten Unternehmenspolitik wie in einem Käfig. Ihre Arbeitsausführung wie auch ihr Tätigkeitsdrang werden gehemmt. Qualität und Leistung sinken.
Junge Menschen sollten heute mehr ermutigt werden, sich auszutoben, kreativ zu denken und ihre Ideen zu entwickeln. Sie müssen sich verwirklichen können.
Sicherlich wird nicht jede Vorschlag und Neuerung immer ein Erfolg sein. Aber still sitzen und nichts tun, wird keine neuen Produkte oder verbesserte Verfahren schaffen oder irgendwelche Verbesserungen bringen.
Die Zukunft verlangt von uns einen Wandel zu einer neuen Unternehmenskultur, zu einer innovativen Industrie und zu einer innovativen Dienstleistungsgesellschaft.

Die Aufgabe und das Ziel einer Ideenfindung sollte es sein, das vom Kunden und Verbraucher gewünschte Produkt oder die gefragte Dienstleistung zum attraktiven Preis an den gewünschten Ort zum richtigen Zeitpunkt zu bringen, den Kunden zu beglücken und zufriedenzustellen!

Neue Technologien und neue Methoden, neue Formen des Wirtschaftens sind die Voraussetzungen für einen Aufschwung, für die Schaffung neuer Aufgaben und damit dann auch von weiteren Arbeitsplätzen.

Wenn wir aber neue Technologien immer gleich ablehnen, Angst und Furcht vor jeder neuen Technik empfinden, Neuerungen als teuflisches Handwerk verdammen und uns einreden lassen, daß Technik nur Arbeitsplätze vernichtet, dann sind wir auf einem falschen Wege in unserer Gesellschaft. Dann denken wir in einer falschen Richtung, dann ist uns die freie Sicht in eine Zukunft verstellt.

Jeden Fortschritt oder jede Veränderung darf man nicht gleich verurteilen, ohne überhaupt nachzudenken und zu überlegen.

Technik muß man beherrschen und dazu muß man sich das erforderliche Wissen aneignen und die notwendigen Kenntnisse zulegen. Man muß lernen mit der Technik umzugehen. Die Neuerungen in unserer Technik darf man nicht verteufeln, nur weil man vielleicht noch nicht weiß, wie man sie einmal beherrschen kann. Technik ist nicht in erster Linie ein Risiko oder ein Wagnis, Technik ist die Chance für Verbesserungen und neue Innovationen.

Auffallend bei vielen Diskussionen oder so manchem Beitrag ist immer wieder, daß viele der Kritiker keine blasse Ahnung von den Technologien haben über die sie hier und da debattieren. Sie sollten sich mehr und besser informieren, ehe sie die großen Worte führen. Laien können und dürfen nicht über den Bau des Transrapids oder den Anbau von genbehandelten Pflanzen abstimmen.

Der Technik verdanken wir unseren Fortschritt und unser besseres Leben. Die zahlreichen technischen Entwicklung führten dazu, daß wir mit immer geringeren Aufwand und Einsatz größere Leistungen vollbringen können.

Mittels der Technik können wir uns Nahrung, Kleidung und Wohnung schaffen und unsere wichtigsten Grundbedürfnisse befriedigen. Die Technik hilft uns, Energie zu gewinnen und mit unserer Umwelt zurechtzukommen. Mittels Technik werden unsere Energie- und Rohstoffquellen ergiebiger. Sie werden wirtschaftlicher genutzt.

Automaten, Maschinen und Roboter erzeugen Güter und Waren aller Art wirkungsvoller und produktiver, umweltschonender und kostengünstiger. Die Technik ermöglicht uns auch, Krankheiten zu beherrschen, die Erde und den Weltraum zu bereisen, die Mikrowelt zu erschließen, Nachrichten zu übermitteln.

Die Erfindung des Rades oder des Webstuhles, die Konstruktion der Dampfmaschine, des Elektromotors und des Flugzeuges, die Entwicklung der Kerntechnik, der Raumfahrt und der Informationstechnologie haben unsere Welt jeweils tiefgreifend revolutioniert. Sie haben unser Leben verbessert und angenehmer gestaltet.

Moderne Kommunikationssysteme transportieren heute Nachrichten und Meldungen von jedem Punkt unserer Erde an jeden gewünschten Ort. Wir empfangen Neuigkeiten aus dem Weltraum und senden Botschaften in die Welt hinaus.

Unsere Gesellschaft ist eine informierte Gesellschaft. Computer lösen mit rasanten Geschwindigkeiten die ihnen gestellten Aufgaben und Probleme. Sie lösen die kompliziertesten Rechnungen in Bruchteilen von Sekunden. Sie ermöglichen uns, neue Formen und Strukturen zu entwickeln, zu berechnen und zu entwerfen. Sie helfen uns, unser Leben zu gestalten und zu sichern.

Ob nun die Technik auch immer zum Wohle der Menschen richtig genutzt wird, liegt in starkem Maße auch in der Verantwortung einer Betriebsgemeinschaft und hier insbesondere in den Händen des Managements. Gerade die Manager sind mitbestimmend bei der Entwicklung oder der Benutzung und Verwendung neuer Techniken.

Die Führungskräfte haben dafür zu sorgen, daß die neuen Technologien allen zugute kommen und aus ihnen der bestmögliche Nutzen für die Menschheit gezogen wird.

Jedes moderne Denken setzt einen gesunden Optimismus voraus, verlangt Zuversicht und Vertrauen. Innovationen dürfen nicht blockiert oder sonst wie gehemmt werden.

Nur eine starke und vitale Wirtschaft mit einer guten und wettbewerbsfähigen Technologie, mit innovativer Technik kann Spitzenlöhne zahlen und uns Wohlstand bereiten.

Der Ideenfindung dienen heute moderne Verfahren und Methoden wie Brainstorming oder Synektrik.

Beim Brainstorming wird eine Gruppe von Mitarbeitern verschiedener Fachrichtungen mit einem Problem konfrontiert. Sie versucht spontan Lösungsvorschläge zu machen. Jeder äußert seinen Vorschlag, ohne daß darüber nachgedacht wird, ob es Sinn macht, vernünftig oder machbar ist. Ohne jede kritische Betrachtung werden Ideen entwickelt und gesammelt. Es entsteht ein kreativer Prozeß, der zu mancher Innovation führt. Die Teilnehmer äußern ihre Gedanken, greifen Ideen auf, spinnen sie weiter, bilden Assoziationen und formen Gedanken zu Lösungsvorschlägen.

Aus einer Vielzahl von gesammelten Geistesblitzen, Denkanstößen und Vorschlägen wird dann am Ende der Sitzung, nach eingehender Kritik und Wertung, die beste Idee ausgewählt. Es entsteht eine Neuerung.

Brainstorming trägt mit dazu bei, Lösungen für die Zukunft zu finden. Die Methode bildet ein Werkzeug, daß den Menschen anregt, von seinen schöpferischen Anlagen Gebrauch zu machen.

Brainstorming ermutigt den Menschen, die Probleme des Alltags mit ständigem Interesse zu betrachten und nach Lösungsmöglichkeiten Ausschau zu halten.

Beim Brainstorming wird eine Atmosphäre für unkonventionelle Ideen und für ungewohnte Denkungsweisen geschaffen, die dann die schöpferischen Begabungen und Fähigkeiten der Menschen anregt. Die Phantasie erhält freien Lauf und entwickelt neue Einfälle und Vorschläge. Es werden Ideen geschaffen, die unsere Welt, unseren Staat und unsere Gesellschaft und uns selbst verändern.

Auch die Synektrikmethode ist ein Verfahren zur Ideenfindung. Hochspezialisierte Fachkräfte setzen sich zusammen und erarbeiten andersartige Lösungen für ein bestimmtes, vorliegendes Problem. Das zu bearbeitende Problem wird dabei durch Analogien, insbesondere aus dem Bereich unserer Naturwissenschaften, bewußt verfremdet.

Aus einem freien und phantastischen Spiel der Analogien schält sich dann über einen längeren Zeitraum eine neue Lösungsmöglichkeit heraus. Die Methode verlangt viel Zeit und wird gern von den sogenannten Braintrusts benutzt.

Beide Methoden sind Instrumente zur Verbesserung der Produktivität und der Leistungsfähigkeit, zur Vervollkommnung der Arbeitsabläufe, zur Veränderung alter Strukturen, zur Ideenfindung und zur Gewinnung von Anregungen. Wir sollten sie mehr nutzen, um das hier und da noch ruhende geistige Potential zu wecken.

Wir brauchen neue Ideen, neuartige Einfälle und brillante Geistesblitze!

Die Innovation ist etwas mehr als eine gewöhnliche Forschung und Entwicklung. Sie ist kein Instrument mit der man bestimmte Entwicklungsziele erreichen kann. Sie bedeutet auch nicht nur die Erweiterung einer bestehenden Anlagen oder die Modifizierung einer alten Technik, die Verbesserung eines Produktes oder einer Leistung oder eine Variante eines Erzeugnisses. Innovation bedeutet etwas völlig Neues, eine völlige Erneuerung. Innovation heißt neuartige, effizientere, kostengünstigere, produktivere Erzeugnisse und Prozesse.

Innovative Produkte und Technologien sind entscheidend für einen Erfolg am Markt. Sie sind die Basis für sichere und attraktive Arbeitsplätze wie auch für erfolgreiche Beziehungen mit Kunden und Lieferanten.

Innovationen lassen sich vor allem durch ein neues Denken und Handeln außerhalb des Alltagstrottes erzielen. Losgelöst von traditionellen Bindungen an die Vergangenheit wird eine Aufgabe betrachtet. Weder Regeln noch Vorschriften behindern den Prozeß.

Die Entwicklung einer Innovation, die Lösung einer Aufgabe oder eines Problems sollte möglichst immer außerhalb des bisherigen Rahmens erfolgen. Alte Hierarchien oder traditionelle Abläufe sollten das Projekt nicht behindern oder beeinflussen.

Das Management eines Unternehmens sollte den innovativ tätigen Mitarbeitern jeden nur möglichen freien Raum für ihre Aktivität und Kreativität, für ein Probieren, für ein innovatives Suchen und Denken zur Verfügung stellen. Sie müssen der Innovation einen separaten Bereich gewähren. Ein Vogel in einem Käfig kann nicht fliegen.

Eine Voraussetzung der Innovationen ist ein Wille zu wirklich neuen Dingen, zur Entwicklung völlig neuer Produkte und zum Beschreiten völlig neuer Wege.

Ein Problem einer innovativen Unternehmenspolitik bilden natürlich immer wieder die Kosten. Die Schaffung einer entsprechenden Atmosphäre für Innovation und Kreativität setzt heute erhebliche Aufwendungen voraus. Es bedarf größerer Geldbeträge sowohl für die Mittel, die technischen Voraussetzungen als auch für die Fachkräfte selbst.

Der bescheidene und anspruchslose Individualist, der Erfinder in der kleinen Kammer ist wohl noch nicht ganz ausgestorben, aber doch recht selten.

Die Innovationen werden in der Zukunft mehr und mehr nur noch von den großen Unternehmen ausgehen können, da nur sie über das notwendige Kapital und die erforderlichen Mittel verfügen

Innovationen entstehen in der Regel nur noch selten von heute auf morgen. Sie benötigen ihre Zeit. Die Entwicklungszeit von neuen Produkten können nur kapitalkräftige Unternehmen durchstehen. Auch die erforderlichen Fachkräfte, die Spezialisten hoher Qualifikation machen einen großen Kapitalaufwand erforderlich, der von kleineren Firmen nicht mehr so ohne weiteres getragen werden kann. Für kleine und mittlere Unternehmen werden die Fachkräfte nur noch schwer bezahlbar.

Aber auch die kleinen und mittleren Unternehmungen haben ihre Chance. Es gibt immer wieder Beispiele, wo ein kleines Unternehmen mit einer tollen Idee seine Leistungsstärke bewies und dann in einer Marktlücke sehr erfolgreich tätig werden konnte.

Bestimmend ist nicht allein die Größe eines Unternehmens oder die finanziellen Mittel. Wichtig und sehr entscheidend ist die schöpferische Leistung und Kreativität des Mitarbeiters, sein Fleiß und seine Tüchtigkeit. Ausschlaggebend ist sein Wille und Drang, einfallsreich zu sein und etwas zu leisten.

Die Forschungs- und Entwicklungsausgaben betragen heute Milliarden. Sie sind in den letzten Jahren leider kontinuierlich zurückgegangen, haben sich aber 1997 in Deutschland auf einen Betrag von rund 65,5 Mrd. DM. stabilisiert.
Für 1998 sind sie wieder angestiegen auf 70 Milliarden DM (Die Welt 5.2.1999). Viele der Großunternehmen haben ihre Aufwendungen für Forschung und Entwicklung gegenüber dem Vorjahr wieder erhöht und werden wieder mehr im innovativen Bereich investieren. Noch zu Beginn der 90er Jahre beunruhigt ein Abwärtstrend unsere Wirtschaft und Politik.
Gemessen am Bruttoinlandsprodukt liegen die Aufwendungen für Forschung und Entwicklung in Deutschland bei rund 2,4 Prozent an dritter Stelle hinter Japan mit 2,8 und den USA mit 2,65 Prozent (Die Welt 5.2.1999). Im internationalen Vergleich ist unsere Position kein sehr stolzes Ergebnis!
International gesehen sind nur 19 % aller deutschen Patente Spitzentechnik. Für Frankreich lautet diese Zahl 24, für Großbritannien 27, für Japan 32 und für USA 34 Prozent.
In den Feldern des Wachstums Biotechnologie, Multimediatechnik und Mikroelektronik konnten kaum Marktanteile hinzugewonnen werden. Deutschland verliert in der Spitzentechnologie!
Genehmigungsverfahren in der chemischen Industrie benötigen mehr als die doppelte Zeit im Vergleich zu Frankreich oder Großbritannien.
Die Ausgaben für Ausbildung und allgemeine Bildung betragen nur 5,8 % des Bruttoinlandsproduktes, weniger als in Dänemark, Frankreich, Schweden und USA. (Institut der deutschen Wirtschaft Köln, Niedersächsisches Institut für Wirtschaftsforschung).
Leider verlangt die Innovation nicht nur viel Geld, sondern auch viel Geduld. Allzu oft lassen sich erst nach langem Bemühen Erfolge erzielen.
Aber alle diese Hemmnisse sollten uns nicht davon abhalten und auch nicht entmutigen, die Probleme, die Fragen unserer Zeit anzupacken, unsere Köpfe anzustrengen und nach neuen Lösungen zu suchen. In einer Wirtschaft setzt sich nur das Unternehmen durch, das neue Märkte erschließt, neue und bessere Produkte anbietet und neue Methoden und Techniken einsetzt. Die Probleme unserer Zeit lassen sich nur durch große Anstrengungen meistern, durch globale Strategien und innovative Leistungen bewältigen.

7.2. Die Kreativität

Kreativ zu sein, bedeutet schöpferisch zu sein!
Ein schöpferischer Mensch zeichnet sich dadurch aus, daß er selbst denkt und nicht nur vorgegebene Arbeitsabläufe und Handlungen nachvollzieht oder wiederholt. Der kreative Mensch geht seine eigenen Wege und rotiert in seinen eigenen Bahnen.
Kreativität heißt, alles ständig verändern und verbessern, alles weiterentwickeln, modernisieren und erneuern!

Eine moderne Industriegesellschaft bedarf zu ihrem Leben kreativer Menschen. Die Industrie verlangt mehr denn je nach schöpferischen Menschen, nach Leuten mit originellen Ideen, mit

ausgefallenen Einfällen und mit neuen Vorstellungen. Sie benötigt Personen mit vitalen geistigen Kräften.
Die Kreativität sollte nicht nur auf die Arbeitswelt allein beschränkt sein, sondern alle unsere gesellschaftlichen Bereiche wie auch unsere ganz private Sphäre einschließen. Sie sollte die ganze Gesellschaft in allen politischen und wirtschaftlichen Disziplinen durchziehen. Sie sollte alle Menschen beflügeln, anspornen und ermutigen.
Die Kreativität sollte auch in keinem Falle nur auf eine bestimmte Schicht wie die Führungsebene in einem Unternehmen oder nur auf die Produktentwickler und Anwendungstechniker begrenzt sein. Nein, sie muß von allen Menschen in allen Arbeitsprozessen, insbesondere von den Vorort arbeitenden Leute betrieben werden.
Das gesamte Arbeitsteam eines Betriebes muß von der Kreativitätsidee erfaßt werden, denn nur dann kann auch nur das Unternehmen wirklich kreativ sein.
Alle Menschen, ganz gleich in welcher Funktion, ob nun Arbeiter, Bauer, Beamter, Angestellter oder leitende Führungskraft, sie alle können einfallsreich und geistreich sein. Sie alle können kreativ sein. Sie alle sollten schöpferisch tätig werden.
Neue Ideen Vorort und nicht nur am Schreibtisch! Aktivität in allen Bereichen und Ebenen!
Der Begriff Kreativität umfaßt Erfindungen und Entdeckungen, alle schöpferischen Einfälle der Menschen in der Kunst, in der Literatur, in der Technik, in den Prozeßabläufen und in den Arbeitsorganisationen, in allen Bereichen unseres Lebens.
Das Ergebnis der Kreativität sind neue Produkte, Kunstwerke, neue Erzeugnisse, geänderte Arbeitsabläufe, moderne Regelungen und neue Standards.
Kreativität bedeutet lernen und aus Erfahrungen handeln. Ein kreativer Mensch ist fähig, auf Reize flexibel zu reagiert. Er versteht es, wie man entwickelte Techniken zu einer neuen Anwendung bringt. Kreativität heißt schöpferisch arbeiten und immer wieder neue Überlegungen anstellen.
Kreativität setzt eine Erziehung zum Wandel voraus. Neben dem Grundwissen gilt es die Fertigkeit zu entwickeln, dieses erworbene Wissen dynamisch anzupassen, es auch immer wieder zu erweitern.
Alles ist nur bedingt richtig, alles gehört immer wieder auf den Prüfstand und ist kritisch zu kontrollieren.

Der Mensch erwirb in seiner Ausbildungszeit ein gewisses Grund- und Fachwissen, welches er dann im Berufsleben anwendet und weiter entwickelt. Ist er in der Lage und versteht er es, seine erworbenen Kenntnisse besonders gut zu nutzen, so gilt er als geistreich und originell. Er ist kreativ.
Ausgerüstet mit dem Basiswissen, mit dem persönlichem Engagement und der eigenen Fertigkeit sollten die Menschen immer versuchen, flexibel auf die Reize von außen, auf neue Situationen im sowohl privaten Bereich wie auch im täglichen Arbeits- und Berufsleben zu reagieren.
Der Mensch muß hierzu Methoden und Techniken weiterentwickeln, neue Arbeitsabläufe und neue Vorgehensweisen sich ausdenken und diese dann in die Praxis umsetzen. Er muß immer wieder schöpferisch denken und handeln.
Die Flexibilität ist eine notwendige Voraussetzung für ein schöpferisches Arbeiten.
Immer wieder gilt es, sich anzupassen, zu improvisieren und kritisch zu prüfen. Man muß seine eigene Leistung ständig überprüfen und kontrollieren, sie verändern und neu auf die Anforderungen einstellen.

Die Nutzung von nur angelerntem Wissen ist in unserer heutigen modernen Gesellschaft nicht mehr ausreichend. Die Kenntnisse müssen stetig erweitert und vervollständigt werden. Der Lernprozeß wird nie abgeschlossen. Er setzt sich kontinuierlich fort.
Dieses Phänomen des ständigen Lernens wird in Zukunft unser Leben noch stärker beherrschen und bestimmen.
Die Menschen müssen ihr Wissen und ihr Können ständig weiterentwickelt, anpassen und erneuern. Sie müssen sich auf den neuesten Stand der technischen Entwicklung bringen, dem Fortschritt und den neuen Gegebenheiten anpassen. Sie müssen ihre Kenntnisse ständig vervollkommnen.
Wer seine Kenntnisse und Fähigkeiten nicht durch Schulungen und eigenes Studium immer wieder aufbessert und auffrischt, wird den Anforderungen der Industrie nicht mehr gerecht und gefährdet selbst seinen Arbeitsplatz. Er wird keine Beschäftigung finden. Er kann die Erwartungen nicht erfüllen.
Schon heute erfüllen zahlreiche Menschen in unserer wissensorientierten Gesellschaft nicht mehr die Anforderungen der Wirtschaft. Fehlendes Wissen, ungenügende Aus- und Fortbildung benachteiligt sie bei der Suche nach einer Anstellung.

Wir müssen uns darauf einstellen, kontinuierlich und fortdauernd, ein Lebenlang zu lernen und zu büffeln! Wissen ist heute ein Produktionsfaktor, ist menschliches Kapital! Ein lebenslanges Lernen bedeutet Kraft und Stärke, führt zu einer gewissen Machtstellung und ermöglicht einen Wohlstand!
Die stetige Weiterentwicklung der Kenntnisse, dieser ständige Lernprozeß nun lebenslang, ist sicherlich für viele Menschen noch neu. Er war bisher auch nicht immer in allen Berufszweigen erforderlich. Der einmal gelernte Beruf reichte in der Regel völlig aus. Man ging nach der Ausbildung in eine Firma und blieb dann dort vorwiegend in dem erlernten Beruf tätig. Man war stolz auf die Jahrzehnte, die man dann dieser Firma die Treue hielt und die man in seinem erlernten Arbeitsfeld tätig war.
Dieser Ablauf entspricht leider nicht mehr der Wirklichkeit. Die Entwicklungen laufen heute weit schneller ab, so daß ein heute noch rentabler Arbeitsablauf schon morgen als unwirtschaftlich von einem neuen Prozeß ersetzt wird. Die Entwicklungszyklen haben sich enorm verkürzt und wer hier nicht stehen bleiben will, der muß etwas tun, der muß sich auf neue Anforderungen einstellen.
Wer sich heute nicht immer wieder anpaßt, der wird rosten. Er wird untauglich und dann nicht mehr gebraucht werden.

Unsere heutige Wissensgesellschaft, die Informationsgesellschaft, setzt eine geänderte Einstellung zur Arbeit, eine veränderte Handlungsweise in der Tätigkeit in allen unseren Arbeitsabläufen voraus.
Eine Vorbedingung hierfür ist, daß unsere Erziehung und Ausbildung geändert werden müssen. Die Wirtschaft verlangt eine Erziehung zum ständigen Wandel, eine Bereitschaft zum Wechsel, zum dynamischen Denken und Handeln, zu einem eigenen sich ständigen Verändern.
Unsere sich wandelnde Gesellschaft braucht deshalb eine Reform im Bildungswesen, sowohl in der Grundausbildung als auch in der Fortbildung. Schon bei der Kindererziehung muß es beginnen. Hier müssen bereits die Grundlagen für mehr flexibles Verhalten und Reagieren, für ständiges Lernen und für die Bereitschaft zu einem Wechsel und Wandel geschaffen werden.

Alle Dinge unseres Lebens müssen heute ein wenig kritischer betrachtet werden. Alle unseren bisherigen Gewohnheiten, Abläufe und Vorschriften sind nicht mehr als unumstößliche Gesetze zu betrachten. Sie bedürfen einer stetigen kritischen Überprüfung und hier und da auch einer Erneuerung bzw. einer Anpassung an die neuen Anforderungen.

Alle Dinge unseres Lebens müssen ruhig einmal in Frage gestellt und mit einer gewissen Phantasie betrachtet werden.

Nur eine Flexibilität bildet die Voraussetzung für eine wirklich schöpferische Arbeit, für ein Improvisieren und Herstellen von neuen Arbeitsschritten und neuen Arbeitsabläufen, von einer Kreativität. Wir Menschen müssen flexibler werden, mehr Bereitschaft zeigen, uns zu verändern, uns anzupassen und uns zu modernisieren!

Mehr und mehr wird es zur Regel werden, daß man ständig neu gefordert wird. Man muß immer wieder neu reagieren, neue Entscheidungen treffen, neue Ideen entwickeln und neue Schritte ausprobieren. Wir müssen lernen, uns ständig auf neue Situationen, auf veränderte Sachlagen und Zustände einzustellen.

Diese laufenden Veränderungen werden sich fortsetzen und auch dort einziehen, wo sie heute noch unbekannt sind.

Es ist sehr wahrscheinlich, daß sich unser Leben immer schneller verändern wird. Alles wird dabei auch etwas komplizierter werden. Es wird nicht immer einfach sein.

Dieser stetige Wandel, diese gewisse Unruhe im Wirtschaftsleben und in unserer Gesellschaft setzt natürlich auch neue Arbeitsregelungen voraus.

Es verlangt ein Anpassen an die veränderten Gegebenheiten und die stetig sich wandelnden Realitäten. Wir können einfach nicht mehr die Arbeitszeit nach der alten Tradition vollbringen. Sie täglich absitzen, tagein und tagaus im gleichen Ablauf.

Es gilt nicht mehr, sich einer Disziplin zu unterwerfen und Formalitäten zu absolvieren.

Es gilt dann zu arbeiten, wenn die Arbeit gefragt ist.

Zukünftig müssen mehr eigene individuelle Entscheidungen getroffen werden. Wir müssen die geistige Komponente mehr entfalten und kreativ reagieren.

Dieses kreative Denken und Handeln kann aber auch nur in einer veränderten Betriebsstruktur unserer Unternehmen zur Wirkung kommen und sich entfalten.

Es bedarf einer Umgestaltung und Umstrukturierung der Betriebe. Sie müssen so organisiert werden, daß die langen Entscheidungswege sich verkürzen, daß die alten langwierigen Kompetenzabläufe abgebaut werden, so daß schöpferisches Denken und Handeln der Menschen auch zur schnelleren Entfaltung kommen kann.

Hierarchische Strukturen sind nicht mehr am Platze. Sie müssen einer neuen innovativen und kreativen Unternehmenskultur weichen. Die alten starren und sturen Betriebshierarchien müssen hierfür geändert werden. Eigenverantwortlichkeiten und eigene Entscheidungsmöglichkeiten müssen erlaubt und gefördert werden. Natürlich muß dazu auch so mancher Arbeitsablauf neue gestaltet werden.

Eine Hierarchiestruktur darf die Kreativität nicht ersticken oder irgendwie bremsen. Die schöpferische Arbeit und Leistung muß ihren freien Lauf, ihren Handlungsspielraum haben und sich auch ausbreiten können. Hierfür gilt es die Voraussetzungen zu schaffen und das bedeutet, daß so manche alte Regelung abgebaut werden muß. Bisher gültige Organisationen bedürfen einer Überprüfung und hier und da auch einer Erneuerung.

Neu eingeführte Gliederungen und Arbeitswege sollten dann jeweils selbst auch wieder kontrolliert werden. Jede durchgeführte Veränderung, jede neue Situation, jeder neuer Prozeß ist eine Herausforderung an die eigene Leistung und bedarf einer Überwachung und Kontrolle. Eine Verbesserung wird nur erreicht, wenn auch die angewandte Technologie und Methodik immer wieder überprüft wird.

Wir müssen heute mehr denn je neue Schritte versuchen und ausprobieren. Diese neuen Wege müssen wir auch immer ehrlich und kritisch betrachten und beobachten.
Wir müssen sie überprüfen. Wir müssen sie kontrollieren. Wir müssen sie verbessern!
Der Umbau in den Unternehmen, die neue Strukturierung wird natürlich nicht immer ganz einfach und ohne Folgen sein. An so einigen Stühlen der Mitarbeiter wird gerüttelt werden müssen. So mancher Manager wird in seinen Rechten und Privilegien beschnitten werden.
Die Stellung der Führungskräfte wird sich zukünftig weniger herausheben, was aber nicht bedeutet, daß nun alles gleich gemacht wird, daß nivelliert werden soll und alle Unterschiede abgebaut werden.
Die Hierarchie wird in Zukunft aber eine andere sein. Der leitende Vorgesetzte wird wieder mehr Vorort tätig sein, mehr im Kreise seiner Mitarbeiter wirken. Er wird nicht mehr in einem Zimmer hinter geschlossener Tür sitzen. Er wird von einem Team umgeben sein und von diesem unterstützt werden. Er wird dadurch mehr von den Dingen Vorort mitbekommen und damit auch selbst mehr mit kleinen aber wichtigen Problemen konfrontiert. Die neue Unternehmensstruktur heißt:
Nicht nivellieren, keine Gleichmacherei und Beseitigung aller Unterschiede, sondern Differenzierung!

Der Strukturwandel hat auch so manche Veränderungen in der Fachausbildung für die Belegschaftsmitglieder zur Folge. Die berufliche Weiterbildung erhält eine neuen Stellenwert und wird in der Bedeutung wachsen. Theoretisches und fachliches Wissen werden immer mehr eine Voraussetzung für eine berufliche Tätigkeit und Anstellung. Ohne spezielle Kenntnisse wird es sehr schwer werden, einen Anstellungsvertrag zu erhalten.
Von den Mitarbeiter werden schon heute mehr Ideen am Arbeitsplatz verlangt. Er muß deshalb zu mehr Kreativität geführt werden. Phantasievoll und einfallsreich zu arbeiten muß mehr und mehr zu einer gewissen Selbstverständlichkeit werden. Es muß ein Bestandteil einer jeden Tätigkeit werden.
Die Unternehmen werden die Lehre und Schulung wie auch die Fortbildung fördern, aber auch vom Mitarbeiter Initiativen und mehr Lernbereitschaft verlangen.
Fortbildung ist im beiderseitigen Interesse. Für den Mitarbeiter werden die Anforderungen wachsen. Er wird einen größeren Aufwand betreiben müssen.
Ausbildung gewinnt eine hohe Priorität in unsere Informationsgesellschaft. Ständiges und lebenslanges Lernen gilt für jeden Beruf, für alle Tätigkeiten und jeden Job!
Die Voraussetzungen für ein kreatives Denken und Handeln, für wirkliche Veränderungen und Verbesserungen sind in den folgenden Punkten zusammengefaßt:

- Die Motivierung des Menschen, etwas Neues auszuprobieren, einmal etwas auf ganz unkonventionelle Weise zu versuchen, neue Wege zu beschreiten!
- Die Fähigkeit des Menschen zum Kombinieren, etwas so zu organisieren, daß etwas völlig Neues entsteht!
- Die Begabung des Menschen, sich Innovationen vorzustellen und dann dieses Neue auch umzusetzen. Das Talent, Ideen zu verwirklichen!
- Das Ziel der Menschen muß immer sein, im Arbeitsprozeß schöpferisch denken und handeln, am Arbeitsplatz kreativ etwas leisten!

Zu einer kreativen Betriebsgemeinschaft, wo die Menschen auf Kreativität ausrichtet sind, gehört natürlich dann auch eine von der Kreativität bestimmte Arbeitszeit, eine flexible Arbeitseinteilung, die freie Wahl der Arbeitszeit und der Freizeit. Die Menschen arbeiten in einer eigenverantwortlichen Gleitzeit. Sie wählen ihre Arbeitszeit und ihre Pausen immer in Abstimmung mit den anderen in der Arbeitsgemeinschaft.
Die traditionelle Pünktlichkeit ist dann unpassend. Statt pünktlich die Stunden abzusitzen, wird kreativ gearbeitet. Es wird gearbeitet, wenn es erforderlich ist!
Die flexible Arbeitseinteilung macht eine Umstrukturierung der Hierarchien in einem Unternehmen erforderlich. An die Stelle der traditionellen hierarchischen Ordnung tritt das Arbeitsteam. Die Arbeitsgruppe übernimmt die Verantwortung und entscheidet, wie und wann gearbeitet wird. Das gesamte Team ist für den Arbeitsablauf verantwortlich.
Die Eigenverantwortung des einzelnen Mitarbeiters wird damit erweitert. Die Leute werden in Zukunft alle mehr selbständige Entscheidungen treffen. Sie werden eigenverantwortlich ohne einen Druck von außen ihre Arbeitsabläufe selbst überprüfen und sich selbst die Frage stellen, ob nicht diese oder jener Arbeitsschritt besser, schneller und wirtschaftlicher ausgeführt werden könnte. Jeder wird selbständiger und eigenverantwortlicher in seinem Arbeitsbereich wirken.
Voraussetzung ist natürlich dann auch eine ausreichende Information, die erforderliche Unterrichtung des Mitarbeiters.
Die Arbeitsgruppe wird nicht mehr geführt. Sie leitet sich jetzt selbst. Sie erhält als eine Einheit eine eigene Verantwortung übertragen. Die Führung erfolgt durch den Vorgesetzten im Team seiner Mitarbeiter.
In einem Unternehmen, wo ein selbständiges Wirken erlaubt ist, wo die Mitarbeiter ausreichend Raum für eine freie Entfaltung, für kreatives Denken und Handeln haben, sind die Wege für Innovationen geebnet.

7.3. Das Total Quality Management

Das Total Quality Management oder auch kurz TQM genannt, ist eine Managementphilosophie, die bereits in zahlreichen Unternehmen zur Verbesserung der Wirtschaftlichkeit und damit zur Stärkung der Wettbewerbsfähigkeit genutzt wird.
Ein Qualitätsmanagementsystem umfaßt das gesamte Unternehmen, alle Bereiche, vom Einkauf und der Beschaffung, über die Produktion und die Herstellung, bis hin zum Vertrieb und Verkauf. Alle Abteilungen sind auf die Unternehmenspolitik Qualitätsmanagement DIN ISO 9000 ff. ausgerichtet.
Bei einem wirksamen Qualitätsmanagementsystem werden die Fehler bereits bei der Leistungserstellung vermieden. Schon bei der Planung eines Produktes oder einer Dienstleistung gilt es, auf eventuelle Fehler zu achten und sie zu verhindern, um die Kosten für Nacharbeiten und Ausschuß zu reduzieren. Endziel ist die völlige Vermeidung von Fehlern durch entsprechende Vorsorge.

Bei der Qualitätssicherung steht der Kunde im Mittelpunkt. Alles ist auf den Verbraucher ausgerichtet. Die Kundenanforderungen sind zu erfüllen. Dem Kunden wird ein höchstmöglicher Service geboten. Kundendienst hat eine hohe Priorität. Alles dreht sich um den Kunden. Mit der Einführung eines Qualitätsmanagementsystems wird auch mehr und mehr gleich ein Öko-Audit verbunden. Qualitätssicherung und Umweltschutz sind integrale Bestandteile der Produktentwicklung. Bei der Herstellung eines Produktes ist sowohl auf Qualität und Zuverlässigkeit als auch auf einen Umweltschutz zu achten. Neben einer Herstellung muß gleichzeitig auch eine vernünftige Entsorgung gesichert sein.

Die Unternehmen haben verantwortlich gegenüber Gesellschaft und Umwelt zu handeln. Sie haben in der Regel etwas mehr zu tun als die Gesetze verlangen.

Jedes Unternehmen hat heute neben seiner Aufgabe, seine Lebensfähigkeit zu erhalten, seinen Gewinn zu mehren, seine Wirtschaftlichkeit zu stärken, auch eine Verantwortung gegenüber der Gesellschaft sowie die Verpflichtung zur Bewahrung der Natur und zum Schutz der Umwelt. Es gilt nicht nur zu produzieren, Erzeugnisse hoher Qualität herzustellen, sondern die erzeugten Produkte nach ihrem Gebrauch auch vernünftig zu entsorgen, ohne daß Menschen und Umwelt beeinträchtigt werden.

Jede Qualitätsverbesserung und jede Verringerung einer Umweltbelastung reduziert die Kosten eines Unternehmens und stärkt seine Wirtschaftlichkeit.

Die Betriebsgemeinschaft ist heute verantwortlich für alle Belastungen und Schäden, die das Unternehmen in der Umwelt anrichtet und die sich aufgrund der betrieblichen Aktivitäten und Tätigkeiten ergeben. Diese Verantwortung für die Erhaltung unserer natürlichen Lebensgrundlagen verlangt eine wirkungsvolle Umweltpolitik des Unternehmens, setzt Mitarbeiter voraus, die sowohl von einer Qualitätsarbeit als auch einem Umweltschutz überzeugt sind. Die Belegschaft muß sich heute ehrlich zu einem betrieblichen Umweltschutz bekennen und auch durch aktives Handeln unter Beweis stellen. Es muß Umweltbelastungen jeglicher Art verhüten und vermeiden.

Die Beachtung des Umweltschutzes hat meistens auch erhebliche Einsparungen bei den betrieblichen Kosten zur Folge. Es werden durch entsprechende durchdachte Maßnahmen Abfälle jeglicher Art vermieden oder vermindert und die Verbräuche von Rohstoffen, Energien und Wasser reduziert.

Eine permanente Modernisierung der Produktion, der Anlagen und der Prozesse unter Umweltgesichtspunkten erhöht die betriebliche Rentabilität. Die Wirtschaftlichkeit des Unternehmens wird kontinuierlich verbessert.

Ein betrieblicher Umweltschutz steigert die Effizienz und vermindert Betriebsstörungen. Die Gefahren und Unfälle werden reduziert.

Ein glaubwürdiges Umweltbewußtsein schafft heute Wettbewerbsvorteile gegenüber konkurrierenden Unternehmen. Das gleichzeitige Einhalten von Qualität und gesetzlichen Umweltvorschriften sowie die Garantie für umweltverträgliche Betriebsabläufe vermittelt Vertrauen gegenüber dem Verbraucher, dem Konsumenten, aber auch gegenüber den Geschäftspartnern und den Mitarbeitern. Die Identifikation der Mitarbeiter mit dem Unternehmen wird gestärkt.

Mit einer verantwortlichen Umweltpolitik, einer Umwelterklärung oder einem Umweltzertifikat belegt ein Unternehmen mit seinen Mitarbeitern seine Aktivität eines betrieblichen Umweltschutzes. Es bestätigt, daß es kontinuierlich und nachhaltig bestrebt ist, alle Umweltbelastungen zu vermindern, die Ressourcen zu schonen und die Materialien nicht zu verschwenden. Es bekennt sich zur Umstellung und Einführung von nicht die Umwelt belastende Technologien und Produkte.

Die Betriebsgemeinschaft sollte neben dem vielerorts bereits eingeführten Qualitätsmanagementsystem gleich auch ein Umweltmanagementsystem verbinden. Ein solches Qualität-Umwelt-System würde dann dafür sorgen, daß neben der Qualität und Zuverlässigkeit auch die Umweltgesetze und die Umweltvorschriften eingehalten und erfüllt werden und ein betrieblicher Umweltschutz verwirklicht wird.

Die wichtigsten und bekanntesten Bestandteile des Total Quality Managements sind :

- Kontinuierlicher Verbesserungsprozeß,
- Kaizen
- Just in Time,
- Outsourcing,
- Benchmarking,
- Re-Engineering,
- Lean Management.

Die TQM-Philosophie verfolgt bei einer Integration im Unternehmen das Ziel, die Qualität ständig zu verbessern, sowie zufriedene Kunden und zufriedene Mitarbeiter zu gewinnen.
Die Wettbewerbsfähigkeit des Betriebes wird erhöht, die Leistung bezüglich Qualität und Kosten verbessert. Gleichzeitig wird aber auch mehr Zufriedenheit bei der Unternehmensbelegschaft erreicht.
Die TQM-Methoden sollen mit dazu beitragen, daß ein Unternehmen so gestaltet wird, daß es Spitzenleistungen vollbringt und eine hohe Wertschöpfung durch Reaktionsfähigkeit und Reaktionsschnelligkeit, durch erhöhte Flexibilität erzielt.
Besser zu sein als die anderen! Schneller die veränderten Anforderungen erkennen als der Wettbewerb! Mit pfiffigen Ideen Marktlücken ausfüllen!
Die Hauptaufgabe ist die Zufriedenheit des Kunden. Dem Verbraucher gilt die ganze Aufmerksamkeit und Aktivität. Ein Unternehmen hat sich mit seinen Produkten und seinen Dienstleistungen ausschließlich am Kunden zu orientieren. Der Kunde ist der Orientierungspunkt für die Aktivitäten eines handwerklichen wie auch industriellen Unternehmens.
Neben dem Ziel, die Kosten zu senken, gilt es vor allem die Menschen in einem Unternehmen so zu motivieren, daß sie höhere Leistungen vollbringen und Freude an ihrer Tätigkeit finden.
Die Motivierung soll bei der Belegschaft die Kreativitätspotentiale mobilisieren.
Nur zufriedene Mitarbeiter sind wirkliche Mitarbeiter. Alle Mitarbeiter sollten deshalb in alle Arbeitsprozesse mit einbezogen werden, bei der Findung neuer Ideen, bei der Prozeßgestaltung und der Optimierung der Arbeitsabläufe, bei den Umsetzungen von Methoden und Verfahren zur Verbesserung der Wettbewerbsfähigkeit des Unternehmens. Erfolg erzielt nur das Unternehmen, daß auch alle seine Mitarbeiter für die Unternehmensziele Leistung und Qualität gewinnen kann.

Unternehmen, die die Zeichen der Zeit erkannt haben, streben heute eine neue Unternehmenskultur an, charakterisiert durch eine dezentralisierte Verantwortung.

Das Unternehmen wird in Profitcenter zerlegt, die jeweils selbständig wirtschaften. Die Hierarchieebenen werden vereinfacht, und die Arbeiten werden von einem Arbeitsteam vollbracht. Jeder Mitarbeiter ist für seine Aufgaben und sein Tun verantwortlich, wie ein Selbständiger, wie ein Meister oder Manager. Er fühlt sich als Mitarbeiter zur Erfüllung der strategischen Unternehmensziele.

Voraussetzung hierfür ist natürlich auch ein guter Informationsfluß bis zu jedem einzelnen Mitarbeiter.

Jeder Mitarbeiter ist persönlich für die Qualität seiner Arbeit verantwortlich. Er ist im Unternehmen Zulieferer und Kunde zugleich.

Vom Mitarbeiter werden ein hohes Verantwortungsgefühl, Pflichtbewußtsein und Zuverlässigkeit verlangt. Er hat seine Aufgaben und Arbeiten selbst zu organisieren und auch selbst zu kontrollieren. Die einstigen Aufgaben des Managements werden damit auf den Mitarbeiter übertragen, der nun in seiner Arbeit und seinen Aufgaben wächst.

Das Management muß in diesem Prozeß die Mitarbeiter auf die erweiterten Aufgaben vorbereiten. Es hat für die entsprechende Weiterbildung und Schulung zu sorgen und auch Hilfestellungen zu geben.

Das Delegieren von Arbeit und Verantwortung bedarf einer Vorbereitung, einer Einweisung wie auch Ausbildung und kann nicht von heute auf morgen erfolgen. Ähnlich der kontinuierlichen Verbesserung muß diese Verschiebung der Aufgaben und Pflichten Schritt für Schritt erfolgen. Es darf den Mitarbeiter nicht überfordern.

Das Management muß dem unternehmerischen Denken und Handeln der Mitarbeiter Vertrauen schenken und den Mitarbeitern die größtmögliche Hilfe zukommen lassen.

Zahlreiche eingefahrene Abläufe, alte Regeln und traditionelle Strukturen müssen bei der Umstellung überwunden werden. Angefangen beim Topmanagement bis zur untersten Stufe in der Mitarbeitermannschaft müssen alle verändert werden. Ältere Mitarbeiter werden sich bei dieser Umstellung sicherlich schwer tun, wurden sie doch für eine solche Arbeitsweise nicht erzogen. Ihre Erziehung war mehr auf Unselbständigkeit ausgerichtet.

Leider kann man keine einfache Kostenrechnung erstellen, die dann alle überzeugt. Maßnahmen zur Motivation lassen sich wohl berechnen, nicht aber so ohne weiteres die Ergebnisse und die Auswirkungen.

Was ist eigentlich neu an dieser Philosophie des Total Quality Managements? Sind es nicht alte Hüte, jetzt nur mit einer neuen Feder versehen?

Bei einer näheren Betrachtung, insbesondere der kleineren mittelständischen Wirtschaftsunternehmungen, der handwerklichen wie auch der industriellen Familienbetriebe, findet man immer wieder so einige der charakteristischen Merkmale der TQM-Philosophie, wie das typische Tüfteln, das kontinuierliche Verbessern der Arbeitsabläufe, das Ausführen der Arbeiten in einer wirklichen Zusammenarbeit von Meister, Gesellen und Lehrling bzw. den Auszubildenden, das Teamdenken und die wirklich aktive Mitarbeit, das Mitdenken der Betriebsangehörigen, das stetige Verbessern der Qualität, den Dienst am Kunden, die Lernbereitschaft und den Leistungswillen, das Bestreben immer eine saubere und ordentliche Arbeit zu vollbringen.

Gerade die kleinen, handwerklich geprägten, industriellen Unternehmen praktizieren in so vielen Beispielen die typischen Ziele des Total Quality Managements, die Zusammenarbeit in der Gruppe, das Teamdenken, das wirkliche Zusammenspiel und Mitdenken im Arbeitsprozeß. Das Pflichtbewußtsein, Leistung und Qualität zu bringen, die Erziehung zur Sparsamkeit und keine Verschwendung zu erlauben, bewirkten ein bewußtes Kostendenken. Flexibilität in der Arbeit war ein alltägliche Brauch.

Alle diese Tugenden sind noch heute ganz normale Praxis in so vielen mittelständischen Betrieben. Sie wurden nie besonders herausgekehrt oder betont.
Pflichtbewußtsein und Leistungswille sind noch immer in so manchem Klein- und Mittelbetrieben zu beobachten.
In den meisten kleineren Unternehmungen fühlen sich die Mitarbeiter noch verantwortlich für das Ganze, für ihr Unternehmen. Sie sind ein Teil des Unternehmens, sie gehören zur Familie. Sie empfinden Arbeit und Leistung nicht als Last oder Streß. Sie fühlen sich wohl bei ihrer Tätigkeit. Die Aufgabe sehen sie in der Zufriedenheit des Kunden, in der Erfüllung der Kundenwünsche, in einem Dienen für die Firma.
Leistung und Qualität sind eine ganz natürliche, tägliche Herausforderung, der man sich gerne stellt.
So einige der Grundprinzipien der TQM-Methoden sind für so manche mittelständischen Unternehmen und handwerklichen Betriebe nichts Unbekanntes. Es sind die bekannten alten preußischen Tugenden, wie Redlichkeit und Tüchtigkeit, wie Sparsamkeit und Ordnungsliebe. Für das klassische Handwerk waren und sind diese Eigenschaften noch immer Selbstverständlichkeiten und gehören zum Unternehmensbild.
Der Familiensinn im täglichen Arbeitsbereich, das traditionelle Wachen des Meisters über seinen Mitarbeitern wie ein Vater über seinen Kindern ist keine japanische Neuerung. Es ist ein typischer alter Brauch im deutschen mittelständischen Unternehmen, in den handwerklichen und kleinen industriellen Betrieben. Die Firmenleitung trug Verantwortung für ihre Mitarbeiter und fühlte sich verpflichtet gegenüber den ihnen anvertrauten Leuten. Man hatte als Vater für seine Familie zu sorgen. Der Betrieb war eine große Familie.
Das Zusammenstehen und das Zusammenhalten insbesondere in Krisenzeiten, all das kann auch heute noch in so manchem mittelständischen Unternehmen immer wieder beobachtet und auch bewundert werden. Die Mitarbeiter sind ihrem Unternehmen treu verbunden, aber auch der Unternehmer zeigt eine gewisse Treue zu seinen Mitarbeitern, ein Pflichtbewußtsein gegenüber dem gesamten Unternehmen. Ein Unternehmen erfüllte seine soziale Verantwortung.

Neu bei der Total-Quality-Management-Philosophie ist vielleicht die Systematik, die nun systematische Anwendung und Nutzung des traditionellen Arbeitsstiles und der Regeln des Zusammenlebens in einem Betrieb. Alte Tugenden werden nun wieder belebt. Die Begriffe wie Fleiß und die Tüchtigkeit, das Streben nach Höherem, nach dem vollkommenen Zustand, der Leistungswille und das Verantwortungsbewußtsein, die Bescheidenheit und Mäßigkeit, der Sinn für Gerechtigkeit gewinnen wieder eine Bedeutung, erhalten wieder eine besondere Gewichtung.
Was früher etwas unbewußt erfolgte, wird nun theoretisch untermauert, wird gelehrt und systematisch betrieben.

Wir sollten die Philosophie der Qualitätssicherung nutzen und die Methoden und Verfahren dort, wo sie uns als brauchbares Hilfsmittel sinnvoll erscheint, auch anwenden. Wir sollten die Instrumente für eine Verbesserung der Wirtschaftlichkeit, für ein besseres betriebliches Zusammenleben und einer Leistungsverbesserung sowie für den wirtschaftlichen Erfolg gebrauchen.
Dort, wo die alten Bräuche und handwerklichen Tugenden im Laufe der Jahre hier und da etwas vernachlässigt und teilweise auch vergessen wurden, können diese Tugenden die gesamte Betriebsgemeinschaft wieder beleben. Wir sollten sie wieder pflegen und die Methoden als Instrumente im Unternehmen nutzen.

Bei entsprechender Pflege der traditionellen Tugenden können diese so manchen Unternehmen wieder sehr dienlich sein und auch so manchen Betriebsalltag wieder mit neuem Leben erfüllen.

Dort, wo wir Defizite und Vernachlässigungen beobachten, sollten wir versuchen, mittels der TQM-Philosophie die Geister wieder zu rufen, die Belegschaft zu motivieren und die Mitarbeiter mitzureißen, die Freude an der Arbeit wieder zu wecken.

Die Leute müssen so motiviert werden, daß sie wieder Kreativität entwickeln, daß es ihnen Spaß bereitet, Leistung zu bringen. Wissen und Kenntnisse ermöglichen uns, unsere Leistung zu steigern. Mit dem Wissen werden wir stark und belastbar. Also nutzen wir die Informationsmöglichkeiten, holen wir uns das erforderliche Wissen!

Studieren wir die Theorie, verbessern wir unsere Kenntnisse, machen wir uns fit, um in der Praxis dann Erfolge zu erzielen!

Wir alle sind verantwortlich für den Erfolg oder Mißerfolg in unserer Firma und in unserer Wirtschaftsgemeinschaft. Die Entwicklung neuer Produkte, die Fertigung und Herstellung der Erzeugnisse wie auch ihr Verkauf sind eine Herausforderung für uns alle. Stellen wir uns diesen Aufgaben. Packen wir zu und stehen wir nicht mehr abseits!

Setzen wir unsere Fähigkeiten und unser professionelles Können ein, engagieren wir uns zum Wohle des Unternehmens. Was dem Unternehmen dient, tut auch uns gut.

Unsere Ideen und unsere Einsatzbereitschaft bestimmen unsere Produkte und unsere Dienstleistungen. Sie bestimmen unsere Zukunft. Nur wir Menschen schaffen Werte!

Die TQM-Philosophie verfolgt das Ziel, die Qualität ständig zu verbessern und eine Zufriedenheit sowohl bei den Mitarbeiter als auch bei den Kunden zu erreichen.

Die TQM-Strategie führt zu einer neuen Unternehmenskultur, einer partnerschaftlichen Zusammenarbeit zwischen allen Mitarbeitern einschließlich den Führungskräften.

Alle Mitarbeiter sind mit eingeschlossen. Alle tragen auch eine Verantwortung für ihren Betrieb oder ihre Firma.

Die Zusammenarbeit gilt auch für den Lieferanten und Kunden, denn auch sie sind ein Teil der Wirtschaftsgemeinschaft.

Die Total-Quality-Management-Philosophie, richtig genutzt, fördert die Innovationen und Kreativität, sie stärkt die Wettbewerbsfähigkeit eines Unternehmens.

Beschäftigen wir uns neben den Kosten, auch mit den Produkten und ihren Märkten, denken wir an den Kunden und den Mitarbeiter.

Nur in einem guten Miteinander lassen sich Erfolge erzielen und die Welt unserer Arbeit verbessern.

7.3.1. Kontinuierlicher Verbesserungsprozeß

Das Instrument Kontinuierlicher Verbesserungsprozeß, kurz KVP, verfolgt das Ziel, daß alle Mitarbeiter eines Unternehmens ihre eigene Arbeit ständig in kleinen Schritten verbessern. Die Aufgabe ist eine kontinuierliche Qualitätsverbesserung bei gleichzeitiger Effizienzsteigerung.

Die Mitarbeiter werden dazu motiviert, die Zufriedenheit des Kunden bei ihrer Arbeit in den Vordergrund zu stellen. Das Ergebnis einer Arbeit soll kundengerecht sein. Ein zufriedener

Kunde ist das vorrangige und oberste Ziel. Nur ein zufriedener Kunde hält einem Unternehmen die Treue und kommt auch wieder.
Alle Mitarbeiter haben ihr Bestes zu leisten. Sie alle sind mitverantwortlich bei dem Herstellungsprozeß. Sie alle sind bei dem betrieblichen Arbeitsprozeß auch miteinzubeziehen. Eigenverantwortliches Arbeiten erhöht die Leistungen und setzt neue Ideen frei.

Bei der Arbeit gilt es, jede Verschwendung von Material, von allen Roh- und Hilfsstoffe, von Zeit und Kosten zu vermeiden. Jede Sparsamkeit hilft dem Unternehmen wettbewerbsfähig zu sein, seine Kosten zu erniedrigen und sie auch niedrig zu halten.
Der Grundsatz der kontinuierlichen Verbesserung ist eigentlich nichts Neues. Das Tüfteln, das ständige Verbessern zur Steigerung der Produktivität, die Sparsamkeit, das genaue Rechnen und Einteilen sind alte Handwerkstugenden und waren ursprünglich in den kleinen und mittleren Betrieben selbstverständlich. Die Verbesserung der Wirtschaftlichkeit wurde aber vielerorts im Laufe der Jahre mehr und mehr vernachlässigt und schließlich sogar vergessen. In so manchem Unternehmen schlief der Verbesserungswille ein.
Ein Grund war die oft fehlende Bindung an die Firma. Man sah nicht mehr in dem Unternehmen die große Familie. Erforderlich ist ein Wachrütteln der Mitarbeiter. Wir alle sitzen in einem Boot. Der Gedanke zur Erneuerung, den Arbeitsprozeß ständige zu verbessern, muß wieder belebt werden.
In so manchem Betrieb fehlt es heute an dem Streben, effektiv zu sein und es auch zu bleiben, weiterhin zu wachsen und sich zu verändern.
Immer wieder vermißt man das Nachdenken: Was kann ich tun, um selbst auch mit einen Beitrag zu leisten?

Die beste Vorgehensweise bei der Einführung von KVP ist die Bildung eines Teams, das eigenverantwortlich seine Arbeitsschritte überprüft. So ein Team regt die anderen Mitarbeiter an, spornt andere Abteilungen an, nachzuziehen und ebenfalls Verbesserungen bei sich einzuführen. Als Folge ergeben sich Verbesserungsvorschläge und neue Anregungen.
Firmen mit einem erfolgreich eingeführtem KVP-Programm berichten von zahlreichen, vernünftigen Verbesserungsvorschlägen der Mitarbeiter, die zur Produktivitätssteigerung beigetragen haben. Angefangen bei der Verringerung des Lagerbestandes, der Reduzierung des Ausschusses, der Verminderung von Fehlleistungen, der Verkleinerung der Abfallmengen, bis zur schnelleren Fertigstellung oder Verkürzung der Lieferzeiten, den verbesserten Durchlaufzeiten usw. wird berichtet. Alle diese Vorteile erhöhen die Kundenzufriedenheit.
In so manchen Unternehmen ruhen hier noch so manche Verbesserungspotentiale, die ungenutzt verkümmern und zur Kostenreduzierung beitragen könnten. Sie gilt es zu wecken.

Dem Kontinuierlichen Verbesserungsprozeß liegt die japanische Philosophie des Kaizens zugrunde, auf die im folgenden Abschnitt etwas näher eingegangen werden soll.

7.3.2. Kaizen

Kaizen ist das japanische Wort für *Veränderung zum Guten*. Mit Kaizen wird eine Methode beschrieben, die eine kontinuierliche Verbesserung der Produkte unter Einbeziehung aller Mitarbeiter eines Unternehmens erstrebt.
Die Kaizen-Methode geht davon aus, daß es in jedem Unternehmen irgendwelche Schwierigkeiten gibt, die auf eine Lösung warten.
Diese Probleme werden zugegeben, ohne daß es eine Schande ist.
Das Vorhandensein von Problemen ist einfach natürlich und wird nicht irgendwie vertuscht oder geleugnet.
Zur Unternehmenskultur gehört es, daß man die Probleme eingesteht, ehrlich benennt und offen bekennt.
Nur dargelegte Probleme geben auch die Möglichkeit für eine Verbesserung!
Erst Fehler machen einen darauf aufmerksam, daß man etwas verbessern kann!

Mittels der Strategie des Kaizens, einer systematischen bereichsübergreifenden Zusammenarbeit der Mitarbeiter, werden gemeinsame Anstrengungen zur Lösung der Probleme unternommen.
In der Praxis bedeutet das, daß z.B. schon in der Planungs- und Konstruktionsphase die Abteilungen Marketing, Entwicklung/Technik, Fertigung und Produktion, Einkauf und Verkauf, Werbung und Kundendienst sehr eng zusammenarbeiten.
Schon während der Planung wird das technische Machbare geprüft, werden die Liefermöglichkeiten der Materialien geklärt, werden die Verkaufsmöglichkeiten einschließlich Werbung abgewogen.
Schon im Anfangsstadium werden die Kosten für die Herstellung des Produktes oder die Ausführung der Leistung abgeschätzt.
Es wird auf diese Weise verhindert, daß ein Produkt entwickelt oder konstruiert wird, für die es keine Materialien oder Bauteile gibt, daß gefährlich oder giftig ist, daß beim Verbraucher kein Interesse findet und für den Kunden zu teuer ist, für das es keinen richtigen Markt gibt.
Das gemeinsame Ziel ist die Zufriedenstellung des Kunden und die Erfüllung aller seiner Anforderungen und Wünsche, die Vermeidung einer Fehlleistung.

Kaizen ist eine kundenorientierte Verbesserungsstrategie, die eine kontinuierliche Verbesserung eines Produktes oder einer Dienstleistung unter Senkung der Kosten anstrebt.
Es wird ständig nach neuen Wegen zur Verbesserung der Prozeßabläufe in allen Bereichen eines Unternehmens gesucht.
Für Kaizen typisch ist das prozeßorientierte Denken der Mitarbeiter.
Alle Arbeiten, jede Maschine und jedes Gerät, alle Hilfsmittel, alle Abläufe in einem Prozeß, alle Tätigkeiten in einem Betrieb werden ständig auf Verbesserungsmöglichkeiten untersucht und geprüft. Immer wieder werden in kleinen Versuchsschritten Änderungen vorgenommen und die Auswirkungen beobachtet.
Vor nichts wird halt gemacht. Auch ein neues Arbeitsgerät, eine neu erworbene Maschine neuester Technik ist auf eventuelle Änderungen im positiven Sinne, auf Verbesserungen zu prüfen.

Jeder Prozeß, jeder Arbeitsablauf befindet sich damit in einem ständigen Wandel. Er wird fortlaufend geändert und verbessert.
Alles befindet sich in einem Prozeß einer stetigen Veränderung.

Im Gegensatz zu unserer Arbeitsweise, wo eine neue Arbeitsmethode, eine neue Maschine, ein geänderter Prozeß quasi mit einem Schlag eingeführt wird und dann auch über einen längeren Zeitraum unverändert bleibt, wird beim Kaizen ständig verändert.
Es wird kontinuierlich experimentiert und verbessert. Vor Umbauten schreckt man nicht zurück. Der Prozeß der Erneuerung ist nie abgeschlossen. Alles ist in einem ständigen Fluß.
Kaizen ist die Verbesserung eines Zustandes in kleinen Schritten. Stückchen für Stückchen wird verändert.
Kaizen ist ein kontinuierlicher Prozeß. Jeder Mitarbeiter ist mit einbezogen. Im Team wird die Technik erhalten und gleichzeitig verbessert. Hierbei steht die Technik nicht im Mittelpunkt, sondern der Mensch.
Kaizen ist ausgesprochen mitarbeiterorientiert und erzielt durch synergistische Effekte in dem Prozeß seine Verbesserungen.
Jeder Prozeß und Ablauf bietet die Möglichkeit für eine Verbesserung. Es gilt die Schwachstellen und kritischen Punkte zu erkennen und diese dann zu beseitigen oder abzusichern. Aufgrund des gelösten Problems verbessert sich dann jeder einzelne Geschäftsablauf und somit dann auch der gesamte Unternehmensprozeß. Das Unternehmen gewinnt zunehmend an Wert.
Kaizen reißt die Schranken zwischen den Abteilungen nieder. Der Kollege nebenan ist der Kunde des erzeugten Produktes und diesem Kollegen kann man keine minderwertige Ware verkaufen. Also gibt man sich Mühe. Man produziert Qualität.
Diese Denkweise wirkt sich positiv auf die Herstellung der Waren und die Ausführungen der Dienstleistungen aus. Die Erzeugnisse werden nicht mehr für eine anonyme Person produziert. Der Kunde ist ein Kollege.
Mängel und Fehler reduzieren sich. So mancher Ausschuß vermindert sich.
Kaizen bedeutet Qualität verbessern, Produktivität erhöhen, Kosten senken und damit den Arbeitsplatz sichern.

7.3.3. Just in Time und Outsourcing

"Just in time" d. h. das fertigungssynchrone Eintreffen von Produktionsmitteln, gerade dann, wenn sie zur Weiterverarbeitung benötigt werden, ist ein weiterer Bestandteil des Total Quality Managements (TQM).
Mit "just in time" werden die Beschaffung der Materialien, der Bau- und Fertigungsteile, der Einsatzstoffe, der Rohstoffe und der Hilfsmittel an den Bedarf angepaßt.
Die Lagerbestände können stark reduziert, wenn nicht sogar völlig abgebaut werden, womit sich dann auch die Lagerkosten wie Miete, Instandhaltung, Personal, Energieverbrauch usw. sehr verringern.
Man fertigt Teile nicht auf Vorrat, sondern erst, wenn die Teile auch wirklich gebraucht werden! Herstellung und Fertigung erst aufgrund einer Anforderung und Bestellung! Das spart Lagerkosten, Transportwege und Zeit!

Das Ziel von just-in-time ist wie bei allen TQM-Methoden die Kostenreduzierung, in diesem Falle durch eine entsprechende Spezialisierung.
Voraussetzung für die Kostenminderung ist natürlich eine ausgeklügelte und perfekte Logistik, eine perfekt funktionierende Organisation und die Sicherung des Auftragsflusses und des Nachschubes wie auch eine pünktliche Lieferung durch die Betriebsmannschaft.
Mit dem "just in time" ist oft ein sogenanntes "outsourcing", die Ausgliederung eines Unternehmensteiles oder eines Betriebszweiges verbunden.
Ein Produktionsschritt wird verselbständigt bzw. an ein externes Unternehmen vergeben.
Durch eine logistische Regelung werden die spezialisierten und verselbständigten Produktionsschritte dann wieder zu einem bestimmten Zeitpunkt und Ort zusammengeführt und vereinigt.

Ob Outsourcing wirklich eine ideale Methode zur Verbesserung der Wirtschaftlichkeit ist, wird von so einigen Fachleuten bezweifelt.
Es werden oft nur die Schwachstellen bei anderen Firmen und Unternehmungen und nicht die Stärken eines anderen Betriebes genutzt. Niedrigere Löhne des anderen Tarifbereiches, geringere Sozialleistungen oder großzügigere Umweltauflagen, Steuererleichterungen oder Hilfen bei der Erschließung des Firmengeländes, Zugeständnisse und Zuschüsse der öffentlichen Hand bzw. der jeweiligen Landesregierung usw., reizen zur Auslagerung von Firmenteilen.

Das "just in time"-System wie auch das „outsourcing" fanden ihre bekanntesten Anwendungen und weitgehensten Verbreitungen in der Automobilindustrie, wo sie auch zu einer hohen und perfekten Reife entwickelt wurden. Es werden nicht mehr die Tachoinstrumente, der Geschwindigkeitsmesser, der Tourenzähler, die Benzin- und Temperaturanzeige allein separat und eigenständig hergestellt und dann eingebaut, sondern es werden gleich die vollständigen Armaturenbretter von einer außenstehenden Firma geliefert und auch von dem Zulieferer selbst eingebaut.
Just in time und Outsourcing nutzen auch der Versandkaufhaushandel und der Computervertrieb. Die Produkte werden erst nach der Bestellung gefertigt. Eine Produktion auf Lager, eine nicht gefragte Fertigung werden vermieden. Eine Mode- oder Nachfrageänderung, eine neue Entwicklung kann sofort berücksichtigt werden. Die Wünsche des Kunden können weit besser beachtet werden.
Im idealen Fall einer gleichberechtigten Partnerschaft erfolgt eine eingespielte Zusammenarbeit mit dem Ziel einer Kostenreduzierung für beide Seiten.
Die Aufträge werden zusammengestellt und an den Zulieferer zur Disposition weitergegeben.
Dem Lieferanten wird mitgeteilt, wann welches Teil, in welcher Reihenfolge und welcher Menge usw. es benötigt wird.
Bei einem guten Zusammenspiel fertigt der Lieferant die verlangten Teile kurz vor dem Bedarf.
Voraussetzung für ein gutes Funktionieren ist ein perfekt ausgearbeitetes System, ein qualifizierte Betriebsmannschaft, die die Instrumente, die Methoden und die Strategien beherrscht. Jeder Leerlauf, jedes Warten muß vermieden werden.
In der Automobilindustrie konnten auf diese Weise die Fertigungszeiten fast auf die Hälfte reduziert und somit die Kosten erheblich vermindert werden. Die Produktionskosten konnten somit wieder eine Wettbewerbsfähigkeit erlangen.
Vorteilhaft können sich insbesondere andere Lohnkosten bei den Lieferanten, leichter zu erfüllende gesetzliche Auflagen bzgl. Sozialleistungen und im Umweltschutz, die bessere Aus-

lastung bei der Lieferfirmen, die Nutzung eines speziellen örtlichen Angebotes von fachlich ausgebildeten Arbeitskräften usw. auswirken.
Sicherlich ist die Nutzung der Vorteile auch oft ein beabsichtigter Trick vieler Großunternehmen zur Kostenreduzierung im eigenem Unternehmen.
Die Nutznießung von Vorteilen, wie niedrigere Tarife in anderen Bereichen oder großzügigerer Umweltvorschriften, ist eigentlich keine Lösung des ursprünglichen Problems einer Verbesserung der Produktivität und Rentabilität, einer wirklichen Kostenreduzierung im eigenen Unternehmen. Hier werden Schwierigkeiten und Probleme nur verlagert.
Die Lösung eines wirtschaftlichen Problems eines Unternehmens sollte nicht zu Lasten kleinerer Firmen oder der Allgemeinheit erfolgen.

Etwas problematisch für den Lieferanten sind sicherlich die sich ergebenen Einsichten des Auftraggebers in das Unternehmen der Lieferfirma. Der Auftraggeber erhält Einblicke in so manche Kalkulation des Lieferers und es bleibt somit nur noch wenig Raum für unternehmerische Freiheiten der Lieferfirmen.
Auch so manches Know-how kann damit mehr oder weniger beabsichtigt preisgegeben werden.

Die Entwicklung bei der Herstellung von Produkten geht heute mehr und mehr zu einer Fertigung aus ganzen Modulen, von vorgefertigten Einheiten, die bei einem Lieferanten erstellt und dann von ihm angeliefert und auch gleich eingebaut werden. Es erfolgt eine Verlagerung der Arbeiten auf andere Unternehmungen oder ausgelagerte Firmenbereiche, u.a. auch Firmen in Billiglohnländern.
Im Extremfall wird zum Beispiel eine Automobilfabrik in verschiedene verselbständigte Abteilungen aufgeteilt und selbst quasi zu einem Förderband reduziert, wo nur noch die großen Bauteile oder Module dann zusammengefügt werden.
Alle Bauteile werden einschließlich Entwicklung und Erprobung vom Zulieferer erstellt.
Es wird sicherlich interessant sein, diese Entwicklung weiter zu beobachten.

7.3.4. Benchmarking

Mit dem Werkzeug Benchmarking vergleicht man die Leistungen des eigenen Unternehmens mit denen anderer Unternehmen, mit konkurrierenden Betrieben, mit Wettbewerbern, mit branchengleichen wie auch branchenfremden Unternehmen.
Auch innerhalb des eigenen Unternehmens können durch Gegenüberstellungen von verschiedene Abteilungen vergleichende Betrachtungen angestellt werden.
Anhand von Kennzahlen wie Umsatz und Gewinn pro Mitarbeiter, Arbeitsaufwand pro Stückzahl oder entsprechender Durchlaufzeiten, Materialkosten, Mitarbeiterzahl, Fehlerquote, Fertigungsniveau, Herstellungskosten, Fehlzeiten usw. werden vergleichende Betrachtungen für die Arbeitsschritte angestellt und dann Schlußfolgerungen für den eignen Betrieb gezogen.
Ziel ist jeweils die Verbesserung der betrieblichen Arbeitsabläufe, der Arbeitsstrukturen und die Erhöhung der Rentabilität, die Motivierung der Mitarbeiter zum Mitdenken, zur Mitarbeit und zum Mitlenken, zu einer verstärkten Kreativität.

In flacheren Strukturen sollen die Führungskräfte wieder in den Alltag, an den Ort des Geschehens zurückgeholt werden. In Workshops werden die Probleme diskutiert. Es wird gemeinsam nach praktischen Lösungen gesucht.
Benchmarking bedeutet aus den Fehlern anderer Firmen, von Unternehmen, die es besser können, lernen. Man muß nicht immer nur aus eigenen Erfahrungen lernen.
Die Methode Benchmarking ist in den USA ein sehr beliebtes Verfahren und übertrug sich über amerikanischen Tochterunternehmen auf europäische Firmen.
Das Instrument Leistungsvergleich soll die eigene Wettbewerbsfähigkeit anheben und stärken.
Durch die Feststellung der Unterschiede bei den gewählten Kenndaten können dann Abhilfen und Gegensteuerungen eingeleitet werden.
Nach Auswertung der Daten werden die angestrebten Ziele festgelegt und die Ablaufpläne für diese Zielsetzungen erarbeitet. Es wird eine Strategie zur Änderung festgelegt. Problematisch sind manchmal die Vergleiche. Es muß darauf geachtet werden, daß das richtige Zahlenmaterial gegenübergestellt wird und nicht Birnen und Äpfel miteinander verglichen werden. Die Vergleiche sind kritisch zu überprüfen.
Probleme ergeben sich auch bei der Ermittlung des Zahlenmaterials.
Welches Unternehmen verrät auch schon gern sein Know-how und gibt seine Daten der Öffentlichkeit bekannt?

- Ist das Zahlenmaterial auch wirklich korrekt?
- Wurden die Daten für die Veröffentlichung geschönt?
- Sind die Bezugsgrößen wirklich vergleichbar?

Wegen fehlender Bereitschaft des Konkurrenten, die Karten offen auf den Tisch zulegen, werden oft Schätzungen oder unvollständige Daten verglichen, was zu falschen Schlußfolgerungen und Fehleinschätzungen führen kann.
Sowohl die Zahlenverfügbarkeit wie auch der notwendige Aufwand zur Ermittlung der Daten bereiten Schwierigkeiten bei der Zusammenstellung des Zahlenmaterials.
Zahlen allein sind auch keine Aussage über die Qualität eines Unternehmens. Zahlen allein geben kein vollständiges Bild von einem Betrieb.
Positiv kann das kritische Betrachten der eigenen Zahlen gesehen werden. Auch ohne Vergleich mit dem Wettbewerb kann man oft aus dem Datenmaterial wertvolle Schlüsse für das eigene Unternehmen ziehen und eine Entscheidungshilfe erhalten.

7.3.5. Re-Engineering

Bei der TQM-Methode Re-Engineering, der Reorganisation der Arbeitsprozesse, einer neuen Ordnung aller Aktivitäten in einem Betrieb, erfolgt eine völlige Neugestaltung der Arbeitsabläufe in einem Unternehmen.
Unabhängig vom augenblicklichen Stand des Unternehmens wird quasi auf dem Papier ein neues Unternehmen konzipiert.
Ausgehend von den Zielen und den beabsichtigten Vorhaben wird eine neue Firma entworfen. Alle Arbeitsabläufe werden neu erstellt und somit überprüft. So mancher Schritt wird verein-

facht oder durch einen neuen ersetzt. Unnötige Abläufe werden ausgemerzt. Das ganze Unternehmen wird auf diese Weise in allen Teilablaufschritten durchforstet. Alte, zeitraubende und kostenaufwendige Arbeitsmethoden werden durch neue effektivere und produktivere ersetzt. Jeder Arbeitsschritt wird auf seine wirkliche Notwendigkeit geprüft.
Der Re-Engineeringsprozeß unterteilt sich in 4 Schritte:

1. Die Definition der Kompetenzen und Festlegung der Strategien.

2. Die Organisation der Arbeitsprozesse, aller Arbeits- und Tätigkeitsabläufe.

3. Die Schulung der Mitarbeiter in Eigenverantwortung und Teamarbeit.

4. Die Fokussierung des ganzen Betriebes auf den Kunden.

Die Wiederbelebung und Neustrukturierung eines Unternehmens, die Änderung der Einstellung der Mitarbeiter zur Arbeitsqualität und die Ausrichtung aller Bereiche auf den Kunden führen zu einer Umstrukturierung des Unternehmens und sollen die Arbeitsabläufe vereinfachen, die Prozeßgeschwindigkeit steigern, die Arbeitsqualität erhöhen und die Prozeßflexibilität verbessern.

Auch die Kollegen sind Kunden. Sowohl die externen als auch die internen Leistungsabnehmer werden als Kunden gesehen.
Der Kollege ist der Empfänger der ausgeführten Arbeit, er ist der Abnehmer einer Ware, er ist ein Kunde.
Aber der Kunde ist auch der Kollege. Ohne Kunden kann kein Verkauf der Leistungen erfolgen und ohne ihn ist der Arbeitsplatz auch nicht gesichert.
Der Kunde ist nicht mehr der völlig Unbekannte und wird nun wie ein gut bekannter Kollege betrachtet und behandelt. Die Anonymität des Kunden schwindet.
Der Kunde rückt in den Mittelpunkt. Die Zufriedenheit des Kunden gewinnt an Priorität.
Diese neue Einstellung ergibt eine veränderte Unternehmenskultur und führt zu einer Produktivitätssteigerung. Der Kunde und Verbraucher sind mehr in das Firmengeschehen mit eingebunden.

Mit der Neuorganisation des Unternehmens ergibt sich auch ein Abbau der Hierarchieebenen zu einer Organisation des Lean Managements, zu einem System der kürzeren Wege und der schnelleren Entscheidungen, zu weniger Schriftverkehr und zu mehr präzisen Gesprächen am Ort des Geschehens.
Bei der Anwendung des Re-Engineerings empfiehlt sich die Bildung eines Teams aus Mitarbeitern verschiedener Hierarchieebenen.
Das Team stellt sich eine Aufgabe, einen Arbeitsprozeß wie zum Beispiel die Fertigung eines bestimmten Erzeugnisses oder die Ausführung einer Dienstleistung zu verbessern. Es wird eine Produkt-Pilotlinie eingerichtet.
Die Teammitglieder arbeiten eigenverantwortlich zusammen und optimieren den Prozeß bzw. den Arbeitsablauf.
Weitere neue Teams werden gebildet, die sich dann den aufgespürten Problemen annehmen und nach guten vernünftigen Lösungen suchen.

Alle tragen Verantwortung und sind in den Gesamtprozeß miteingebunden. Das Befehlsmanagement wird in ein Teammanagement umgewandelt. Die Hierarchien werden abgebaut. Der Arbeitsstil ist durch kürzere Wege für die Abläufe und schnellere Entscheidungen charakterisiert!

Ziel des Re-Engineering ist es, insbesondere in großen Unternehmen den schwerfälligen Betriebsablauf in flexible kleinere Einheiten aufzuteilen, wo dann kurze Entscheidungswege die alte Organisation ersetzen.
Oft sind die Unternehmen in Laufe der Jahre ein wenig träge geworden. Sie sind im Laufe der Zeit verkrustet und haben hier und da auch Staub angesetzt. Alles läuft in einer Routine ab, persönliches Engagement fehlt.
Kleinere Einheiten bringen neuen Schwung in das Unternehmen. An den Mitarbeiter werden wieder mehr Anforderungen gestellt. Alle sind wieder mehr gefordert. In den kleineren Organisationseinheiten werden die Menschen wieder mehr angesprochen. Sie müssen sich wieder mehr um Einzelheiten kümmern. Ihre Arbeitsfreude wird geweckt und ihre Leistung erhöht sich infolge wachsender Ansprüche.
In den kleineren Organisationseinheiten wird auch auf Marktänderungen schneller reagiert. Kundenwünschen wird flexibler begegnet.
Die Kosten für Material, Verbräuche und Personal werden den gebildeten Einheiten direkt zugeordnet und jeweils kritisch unter die Lupe genommen.

Die zu einer Produktlinie gehörenden Mitarbeiter, die verantwortlich sind für die Entwicklung, den Einkauf, die Produktion und die Herstellung, für den Vertrieb und Verkauf, den Dienst am Kunden usw., sitzen alle zusammen mitten in der Herstellung und arbeiten nun nicht mehr getrennt von einander in verschiedenen Etagen oder Häusern. Jeder weiß, was der andere macht und man tauscht seine Erkenntnisse und Erfahrungen aus. Es erfolgt eine Zusammenarbeit bei einer gleichzeitigen Befruchtung. Es wird ein synergistisches Resultat erzielt.
Verbesserungsvorschläge werden sofort umgesetzt. Die Funktionsbereiche Entwicklung, Marketing und Vertrieb, ja auch Verwaltung sitzen nun näher am Geschehen.

7.4. Das Umweltmanagementsystem

Der Lebensraum um uns herum, die Atmosphäre, das Wasser und das Land, die Tier- und Pflanzenwelt sind für den Menschen lebensnotwendig.
Ohne den Sauerstoff in der Luft wären wir innerhalb von Sekunden tot. Schlechte Luft mindert unser Wohlbefinden. Krankheiten sind die Folge.
Fehlendes Wasser führt schon nach wenigen Tagen zum Tode. Ohne Trinkwasser würden wir verdursten, uns selbst vergiften.
Der Boden bietet die Grundlage für unsere Ernährung. Nur wenige Wochen halten wir es ohne Nahrung aus. Die Lebenserhaltung bedarf einer ständigen Zufuhr von Energie.
Eine chemische Vergiftung des Ökosystems, eine Zerstörung der Natur raubt uns die Lebensgrundlage und führt zum Tode allen Lebens.

Der Lebensraum um uns herum ist die Lebensgrundlage für uns Menschen, aber auch für die Tiere und die Pflanzen. Die Tier- und Pflanzenvielfalt gehören mit zu unserem Lebensraum. Sie sind ein Bestandteil unseres Lebens, ein Teil dieser Erde.
Ohne Pflanzen und Tiere können wir nicht leben. Sie bilden unsere Nahrungsgrundlage. Sie sind die Lieferanten unserer Rohstoffe und der verschiedensten Materialien. Sie sind aber auch die Aufbereiter unserer Abfälle und Hinterlassenschaften.
Die Pflanzen erzeugen den Sauerstoff, ohne den wir nicht leben können. In einem Prozeß der Photosynthese werden aus Wasser und Kohlendioxid die Kohlenhydrate und der lebensnotwendige Sauerstoff erzeugt. Wir atmen den Sauerstoff der Luft ein und als Stoffwechselprodukt entsteht wieder Kohlendioxid.
Mittels des Sonnenlichtes bauen die Grünpflanzen mit ihrem Chlorophyll in unserem Ökosystem aus anorganischen Stoffen die energiereichen organischen Verbindungen auf. Die Pflanzen bilden die Nahrung für den Pflanzenfresser und diese sind wiederum die Nahrung für den Fleischfresser. Der Mensch bedient sich sowohl der Pflanzen als auch der Tiere zur Ernährung. Er verspeist sie zur Aufrechterhaltung seines Energiehaushaltes.
Bakterien, Pilze und Kleinlebewesen bereiten die Abfälle und Rückstände wie Mist, Kot, Kadaver und Leichen wieder auf und schaffen wieder die Stoffe, die die Grünpflanzen zum Aufbau benötigen. Sie schließen das biologische Kreislaufsystem der Materialien und der Energien.

So manchen Rohstoff verdanken wir unserer Tier- oder Pflanzenwelt.
Die Kohle ist pflanzlichen Ursprungs, entstanden aus Holz und anderen pflanzlichen Stoffen unter Luftabschluß. Ohne Kohle wäre eine Stahlproduktion nicht möglich.
Das Rohöl und Erdgas, ein Gemisch aus flüssigen bzw. gasförmigen Kohlenwasserstoffen verschiedener Strukturen, ist ein Umwandlungsprodukt der Fauna und Flora der Weltmeere und maritimer Kleinlebewesen. Die Energiequellen Erdöl und Erdgas liefern uns Wärme und die Antriebsenergien für unsere Fahrzeuge. Rohöl ist der Rohstoff unserer chemischen Industrie.
Kalk oder Kalkstein, Kreide und auch Marmor gehen zurück auf Protozonen, Korallen und Muscheln. Gebrannter Kalk dient zusammen mit Sand zur Mörtelherstellung, findet aber auch Verwendung bei der Glasfabrikation.
Die Tiere und Pflanzen sind die eigentlichen Erzeuger zahlreicher Rohmaterialien wie auch die Aufbereiter unserer natürlichen Verschmutzung, unserer Abfälle und Ausscheidungen. Bakterien, Pilze und all die kleinen Lebewesen setzen Fäkalien, abgestorbene Pflanzen und Tiere um, zerlegen sie in die Ausgangsstoffe, die ein neues Leben wieder benötigt. Dieser ständige Kreislauf gewährleistet die Lebensvorgänge auf unserer Erde.
Diese Welt, dieses natürliche Gleichgewicht von Lebewesen und Vegetation gilt es zu bewahren und vor einer Vernichtung zu schützen. Die Pflanzen- und Tierwelt bildet die Lebensgrundlage für uns alle.
Die Schätze der Erde, dazu gehören die zahlreichen Naturerscheinungen mit ihren Schönheiten und ihrer Vielfalt, die Berge, die Wälder, die Seen, ja auch eine Wüste und eine Einöde, die ganze Tier- und Pflanzenwelt mit allen ihren Variationen, alles das sind Kostbarkeiten. Wir können sie erhalten oder aber auch zerstören und vernichten. Es liegt in unserer Hand, es liegt in unserer Verantwortung!
Wir dürfen die Naturgesetze nicht mißachten und den Planeten plündern. Wir müssen auch an die Generationen nach uns denken. Auch sie wollen auf dieser Erde glücklich und zufrieden leben.

Jedes Unternehmen einschließlich aller seiner Mitarbeiter trägt für diese Welt eine hohe Verantwortung. Was einmal aus dieser Welt wird, haben wir vor unserem Gewissen zu verantworten.
Das Streben nach Wertschöpfung, die ruhenden Schätze der Erde, alle die zahlreichen Rohstoffe zu nutzen, um Werte zu schaffen, darf die Menschen nicht vergessen lassen, daß diese Schätze sich vermindern und daß mit der Wertschöpfung auch eine Vernichtung begann und verbunden ist. Jede Zerstörung bedeutet, es kann nicht wieder rückgängig gemacht werden. Es kann nie wieder erscheinen und ist für immer verloren!
Umweltschutz, Achtung, Bewunderung und Ehrfurcht vor der Natur bedeuten sparsamen Umgang mit allen Ressourcen, weniger umweltschädliche Ablagerungen im Erdreich und geringere Belastung der Böden, sauberes Wasser, weniger Verschmutzung unserer Gewässer, der Flüsse, Seen und Meere und geringere Verunreinigung der Luft durch die verschiedensten Abgase.

Ein erfolgreicher Umweltschutz besteht in der Vermeidung von Schäden aller Art, in dem Vermindern von Verschwendungen und Vergeudungen, in der Wiedergutmachung von bereits angerichteten Zerstörungen. Wir sollten unsere Welt wieder mehr beachten und bewundern, jede Mißwirtschaft vermeiden.
Man kann die Lufthülle unserer Erde nicht durch ein Filter jagen, die Flüsse, Seen und Meere durch eine Kläranlage schicken. Die Umwelt kann durch solche Verfahren nicht gereinigt oder erneuert werden.
Nachträglich ist es immer schwer, einen Defekt oder Fehler wieder gut zu machen. Die Schäden sind all zu oft irreversibel und irreparabel.
Die Natur bedarf mehr denn je des Schutzes durch den Menschen. Nur er kann die Tier- und Pflanzenwelt vor der Zerstörung und Schändung bewahren, den Lebensraum der Pflanzen und Tiere sichern.
Der Mensch muß aufhören, nur an sich selbst zu denken, keine Rücksicht auf seine Mitmenschen und seine ihn umgebende Umwelt zu nehmen und nur seinem eigenen Egoismus zu folgen und nicht an die Welt nach uns zu denken. Eigennutz darf nicht gegenüber dem Gemeinnutz den Vorrang haben.
Wir müssen aufhören, uns wie nichtdenkende und ungebildete Wesen zu benehmen und uns keine Gedanken über unser Tun und Handeln sowie deren Auswirkungen auf unsere Zukunft zu machen. Nur genießen, ohne jede Vernunft!
All zu oft hat man den Eindruck, wir benutzen die Erde, als wären wir die letzte Generation (R. Dubos).

Der Schutz unserer Umwelt ist heute eine Aufgabe eines jeden Mitarbeiters.
Umweltfreundliche Produkte und umweltfreundliche Produktionsverfahren, umweltfreundliche Dienstleistungen sind die Voraussetzung für die Erhaltung unserer Umwelt. Das Beachten und Schützen unseres Lebensraumes hebt das Ansehen einer Firma. Betrieblicher Umweltschutz fördert den Vertrieb und Verkauf der Erzeugnisse.
Umweltschutz ist keine nebensächliche Angelegenheit mehr. Es ist eine wichtige Unternehmensaufgabe, die einer aktiven und nachdenkenden Mitarbeiterschaft bedarf.

Das Umweltmanagementsystem eines Unternehmens ist eine Einrichtung, die eine Organisationsstruktur für den betrieblichen Umweltschutz eines Umweltmanagements festlegt, die Aufgaben und die Zuständigkeiten im betrieblichen Umweltschutz regelt sowie die Durchführung der Umweltmaßnahmen organisiert und überwacht.

Das Umweltmanagementsystem ist ein Instrument zur Lösung alle Umweltschutzfragen und -probleme. Seine Aufgabe ist die Durchsetzung gewisser Zielvorstellungen im betrieblichen Umweltschutz.

Eine aktive betriebliche Umweltpolitik beinhaltet:

- Die Verhütung von allen Umweltschäden.
- Die Verringerung bestehender Umweltbelastungen.
- Die Beseitigung von bereits angerichteten Umweltschäden.
- Einen verantwortungsvollen Umgang mit allen Ressourcen.
- Einen sparsamen Verbrauch von Energien und Rohstoffen.
- Den Einsatz von umweltfreundlichen Technologien.
- Die Herstellung von umweltgerechten Produkten.
- Die Ausführung von nicht umweltschädigenden Dienstleistungen.

Die Pflichten und Verantwortungen des Umweltmanagements umfassen die Planung, die Umsetzung, die Kontrolle und Überwachung sowie die Steuerung und die Überprüfung der Maßnahmen, die die Betriebsumwelt vor Belastungen schützen sollen.
Erst ein Umweltmanagementsystem erlaubt es in einem Unternehmen, eine Umweltpolitik einzuführen und die Aktivitäten der Firma mit ihren Auswirkungen auf die Umwelt zu überprüfen, die Wirkungen eines Prozesses, eines Produktes oder einer Dienstleistung auf die Umwelt festzustellen und korrigierend einzugreifen sowie die Ziele im Umweltschutz in die Tat umzusetzen.
Zur Beurteilung und Bewertung des Umweltmanagementsystems dient eine Umweltbetriebsprüfung, auch Umwelt-Audit oder auch Öko-Audit genannt. Es ist eine Selbstüberprüfung der eigenen Umweltschutzmaßnahmen.
In einer Umwelterklärung legt ein Unternehmen mit seinen Mitarbeitern seine Umweltpolitik und sein Umweltprogramm gegenüber der Öffentlichkeit dar und versucht Vertrauen zu gewinnen.
Die Grundlage bildet die EG-Öko-Audit-Verordnung:
„Verordnung (EWG) Nr. 1836/93 des Rates vom 29. Juni 1993 über die freiwillige Beteiligung gewerblicher Unternehmen an einem Gemeinschaftssystem für das Umweltmanagement und die Umweltbetriebsprüfung".

Neben der Umwelterklärung bietet auch die Zertifizierung nach der Norm DIN ISO 14001 „Umweltmanagementsysteme / Spezifikation und Leitlinien zur Anwendung"
eine Möglichkeit zum Aufbau und zur Einrichtung eines wirksamen Umweltmanagementsystems.
Beide Verfahren dienen dem weltweiten betrieblichen Umweltschutz, heben das Ansehen eines Unternehmens in der breiten Öffentlichkeit, sowohl beim Kunden als auch bei den eigenen Mitarbeitern. Zusätzlich wird die eigene Wirtschaftlichkeit durch Einsparungen und Verbesserungen gestärkt.
Das System des Umweltmanagements hat die Aufgabe, alle gesetzlichen Forderungen und Vorschriften zu ermitteln und für die Einhaltung der Forderungen zu sorgen.

Das Umweltmanagement setzt die Prioritäten und legt die Zielsetzung fest. Es erstellt eine Organisationsstruktur und ein Umweltprogramm und sorgt für die Umsetzung der Zielvorstellung. Es plant, lenkt und überwacht alle Maßnahmen einschließlich auch der Korrekturmaßnahmen.

Das System selbst wird in regelmäßigen Abständen überprüft und bewertet, um Möglichkeiten für Verbesserungen herauszufinden und zu erkennen. Ziel ist eine Verringerung aller Umweltbelastungen. Dazu muß das Managementsystem selbst den sich wandelnden Umständen, den neuen Gegebenheiten und Erkenntnissen immer wieder angepaßt werden.

In die Umweltschutzbemühungen werden alle betrieblichen Abläufe mit einbezogen. Alle Arbeitsabläufe werden bezüglich Auswirkungen auf die Umwelt überwacht und gesteuert.

Ohne ein gut funktionierendes Umweltmanagement läßt sich eine Umweltpolitik nur sehr schwer verwirklichen. Die Maßnahmen des Umweltprogrammes lassen sich erst mittels einer festgelegten Organisation und mittels überzeugter Mitarbeiter umsetzen. Organisation und Personal bestimmen somit ein Umweltmanagementsystem.

Eine aktive Umweltpolitik setzt voraus, daß die Verantwortung möglichst hoch angesiedelt wird. Ein Vertreter der Unternehmens- bzw. ein Mitglied der Geschäftsleitung sollte für den Bereich Umweltschutz zuständig sein. Umweltschutz hat eine hohe Priorität! Umweltschutz ist aber nicht nur eine Sache des Topmanagements, es ist eine Angelegenheit eines jeden Mitarbeiters!

Ausgehend von der obersten Spitze sollten die Verantwortungen und Zuständigkeiten genau definiert und festgelegt sein. Jeder Mitarbeiter sollte wissen, was seine Aufgaben und Pflichten im Umweltschutz sind, was er zu tun hat.

Eine Abteilung Umwelt oder bei kleineren Unternehmungen ein Umweltverantwortlicher bzw. ein Umweltbeauftragter koordiniert alle Umweltfragen, ist verantwortlich für die Untersuchungen und Verbesserungen im Bereich Umwelt, ist der Ansprechpartner für alle Umweltprobleme und bildet die Anlaufstelle für Behörden und andere Umweltorganisationen wie auch der Mitarbeiter.

Ein Umwelt-Arbeitskreis kann bei der Diskussion der Umweltfragen, bei der Erarbeitung der Grundsätze und den Maßnahmenrichtlinien sehr nützlich sein.

So ein Arbeitskreis sollte aus Vertretern der Arbeitsbereiche bestehen und immer wieder Fachleute, Wissenschaftler, Experten, ja auch Umweltschützer hinzuziehen.

Der Erfolg wird bestimmt durch die Qualifikation der Teilnehmer und ihr Interesse an den Aufgaben.

In einer Organisationsstruktur des Umweltmanagementsystems sollte der organisatorische Aufbau und Ablauf festgelegt und verdeutlicht sein. Die Organisation muß so gestaltet sein, daß die Ablaufverfahren auch jeweils kontrolliert werden können. Die Zuständigkeiten, wie auch alle Arbeitsabläufe sind zu regeln. Bei Abweichungen sollten jederzeit Korrekturen möglich sein.

Das Umweltmanagement ist verantwortlich für alle Umweltschutzdaten und Informationen. Die umweltrelevanten Daten schließen alle in ein Unternehmen eingehenden Stoffe und Materialien, die erforderlichen Energien, die Verbräuche, also den gesamten Input ein. Sie umfassen den betrieblichen Bestand und letztlich auch den Ausgang oder den Output. Alle das Unternehmen verlassenden Stoffe, Materialien, Teile, Energien, Abgase und Abfälle werden mit ihren Daten erfaßt. Die Aufzeichnungen beinhalten die Quellen, die Qualität, Berechnungsarten und die Bewertungsmethoden der Daten.

Das Umweltmanagementsystem sorgt für eine übersichtliche und klar organisierte Dokumentation aller Daten, die den Umweltschutz betreffen.
Die für den Umweltschutz zuständigen Mitarbeiter sollten für ihre Aufgaben geschult werden und das entsprechende Umweltbewußtsein besitzen. Eine stetige Weiterbildung sollte die Qualifikation sichern. Die Mitarbeiter des Umweltmanagements üben eine Vorbildfunktion aus. Ihnen kommt damit eine große Verantwortung zu. Sie sollten den Gedanken eines wirksamen Schutzes unserer Umwelt auf alle Mitarbeiter ausstrahlen und übertragen.
Die Einrichtung eines Umweltmanagements wird sehr erleichtert, wenn bereits ein Qualitätsmanagementsystem nach DIN ISO 9000 ff. besteht. Dann kann auf diesen Strukturen aufgebaut werden.
Aber auch ein Betriebsbeauftragter für Immissionsschutz, für Abfall oder für den Gewässerschutz kann ein „Aufhänger" sein und für die Ansiedlung und den Aufbau eines Umweltmanagementsystems dienen.
Das Umweltmanagement sieht seine Aufgabe in der Bewertung und der ständigen Verbesserung des betrieblichen Umweltschutzes.

- Festlegung und Umsetzung der Umweltpolitik in einem Umweltprogramm.
- Systematische und objektive Bewertung der Leistungen des Unternehmens bzgl. Umweltschutz.
- Suche nach neuen Wegen und Alternativen zur Verbesserung des Umweltschutzes im Unternehmen.
- Information der Öffentlichkeit wie auch der eigenen Mitarbeiter über den betrieblichen Umweltschutz und die Umweltschutzmaßnahmen.

Das Umweltmanagement hat zu versuchen, bei den Roh- und Hilfsstoffen einzusparen, die Produktionsprozesse umweltverträglich zu gestalten und auf umweltverträgliche Produkte zu drängen. Für diese Zielsetzung sind alle Mitarbeiter zu motivieren.

Im einzelnen bedeutet das:

- Aufbau eines Energiemanagements,
- Untersuchungen zur Verbesserung des Produktionsverfahrens,
- Entwicklung umweltfreundlicher Produkte,
- Vorbeugemaßnahmen zur Risikoverminderung,
- Einführung eines Umwelt-Logistik-Systems,
- Erstellung eines Wiedergewinnungs- und Entsorgungssystems,
- Maßnahmen zur Reduzierung der Belästigungen durch Geruch, Lärm usw.,
- Information und Schulung der Mitarbeiter im Umweltschutz,
- Ermittlung des Ausbildungsbedarfes. Ausbildungsmaßnahmen.

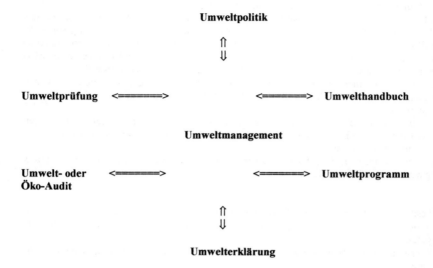

Umweltschutz ist eine Unternehmenskultur, die Lebensweise und Lebensart einer Betriebsbelegschaft und dient einer erfolgreichen Unternehmensentwicklung. Umweltschutz ist kein Selbstzweck!
Eine aktive und für den Umweltschutz sensibilisierte Betriebsgemeinschaft stellt sicher, daß die Wirksamkeit der eingeleiteten Umweltschutzmaßnahmen kontinuierlich überprüft und daß die Verbesserungsmaßnahmen ausgeführt werden. Die Aufgabe eines jeden Mitarbeiters ist es, Verbesserungsmöglichkeiten zu suchen.
Der Umweltschutz sollte stets kritisch betrachtet werden.
Das Anlegen von Blumenbeeten und das Aufhängen von Vogelnistkästen oder das Aufstellen von Vogelhäuschen sind sicherlich Maßnahmen zur Erhaltung der natürlichen Umwelt und werden so manchen Blumen- und Vogelfreund auch begeistern und erfreuen. Es sind aber keine Maßnahmen für eine Verbesserung des betrieblichen Umweltschutzes. Sie gehören nicht in ein ernsthaftes Umweltschutzprogramm eines Unternehmens, daß sich ernsthaft um eine Verringerung der Umweltbelastungen und die Vermeidung von Ökoschäden bemüht.
Es sind Gesten, die sicherlich so einige Mitarbeiter motivieren, aber in einem seriösen Umweltschutzprogramm sollte man auf solche Programmpunkte verzichten.
Sie führen zu einer Verniedlichung des Problems Betriebsumweltschutz.

7.4.1. Aufgaben eines betrieblichen Umweltschutzes

Die Aufgabe des Umweltschutzes umfaßt das Betreiben einer aktiven Umweltschutzpolitik, die Realisierung eines praktischen Schutzes der Tier- und Pflanzenwelt, die Reinhaltung unserer Atmosphäre, der Gewässer und des Bodens. Die Umweltschutzmaßnahmen sind zu überwachen. Die Mitarbeiter sind für den Umweltgedanken zu motivieren:

- Bewertung und Kontrolle der Tätigkeiten des Unternehmens im Umweltschutz.
- Überwachung der Auswirkungen von allen betrieblichen Aktivitäten auf die Umwelt.
- Verringerung der Auswirkungen der betrieblichen Tätigkeiten auf die verschiedenen Umweltbereiche wie Luft, Wasser und Boden.
- Beurteilung des Einflusses von neuen Aktivitäten, von neuen Produkten, neuen Verfahren des Unternehmens bereits im voraus auf die Umwelt.
- Einsparungen bei allen Ressourcen aus sowohl wirtschaftlichen als auch umweltschützenden Gründen.
- Erarbeiten von Maßnahmen zur Vermeidung, Verringerung und Beseitigung von Umweltbelastungen und -schäden.
- Eine ehrliche Information der Kunden und der Öffentlichkeit im offenen Dialog. Kundenunterrichtung über die Handhabung und Entsorgung der Produkte.
- Abfallverringerung, Wiederverwendung, Ausarbeitung von Lösungen zur Abfallproblematik.
- Reduzierung der Emissionen wie z. B. Lärmbelästigung, Geruchsbelästigungen, Luftverunreinigung durch gesundheitsgefährdende Gase.
- Verbesserung der Produktionsverfahren in Bezug auf mehr Sauberkeit. Nutzung und Anwendung umweltfreundlicher Technologien.
- Verhütung von jeglichen Umweltschäden und Unfällen.
- Ausarbeitung von Verfahren für die verschiedensten Notfälle.
- Zusammenarbeit mit Behörden bei der Ausarbeitung von Verfahren zur Reduzierung der Auswirkungen bei eventuellen Unfällen.
- Ausbildung und Schulung des Personals in ökologischen Fragen. Förderung des Verantwortungsbewußtseins für die Umwelt. Schulungsprogramme.
- Erstellung des Umweltprogrammes von der Planung bis zum Verkauf einschließlich Recycling und Entsorgung.
- Festlegung von Verfahren zur Kontrolle der Übereinstimmung mit der Umweltpolitik. Aufzeichnung und Aktualisierung der Ergebnisse.

7.4.2. Vorteile einer Beteiligung am Umweltschutz

Die Umwelt-Audit-Verordnung wie auch die Öko-Zertifizierung wird analog der Einführung des Qualitätsmanagementsystems eine betriebliche Notwendigkeit für den Geschäftsverkehr eines Unternehmens werden.
Der Zertifizierung nach dem Öko-Audit werden sich auch die kleinen und mittleren Firmen nicht entziehen können. Sie wird zu einer Voraussetzung von Lieferbeziehungen und Geschäftskontakten werden.
So wie heute schon Großunternehmen von ihren Zulieferern den Qualitätsnachweis, das ISO-Zertifikat oder eine Akkreditierungsurkunde verlangen, so werden auch der Nachweis für umweltfreundliche Herstellungsverfahren und umweltschonende Materialien und umweltgefällige Produkte eine Anforderung werden. Dieses gilt um so mehr, wenn Geschäftsbeziehungen mit Firmen des globalen Marktes erfolgen, die man noch nicht kennt und mit denen noch keine langjährigen Kontakte gepflegt werden. Das Zertifikat dient dann zur Einschätzung der Firma. Sie ist quasi die Eintrittskarte bei der Kontaktaufnahme.
Eine Beteiligung an der Umwelt-Audit-Verordnung bringt für ein Unternehmen einen nicht zu unterschätzenden wirtschaftlichen Nutzen.
Bei der Prüfung des Umweltschutzes werden so einige Schwachstellen und Mängel entdeckt, die dann durch Gegen- und Vorbeugemaßnahmen abgestellt werden können.
Die Beseitigung der Defizite und die veranlaßten Verbesserungen reduzieren im allgemeinen die Kosten, da es zu Einsparungen kommt. So manche Schwachstelle z.B. bei der Energieversorgung, bei der Abwasserbehandlung oder der Abfallbeseitigung wird nach ihrer Behebung zu einem Vorteil für das Unternehmen.
Sowohl Einsparungen als auch nicht erforderliche Entsorgungen senken die Herstellungskosten. Sie alle erhöhen die Wettbewerbsfähigkeit der Firma.
Umweltschutz wird zu einem strategischen Faktor bei der Sicherung des Unternehmens im Überlebenskampf, im internationalen bzw. im globalen Wettbewerb.
Durch das Zertifikat ergibt sich ein Wettbewerbsvorteil. Neben einer Kostenreduzierung bei der Fertigung und Produktion erfolgt auch eine Reduzierung des Risikopotentials bei der Haftpflichtversicherung, was zu einer Prämienreduzierung führt. Ein Öko-Audit hat eine risikomindernde Wirkung, werden doch das Umwelthaftungsrisiko drastisch herabgesetzt. Das verbleibende Umweltrisiko ist für den Versicherer besser einschätzbar.
Umweltschutz darf nicht erst am Ende des Unternehmensprozesses, nach der Tätigkeit, nach der Fertigstellung, nach Abschluß des Arbeitsablaufes einsetzen. Es darf keine Reparatur, keine Beseitigen von Fehlleistungen oder eine Wiedergutmachung eines Umweltschadens, eine Art Saubermachen nach der getanen Arbeit oder nur eine Reaktion auf eine gesetzliche Verordnung bzw. Vorschrift sein, sondern es muß eine Strategie zum Erkennen von Mängeln und ihrer Abstellung vor Ort bedeuten.
Umweltschutz beginnt bereits am Anfang eines Arbeitsprozesses, am Eingangstor eines Betriebes und nicht am Ende, nach Abschluß der Arbeiten, nach Ausführung der Leistung oder nach Auslieferung des Produktes.
Eine wirtschaftliche Rentabilität ergibt sich erst, wenn die Vorbeugung genutzt und das Auftreten eines Schadens frühzeitig verhindert wird.

Nachträgliche Fehlerkorrekturen, wie die Beseitigung von Umweltschäden, verursacht Kosten, belastet das Erzeugnis und verteuern eine Dienstleistung.
Es gilt, einen aktiven Schutz bereits vor dem Auftreten eines Schadens zu bilden und eventuellen Schäden vorzubeugen und nicht Verfehlungen und Defekte zu beseitigen.
Umweltschutz bedeutet Umweltsicherung, die Sicherheit, daß keine Schäden verursacht werden! Umweltschutz im Betrieb bedeutet aber auch Unternehmenssicherung, Schutz für die Mitarbeiter, die Sicherung der Zukunft des Unternehmens, Garantie für die Arbeitsplätze! Nur ein umweltgerechtes wirtschaftliches Verhalten garantiert ein Überleben im Wettbewerb!
Sowohl die Verordnung als auch die DIN ISO-Norm bieten bei einer Einbindung in den betrieblichen Prozeß einen Ansatz für einen effizienten und auch transparenten Schutz unserer natürlichen Umgebung. Ein Öko-Audit bietet Impulse für Verbesserungen in allen Bereichen und in allen Ebenen. Es stärkt mit die Wirtschaftlichkeit eines Unternehmens.
Der betriebliche Umweltschutz ist eine Herausforderung für jedes Unternehmen einschließlich seiner Mitarbeiter. Eine Beteiligung stärkt die Akzeptanz in der Öffentlichkeit. Die Beteiligung am Öko-Audit bedeutet eine Minderung des Risikos, die Umwelt zu belasten und führt zu einer Entlastung bezüglich der Kosten.

Die Menschen sind heute bei Umweltfragen weit mehr sensibel als früher. Sie schätzen jede Umweltmaßnahme eines Unternehmens. Ein Unternehmen mit einer aktiven Umweltschutzpolitik gewinnt eine wohlwollende Aufmerksamkeit der Öffentlichkeit. Es hat eine positive Ausstrahlung bei den eigenen Mitarbeitern.
Die Öffentlichkeit zeigt heute ein zunehmendes Interesse an Umweltfragen und eine Firma ist deshalb gut beraten, wenn sie regelmäßig eine Umwelterklärung abgibt, in der es die Umweltpolitik des Unternehmens beschreibt und das betriebliche Umweltprogramm vorstellt.
Ehrlichkeit und Offenheit zahlen sich bei der Information über die Umweltschutzmaßnahmen mehr aus als jegliche Geheimnistuerei.
Firmenintern erfolgt eine nicht zu unterschätzende positive Motivierung der Mitarbeiter. Die Teilnahme an der EG-Verordnung oder das Zertifikat DIN ISO 14001 sind ein Gütesiegel für das Unternehmen einschließlich seiner Mitarbeiter, eine Anerkennung für die Belegschaft und eine Auszeichnung für die Einstellung der Firmenbelegschaft zur Gesellschaft und zur Umwelt.
Ein Umweltsiegel ist sehr werbewirksam sowohl nach außen als auch nach innen. Die Mitarbeiter werden stolz auf ihr Unternehmen.
Für ein Unternehmen ergeben sich durch eine Beteiligung an einem Öko-Audit u. a. die folgenden Vorteile:

Stärkung der Wettbewerbsfähigkeit.

- Verbesserung des Images in der Öffentlichkeit einschließlich des Ansehensgewinnes bei den eigenen Mitarbeitern.
- Wettbewerbsvorteile gegenüber der Konkurrenz bei Ausschreibungen.
- Vorteile durch eigene Werbung im Briefkopf, im Firmenlogo, in Firmenbroschüren, Werbespots usw..
- Sicherung der Zukunft des Unternehmens sowohl im europäischen Binnenmarkt als auch auf dem internationalen Markt, insbesondere bei der Erschließung neuer Märkte.

Verbesserung der Organisation.

- Umweltschutz im betrieblich Unternehmen.
- Förderung des Umweltbewußtseins und Motivierung der Mitarbeiter.
- Qualifizierung der Mitarbeiter.
- Sensibilisierung für den Umweltschutz.
- Systematische Erkennung von Schwachstellen und Mängeln durch Einführung des Öko-Audits als Instrument für die Verbesserung des betrieblichen Umweltschutzes.
- Dokumentation von Betriebsabläufen.
- Sicherstellung bei der Einhaltung der gesetzlichen Vorschriften und Verordnungen.
- Innerbetriebliche Transparenz im ganzen Umweltschutzsektor.

Minimierung des Risikos.

- Verminderung des Risikos bei der Produkthaftung und der Umwelthaftung.
- Erniedrigung der Prämien.
- Vermeidung von Umweltschäden und -unfällen.
- Günstigere Verhandlungsposition bei Banken und Versicherungen.
- Gewinnung von mehr Rechtssicherheit.
- Sichere Einhaltung der Umweltschutzmaßnahmen.

Reduzierung der Kosten.

- Kosteneinsparungen bei allen Verbräuchen der Energien, bei Roh- und Hilfsstoffen, Einsparungen bei den Unterhaltungen, bei der Nachversorgung, bei der Abwasseraufbereitung und den Entsorgungen.
- Kostenreduzierung durch Wiedergewinnung oder Recycling.
- Erkenntnisse über weitere Einsparungsmöglichkeiten.
- Kostensenkung bei den Versicherungsprämien.
- Niedrigere Kosten bei der Beseitigung von Umweltschäden.

Jedes Unternehmen hat mit seinen Mitarbeitern eine ökologische Verantwortung. Die Betriebsgemeinschaft hat sich Ziele im Umweltschutz zu setzen. Sie hat die hohe Verpflichtung, die Aktivitäten, die Arbeitsabläufe und die Produktionsprozesse in eine umweltfreundliche und umweltgerechte Form zu bringen.
Diese Umweltverantwortung beginnt bei der Beschaffung und dem Einsatz der Rohstoffe, mit der Besorgung der Ausgangsstoffe und Materialien für den betrieblichen Herstellungsprozeß. Sie endet bei der Entsorgung des Firmenerzeugnisses. Sie schließt mit der Beseitigung des Produktes nach dem es seine Aufgabe erfüllt hat.
Schon bei der Entwicklung eines Artikels oder einer Ware, schon vor der Ausführung einer Dienstleistung ist es heute erforderlich, sich Gedanken zu machen, was geschieht einmal mit den ausgedienten Erzeugnissen, wenn sie ihre Dienste getan haben, wenn sie vom Kunden nicht mehr gewünscht sind, wenn sie vernichtet werden sollen.

- Was macht man einmal später mit dem ausgedienten, verbrauchten und nicht mehr benötigten Produkt?
- Wie entsorgt man es kostengünstig und umweltverträglich?
- Wie vernichtet man die Erzeugnisse, ohne die Umwelt zu belasten, ohne Menschen, Tiere und Pflanzen zu gefährden oder zu bedrohen, ohne neue Müllhalden zu schaffen, ohne teure und aufwendige Entsorgungen zu verursachen, ohne neue Probleme zu hervorrufen?
- Was sind die späteren Entsorgungskosten und wer trägt diese Kosten?

Für eine Bewertung einer Produktqualität wird zunehmend mitentscheidend die Beantwortung der Fragen:

- Wurde das Produkt umweltschonend hergestellt ohne Verursachung von Umweltschäden oder Umweltbelastungen?
- Kann das Produkt auch einmal umweltschonend entsorgt werden ohne die natürliche Umwelt zu gefährden?

Neben der Einsparung der Ressourcen gilt es, den Verbrauch der Rohstoffe, den Energie- und den Wasserverbrauch zu reduzieren, die Emissionen und den Abfall zu verringern und Luft, Wasser und Erde weniger zu verunreinigen.
Alle Prozesse, die Auswirkungen auf die Umwelt haben, sind ständig zu überprüfen und zu verbessern.
Ein verantwortungsvolles Unternehmen wird sich hier mit seinen Mitarbeitern seiner Aufgaben und Verpflichtungen wohl bewußt sein und seine Arbeitsabläufe immer wieder kontrollieren und stetig verbessern. Es wird sich darüber hinaus auch verpflichtet fühlen, transparent, ehrlich und offen die Öffentlichkeit über seine Maßnahmen im betrieblichen Umweltschutz zu informieren.

7.5. Ein Programm für Verbesserungsvorschläge

Ein System für ein innerbetriebliches Vorschlagswesen soll die Mitarbeiter zur Einbringung von Vorschlägen für die Verbesserung von Abläufen und für die Lösung von Problemen motivieren.
Das Vorschlagsprogramm soll die Mitarbeiter anregen, neue Ideen

- zur Einsparung von Energie, von Material und von Betriebsstoffen,
- zur Verbesserung der Arbeitsabläufe,
- zur besseren Nutzung der Maschinen, Werkzeuge und Geräte,
- zur Vereinfachung der administrativen Arbeiten und Abläufe,
- zur Erhöhung der Produktqualität,
- zur Steigerung der Produktivität und Rentabilität,
- zur Intensivierung der Kundenbeziehungen,

- zur schnelleren und leichteren Ausführung von Arbeiten,
- zur Einsparung von Reparaturen und
- zur Reduzierung von Ausgaben

sich auszudenken und zu entwickeln.

Den Anreiz zum Nachdenken bildet eine Prämie und/oder eine Anerkennung. Die Belohnung in der Form eines Geldbetrages oder in der Form einer Ehrung stärken das Gefühl des Stolzes, mit einen Beitrag geleistet und seine Fähigkeiten und sein Können gezeigt zu haben. Jede Belohnung, gleich welcher Art, steigert das Selbstwertgefühl und das Selbstbewußtsein. Eine Prämie oder ein Preis motiviert und regt zu weiteren Vorschlägen an. Kreativität wird entwickelt.

Das Mitdenken wird durch eine Auszeichnung gefördert. Die Mitarbeiter werden angespornt, die betrieblichen Abläufe zu überdenken und zu verbessern, sie zu vereinfachen und produktiver zu gestalten.

Eine Belohnungssystem kann natürlich nun nicht ausufern und jeden Vorschlag prämiieren. Der Preis muß immer etwas besonderes sein und sollte nur für herausragende Leistungen vergeben werden.

Die Nutzung der Ideen der Firmenmitarbeiter ist im Vergleich zu Japan bei uns noch unterentwickelt.

In vielen kleinen und mittleren Betrieben ist ein Vorschlagswesen noch nicht einmal eingeführt und als Folge davon bleiben auch so manche Gedankenblitze unentdeckt. Das Verbesserungspotential wird eigentlich gar nicht richtig genutzt.

In der Großindustrie findet man das Vorschlagswesen schon eher, aber auch hier hinken wir den Japanern hinterher. Japaner machen mit ihrem Kaizen rund 200 mal mehr Vorschläge pro Jahr als deutsche Mitarbeiter.

1996 wurden von 3 Millionen deutschen Beschäftigten in 340 Unternehmen (12 verschiedene Branchen) über 900 000 Verbesserungsvorschläge eingereicht, 26 % mehr als in dem Jahr davor. Diese Vorschläge führten zu einer Einsparung von 1,5 Milliarden DM, einen um 14 % höheren Betrag als 1995.

Den größten Nutzen des kreativen Potentials errang die Automobilindustrie mit ihren Zulieferfirmen. Rund 40 000 neue Ideen führten bei der Audi AG zu einer Einsparung von rund 30 Mill. DM.

In der Gummiindustrie machten die Mitarbeiter 101 Verbesserungsvorschläge pro 100 Mitarbeiter. Für die Automobilbranche betrug die Anzahl 72, in der Elektroindustrie 59 und in der Chemie 46. Für die Industrie insgesamt wurden 55 (42 in 1995) Vorschläge pro 100 Mitarbeiter eingereicht.

Die Einsparungen summierten sich 1996 auf Millionenbeträge. Bei den einzelnen Firmen ergaben sich folgende Summen:

VW	170 Mill. DM 1996
Opel	100
Mercedes Benz	83
Ford	44
BMW	43
Audi	29

(Die Welt 29.3.1997).

Aufgrund eines Programmes für Verbesserungsvorschläge tragen die Mitarbeiter sowohl zu Verschönerungen und Veränderungen im Betrieb bei als auch zur Erhöhung der Sicherheit und der Steigerung von Effektivität. Es wird die Produktivität der betrieblichen Abläufe in der Administration und Produktion Schritt für Schritt verbessert. Diese Mitarbeit ist ein nicht unwesentlicher Beitrag zur Steigerung der Wettbewerbsfähigkeit und zur Erhöhung der Wirtschaftlichkeit des Unternehmens. Viele der Ideen und Ratschläge bilden einen Beitrag zum Unternehmenserfolg.

Die neuen Ideen gelten im allgemeinen der Erleichterung der Arbeit, der Arbeitssicherheit, der Steigerung der Produktivität, der Verbesserung der Qualität der Produkte und der Dienstleistungen und der Einsparung von Kosten verschiedenster Art und schließlich auch der Beseitigung von irgendwelchen Mißständen und Unbequemlichkeiten sowie auch der Verhinderung von Verschwendungen.

Sehr entscheidend für die Wirksamkeit eines Vorschlagswesen ist die stets positive Einstellung der Mitarbeiter, insbesondere aber der Führungskräfte zu den neuen Vorschlägen. Nicht jeder Einfall ist gleich der große Gedankenblitz. Nicht jeder Gedanke läßt sich verwirklichen und bringt auch gleich eine beachtenswerte Einsparung. So mancher Vorschlag erscheint auch manchmal ein wenig absurd. Gute Ratschläge sind rar. Sie liegen nicht auf der Straße. Sie müssen gesucht werden.

Es ist aber auch wieder erstaunlich, welche tollen Ideen und Gedanken doch von den Mitarbeitern entwickelt werden. Immer wieder ist etwas besonderes dabei.

Der Wettbewerb und die Anregung zum Mitmachen am Vorschlagswesen sollten stets gefördert werden. Eine schnelle Reaktion auf einen neuen Vorschlag zeigt, daß man der Anregung Interesse entgegenbringt und motiviert zu weiteren Ideen und Anregungen.

Den Gedanken, neue Ideen zu entwickeln, sollte eine Unternehmensleitung immer wieder in der Belegschaft wach halten. Die Anregung nachzudenken und einen Vorschlag zu machen, neue Ideen zu entwerfen, sollte stets im Gespräch, in der Betriebszeitung, in einem Aushang erwähnt werden. Eines Tages ist eine gute Idee dabei!

Das Ziel des innerbetrieblichen Vorschlagswesen ist es, neue Wege zu suchen, die schneller, besser und billiger sind. Ein Vorschlagssystem nutzt dabei das Ideenpotential der Mitarbeiter. Es ist schon fast eine alte Weisheit: Die besten Ideen und Vorschläge kommen immer von der Belegschaft. Der Wettbewerb weckt den sportlichen Ehrgeiz der Mitarbeiter.

Wie könnte nun so ein System zur Belohnung von Vorschlägen aussehen?

Je nach Nutzen für das Unternehmen können wir die Vorschläge in folgende Gruppen unterteilen:

1. Ideen und Vorschläge, die dem Unternehmen nützen und zu einer wirklichen Verbesserung und Kosteneinsparung führen.

Die Ideen und Vorschläge, die zur Kostenminimierung führen, sollten mit Geldbeträgen honoriert werden. Im allgemeinen werden Prämien von 10-15% der Jahreseinsparung angesetzt. Diese Geldbeträge sind berechtigt, hat doch der Mitarbeiter zur Gewinnverbesserung des Unternehmens beigetragen.

2. Vorschläge, die von Nutzen sind, deren Einspareffekte aber nicht oder nur sehr schwer berechnet werden können.

Auch diese Vorschläge, die in ihren Kosten nicht oder nur sehr schwer zu erfassen sind, sollten mit Geldprämien belohnt werden, z.B. mit Beträgen von 100.-, 200.- DM oder mehr. Hier hat jedes Unternehmen freie Hand und kann den Betrag selbst bestimmen.
Das Management sollte versuchen, den Gewinn für das Unternehmen irgendwie gerecht und objektiv abzuschätzen und den Vorschlag dann zu honorieren.
Beispiele für diese Kategorie von Vorschläge sind zum Beispiel Anregungen zur Verbesserung der Arbeitssicherheit oder zum Schutze von Mensch, Tier und Pflanze, unserer Umwelt.

3. Vorschläge ohne Nutzen oder ohne Anwendung für das Unternehmen.

Für diese Vorschläge sollte ein Bedanken in der Form eines offiziellen Schreiben erfolgen. Das Bemühen sollte gewürdigt werden, motiviert es doch, sich weiterhin Gedanken zu machen.
Auch Anerkennung ist eine Belohnung.

Ein innerbetriebliches Vorschlagsprogramm nutzt das Ideenpotential der Mitarbeiter zur Verbesserung der betrieblichen Abläufe und dient damit der Rentabilitätsverbesserung.
Gute Anregungen sollten immer honoriert werden, animieren sie doch damit zu weiteren Vorschlägen.

Ein Nachteil vieler Vorschlagswesen ist, daß die Vorschläge schriftlich eingebracht werden müssen. Hier scheitern oft gute Ideen an einer Hemmschwelle, an der natürlichen Angst, zum Beispiel seine Schwächen in der Rechtschreibung zu zeigen. Durch ungeschickte Ausdruckswahl kann es leicht auch zu Mißverständnissen kommen. Schwierigkeiten bei der Formulierung führen oft zur Aufgabe, einen Verbesserungsvorschlag überhaupt einzureichen.
An dieser Stelle sollte der Manager, der Vorgesetzte oder die Führungskraft eine Hilfestellung geben, bei der Formulierung helfen, im Gespräch zu einer Klärung beitragen.
Auch langwierige Prozeduren bei der Beurteilung durch übergeordnete Abteilungen, langer Instanzenweg, zeitliche Verzögerungen bei Entscheidungen sind für viele nicht immer nachvollziehbar und entmutigen. Sie bremsen eine Aktivität, ehe sie gestartet wurde.
Neuere Methoden vermeiden diese Fehler des betrieblichen Vorschlagsprogrammes. So ist zum Beispiel der Qualitätszirkel ist eine gute Ergänzung zum Vorschlagswesen.

7.6. Die Steuerung einer Veränderung

Mit zu den Aufgaben einer Betriebsgemeinschaft gehört die Steuerung von Veränderungen, das Eingreifen und Lenken eines laufenden Veränderungsprozesses.
So wie alle betrieblichen Vorgänge und Abläufe beobachtet, gemessen und kontrolliert werden, muß auch eine Veränderung überwacht und gesteuert werden.
Der erste Schritt einer jeden Steuerung ist die Bestandsaufnahme, die Feststellung des Ist-Zustandes. Es muß quasi der Startpunkt festgelegt werden. Nur aufgrund der Veränderung gegenüber diesem Ausgangspunkt kann dann auch ein Fortschritt gemessen werden.
Erst die Festlegung des Beginnes erlaubt es, ein Abweichen vom Wege festzustellen.
In einem weiteren Schritt erfolgt dann die Festlegung der beabsichtigten Veränderungen. Neben der Gesamtveränderung gilt es, die Zahl der Veränderungsschritte einschließlich ihrer Zeiträume zu planen und zu definieren. Eine Veränderung muß systematisch geplant und gemanagt werden.
Der Prozeß schließt auch eine Kontrolle mit ein.
Es folgt eine Analyse des Veränderungsprojektes einschließlich aller einzelner Schritte. Eine ganze Anzahl von Fragen sind zu beantworten. Es muß geprüft werden, ob die Ressourcen ausreichen, ob das Projekt zum Unternehmen paßt, ob es allein durchgeführt werden kann, welche Hilfen eventuell erforderlich sind, welche Auswirkungen das Projekt hat, wo mit Widerstand, wo mit Unterstützung gerechnet werden kann usw..
Die Fakten müssen durch Kennzahlen ausgedrückt werden. Erst die Kennwerte ermöglichen eine exakte Messung. Aus den Ergebnissen sind dann Konsequenzen abzuleiten.
Das Ziel muß immer eindeutig und klar definiert sein.
Durch Gespräche mit den Mitarbeitern müssen die Gründe für die Skepsis, Bedenken und Zweifel, für die Widerstände ermittelt und dann ausgewertet werden.
Sehr vorteilhaft kann sich erweisen, wenn man ein ähnliches Projekt aus der Vergangenheit heranzieht und untersucht, wie es gesteuert wurde. Es lassen sich Parallelen ziehen. Aus dem Erfolg oder Mißerfolg kann man lernen.

Ein Veränderung hat nur eine Chance, wenn sie für den einzelnen einsichtig ist. Das Management muß nicht jeden überzeugen. Nicht alle müssen der Veränderung zustimmen. Eine völlige Zustimmung von allen wird man eigentlich auch kaum erreichen.
Gut ist, wenn die Mitarbeiter die Schwächen sehen, die drohende Gefahr begreifen, die Konsequenzen erkennen.
Die Kontrollfunktion ist keine Kontrolle der Personen, sondern nur der Sache, die Funktion eines Controllings. Die Veränderung wird durch einen Soll-Ist-Vergleich überprüft. Es wird ermittelt, wo der Wandel gut bzw. schlecht läuft, wo Hilfen erforderlich sind, was, wo und wann fehlt.
Die Antworten müssen dann in Daten ausgedrückt werden. Bei Abweichungen von der Zielvorstellung werden Maßnahmen oder Korrekturen erforderlich. Der Veränderungsprozeß wird gelenkt bzw. gesteuert.

Bei einer Steuerung einer Veränderung sind folgende Punkte zu beachten:

- Die Anforderungen an die Organisation eines Projektes sind klar und deutlich festzulegen und zu definieren. Die Mitarbeiter müssen wissen, warum die Veränderung erforderlich ist. Sie müssen über Chancen und Risiko, über die Folgen unterrichtet sein.
- Nur bei vollständiger Information wird auch sicher gestellt, daß die Mitarbeiter auch die erarbeiteten Empfehlungen unterstützen und mittragen.
- Das Projekt muß mit den Mitarbeitern von Anfang an diskutiert werden. Alle erforderlichen Veranlassungen und Maßnahmen müssen möglichst frühzeitig getroffen werden und nicht erst am Ende des Projektes.
- Erste Erfolge sind mitzuteilen, sie helfen die Renitenz, die Opposition und die Voreingenommenheit abzubauen, zeigen aber auch, daß es die Unternehmensführung ernst meint.
- Die Zielsetzung darf nicht vergessen werden. Sie bildet die Richtschnur.
- Mitarbeiter, die am Veränderungsprozeß teilnehmen oder betroffen sind, sollten auch am Entscheidungsprozeß beteiligt werden. Nur so tragen sie ihn dann auch mit.
- Frühzeitig muß geklärt werden, wer teilnimmt. Die Teilnehmer sollten dann auch bis zum Ende einbezogen bleiben.
- Der Prozeß muß allen klar und verständlich mitgeteilt worden sein. Wenn Mitarbeiter den Prozeß verstehen, unterstützen sie ihn auch. Sie tragen dann auch die Folgen mit. Wer sich ausgeschlossen fühlt, macht nicht mit, steht abseits und schmollt, auch wenn er mit der Zielsetzung übereinstimmt. Er befürwortet sie wohl, unterstützt sie aber nicht. Er arbeitet damit sogar dagegen.
- Die Entscheidungsträger müssen den Prozeß immer aktiv unterstützen. Bei den ersten Schwierigkeiten darf nicht gleich aufgegeben werden.
- Die für den Veränderungsprozeß Verantwortlichen müssen von dem Wandel überzeugt sein und ihn gegenüber allen Zweiflern, den Mitarbeitern und den Kollegen verteidigen einschließlich auch aller Maßnahmen. Die Veränderung ist ansonsten zum Scheitern verurteilt.
- Fehler und Rückschläge sollte man nicht verheimlichen, sondern offen darlegen. Offenheit und Ehrlichkeit schaffen nur Vertrauen. Jedes Verheimlichen von Informationen vermehrt das Mißtrauen.

7.7. Der Qualitätszirkel

Der Qualitätszirkel ist eine Methode aus Japan, die u. a. die bereits genannten Nachteile eines Vorschlagsprogrammes vermeiden sollen.
Ein Qualitätszirkel ist ein Kreis von Mitarbeitern, der das Ziel verfolgt, die Probleme und Schwierigkeiten gleich am Ort des Geschehens zu ermitteln oder zu erkennen und sie dann zu beseitigen.
Die Teilnehmer sind alle aus dem gleichen Arbeitsbereich, die mit ihrem direkten Vorgesetzten über Verbesserungen der Eigenschaften der Produkte, die Güte der Arbeit und die Qualitätssteigerungen bei den Arbeitsabläufen und Arbeitsprozessen diskutieren und beraten.

Man trifft sich regelmäßig für eine befristete Zeit und bespricht die Verbesserungsvorschläge der Mitarbeiter. Der Gruppenleiter führt die Runde wie ein Moderator. Der Vorgesetzte muß nicht unbedingt diese Rolle einnehmen. Ein stetiger Wechsel kann die Selbstsicherheit der Teammitglieder fördern. Jeder Austausch und Wandel belebt.
Gerade der Qualitätszirkel soll auch mit dazu beitragen, daß der Unterschied zwischen dem Vorgesetzten und den Mitarbeitern abgebaut wird. Er soll zur Kreativität anregen.
Die Organisation und die Führung des Unternehmens sollten in ihrer Struktur diesen Einrichtungen von Qualitätszirkeln angepaßt werden.
Die Teilnahme an der Diskussionsrunde sollte stets freiwillig sein. Die Mitarbeiter sind dann mehr motiviert. Gute Vorschläge lassen sich auch nicht erzwingen.
Gut ist und in der Praxis bewährt hat sich, wenn der Leiter des Zirkeln in der Technik der Moderation und der Qualitätsverbesserung geschult wurde und es gelernt hat, eine Gruppe bzw. ein Team zu führen.
Sinnvolle Verbesserungsvorschläge werden von dem Team gemeinsam notiert und anschließend umgesetzt. Bei einem nächsten Treffen werden dann die Ergebnisse diskutiert und bewertet.
Ein Qualitätszirkel bindet den Mitarbeiter mehr in den Arbeitsprozeß ein, motiviert ihn Vorschläge zu machen und Verantwortung zu tragen. Der Mitarbeiter gewinnt das Gefühl des Stolzes, an einer Problemlösung mitmachen zu dürfen und etwas zu leisten.
Mit der Einrichtung eines Qualitätszirkels wird das Element des Kontinuierlichen Verbesserungsprozesses (KVP) praktiziert. Durch ein regelmäßiges Treffen wird auch regelmäßig an Problemen und ihrer Verbesserung gearbeitet. Die Arbeitsgruppe bemüht sich selbständig und fortlaufend um eine kontinuierliche Verbesserung von Abläufen im betrieblichen Bereich.
Durch die ständige Beschäftigung mit den kontinuierlichen Verbesserungen wachsen die Mitarbeiter zu einer lernenden Gruppe zusammen. Die Gruppe selbst verbessert sich selbständig und reagiert flexibel auf Änderungen aus dem Umfeld des Unternehmens, auf Kundenwünsche, auf veränderte Marktsituationen und technische Neuerungen.

7.8. Brainstorming

Brainstorming ist eine Technik zur Gewinnung von neuen Ideen, ein Weg zur Lösung von Problemen und Schwierigkeiten, zur Suche nach Antworten auf Fragen. Brainstorming dient der Ideenfindung!
Die Methode beruht auf der Beobachtung, daß neue Ideen leichter vom Menschen entwickelt werden, wenn keine "wenn" und "aber" den Ideenfluß irgendwie hemmen und die Ideen schon im Keim gleich durch Gegenargumente oder Zweifel erstickt oder abgewürgt werden.
An eine Verwirklichung oder Realisierung des neuen Gedankens wird zunächst nicht gedacht. Es gilt nur, möglichst viele Lösungsvorschläge zu einem Problem zu sammeln.
Das Brainstorming erfolgt in einer Gruppe von Mitarbeitern, die sich zusammenfinden und zu einer gestellten Aufgabe oder einem definierten Thema vernünftige und praktikable Lösungen suchen.
Jedes Gruppenmitglied wirft seine Vorschläge in den Raum und wird dabei im allgemeinen von den anderen Teilnehmern inspiriert noch weitere neue Gedanken zu entwickeln. Die Einfälle fließen nur so. Eine Idee folgt der anderen.

Alle Gedanken werden ungehemmt eingebracht und nicht kontrolliert oder begutachtet. Jede Idee ist erlaubt und zugelassen. Die Phantasie hat völlig freien Lauf.
Alle Vorschläge werden festgehalten und aufgelistet. Eine Bewertung und Analysierung der Lösungsvorschläge wie auch eine Kritik der Gedankengänge erfolgt erst am Ende des Brainstormings. Die notierten Lösungsvorschläge werden dann geordnet und einzeln bewertet. Ihre Verwirklichung wird kritisch geprüft.
Brainstorming fördert die Kreativität. Die natürlichen menschlichen Schranken werden bei der Entwicklung einer Idee abgebaut und aufgehoben. Nichts bremst die Gedanken.
Im Brainstorming werden Ideen geäußert, die bei einer normalen und konventionellen Besprechung oder Diskussion nie geäußert worden wären.
Die Teilnehmer einer Brainstormingsitzung verlieren ihre Angst und ihre Hemmungen. Der Gedanke, man könnte sich ja blamieren, kommt gar nicht erst auf. Beim Brainstorming wird keiner bestraft oder schief angesehen, weil er vielleicht eine ziemlich unwahrscheinliche Idee geäußert hat. Die Atmosphäre stimuliert wirklich schöpferische Gedanken.
Beim Brainstorming sollten vier Grundregeln beachtet und auch möglichst eingehalten werden:

1. Für jeden Teilnehmer gilt: es herrscht Gedankenfreiheit, das völlig freie Gedankenspiel.

2. Es gilt möglichst viele Vorschläge zu machen, um so wahrscheinlicher wird ein guter und realisierbarer Vorschlag.

3. Neben Einzelvorschlägen sind auch Kombinationen von mehreren Anregungen möglich.

4. Eine Kritik findet nicht statt. Sie erfolgt erst nach Abschluß der Brainstormingsitzung.

Brainstorming bedeutet das Finden einer guten Lösung aus einem Haufen von Gedankenblitzen.
Brainstorming kann seine Anwendung u.a. in einem Qualitätskreis finden und hier als Methode zum Finden von Lösungen genutzt werden.
In einem solchen Zirkel finden sich Mitarbeiter zusammen und suchen gemeinsam nach Antworten in ihrem Arbeitsbereich zur Steigerung der Qualität, zur Kostenminderung, zur Produktverbesserung, zum Ausbau des Arbeitsschutzes, des betrieblichen Umweltschutzes oder zur Verbesserung der Sicherheit am Arbeitsplatz.

Diese Mitarbeiterzirkel sind Einrichtungen zur Verbesserung der Mitarbeit wie auch der Zusammenarbeit und man sollte sich ruhig einmal überlegen, ob man nicht einen solchen Kreis gründen sollte.
Warum nicht einmal versuchen, Lösungen zu irgendwelchen offenen Fragen systematisch zusammen mit den Mitarbeitern zu entwickeln?
Das Zusammenarbeiten im Team bindet den Mitarbeiter mehr an die Firma. Der Mitarbeiter erhält das Gefühl, daß seine Meinung, sein Mitwirken, seine Ideen gefragt sind. Es stärkt das Firmenzugehörigkeitsgefühl.

7.9. Das Ursache-Wirkungs-Diagramm

Ein Hilfsmittel beim Brainstorming kann u.a. das Ursache-Wirkungs-Diagramm bilden, ein Verfahren zum Ordnen und Sortieren von Vorschlägen. Es erlaubt eine übersichtliche Darstellung.
Das Diagramm ist ein Werkzeug zur Verdeutlichung. Es bildet ein Hilfsmittel, um mögliche Ursachen, die zum Beispiel zu einem Problem beitragen können, übersichtlich darzustellen. Die Suche nach der Lösungen wird hierbei etwas systematisiert und gelenkt.
Ein horizontaler Pfeil bildet die Frage oder das vorgelegte Problem. Auf ihn treffen die Haupteinflüsse, die Faktoren wie Mensch, Umwelt, Maschine, Material, Methode usw., die das Problem beeinflussen.
Die Haupteinflüsse verzweigen sich dann weiter. Sie werden wieder von anderen Faktoren beeinflußt.
Die Gruppe, die das Problem untersucht, bedient sich dem Brainstorming und sucht nach allen Einflußgrößen, nach den möglichen Ursachen, die einen Einfluß, einen Effekt oder eine Wirkung haben.
Das Ursache-Wirkungs-Diagramm bildet dabei eine Möglichkeit für ein ordnen und sortieren der Gedanken.

Ursache-Wirkungs-Diagramm

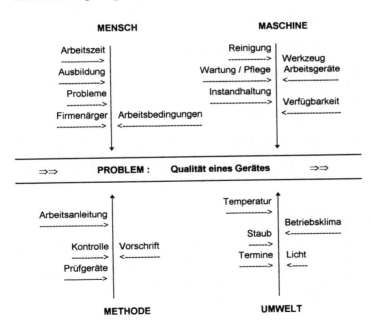

7.10. Die Fehler-Möglichkeiten und Einfluß-Analyse

Die Fehler-Möglichkeiten und Einfluß-Analyse, FMEA = Failure Modes and Effects Analysis, ist eine Technik zur Feststellung eventuell möglicher Fehler und ihrer Auswirkungen auf ein Produkt oder eine Dienstleistung.

Die FMEA ist ein Instrument zum Erkennen und Umsetzen von Verbesserungsmöglichkeiten, zum Beispiel bei der Entwicklung oder der Konstruktion, bei der Herstellung eines Erzeugnisses in einem Produktionsprozeß oder bei der Ausführung einer Tätigkeit. Bewährt hat sich die Methode besonders bei der Einführung von neuen Produkten und neuen Fertigungsverfahren, wo es gilt, nach Verbesserungsmöglichkeiten bei den Arbeitsabläufen zu suchen.

Die Methode ermittelt systematisch die möglichen Fehler, bewertet diese dann nach einem Schema und sucht anschließend nach entsprechenden Möglichkeiten zur Verhinderung der angenommenen Fehler.

Der verbesserte Prozeßablauf wird dann erneut wieder bewertet.

Die Analyse nach FMEA wird im allgemeinen in einem Team durchgeführt.
In der Gruppe werden alle nur denkbaren Fehlermöglichkeiten in einem betrachteten Prozeßablauf, die auf das Produkt oder auf die Dienstleistung einen Einfluß haben könnten, aufgelistet. Es werden jeweils kurz die Auswirkungen der aufgeführten Fehler beschrieben und dann in einer Risikobewertung beurteilt.

Es gilt alle Fehlermöglichkeiten mit ihren Auswirkungen auf ein Bauteil oder auf das Material und damit auf das gesamte Endprodukt zu erfassen.

Die Durchführung der FMEA-Methode erfolgt in mehreren Schritten:

1. Zusammenstellung der möglichen Fehler:
Welche Fehlermöglichkeiten bestehen?
Es werden alle nur denkbar möglichen Fehler oder Versagensmöglichkeiten und Ausfälle von Bauteilen oder Teilprozessen zusammengestellt.
Einige Beispiele für solche typischen Fehler sind:
Ausfall des Bauteiles, Klemmen des Schalters, falsche Kennzeichnung, falsche Verpackung, falscher Einbau, unzureichende Einbauanleitung, ungenügende Befestigung, unzureichende Erprobung und Anwendung, mißverstandene Anweisungen, keine ausreichende Kontrolle, fehlende Maßnahmen zur Vorbeugung.

2. Zusammenstellung der möglichen Folgen eines Fehlers:
Welche Folgen ergeben sich aus dem Fehler?
Es wird angenommen, daß ein möglicher Fehler auftritt und es werden dann seine Folgen beschrieben. Diese Folgen eines Fehlers werden zusammengestellt.
Einige Beispiele für diese Fehlerfolgen sind u.a.: zu kurze Haltbarkeit, Funktionsausfall, Stromausfall, kein Warnsignal, Funktionsstörung, keine Funktionsfähigkeit, Korrosion, Verschmutzung, keine Isolierung etc.

3. Feststellung der möglichen Ursache eines Fehlers:
Welche Ursachen hat der Fehler?
Für jeden Fehler werden die möglichen Ursachen gesucht. Sie bilden die Voraussetzung für die entsprechenden Gegenmaßnahmen zum Abstellen des angenommenen Fehlers.
Potentielle Fehlerursachen sind zum Beispiel: fehlerhaftes Bauteil, falsches Isoliermaterial, Nichtpassen des Fertigungsteiles (es paßt nicht in die Toleranzgrenzen), Verwechslungsmöglichkeit, unzureichende Fachkenntnisse.

4. Zusammenstellung der Kontrollmaßnahmen zur Verhütung des Fehlers:
Welche Kontrollmaßnahmen verhüten Fehler?
Für jede Fehlerursache werden die beabsichtigten Prüfmaßnahmen für die Fehlervermeidung aufgeführt.

5. Die Fehlerbewertung:
Die Fehler werden mittels eines Bewertungssystems beurteilt. Die Wahrscheinlichkeit des Auftretens und der Entdeckung des Fehlers wie auch der Folgen des Fehlers werden bewertet. Die Fehler werden in Bezug auf ihr Auftreten, ihre Bedeutung und der Wahrscheinlichkeit ihrer Entdeckung mit einer Zahl zwischen 1 und 10 benotet.
Eine niedrige Zahl bedeutet, daß der Fehler kaum auftritt und somit auch kaum entdeckt wird. Eine hohe Zahl sagt aus, daß die Wahrscheinlichkeit für einen Fehler sehr hoch ist und daß er mit ziemlicher Sicherheit auch entdeckt wird.

Bewertung Nummer	Wahrscheinlichkeit für das Auftreten des Fehlers	Bedeutung des Fehlers	Wahrscheinlichkeit einer Entdeckung
1-2	unwahrscheinlich	kaum	sehr gering
3-4	sehr gering	unbedeutend	gering
5-6	gering	mäßig	mäßig
7-8	mäßig	schwer	hoch
9-10	hoch	sehr schwer	sehr hoch

Bewertungssystem: 1 bis 10.
Eine Bewertung 1 bedeutet:
Das Auftreten eines Fehlers ist sehr unwahrscheinlich. Der Fehler hat keine Bedeutung. Die Wahrscheinlichkeit einer Entdeckung ist sehr gering.
Die Bewertung 10 steht für:
Das Auftreten des Fehlers ist ziemlich sicher. Die Bedeutung ist schwerwiegend und die Wahrscheinlichkeit für eine Entdeckung ist hoch.
Die Bewertungsnoten 2 bis 9 beurteilen Auswirkung und Bedeutung des Fehlers zwischen den beiden extremen Annahmen.

Die Auswertung erfolgt über die Risikoprioritätszahl, der Multiplikation von Auftreten, Bedeutung und Entdeckungswahrscheinlichkeit. Die höchste Zahl bedeutet, daß vorrangig Abstellmaßnahmen zu ergreifen sind.

Risikoprioritätszahl:

$$10 \times 10 \times 10 = 1000 = \text{hohe Priorität, extrem hohes Risiko}$$
$$5 \times 5 \times 5 = 125 = \text{mittlere Priorität}$$
$$1 \times 1 \times 1 = 1 = \text{keine Priorität, kein Risiko}$$

6. Maßnahmen zur Abstellung bzw. zur Korrektur:
Welche Maßnahmen dienen der Fehlerverhütung?
Die Korrekturmaßnahmen beseitigen die möglichen Risiken. Die Ausführung der Verbesserungsmaßnahmen werden überwacht und verfolgt. Nach der Einführung der Verbesserung erfolgt eine erneute Bewertung.

Eine FMEA zeigt keine Lösungen auf. Sie dient nur der Eingrenzung von Schwachstellen. Durch zielgerechte Optimierungsmaßnahmen wird vorbeugende Qualitätssicherung betrieben.

Ein Beispiel soll alles ein wenig verständlicher machen:

Betrachten wir die Erfassung der Ein- und Ausgänge in einem Lager. Die Zahlen der Mengen werden den Warenbegleitscheinen entnommen und von einem Mitarbeiter über eine Tastatur in ein Computerprogramm eingetippt. Bei der Eingabe von Warenmengen können Zahlendreher auftreten.
Eine zu hohe Zahl bedeutet, daß eine zu große Menge vorgetäuscht wird. Der Materialeingang ist höher als der tatsächliche. Die Folge ist, daß eines Tages Material fehlt infolge einer zu späten Nachbestellung. Die Produktion muß gestoppt werden. Termine können nicht eingehalten werden.
Die zu große eingegebene Zahl führt dazu, daß eine nicht ausreichende Menge für die weitere Verarbeitung zur Verfügung steht. Der Produktionsstopp führt zu erheblichen Kosten.
Die Beseitigung dieses Fehlers hat eine hohe Priorität.
Eine zu kleine Zahl stoppt dagegen nicht die Produktion, bedeutet aber eine Nachbestellung, obwohl eine solche noch nicht erforderlich ist. Es erfolgt eine Stapelung von Material, Lagerkosten werden verursacht und Kapital wird gebunden. Die Bestände werden höher als erforderlich. Auch dieser Fehler hat seine Auswirkungen, ist aber von geringerer Bedeutung in der Auswirkung. Der Fehler hat eine geringere Priorität.
Die FMEA führt zu der Aussage, daß die Eingabe einer zu großen Zahl möglichst zu vermeiden ist. Die hohe Risikoprioritätszahl deutet auf große Auswirkungen und verlangt vorrangige Abstellung dieser Fehlermöglichkeit.
Eine Lösung wäre vielleicht eine Sperre im Computerprogramm, die nur eine bestimmte Größe einer Zahl zuläßt. Der Lagereingang ist auf eine maximale Menge begrenzt.
Eine weit bessere Lösung liefert die moderne Technik. Zur Vermeidung des Fehlers einer falschen Eingabe empfiehlt sich die Automatisierung des Einlesens der Belege. Beiden Fehlermöglichkeiten wird vorgebeugt. Die Automatik ist verläßlicher als der Mensch. Es wird jede Form von einem Zahlenvertausch vermieden und damit unnötige Kosten verhindert.

7.11. Das Qualitätsaudit

Der Ausdruck "*Audit*" leitet sich von dem lateinischen Wort *audire* ab und bedeutet so viel wie *hören*.
Eine gute Erklärung liefert ein englisches Wörterbuch: *prüfen, revidieren*. Hier wird ziemlich klar die Aufgabe eines Audits beschrieben.
Das Audit ist eine Anhörung, eine Überprüfungstechnik zur Ermittlung, ob die ausgeführten Tätigkeiten und Arbeiten den geplanten Zielvorgaben entsprechen. Bei Abweichungen wird korrigiert.
Kurz gesagt: Ein Audit prüft, wird wirklich so gearbeitet wie vorgeschrieben wurde?
Audits sind Untersuchungen zur Feststellung der Wirksamkeit von getroffenen Maßnahmen und Vorkehrungen. Es sind quasi Soll-Ist-Vergleiche, die prüfen, ob angeordnete Vorschriften, Regeln und Anweisungen eingehalten und erfüllt werden. Audits kontrollieren die Wirksamkeit der Einrichtungen, die die Qualität oder auch eine Umweltschutz sichern sollen. Ein Audit ist ein Kontrollinstrument.
Wie heißt es doch so schön?

oder
      " Vertrauen ist gut, Kontrolle ist besser "

      " Vertraue auf Allah, aber binde dein Kamel an."

Bei Abweichungen von den Vorgaben, bei Nichtübereinstimmung der Soll- und Ist-Werte werden diese Mängel protokolliert und dann entsprechende Gegenmaßnahmen eingeleitet. Nachfolgend, nach einem gewissen Zeitabstand, wird dann diese Korrektur erneut überprüft.
Die Durchführung eines Audits ist eine Methode zur Überprüfung und Überwachung von Maßnahmen, die der Erhaltung und Verbesserung der Qualität der Produkte und der Dienstleistungen dienen. Durch das Gegenüberstellen der Zielsetzung und der festgestellten Fakten kann eine Steuerung erfolgen und damit das Ziel schneller und sicherer erreicht werden.
Audits sollten in regelmäßigen Zeitabständen immer wieder durchgeführt werden. Sie dienen der Suche nach der Ursache einer Schwachstelle.
Sie sind auch zu empfehlen als Instrument bei häufig auftretenden Fehlern, bei sich wiederholenden Reklamationen oder Klagen von Kunden, bei immer wieder beobachteten Fehlern in Abläufen.

1. Aufgaben und Ziele eines Audits:

Die Aufgaben und Ziele eines Audits sind :

- Die Feststellung der Abweichungen von spezifischen Forderungen,
- die Suche nach Schwachstellen und Mängeln,
- die Überprüfung der Übereinstimmung von Richtlinien mit den Abläufen,
- die Sicherstellung des Qualitätssystems oder eines Umweltschutzes in allen Tätigkeitsfeldern.

2. Audit-Arten:

Es gibt eine Anzahl verschiedener Audits, je nach Aufgabe oder Durchführung. Wir beschränken uns hier auf die wichtigsten Audits.

Internes Audit:
Interne Audits sind die regelmäßigen Überprüfungen der Qualitätskriterien auf ihre Wirksamkeit. Die Durchführung erfolgt durch eigene Mitarbeiter des Unternehmens.
Die Auditoren sollten möglichst Mitarbeiter aus einem andere Arbeitsbereich sein, um so die natürliche Betriebsblindheit zu vermeiden.

Externe Audit:
Externe Audits sind vertragsmäßige Überprüfungen von Qualitätselementen durch einen Fachmann von außen. Dieser Fachmann kann z.B. von einem Kunden bestellt worden sein.
Seine Aufgabe ist die Prüfung der Qualitätsfähigkeit und der Lieferzulassung.
Einige Firmen überprüfen auf diese Weise ihre Lieferanten. Wie stellt der Lieferant sicher, daß immer Qualität geliefert wird?

Produktaudit:
Das Produktaudit dient der Feststellung der Übereinstimmung von festgelegten Forderungen an das Produkt. Werden die typischen Kriterien, die charakteristischen Daten, die definierten und versprochenen Eigenschaften jeweils erfüllt und eingehalten?

Verfahrensaudit:
Das Verfahrensaudit überprüft den Herstellungsprozeß oder das Bearbeitungsverfahren. Es dient der Feststellung, ob Ablauf und Fertigung beherrscht werden.

Horizontales Audit:
Mit horizontalem Audit bezeichnet man Audits, die nur ein Segment (Qualitäts-Kriterium, -Element) z.B. die Prüfeinrichtung, die Schulung, die Dokumentation, die Lagerhaltung, die Rechnungserstellung usw. überprüfen.

Vertikales Audit:
Diese Audits befassen sich mit dem vollständigen Prozeß bzw. Arbeitsablauf. Beispiele sind: Der Ablauf vom Auftragseingang bis zur Auslieferung der Ware oder der Ablauf vom Angebot über die Dienstleistung bis zur Abnahme.

3. Durchführung eines Audits.

Ein Audit ist eine stichprobenartige Überprüfung eines Vorganges. Es wir eine Arbeit, eine Arbeitsablauf, ein Geschäftsprozeß betrachtet. Die Prüfung sollte sowohl zeitlich als auch in ihrem Umfang begrenzt sein. Es wird das Thema festgelegt und dann die entsprechende Abteilung gewählt, in der das Audit ausgeführt werden soll.

Mit der Durchführung werden im allgemeinen 2 Mitarbeiter beauftragt. Ihre Auditorfunktion sollte bekanntgegeben werden, damit dann alle im Betrieb über ihre Aufgabe unterrichtet sind und keine Mißdeutungen entstehen.

In einem Audit gilt es nur die Übereinstimmung einer Regel oder Anordnung mit der Praxis zu überprüfen! Es erfolgt keine Prüfung der Arbeit oder der Leistung einer Person!
Es ist darauf zu achten, daß die Auditprüfung wirklich nur in der Prüfung einer Sache und nicht in der Überwachung von Mitarbeitern gesehen wird.
Nur die Sache ist zu kritisieren, nicht die Person!
Bevor also mit einem Audit begonnen wird, muß der Sinn und Zweck eines Audits dem zu auditierenden Bereich genau erklärt und von den Mitarbeitern auch verstanden werden. Durch eine solche Klärung vermeidet man späteren Ärger.
Immer wieder werden die Audits mißverstanden und als persönliche Prüfung angesehen. Das ist aber nicht die Aufgabe des Audits! Ein Audit soll nur einen Sachverhalt feststellen!
Das Management sollte eine entsprechende Aufklärungsarbeit leisten und allen eventuellen aufkommenden Mißverständnissen vorbeugen.
Die beiden Prüfer oder Auditoren sollten sich auf ihre Aufgabe vorbereiten und einige Fragen zu dem gewählten Thema zusammenstellen. Das eigentliche Audit beschränkt sich im allgemeinen nur auf einen kurzen Zeitraum (30-60 Minuten). An Hand von Fragen wird ein Gespräch über das gewählte Thema geführt. Die vorher erarbeiteten Fragen sind eine Hilfe für die Gesprächsführung. Sie bilden eine Leitlinie.

4. Auditbericht.

Der Auditbericht sollte nur kurze Feststellungen enthalten und sich nur auf Fakten beschränken. Übereinstimmung oder Nichtübereinstimmung werden protokolliert.
Ein solcher Auditbericht sollte enthalten:

- Namen der Auditoren,
- Thema und Angabe des Bereichs bzw. der Abteilung,
- Ergebnisse des Audits,
- veranlaßte Korrekturmaßnahmen,
- Termin für die Überprüfung der Maßnahmen,
- Unterschrift, Datum.

Der Auditbericht wird aufbewahrt. Die Geschäftsleitung wird über die Ergebnisse einschließlich der getroffenen Maßnahmen zur Abstellung gefundener Schwachstellen unterrichtet.

5. Auditplan.

Ein Auditplan sorgt für eine regelmäßige Prüfung aller Qualitätskriterien und vermeidet Wiederholungen. Die typischen Qualitätselemente sollten jährlich einmal auditiert werden. Die Qualitätselemente sind Maßnahmen zur Sicherung der Qualität bzw. die u.a. auch in den Normen DIN ISO 9000 ff. aufgeführten Qualitätskriterien.

Der Auditplan besteht aus einer Auflistung der Qualitätspunkte bzw. -elemente und den geplanten Terminen des Audits.

Das Audit ist eine Möglichkeit zur Suche nach Mängeln und Fehlern mit dem Ziel ihrer Abstellung. Es dient der Sicherstellung von Qualität und Zuverlässigkeit wie auch der Einhaltung der Umweltschutzbestimmungen und der Überprüfung der ausgeführten Verbesserungen. Die Durchführung von Audits stärkt auch das Bewußtsein der Mitarbeiter für Qualität und Umweltschutz und bindet sie mit in die Verantwortung ein.

7.12. Die Teamarbeit

Die Teamarbeit ist mit eine Methode zur Verbesserung der Arbeitsleistung und damit zur Erhöhung der Wirtschaftlichkeit von Unternehmen. Sie bildet eine Strategie zum Lösen von Aufgaben und zum Erzielen besserer Ergebnisse. Sie macht eintönige Arbeiten attraktiver, interessanter, vielfältiger und humaner.
Teamarbeit ist die Basis der neuen innovativen Führungsorganisation. Sie erlaubt die Lösung der immer komplexer werdenden Aufgabenstellungen.
Richtig praktiziert kann die Arbeit in einem Team zu einer betriebswirtschaftlichen Erneuerung in einem Unternehmen beitragen. Sie kann das ganze Betriebsgeschehen neu beleben.
Ein richtig eingesetztes Arbeitsteam bildet ein Potential zur Steigerung der Effizienz und Produktivität. Es kann Kräfte wecken und freisetzen, die zu einer erheblichen wirtschaftlichen Stärkung und Verbesserung eines Unternehmens führen können.
Unter Teamarbeit versteht man eine Zusammenarbeit von Spezialisten verschiedener Fachbereiche. Ein Team besteht aus einer Anzahl von vielfältigen Charakteren mit verschiedenen Fähigkeiten, die sich in einer wechselseitigen Abhängigkeit befinden. Sie suchen gemeinsam eine Lösung für ein bestimmtes Problem. Die Arbeit wird dabei nicht auf alle Teammitglieder gleichmäßig verteilt, sondern die Aufgabe wird unter Nutzung der individuellen Fähigkeiten und der speziellen Fertigkeiten der Teammitglieder gelöst. Jeder im Team hat seine Aufgabe und leistet seinen Teil an der Gesamtarbeit. Jeder hat seine persönliche Stärke, die eingesetzt wird. Durch den Zusammenschluß resultiert ein synergistischer Effekt. Alle arbeiten erfolgen unter einer gemeinschaftlichen Zielsetzung! Ein Team bildet eine solidarische Gemeinschaft, die ein bestimmtes Ziel verfolgt. Jeder hat seinen Wirkungs- und Verantwortungsbereich.
Die Teamarbeit unterscheidet sich von der normalen Gruppenarbeit. Bei einer Arbeitsgruppe haben alle Mitglieder quasi die gleiche Qualifikation. Alle verrichten anteilig die gleiche Tätigkeit. Die Arbeit wird auf alle gleichmäßig verteilt. Jeder kann die Arbeit des anderen übernehmen, kann den anderen vertreten. Man ist nicht aufeinander angewiesen oder voneinander abhängig. Alle arbeiten im gleichen Takt, im gleichen Arbeitsrhythmus.
Teamarbeit ist im Vergleich zur Gruppenarbeit etwas mehr als nur ein einfaches Zusammenarbeiten. Im Team hat jeder eine spezielle Aufgabe und Funktion. Jeder bringt seine Stärken wie auch seine Schwächen ein. Nur als ganzes Team kann die Aufgabe erfüllt werden.
Der einzelne kann sich im Team nicht wie in einer Gruppe verstecken. Jeder hat seine spezielle Funktion ohne die das ganze System nicht läuft.

Teamarbeit bedeutet: Alle machen alles zusammen! Der Stärkere, der Schnellere, der Bessere hilft dem Schwächeren! Alle sind eingebunden. Trotz der unterschiedlichen Qualitäten ist keiner mehr oder weniger! Es gibt keine speziellen Rangstufen oder Stellenbeschreibungen. Alle haben den gleichen Status. Es wird nicht gegeneinander, sondern miteinander gearbeitet. Die Komplexität der Aufgabenstellung macht heute mehr denn je eine Teamarbeit erforderlich. Zahlreiche schwierige Aufgaben können nur noch von einer Gruppe von eng zusammenarbeitenden Mitarbeitern in der Form eines Team erfüllt werden. Jedes Teammitglied hat seine individuellen Fähigkeiten, die es dann zur Erfüllung der Aufgabe einbringt. Ein einzelner Mitarbeiter kann die oft komplizierten Aufgaben allein nicht mehr erfüllen.
Die Form der Zusammenarbeit im Team führt zu einer gewaltigen Motivierung und steigert die Arbeitsleistung der Mitarbeiter. Ohne einen Druck von außen oder irgendwelche Anordnungen und Vorschriften wird mehr und bessere Arbeit geleistet. Der Geist der Teamarbeit wirkt sogar befruchtend auf die Teammitglieder und beflügelt sie bei ihrer Tätigkeit.

Die Gleichstellung aller Teammitglieder bedeutet keine Gleichmacherei. Alle sind nur in der gleichen Hierarchieebene. Es gibt kein Statusdenken. Wichtig ist nur das Endergebnis!

Im Team entfaltet sich das Individuum Mensch. Hemmungen werden beiseite gelegt. Alle geben ihr Bestes. Die Tätigkeit löst eine gewisse Begeisterung aus. Man fühlt sich anerkannt, ernst genommen, beachtet und geschätzt.
Ein Team nimmt seine Aufgaben, den Job sehr ernst und wichtig. Man vollbringt eine selbstgestellte Aufgabe. Man entscheidet selbst und man ist damit in dem Entscheidungsprozeß mit einbezogen. Jeder identifiziert sich auch mit der Arbeit oder dem Aufgabenbereich. Alle wirken mit bei der Gestaltung und der Ausführung der Arbeit.

Eine praktizierte Teamarbeit hat ihre positiven Auswirkungen auf die Leistungsfähigkeit der Mitarbeiter. Jeder hat Freude an der Arbeit. Jeder ist bereit, etwas zu leisten. In der Regel ist jeder zufriedener. Teammitglieder sind leistungsorientiert. Leistung zu bringen, gilt nicht als unsozial.

Im Team erfolgt die Arbeitsverteilung nach der Leistungsfähigkeit jedes Mitgliedes. Teammitglieder sind nicht bestrebt, möglichst wenig zu tun und somit unsozial zu sein. Im Team werden durch den Teamgeist wahre Wunder vollbracht. Produktivität und Rentabilität steigen an.
Im Team herrscht das Prinzip eines gesunden Wettbewerbs und nicht der ständige Leistungsvergleich mit den Kollegen. Streß und Angst werden vermindert. Ein von außen einwirkender Leistungsdruck ist nicht gegeben. Kreative Kräfte kommen zur Entfaltung. Jeder hat seine Stärken und seine Schwächen. Sie werden nicht gegeneinander ausgespielt. Die Verschiedenartigkeit macht das Team kreativ.

Eine wichtige Voraussetzung ist natürlich, daß die Mitarbeiter im Team voll informiert werden und mit in den Entscheidungsprozeß einbezogen sind. Jeder muß die Zusammenhänge sehen und das Gefühl gewinnen, daß sein Mitwirken erforderlich und auch gewünscht ist. Information und Kommunikation erfahren keine Behinderungen.

Natürlich bedeutet diese Einordnung in einem Team eine völlig andere Einstellung zur Arbeit, zu seinen Mitmenschen, zur Arbeitswelt. Nicht jeder wird in eine solche Arbeitsgemeinschaft auch passen, insbesondere ältere Menschen, die völlig anders erzogen und ausgebildet

wurden, werden sich in vielen Fällen hier schwer tun. Sie in etwas hineinpressen, kann sogar das Gegenteil bewirken und den Leistungswillen zerstören. Die Freude am Mitwirken wird gebremst. Frust und innere Kündigung können als Folge auftreten.
Nicht für jeden Menschen ist Teamarbeit auch die ideale Form einer Zusammenarbeit.
Die Teamarbeit ist begrenzt. Eine entscheidende Vorbedingung für Teamarbeit ist eine anderen Denkweise und Einstellung zur Arbeitsumwelt.
Teamarbeit sollte nur dort eingeführt werden, wo auch die Voraussetzungen gegeben sind und wo dann auch ein Nutzen erwartet werden kann.

Infolge der bisherigen völlig konträren Erziehung und Ausbildung der Menschen sollte ein Unternehmen bzw. sein Management vor einer Einführung der Teamarbeit immer erst einmal prüfen, ob auch die Voraussetzungen wirklich für einen solchen Arbeitsstil erfüllt werden, ob die Menschen dafür vorbereitet sind, ob eine wirkliche Bereitschaft zur Teamarbeit besteht, ob die Mitarbeiter auch für eine solche kooperative Zusammenarbeit gewonnen werden können.
Eventuell muß erst eine Unterrichtung, eine Schulung, eine Vorbereitung der Mitarbeiter für diese Arbeitsmethode erfolgen.
Ansonsten besteht die Gefahr, daß das ganze Projekt der Umstellung im Arbeitsstil und in der Arbeitsweise scheitert. Statt einer Verbesserung der Leistung kommt es dann zu einem Abfall der Leistungskurve. Die Leute sind schließlich unzufrieden und enttäuscht. Fehler bei der Arbeit häufen sich.

Die meisten Führungskräfte einschließlich auch vieler Mitarbeiter wurden in unserer Wirtschaftswelt bisher eigentlich nicht für eine Teamarbeit erzogen. Ganz im Gegenteil: Die Ausbildung war immer auf den Wettbewerb, auf eine Auseinandersetzung und auf ein Gegeneinander ausgerichtet. Die Leistung des Einzelnen zählte. Jeder sollte versuchen, den anderen zu übertreffen und ihn auszustechen. Eine gute Note oder eine Gehaltserhöhung erhielt immer nur der Bessere. Die Leistung des Einzelnen wurde belohnt, nicht die der Gruppe. Ansehen genoß nur derjenige, der andere zur Seite drückte und sich durchsetzte, aber nicht der Manager und Mitarbeiter, der dem Kollegen bei der Bewältigung der Arbeit half.

Nicht der Wettstreit der Individuen, sondern das Team als eine Einheit, ein Wettbewerb in Kooperation und in der Partnerschaft, das ist Teamarbeit!
Diese Denkweise ist sicherlich noch ungewohnt und eine Betriebsgemeinschaft sollte sich erst mit dieser neuen Zielsetzung, mit diesem völlig anders gearteten Arbeitsstil vertraut machen, ehe eine solche Arbeitsweise praktiziert wird.
Neu ist auch: Innerhalb der Gruppe werden Wissen und Erfahrungen ausgetauscht. Das Team sieht sich als eine Einheit und nicht als eine Gruppierung von Menschen.
Das Wissen wird nicht mehr für sich behalten, sondern weitergegeben. Jeder gibt seine Kenntnisse, seine Fähigkeiten und seine Erfahrungen ohne jede Einschränkung weiter. Prämiiert und belohnt wird nicht der Einzelne sondern immer nur das Team in seiner Gesamtheit als eine Einheit.
Die Stärke eines Teams ist etwas mehr als nur die Summe der Einzelkräfte. Ein Team zeichnet sich durch einen synergistischen Effekt aus:

>1 plus 1 ist nicht 2, sondern 1 plus 1 ist größer als 2 !

Besonders wirksam ist die Teamarbeit bei der Fehlersuche und ihrer Beseitigung sowie bei der Suche nach Lösungen bei Schwierigkeiten und Problemen. Im Team wird gemeinsam nach geeigneten Maßnahmen zur schnellen Lösung von offenen Fragen Ausschau gehalten. Alle sind an einer Fehlersuche interessiert. Zusammen in einem Team werden in der Regel Vorort die Fehler schneller erkannt und beseitigt. Brainstorming wird praktiziert.

Die vielerorts heute noch übliche Arbeitsweise der strikten Arbeitsteilung führt zu einer Trennung der Menschen im Betrieb. Der eine produziert, der andere verwaltet, wieder ein anderer plant oder kontrolliert. Alle führen ihre speziellen Tätigkeiten getrennt von einander aus, ohne jede Rückkopplung, ohne ein verbindendes Gespräch, ohne Erfahrungsaustausch und ohne jeden Lerneffekt!

- Wie soll da eine Ermittlung der Fehlerursachen einschließlich ihrer Beseitigung erfolgen?
- Wie soll unter diesen Umständen eine bessere Arbeitsleistung erzielt werden?
- Wie soll bei dieser getrennten Arbeitsweise ein Mitarbeiter von den Erfahrungen des Kollegen lernen?
- Wie können sich in einer solchen Atmosphäre noch neue Ideen entwickeln?

Sicher hatte dieses System der Arbeitsteilung auch seine Vorteile, aber im Zuge der Verbesserung der Wirtschaftlichkeit, ist es keine sehr geeignete Arbeitsmethode mehr und sollte durch eine wirklich Teamarbeit mehr und mehr abgelöst werden.
Schon durch intensivere und gründlichere Zusammenarbeit kann viel erreicht werden. Aber erst im Team werden optimale Verbesserungen erzielt.

Zusammenarbeit im Team erhöht die Arbeitsqualität und führt zu weniger Fehlprodukten und zu weniger Ausschuß. Teamarbeit bewirkt eine schnellere Erledigung einer Tätigkeit. Das Endprodukt weist weit weniger Fehler auf. Es bedarf weniger Nacharbeiten oder gar einer Aussortierung.
Die Teamarbeit erhöht die Arbeitsmoral und weckt wieder die Freude an der Arbeit. Die Tätigkeit gewinnt an Qualität.
Ein Team ist eine Solidargemeinschaft von unterschiedlich arbeitenden und denkenden Menschen, ausgerichtet auf ein gemeinsames Ziel der Zusammenarbeit. Gemeinsam wird durch gegenseitige Hilfe und Unterstützung versucht, bessere Ergebnisse und wirtschaftlichere Lösungen zu erhalten. Man bedient sich der synergistischen Auswirkung verschiedener Mitmenschen. Die unterschiedlichen Begabungen der Menschen kommen zur vollen Entfaltung. Sie werden zum Wohle einer gemeinsamen Sache genutzt.
In einer Teamarbeit werden die Vielfalt und Unterschiede der menschlichen Charaktere optimal eingesetzt.
Durch das Zusammenspiel der verschiedenen Kräfte werden die Stärken mehr betont und gefördert. Die Schwächen werden dagegen aufgefangen und geglättet.

Die Auseinandersetzungen aufgrund der natürlichen unterschiedlichen Meinungen in einem Team müssen stets ehrlich und fair ausgetragen werden. Nur Vielfalt verspricht eine gute Aufgabenlösung. Die Mannigfaltigkeit muß deshalb gepflegt werden, ansonsten geht das entscheidende Element der Teamarbeit verloren.
Eventuelle Konflikte in einer Teamgemeinschaft muß das Management oder auch die Teamgemeinschaft selbst möglichst frühzeitig erkennen. Der Störfaktoren muß schnell wie auch konsequent abgebaut werden, um jede Ausweitung zu verhindern. Das Team nimmt anson-

sten einen Schaden, der es in seiner weiteren effizienten Arbeit doch schwer belastet und behindert.
Konflikte lösen sich leider nun nicht immer von allein. Notfalls muß das Team von einem Störenfried sogar befreit und neu zusammengesetzt werden.

Gewisse Reibereien sind wohl ganz natürlich und auch erforderlich. Sie dürfen aber eine bestimmte Grenze nicht überschreiten. Ein wirksames Team bedarf einer gewissen Harmonie, einer Gleichgesinntheit in den Zielen und einer Eintracht in der Zusammenarbeit. Halbherzige Kompromisse versprechen keine endgültige Lösung.
Gerade im Team besteht die Gefahr, daß aufgrund der engen Zusammenarbeit von einigen Mitgliedern gern zu stark in das Privatleben der anderen geschaut wird.
Das Management sollte versuchen, hier aufklärend und erzieherisch zu wirken und die Teammitglieder davon überzeugen, daß sie sich ausschließlich auf die Arbeit konzentrieren.
Alles, was nicht zur eigentlichen Aufgabe gehört, sollte vermieden werden.
Ein Team bildet wohl eine Einheit, jedes Mitglied ist aber auch eine eigene Persönlichkeit.
Das muß respektiert werden und muß auch erhalten bleiben.

Nur die Vielfalt in einem Team verspricht, daß ein Team nicht träge und faul wird, daß es stets seine Leistungsfähigkeit zeigt und neue Ideen hervorbringt.

Da immer wieder Gruppen- und Teamarbeit verwechselt werden, hier die charakteristischen Merkmale noch einmal zusammengefaßt für die Gruppe bzw. für das Team:

Die Gruppe:

Die Mitglieder einer Gruppe sind von einer Führung abhängig. Die Arbeitsgruppe wird von einem Gruppenmitglied, dem Gruppenleiter oder Gruppensprecher, geführt.
Das Arbeitsstil ist: Einer entscheidet, die anderen führen aus. Die Aufgabe wird vom Leiter der Gruppe definiert. Die Gruppenmitglieder führen ihre Arbeit isoliert voneinander aus.
Die Mitglieder konkurrieren untereinander, sie konkurrieren gegeneinander.
In der Gruppe macht man sich im allgemeinen keine Gedanken inwieweit die eigene Arbeit die gesamte Produktivität beeinflußt.
Nach Erfüllung der Aufgabe erfolgt all zu oft ein gewisses Ausruhen.
Im allgemeinen zeigt ein Gruppenmitglied kaum Interesse, etwas mehr als die anderen zu leisten. Es wird nur das unbedingt Erforderliche getan.
Die Arbeitsleistung ist die Summe der Einzelleistungen. Es ergibt sich kein Zusammenwirken, keine Synergie, kein Verbesserungseffekt, keine Leistungssteigerung.
Ungeliebte und unattraktive Arbeiten werden gern immer wieder verschoben, sie bleiben oft liegen.
In der Gruppe zählt in erster Linie der persönliche Erfolg. Der Einzelerfolg wird anerkannt und belohnt.
Egoismus und Eigennutz, Rivalität und Nebenbuhlerschaft, ja auch Neidgefühle werden begünstigt. Ein Anreiz zum Arbeiten, etwas zu leisten, wird nicht geweckt.
In der Gruppe erfolgt eine individuelle Terminplanung.

Das Team:

Die Mitglieder in einem Teamsind von einander abhängig, sie sind auf einander angewiesen. Der eine gibt was der andere nicht hat und umgekehrt.
Das Team wird von keinem Teamleiter geführt. Das Arbeitsteam wählt einen Teamsprecher als Ansprechpartner.
Das Team wird von einem Moderator geleitet, ihm obliegt die Führungsfunktion zur Erzielung des Arbeitsergebnisses. Bei erfolgreicher Arbeit ist das Team als Ganzes dafür verantwortlich.
Das Team arbeitet partnerschaftlich, der Ausführende entscheidet selbst. Die Mitglieder konkurrieren nicht gegeneinander, sondern miteinander gegen einen äußeren Wettbewerber. Die Zielsetzung eines Arbeitsteams ist, die Wirtschaftlichkeit zu verbessern und die Produktivität zu steigern.
Das Ziel eines jeden Mitgliedes ist es, nicht besser zu sein als die anderen. Entscheidend ist der Gesamterfolg. Nur der Erfolg des gesamten Teams zählt!
Ein Team plant gemeinsam und legt auch gemeinsam die Prioritäten fest. Ein Team organisiert seine Aufgaben selbst und eigenverantwortlich.
Ein Team ist terminbewußt.
Jedes Mitglied betrachtet seine Arbeit immer unter dem Gesichtswinkel, inwieweit wirkt meine Tätigkeit auf das gesamte Ergebnis. Es erfolgt kein Ausruhen nach getaner Arbeit, sondern kontinuierliche Innovation. Es gilt ständig neue Ideen zu entwickeln. Ein Team ist innovativ.
Man muß nicht nur gut sein, man muß immer ein wenig besser sein als der Wettbewerb.
Ein Team fühlt sich nur gemeinsam stark. Allein ist der Einzelne nichts!
Die Arbeitsleistung ist infolge des synergistischen Effektes höher als die Summe der Einzelleistungen.
Vom Team profitieren sowohl die Unternehmer als auch die Mitarbeiter.
Der Unternehmer erhält eine größere und bessere Leistung. Fehlleistungen werden minimiert. Es werden Qualitätsverbesserungen erzielt. Die Arbeitsproduktivität steigt.
Die Mitarbeiter sind zufriedener. Sie empfinden mehr Freude und Erfüllung bei der Arbeit. Teammitglieder sind zur Leistung motiviert.
Eintönige Tätigkeiten gewinnen wieder Farbe.
Die ständig in ihrer Komplexität wachsenden Anforderungen in der Aufgabenstellung können nur im Team erfüllt werden.
Ein großer Vorteil der Teamarbeit gegenüber der normalen Gruppenarbeit ist, daß in der kleinen selbständigen Einheit die Mitarbeiter mehr Verantwortung für den wirtschaftlichen Erfolg selbst tragen können. Es wird das richtige Umfeld für Innovationen geschaffen. Der Mitarbeiter erhält mehr Handlungsspielraum und mehr eigene Verantwortung. Jedes Mitglied ist im gewissen Sinne selbst ein Unternehmer. Ohne Rücksprache mit dem Vorgesetzten kann und muß der Mitarbeiter selbst Entscheidungen fällen. Er trägt eine eigene Verantwortung.
Teamarbeit bedeutet nicht jeder macht etwas, sondern alle machen alles!

7.13. Die Kundenorientierung

Das neue Zauberwort heißt heute Kundenorientierung. Es bedeutet, daß sich ein Unternehmen an den Bedürfnissen und Wünschen der Kundschaft orientiert. Die Unternehmensstrategie wird ausschließlich auf den Verbraucher ausgerichtet.
Eigentlich nichts neues, galt doch schon immer der Spruch: Der Kunde ist König.
Im Rahmen der Qualitätssicherung gewann aber der Dienst am Kunden wieder an Bedeutung und steht heute bei vielen Unternehmen an hoher Stelle in der Geschäftspolitik.
Der Kunde soll zu frieden sein. Noch besser ist es, wenn er regelrecht von einem Produkt oder Erzeugnis, einer Dienstleistung begeistert ist.
Zufriedenheit und Begeisterung garantiert, daß der Konsument wieder kommt, daß der Käufer das Unternehmen weiter empfiehlt, daß der Kunde für das Unternehmen eine quasi kostenlose Reklame macht.
In einer freien Wettbewerbswirtschaft ist der Kundenkreis, der Zahl Verbraucher und die Käuferschicht ein sehr entscheidender Faktor für den Umsatz und den Gewinn eines Unternehmens. Ein Unternehmen, daß im Markt überleben will, hat schon immer darauf geachtet, daß Qualität eingehalten wird, daß Zuverlässigkeit gegeben ist, daß ein schneller Lieferservice erfolgt und daß ein Kundendienst geboten wird.

Infolge der Spezialisierung und der Arbeitsteilung bildete sich in den letzten Jahrzehnten eine immer größer werdende Kluft zwischen Unternehmen und Kunden. Der Kunde war eine anonyme Menschenmasse. Die Unternehmensführung sah nur den Markt, nicht den Kunden und schon gar nicht das Individuum Konsument. Man entwickelte Produkte völlig am Kundenwunsch vorbei nach eigenen Vorstellungen. Der Ingenieure konstruierte das perfekte aber unbezahlbare High-Tech-Gerät. Der Techniker sieht nur seine Technik und verliert dabei den Kunden aus den Augen. Er unterliegt zu stark seinen eigenen Vorstellungen. Es wird das technisch perfekte Produkt erzeugt, daß aber der Kunde gar nicht haben will.
Das tolle Videogerät kann von der Mehrzahl der Käufer kaum richtig bedient werden. Ähnliches gilt für viele Haushaltsgeräte.
Die Mitarbeiter im Unternehmen vergaßen den Zusammenhang zwischen Leistung und Kunden, zwischen dem Beitrag des Käufers und dem Erfolg des Unternehmens.
Beide Seiten entfremdeten sich. Man wurde sich mehr und mehr fremd und sah nicht mehr das verbindende Verhältnis. Heute besinnt man sich wieder auf den Kunden und Verbraucher.
Es wird eine Orientierung auf den Kunden praktiziert. Nicht nur der Vertrieb hat Kundenkontakte zu pflegen, auch eine Entwicklungs- und Forschungsabteilung hat den Kunden zu nutzen. Schon bei der Planung wird mit dem Verbraucher zusammengearbeitet und seine Wünsche berücksichtigt.
Bereits in der Entwicklungsphase entscheidet sich, ob das geplante Produkt einmal einen Markt finden wird. Es gilt nicht nur die Kundschaft zu befragen, ihre Wünsche zu notieren, sondern den Kunden schon im ersten Stadium einer Neuentwicklung miteinzubeziehen. Es gilt den Kunden schon mitwirken zu lassen, bei der Definition des Produktes, bei der Konstruktion einer Maschine, bei dem Entwerfen eines Erzeugnisses.
Der Kunde muß von den Entwicklungsphase, über den Produktionsprozeß bis zum Verkauf inklusive Service im Unternehmen integriert sein.

Bei der Entwicklung eines neuen Modells in der Automobilindustrie entscheidet nicht mehr nur der Entwicklungsingenieur allein über das Aussehen des Wagens, sondern der zukünftige Käufer bestimmt sehr entscheidend mit bei allen Fragen die das Fahrzeug betreffen.
Von einem nicht zu unterschätzenden Einfluß ist die Geldbörse des Verbrauchers. Die Brieftasche, der zukünftige Lohn, die Gehaltsentwicklung bestimmen den maximalen Benzinverbrauch, die Stärke des Motors, die Ausmaße und Ausstattung des Fahrzeuges. Die Körpergröße verlangt Mindestmaße für den Innenraum. Die Ansprüche im Design, die Bedürfnisse in die Bequemlichkeit bedingen die Anordnung des Ablagefaches und die Anordnung der Schalter und Hebel wie auch die Größe der Armaturen.
Die Entwicklung erfolgt unter Einbeziehung des Kunden. Die Produktmerkmale werden systematisch von Kundenbedürfnissen abgeleitet. Entwickelte Methoden sollen mehr Objektivität schaffen wie z. B. die multidimensionale Skalierung und das CM Conjoint Measurement. Auch das Leistungsheft dient der Festlegung der Anforderungen und Wünsche des Kunden an das Produkt oder an eine Dienstleistung.
Der Kunde ist der Auftraggeber, er ist zu beliefern und ihm ist auch ein Service, d.h. Garantie, Reparatur und Ersatzteile, zu bieten.

Vor jeder Planung, jeder Entwicklung oder Konstruktion eines neuen Produktes oder einer Dienstleistung gilt es:

- erst einmal versuchen, die Kundenanforderungen, die Wünsche und Bedürfnisse der Kunden genau herauszufinden,
- dann das Pflichtenheft zu erstellen und
- schließlich die Spezifikation und die Aufgaben detailliert festlegen.

Der Kunde ist dabei der Ausgangspunkt, ihm hat sich das Unternehmen, d. h. die gesamte Belegschaft eines Betriebes zuzuwenden. Es gilt, die Wünsche der Käufer zu erforschen, zu ergründen.
Der Startpunkt oder Ausgangspunkt für jede Arbeitsplanung, für die Konstruktionsarbeit oder Produktentwicklung, für den Entwurf einer Arbeitsleistung ist der Kunde. Der Kunde ist der Auftraggeber.

Was ist ein Kunde ?

Ein Kunde ist die jeweils wichtige Person in dem Betrieb.
Er ist nicht uns abhängig, sondern wir von ihm.
Er bedeutet keine Unterbrechung in unserer Arbeit, sondern ihr Inhalt.
Er ist kein Außenseiter unseres Geschäftes.
Er ist ein Teil von ihr.
Er ist niemand, mit dem man streitet.
Denn niemand wird jemals einen Streit mit einem Kunden gewinnen.
Ein Kunde ist eine Person, die uns ihre Wünsche mitteilt.
Unsere Aufgabe ist es, diese zu seiner und unserer Zufriedenheit auszuführen.

Hans-Heinrich Path, Kloster Cismar.

Ein Leistungsheft sollte stets in enger Zusammenarbeit mit dem Kunden (Marktanalyse, Kundenbefragungen etc.) erstellt werden. Die Anforderungen sollten klar und deutlich definiert sein.

Die Information über die Wünsche, Bedürfnisse und Erwartungen des Käufers werden erhalten aus Gesprächen mit dem einzelnen Kunden, durch Kontakte mit Berufsverbänden, mit der Innung, durch Besuche von Messen und Ausstellungen, durch Kundenumfragen, durch eine systematische Marktforschung. Hierzu gehört auch die Betrachtung der Konkurrenz und die eingehende Untersuchung der Erzeugnisse, der Produkte und der Dienstleistungen des Wettbewerbes.

Kundenkontakte, Kundenpflege, Kundenorientierung sind nicht mehr alleinige Aufgabe des Vertriebes, des Verkaufes oder des Kundendienstes oder eine Sache des Außendienstes. Kundenorientierung gilt auch für das Verhältnis zwischen den Kollegen und den Mitarbeitern, für die Beziehungen zwischen dem Management und den Mitarbeitern, für den internen Umgangston im Unternehmen.

7.14. Die Verkaufsstrategie Direktmarketing

Eine neue und geschickte Verkaufsmethode bildet das Kundenmodell Direktmarketing.
Bei dieser Strategie werden gegenüber der traditionellen Verkaufsmethode, wo Kunden für ein Erzeugnis gesucht werden, jetzt Produkte für den Kunden gesucht. Durch direkte, persönliche Kontaktaufnahme wird sowohl um neue Kunden geworben als auch versucht, Kunden zu halten und sie zu überzeugen, nicht nur das eine Produkt sondern weitere Erzeugnisse der Firma zu kaufen und dem Unternehmen treu zu bleiben.
Mittels der Kommunikation wird ein Dialog zwischen dem Hersteller oder dem Händler und dem Kunden geführt. Durch ganz persönliche Kontaktaufnahmen werden die Verbraucher angesprochen. Nicht das Plakat oder ein allgemeiner Werbespot spricht den Kunden an, sondern ein Anruf oder ein ganz persönlicher Brief flattert ins Haus.
Es werden Produkte für die Zielgruppe gesucht. Der Kunde wird überzeugt, noch mehr und ausschließlich nur noch die Produkte des Unternehmens zu erwerben oder zu benutzen.
Es geht nicht mehr nur darum, so viele Produkte wie nur möglich an so viele wie nur mögliche Kunden zu verkaufen und neue Marktanteile zu gewinnen, sondern den Kunden zu binden, ihn für die Zukunft als Käufer festzuhalten.

Der Kunde steht bereits am Anfang aller Überlegungen im Mittelpunkt. Er bildet den Beginn und Ausgangspunkt.
Auf den einzelnen Kunden konzentriert sich alles Bemühen und alle Aktivitäten. Jeder Kunde hat einen persönlichen Berater und kann seine ganz persönliche Wünsche äußern und ordern.
Ein PC wird gemäß der Vorstellung des Kunden aufgrund einer persönlichen Beratung zusammengebaut. Der Verkauf erfolgt im Direktvertrieb.
Von Vorteil sind die Produktion nur auf Bestellung, die Schnelligkeit der Lieferung zu modernster Technik und tagesaktuellen Preisen. Die Lagerbestände werden niedrig gehalten.

Das Unternehmen bleibt nicht auf Ladenhütern sitzen. Es wird nur das produziert, was verkauft wurde.
Die Kundengespräche erfolgen direkt „one-to-one" über eine Anruf-Agentur oder ein Call-Center. Es wird ein Verkaufs- und Informationsgespräch über Telefon geführt. Es wird eine kundenindividuelle Beratung geboten. Es wird eine Hilfe gegeben.
Adressen, Anschriften, Telefonnummer oder Internetverbindung werden im TV-Spot oder in anderen Werbungen eingeblendet oder beigefügt. Mit der Botschaft über ein Produkt wird gleich der Absender mitgeteilt.
Die Nutzung des Internets als Vertriebskanal wird mehr und mehr genutzt. Sie ist flexibler als das Telefon.
Mit dem Produkt oder der Leistung wird versucht, dem Kunden auch gleich die Finanzierung, mit der Finanzierung die Kreditkarte, mit der Kreditkarte die Urlaubsreise und mit der Urlaubsreise auch das Fahrrad oder Auto zu verkaufen. Mit aller Aktivität wird der Kunde umworben.

Die für die Produkte eines Unternehmens verantwortlichen Mitarbeiter werden gezwungen, sich mehr auf die Konsumgewohnheiten der Kunden einzustellen und sich mit den Eigenarten und Gepflogenheiten der Verbraucher zu beschäftigen. Sie müssen versuchen, mehr herauszufinden: Was denkt, was fühlt, was wünscht der Kunde und Käufer der Waren?
Das Datenmaterial über den Kunden, angefangen bei den Anschriften und den Telefonnummern, muß gesammelt und geordnet werden, nicht zu vergessen die Pflege dieser Daten. Nur eine aktuelle Datei ist von Wert.
Noch sind in vielen Unternehmen diese Daten unzureichend, nicht vorhanden oder gar falsch. Hier müssen vielerorts erst Datenbanken aufgebaut werden.
Die Unternehmen sind gezwungen, sich auch mehr den Werbeexperten zu fügen und anzupassen. Sie müssen hier und da auch umdenken und so einige alte Denkrichtungen korrigieren. Eine teure und beeindruckende TV-Werbung ist nun halt mal nicht so wirksam wie ein schmuckloser und auch nur in schwarz-weiß gehaltener Werbebrief. Ein Brief vermittelt eine engere Beziehung zum Kunden. Der Kunde fühlt sich persönlich angesprochen, er verliert seine Anonymität.
Erfolgreiche Beispiele für die Verkaufsmethode der persönlichen Kundenansprache bilden das System „Miles and More" einer Fluggesellschaft oder der Kundenfang einer Automobilgesellschaft, wo bereits vor der Produktion des Kleinwagens das Fahrzeug zu bestellen war. Auch beim Aktienkauf wird das System genutzt. Ein schneller Kauf und ein längeres Halten im Depot wird mit einem Rabatt belohnt.
In einer persönlich und direkte Kontaktaufnahme per Anruf oder mittels freundlicher Briefe versucht man, neue Käuferschichten zu finden, Kunden zu gewinnen und zu halten.

Durch die neue Verkaufsstrategie des direkten Dialogs mit dem Kunden wird eine enge Beziehung zwischen Unternehmen und Kunden aufgebaut. Der Konsument und Käufer wird mehr an das Unternehmen gebunden.
Die persönliche Kommunikation bewirkt ein Treue- und Zugehörigkeitsgefühl beim Kunden. Durch den engeren Kontakt erfährt aber auch der Unternehmer weit besser die Wünsche der Kundschaft.

Weiterführende Literatur

Masaaki Imai: Kaizen, Der Schlüssel zum Erfolg der Japaner im Wettbewerb, Ullstein
Charles Clark: Brainstorming, verlag moderne industrie
Helmut Maier-Mannhart: Lean Management, Süddeutsche Zeitung
Karl Janowsky: Qualität sichern statt kontrollieren, expert verlag

Stichwortverzeichnis

Aggressivität 39
Aktienbesitz 83
Allgemeinbildung 123
Altersverteilung 29
Anerkennung 98; 135
Anerkennungsbedürfnis 99
Anforderungen 83; 183
Anpassungsfähig 28
Anreize 135
Arbeit 21; 72
Arbeitnehmer 41; 43
Arbeitsanweisung 79
Arbeitsausführung 43; 79
Arbeitsformen 27
Arbeitsgruppe 117; 252
Arbeitskämpfe 128
Arbeitsklima 163
Arbeitsleistung 44; 79
Arbeitslosigkeit 27; 31; 110; 126
Arbeitsmarkt 17; 20; 22; 36
Arbeitsmoral 95
Arbeitsplatz 72
Arbeitsplatzausrüstung 82
Arbeitsplatzbeschreibung 76
Arbeitsplatzproduktivität 21
Arbeitsproduktivität 184
Arbeitsprozesse 51; 120
Arbeitsqualität 93
Arbeitssicherheit 94
Arbeitsteam 117; 209; 253
Arbeitsverhältnis 24
Arbeitsvertrag 81
Arbeitswelt 27
Arbeitszeit 25; 209
Arbeitszwang 32
Audit 245
Auditarten 246
Auditbericht 247
Auditdurchführung 246

Auditplan 247
Auditprüfung 247
Auditziel 245
Aufgaben 49; 62
Aufgaben des Managements 49
Auftrag 176
Aus- und Fortbildung 157
Ausbeutung 59
Ausbildung 5; 25; 29; 33; 34; 146; 206; 208
Ausbildungskosten 204
Ausführende 45; 155
Ausführung 63
Ausführungspunkte 80
autoritärer Führungsstil 159; 193
Autoritätsprinzip 39

Bedürfnisse 66; 97; 102
Belegschaftsanteile 83
Benchmarking 211; 219
Beschäftigungsgarantie 126
Bescheidenheit 36
Besitzstreben 99
Besprechung 153
Besprechungsratschläge 153
Besprechungsthema 153
betriebliche Verantwortung 156
betriebliche Zusammenhänge 165
betrieblicher Umweltschutz 229
Betriebsangehörige 37
Betriebsgemeinschaft 37; 46; 49; 105; 122; 155; 183
Betriebsklima 94; 144; 148; 149
Betriebskultur 129
Betriebsorganisation 73; 113
betriebswirtschaftliche Leistung 79
Bevölkerung 28
Bevölkerungsstruktur 28; 30

Bevölkerungszuwachs 66
Bezahlungssystem 118
Bildungsniveau 123
Bildungsstand 122
Bildungswesen 206
Bionik 15
Biotechnologie 15
Brainstorming 101; 138; 202; 239
Brainstorming-Grundregeln 240
Brainstormingsitzung 240

Computerisierung 15

Delegieren 139; 140; 161
Dezentralisierung 140
DIN ISO 14001 225; 231
DIN ISO 9000 ff. 94; 209; 227
Direktmarketing 256
Durchlaufzeiten 116

EG-Öko-Audit-Verordnung 225
Eigenverantwortung 5; 11; 156
Einfallsreichtum 137
Engagement 179
Entlohnung 94
Entlohnungssystem 118
Entscheidungsfindung 139
Entscheidungsfreude 138
Entschlackungsprozeß 58
Entwicklung 87; 182
Entwicklungsausgaben 204
Erfahrung 84
Erfolg 193
erforderliche Veränderungen 35
Erziehung 206
ethische Anforderungen 125
ethische Gesinnung 189
ethische Grundsätze 44
ethische Prinzipien 38
ethische Werte 48; 50
europäische Einigung 12
Existenzsicherung 38; 49; 102
externes Audit 246
Fachkraft 84
Fachwissen 84; 85

Failure Modes and Effects Analysis 242
Familienentwicklung 29
Fehler-Möglichkeiten und Einfluß-Analyse 242
Fehlerrate 116
Fehlplanung 67
Firmenhierarchie 41
Firmen-know-how 165
flache Hierarchie 109
Flexibilität 2; 14; 17; 26; 32; 162; 205; 207
flexible Arbeitseinteilung 209
FMEA 242
FMEA-Methode 242
Forschung 87; 182
Forschungskontrolle 182
Forschungskosten 87; 204
Fortbildung 19; 61; 208
Fortschritt 201
Freiheit 11; 38
Führung 129; 135
Führungsfähigkeit 84
Führungskräfte 41; 46; 155
Führungsqualität 129; 168
Führungsstil 129; 130; 132; 159
Führungssystem 190
Funktionen 45; 49; 62
Funktionen der Betriebsgemeinschaft 49; 64
Funktionen des Managements 49

Gehaltssystem 118; 164
geistige Arbeit 80
geistiges Potential 168
Gemeinschaft 39
Gemeinschaftssinn 38
Genforschung 15
Geschäftseinheit 115
Geschäftsführung 53
gesellschaftliche Verantwortung 125
gesellschaftliche Verpflichtung 126
Gewerkschaft 36
Gewinne 62
Gewinnmaximierung 40
Gewinnstreben 200

Glaubwürdigkeit 54
globale Informationsgesellschaft 16
globale Wirtschaft 1
globaler Arbeitsmarkt 21
Globalisierung 8; 9; 12; 31
Grundbedürfnisse 98
Grundprinzipien 65
Grundsätze 47; 50
Grundsätze der Betriebsgemeinschaft 173
Grundwerte 38
Gruppe 117; 252
Gruppenarbeit 110; 117; 248

Herausforderung 11; 122
Hierarchie 45; 162
Hierarchieebenen 106
hierarchische Strukturen 207
High-Tech-Welt 16
Hintergründe 80
horizontales Audit 246
Humankapital 166; 179

Ideen 36
Ideenfindung 137; 201; 239
Ideenpotential 198
Ideenvielfalt 36
Image 92
Individualität 38
Inflexibilität 7
Information 95; 100; 132; 147; 148; 150; 159; 194
Informationsaustausch 8; 147
Informationsbedürfnis 100
Informationsgesellschaft 18; 19; 206
Informationstechnik 16; 18; 25
Informationstechnologie 8; 15; 19
Informationszeitalter 6
Innovation 137; 182; 196
Innovationsklima 198
Innovationskontrolle 182
innovative Betriebsgemeinschaft 137
innovative Unternehmenspolitik 203
Integrität 125
Interessengemeinschaft 40
internes Audit 246

Internet 18
Investitionen 26

Just in Time 211; 217

Kaizen 107; 121; 211; 216
Kapital 155; 178
Kapitalanlage 178
Kapitalaufwand 203
Kapitalnutzung 178
Karriere 109
Klassenkampf 63
kollektives Zusammenwirken 129
Kommunikation 18; 99; 132; 147; 148; 150; 152
Kommunikationsbedürfnis 99
Kompetenz 194
Kompetenzgerangel 74
Konferenz 153
Konfliktsituation 54
Konkurrenz 47; 54
Konkurrenzdenken 168
kontinuierliche Anpassung 119
kontinuierliche Verbesserung 119
kontinuierlicher Verbesserungsprozeß 121; 211; 214
kontinuierlicher Wandel 39; 40; 119
Kontinuität 54
Kontrolldurchführung 87
Kontrolle 43; 44; 52; 63; 86; 87; 89; 182; 186
Kontrollfunktion 86; 88; 122
Kontrollinstrument 245
Kontrollkriterien 86
kooperative Arbeit 129
Kopfarbeit 80
körperliche Arbeit 81
Kosten 83; 203
Kostenaufstellung 56
Kostendenken 212
Kostenreduzierung 232
Kostensenkung 116
kreative Betriebsgemeinschaft 209
kreativer Prozeß 202
Kreativität 137; 204
Kriterien einer Betriebsgemeinschaft 47

Kunde 78; 199; 221; 255
Kundenanforderung 255
Kundenorientierung 254
Kundenwünsche 53; 58; 199
Kündigungsschutz 33
KVP 214
KVP-Programm 215

Lean Management 104; 211
lebenslanges Lernen 25; 120; 206
Lebensqualität 31
Leistung 79; 84; 194
Leistungsbereitschaft 93
Leistungsfähigkeit 170; 186; 193; 249
Leistungskontrolle 182
Leistungsmessung 187
Leistungsprozeß 129
Leistungsvermögen 179
Leistungswille 213
Lernbereitschaft 61
Lernprozeß 206
Liberalisierung 31
Liberalismus 9
Lob 98
Lohnsenkung 185
Loyalität 38

Management 41; 46; 51; 111; 167
Managementaufgaben 51; 52
Managementbewertung 90
Managementfunktionen 42
Managementorganisation 113
Manager 41; 42
Manager der Aufgabe 170
Manager des Personals 170
Massenproduktion 41
Mensch 158
Menschenführung 52; 134; 170
menschliche Bedürfnisse 93
Methoden 181; 195
Mikrosystemtechnik 15
Mißbrauch 33
Mißstände 65
Mitarbeit 103; 113
Mitarbeiter 72; 158
Mitarbeiteranforderung 84

Mitarbeiteraufgaben 169
Mitarbeiterbeurteilung 90
Mitarbeitereinstellung 81
Mitarbeiterengagement 179
Mitarbeiterführung 52; 101; 157
Mitarbeitergespräch 99
Mitarbeitermotivierung 96
Mitarbeiterpflichten 169
Mitarbeiterschaft 41; 154
Mitarbeiterschulung 157
Mitarbeiterweiterbildung 146
Mitbestimmung 103; 171
Miteigentümer 155
Mitgestalten 102; 103
Mitmachen 103
Mitsprache 163
Mittelmanagement 53
mittleres Management 45; 166
Mitwirken 102; 103; 113
Mobilität 26
Modulfertigung 219
Moral 189
Moralansprüche 125
Motivation 44
Motivierung 43; 91; 129; 135; 143; 164; 208
Motivierungsfaktoren 164
Motivierungsziele 96
multinationale Weltwirtschaft 1

neue Wege 193
Neuerung 183
Neustrukturierung 221

oberes Management 45
Öffentlichkeitsarbeit 124
Öko-Audit 225; 231
ökologische Verantwortung 232
Öko-Zertifizierung 230
Organigramm 75; 76
Organisation 44; 58; 59; 62; 72; 73; 112; 232
Organisationseinheit 115
Organisationsplan 73
Organisationsschema 75
Organisationsstruktur 65

Organisieren 43
Outsourcing 211; 218

Parkinson-Gesetz 77
Partnerschaft 40
Personalentscheidung 180
Personalkosten 21
Personalqualifikation 179
Personalreduzierung 200
Personalsenkung 185
Pflichtbewußtsein 213
Pflichtenheft 255
Pflichtgefühl 189
physiologische Wünsche 102
Pilotprojekt 108; 117
Planung 43; 44; 51; 55; 62; 66; 68; 88
Planungsgrundsätze 68
Planungsrechnung 71
Planwirtschaft 31
pluralistisches Führungssystem 190
Produktaudit 246
Produktionsfaktoren 51
Produktivität 51
Produktivitätssprung 1
Produkt-Pilotlinie 221
Projektarbeit 118
Projektgruppen 117
Public Relation 124

Qualifikation 85
Qualität 3; 4; 55; 86; 94; 102; 159
Qualitätsarbeit 159
Qualitätsaudit 245
Qualitätselemente 247
Qualitätskreis 240
Qualitätsmanagement 209
Qualitätsmanagementsystem 120; 211
Qualitätsverbesserung 121
Qualitätszirkel 101; 238
Qualität-Umwelt-System 211

Ratschläge 153
Reaktionsfähigkeit 14
Reaktionsschnelligkeit 6; 25
Rechenschaftspflicht 75
Re-Engineering 211; 220

Reformen 193
Regelwerk 47
Renovierung 58
Respekt 98
Ressource Mensch 157
Restrukturierung 114; 166
Richtlinien 47
Risikominimierung 232
Risikoprioritätszahl 244
Rivalität 54
Routinearbeit 80

schlanke Arbeitsgemeinschaft 110
schlanke Betriebsgemeinschaft 104;
 110
schlanke Betriebsstruktur 109
schlanke Struktur 109
schlankes Management 105
Schlankheitskur 200
schöpferische Leistung 137
schöpferische Tätigkeit 80
Schwachstellen 65
Selbständigkeit 11
Selbstkontrolle 136; 188
Selbstkritik 133
Selbstüberwachung 188
Selbstverwirklichung 98
Selbstvorsorge 5
Shareholder-value 102; 189
Solidargemeinschaft 44; 50
Solidarität 38
Soll-Ist-Vergleich 89
soziale Gesellschaft 38
soziale Organisation 37
soziale Verantwortung 37; 188
soziale Werte 38
soziales Bedürfnis 102
soziales Netz 32
Sozialleistungen 33; 94
Sozialsystem 36
Spannungsverhältnis 155
Spezifikation 255
Staatsausgaben 35
ständiges Lernen 5; 61; 206
Statussymbol 41
Steuerreform 34; 35
Steuersenkung 35
Steuerung von Veränderungen 237

Strategie 56; 181
Strukturänderung 193
Strukturwandel 23; 110; 136; 186
Studium 33
Stufenplanung 68
Subventionen 36; 126
Synektrik 202
Synergie 252
synergistischer Effekt 110; 248; 250

Tarifvertrag 33
Tätigkeitsdrang 101
Team 4; 45; 46; 62; 117; 193; 215; 221; 239; 248; 253
Teamarbeit 65; 110; 118; 248
Teamdenken 193; 212
Teamgeist 65
Teamgemeinschaft 194
Teamorganisation 77
Technik 15; 16; 17; 19; 201
Techniken 181; 195
Technikfeindlichkeit 19
Technologie 201
Teilbeschäftigung 184
Teilzeitarbeit 24
Topmanagement 45; 124; 125
Total Quality Management 107; 209
TQM 209
TQM-Methoden 213
TQM-Philosophie 211; 212; 213
TQM-Strategie 214
Tradition 54
traditionelle Betriebsgemeinschaft 105
Training 146
Tugenden 165; 169

Überlebensfähigkeit 127
Überprüfung 52
Überwachung 182
Überwachungsfunktion 122
Überzeugen 142
Umwelt-Arbeitskreis 226
Umwelt-Audit 225
Umwelt-Audit-Verordnung 230
Umweltmanagement 222; 225

Umweltmanagementsystem 211; 224; 225; 227
Umweltpolitik 225
Umweltschutz 3; 4; 229
Umweltverantwortung 232
Unabhängigkeit 98
unselbständige Arbeit 43
unteres Management 45
Unternehmensbedürfnis 102
Unternehmensführung 111; 134
Unternehmensgrundsätze 133
Unternehmenskultur 63; 65; 129; 132; 183; 211
Unternehmensorganisation 111
Unternehmenspolitik 53
Unternehmenssicherheit 37
Unternehmensstärke 181
Unternehmensstrategie 181
Unternehmensstruktur 183
Unternehmer 36
Ursache-Wirkungs-Diagramm 241

Veränderung 2; 17; 35
Veränderungsbereitschaft 34
Veränderungsprozeß 53
Verantwortlichkeit 166
Verantwortung 67; 75; 125; 163; 164; 165; 167; 171
Verantwortungsbereich 168
Verantwortungsbewußtsein 6; 165; 167; 172; 189
Verantwortungsgefühl 189
Verbesserungsvorschläge 233
Verbraucherbedürfnisse 199
Verfahrensaudit 246
Vergütungssystem 135
Verkaufsstrategie 256
Verpflichtung 176
Verschwendung 224
Verselbständigung 115; 116
vertikales Audit 246
Vertrauen 54
Vertrauensverhältnis 193
Vielfalt 191
Visionen 53
Vollbeschäftigung 23; 27; 67; 184
Vorbeugemaßnahmen 230
Vorbildfunktion 130

Vorgesetztenbeurteilung 89
Vorruhestand 24
Vorschlagsprogramm 168
Vorschlagssystem 199; 235
Vorschlagswesen 93; 198; 233
Vorstand 45; 53

Wachstum 177
Wachstumsbereiche 177
Wandel 17
Wandel am Arbeitsmarkt 21
wechselseitige Abhängigkeit 155
Weiterbildung 5; 25; 61; 145; 147; 170; 171
Wertschätzung 98
Wettbewerb 12
Wettbewerbsfähigkeit 13; 231
W-Fragen 69

Wir-Gefühl 39; 92
wirtschaftliche Zusammenhänge 85
wirtschaftliches Wachstum 176
Wirtschaftsfaktoren 165
Wirtschaftswelt 1
Wissen 5; 100; 206
Wissensbedürfnis 100
Wissenschaft 15; 17
Wissensgesellschaft 206

Zertifizierung 94; 225
zielorientierte Führung 193
Zusammenarbeit 128; 161; 162; 194
Zusammenhänge 80
Zwangswirtschaft 31
Zweckgemeinschaft 193
zwischenmenschliche Beziehung 143
Zyklenkreislauf 19

NEUERSCHEINUNGEN

o. Univ.-Prof. Dipl.-Ing. Dr. Hans H. Hinterhuber,
Dr. Heinz K. Stahl (Hrsg.)

Unternehmensführung im Wandel

Perspektiven - Konzepte - Denkanstöße

2000, 283 Seiten, DM 69,--, Euro 35,30, öS 504,--, sfr 63,--
Innsbrucker Kolleg für Unternehmensführung, Band 1
ISBN 3-8169-1769-0 (expert verlag)
ISBN 3-85122-899-5 (Linde Verlag)

Die Bedingungen, unter denen die Unternehmungen Werte für ihre Anspruchs- und Interessengruppen schaffen müssen, haben sich in den letzten Jahren dramatisch verändert. Sie bringen bringen sowohl ungeahnte Wachstumsperspektiven als auch folgenreiche Risiken mit sich. Die Unternehmensführungen müssen umdenken und mit vielen Traditionen in Theorie und Praxis brechen.

Die Herausgeber sehen die Unternehmensführung als Balanceakt zwischen einer vorurteilslosen Auseinandersetzung mit unscharfen Faktoren, wie etwa Vertrauen, Macht, Kompetenz, Komplexität, Freude an der Verantwortung und der aufgeklärten Anwendung von Steuerungsinstrumenten, wie Prozesse, Strukturen, Strategien und Direktiven. Führen heißt für sie vor allem vorleben, und zwar auf allen Verantwortungsebenen und in allen Bereichen der Unternehmung.

Dieser Gedanke zieht sich als roter Faden durch die Beiträge dieses Buches, in denen theoretische Grundlagen mit praktischen Anwendungen verknüpft werden. Die Beiträge weisen auf einige markante Entwicklungstendenzen der modernen Unternehmungsführungslehre hin.

Inhalt:
Neue Spielregeln der Unternehmensführung: Die konstruktivistische Sicht/Von der Evolution zur Ko-Evolution - Welche Mittelmanager braucht das moderne Unternehmen? - Die Unternehmung als Deutungsgemeinschaft - Innovationsmanagement - Zeitbewußte Unternehmensführung

Neue Aspekte der personalen Führung: Zwischen Autonomie und Fremdbestimmtheit - Führen von innen her aus - Das Leadership-Portfolio - Führungskräfte als Lernende - Vertrauen und »Dezentrale Führung« - Erfolgsfaktoren

Neue Ideen: Organisatorischer Wandel und Komplexität - Die Wettbewerbsvorteile einer Vertrauensorganisation - Hobbes und »Kontrolle« - Variantenvielfalt - Die Illusion der Voraussage

Neues zu den Außenbeziehungen von Unternehmen: Die Kunden-Lieferanten-Beziehung - Beziehungskompetenz - Unternehmensnetzwerke und Kernkompetenzen - Der kooperative Charakter dauerhafter Kundenbeziehungen - Das »Screening« von Kundenbeziehungen - Gewinnmaximale Verkaufsgebietsaufteilung - Die Globalisierung und der Mittelstand

Besuchen Sie uns im Internet:
www.expertverlag.de
www.linde-verlag.at

expert verlag GmbH · Postfach 2020 · D-71268 Renningen

Linde Verlag Wien Ges.m.b.H., Scheydgasse 24, A-1210 Wien

NEUERSCHEINUNGEN

Dr. Artur Kaiser, Dietburg Kaiser, Dipl.-Kfm. Manfred Kaiser

Schwierige Gespräche - kein Problem

Führungssicherheit durch Kompetenz

3. Auflage 1999, 137 Seiten, DM 28,--, Euro 14,30, öS 204,--, sfr 25,50
expert taschenbücher, Band 58
ISBN 3-8169-1614-7 expert verlag
ISBN 3-85122-729-8 Linde Verlag

Das Buch zeigt Ihnen auf, wie Sie schwierigen Situationen vorbeugen können, und gibt Hilfe bei Gesprächen mit kritischen und anspruchsvollen Mitarbeitern. Mit dem richtigen strategischen Konzept läßt sich eine für den Betrieb, den Vorgesetzten und den Mitarbeiter zufriedenstellende Lösung erarbeiten und eine tragfähige Beziehung schaffen. Der Leser erfährt auch, was zu tun ist, wenn diese Mittel ausgereizt sind.

Klare Anleitungen und Fallbeispiele vermitteln Anregungen, auch unter schwierigen Bedingungen Betriebsziele zu optimieren, der eigenen Verantwortung gerecht zu werden und für den legitimen eigenen Nutzen zu sorgen.

Inhalt: Ursachen und Auswirkungen ineffizienter Gespräche - Grundprämissen der Zusammenarbeit - Problemprophylaxe - Betroffenheit bewältigen - Unterschwelliges ineffizientes Verhalten - Strategie des Gesprächserfolgs - Problemlösungssystematik - Kooperative Gesprächsmethoden - Manipulation oder Vereinbarung - Beziehungen schaffen - Motivationsorientierte Überzeugungsmethoden - Kreativität und Konsens - Umgang mit Wertekonflikten

Die Interessenten:
- Fürungskräfte aller Bereiche, die Probleme zuversichtlicher und effizienter anpacken wollen
- Projektleiter, -mitglieder und Fachkräfte, die mit Teams und personellen Schnittstellen umgehen müssen
- Nachwuchsführungskräfte, die sich im betrieblichen Netzwerk behaupten wollen
- Leiter von Arbeitsgruppen, die mit ihren Kollegen konkrete Ergebnisse vorzeigen müssen
- Angehörige von Sozialberufen, die den Menschen bei ihrer Problembewältigung helfen wollen

Besuchen Sie uns im Internet:
www.expertverlag.de
www.linde-verlag.at

expert verlag GmbH · Postfach 2020 · D-71268 Renningen

Linde Verlag Wien Ges.m.b.H., Scheydgasse 24, A-1210 Wien

--- NEUERSCHEINUNGEN ---

Dr. Jörg Wurzer

Zielmanagement

Perspektiven entwickeln - Visionen realisieren - Prioritäten richtig setzen

1998, 108 Seiten, DM 22,--, öS 161, sfr 20,50
expert taschenbücher,.Band 61
Linde Verlag ISBN 3-85122-719-0
expert verlag ISBN 3-8169-1552-3

Das Buch zeigt dem Leser, wie er klare Ziele für sich und seine berufliche Entwicklung setzen kann. Klare Ziele sind der »rote Faden« zum Erfolg und ermöglichen schnelle Entscheidungen.

Das Buch liefert auch Regeln, Strategien und Methoden für das unternehmerische Zielmanagement. (Portfoliotechnik, Vernetzungsgitter, Anleitung, zur Zielvereinbarung). Checklisten und Kurztests erlauben eine schnelle Umsetzung.

Wer für sich oder sein Unternehmen verantwortlich und erfolgsorientiert Zukunft gestalten will, wird das Buch mit Gewinn lesen. Auch Trainer können von dem Buch profitieren, um es in ihren Seminaren umzusetzen.

Inhalt: Träume wagen. Mutige Versionen für eine aufregende Zukunft - Konkret werden. Vom Wunsch zum Ziel - Sieger sein. Erfolgsfaktoren und die eigene Persönlichkeit - Acht Schritte zur methodischen Zielplanung - Zielanalyse für Fortgeschrittene. Nutzen stiften - An erster Stelle stehen. Strategien entwickeln

Besuchen Sie uns im Internet:
www.expertverlag.de
www.linde-verlag.at

expert verlag GmbH · Postfach 2020 · D-71268 Renningen

Linde Verlag Wien Ges.m.b.H., Scheydgasse 24, A-1210 Wien